Cura Psíquica
com
Guias Espirituais

Diane Stein

Cura Psíquica
com
Guias Espirituais

Tradução
GILBERTO BERNARDES
MARCELO BRANDÃO CIPOLLA

Ilustrações
IAN EVERARD

EDITORA PENSAMENTO
São Paulo

Título do original:
Psychic Healing with Spirit Guides and Angels

Copyright © 1996 Diane Stein.

Cura e medicina são duas disciplinas muito diferentes e a ressalva a seguir é uma exigência da lei: As informações contidas nesta obra não dizem respeito à medicina, mas à cura (*healing*), e não se propõem a substituir o médico ou qualquer outro profissional de saúde. O diagnóstico e o tratamento de quaisquer doenças devem ser confiados a um desses profissionais. Os editores não preconizam especificamente nenhum método de cura, mas entendem que as informações aqui contidas devem ser postas à disposição do público. Os editores, tanto quanto a autora, não se responsabilizam por quaisquer efeitos ou conseqüências desfavoráveis que possam decorrer da aplicação de quaisquer das sugestões, preparações ou procedimentos apresentados neste livro.

Edição
1-2-3-4-5-6-7-8-9

Ano
99-00-01-02-03

Direitos de tradução para o Brasil
adquiridos com exclusividade pela
EDITORA PENSAMENTO LTDA.
Rua Dr. Mário Vicente, 374 — 04270-000 — São Paulo, SP
Fone: 272-1399 — Fax: 272-4770
E-mail: pensamento@snet.com.br
http://www.pensamento-cultrix.com.br
que se reserva a propriedade literária desta tradução.

Impresso em nossas oficinas gráficas.

Para Sue

AGRADECIMENTOS

Os livros nunca são escritos e publicados por um única pessoa; há sempre muitos a quem agradecer, e esta obra não foge à regra. Agradeço a Joy Weaver, da Treasures Bookstore, na cidade de Tampa, na Flórida, e a Patty Callahan, da Brigit Books de St. Petersburg, pela procura de referências bibliográficas e pelo envio de livros. Jane Brown e Robyn Zimmerman também me forneceram livros e jamais me faltaram com o seu bom senso, competência e apoio. Agradeço a elas, bem como a Donna Gonser, pelo trabalho de cura.

Karen Narita, Amy Sibiga, Brigid Fuller e Victoria May, da Crossing Press, transformaram minhas pilhas desordenadas de papéis e meus desenhos horrorosos em produções de inexplicável beleza. A paciência delas para comigo é espantosa. E, sem John e Elaine Gill, co-proprietários da Crossing Press, e sua fé na cura pelas mulheres, nenhum dos meus livros chegaria a ser publicado.

Agradeço igualmente a Kali e Copper que, às vezes, trazem-me de volta à Terra, ao lembrar-me da necessidade de preparar o jantar.

A magia da Mãe Divina
é tão antiga quanto a própria vida.
Ela preexistiu aos deuses e aos mortais
E sobreviverá até mesmo à grande dissolução.
A Mãe é uma forma sutil da energia pura,
mas em tempos de crise,
ou tão-só para divertir-se, ela se manifesta.

Elizabeth U. Harding, *Kali: The Black Goddess of Dakshineswar*

Quanto mais compaixão tivermos pelos outros, mais rapidamente se modificará a consciência da multidão. Pedimos a todos que dediquem a esse jogo do coração muito mais do que suas horas vagas. Assumam o compromisso de abrir o coração e de mantê-lo aberto, e tratem de utilizar-se da energia do coração da Deusa Mãe. É isso que muda tudo, pois não apenas o coração de vocês estará envolvido — o coração da Deusa também estará. Todavia, a Deusa precisa de que os seus corações estejam abertos para que a energia Dela flua através de vocês.

Barbara Marciniak, *Earth: Pleiadian Keys to the Living Library*

Se, a cada dia, você fizer um movimento de pensamento e dedicar-se a um ato que seja genuinamente seu, isso será como uma onda capaz de atravessar o Planeta Terra espalhando benefícios. Do mesmo modo, se você tiver um pensamento ou praticar um ato negativo, estará atraindo a destruição.

Phyllis V. Schlemmer e Palden Jenkins, *The Only Planet of Choice: Essential Briefings*

Pedimos-lhe que, a partir deste momento, você elimine as suas dúvidas. Você tem poder, amor e força suficientes para impedir o caos, a tragédia e a perda de vidas no nosso planeta.

Phyllis V. Schlemmer e Palden Jenkins, *ibidem*

Eu não vejo essas coisas com os meus olhos físicos, nem as ouço com os meus ouvidos externos. Vejo-as, sim, somente na minha alma, com os olhos do corpo bem abertos, pois em nenhum momento me encontro em estado de êxtase. Pelo contrário, vejo-as plenamente desperta, seja de dia, seja à noite. A luz que vejo não é confinada pelo espaço... Ao que me dizem, é a sombra da luz viva... Quando e por quanto tempo a vejo não sei dizer. Mas enquanto vejo, toda a tristeza e todo o medo se vão de mim e eu me sinto como uma simples jovem e não como uma velha.

Hildegard de Bingen (1098-1179), em *Hildegard of Bingen's Medicine* de Wighard Strehlow e Gottfried Hertzka.

Nenhuma criatura deve sofrer senão aquilo que ela própria aceita.

Marlo Morgan, *Mutant Message from Down Under*

SUMÁRIO

Introdução — A Cura com a Deusa	9
Capítulo 1. A Meditação	27
Capítulo 2. A Visualização	44
Capítulo 3. Os Chakras e a Aura	64
Capítulo 4. A Energia	91
Capítulo 5. Os Guias Espirituais	111
Capítulo 6. A Cura pela Imposição das Mãos	131
Capítulo 7. A Liberação Emocional	161
Capítulo 8. A Cura Pelos Cristais	180
Capítulo 9. A Cura a Distância	201
Capítulo 10. O Karma	220
Capítulo 11. O Resgate Anímico	237
Capítulo 12. Os Ataques Espirituais	255
Capítulo 13. A Morte	275
Bibliografia	294

ILUSTRAÇÕES

Diagrama 1. Estrutura da Alma I 67
Diagrama 2. Estrutura da Alma II 71
Diagrama 3. Estrutura da Alma III 72
Diagrama 4. A Linha da Kundalini – O Canal Central e os
Canais Auxiliares 74
Diagrama 5. Os Canais da Kundalini e os Chakras 75
Diagrama 6. Os Chakras do Duplo Etérico 77
Diagrama 7. O DNA de Doze Filamentos 83
Diagrama 8. A Linha do Hara 86
Diagrama 9. A Órbita Microcósmica 105
Diagrama 10. O Circuito do Ki no Corpo 106
Diagrama 11. Posições das Mãos no Reiki I – Autocura 139
Diagrama 12. Posições das Mãos no Reiki I – Para Curar
Outras Pessoas 148
Diagrama 13. Os Níveis do Corpo Áurico 204
Diagrama 14. As Reencarnações 225

Introdução

A Cura Com a Deusa

A cura que faço para os outros sempre se baseou na minha própria jornada de cura. Aquilo que funciona bem para o meu crescimento é formulado em técnicas que utilizo em minhas sessões de cura e aproveito, por fim, para ensinar outras agentes de cura. As técnicas que funcionam são conservadas e, usadas em diferentes situações, se transformam em instrumentos de cura cujos resultados são bastante previsíveis. As técnicas que outros desenvolveram ou que aprendi nos livros assumem uma forma nova, e eu as adapto com vistas a obter um resultado melhor, não raro promovendo drásticas modificações nos métodos alheios. Costumo combinar métodos e, com freqüência, uso simultaneamente mais de uma técnica numa mesma sessão de cura. Meu trabalho é bastante eclético.

O meu processo de cura começou em 1983 e prossegue ainda hoje. Iniciei-o consagrando-me à Deusa na festa de Nossa Senhora das Candeias e elegendo o wicca e a Espiritualidade da Deusa como o meu caminho de vida. Naquela época, eu me abri pela primeira vez à Deusa como uma religião e um modo de vida, em lugar do intelectualismo que eu alimentava havia cinco anos. Quando, afinal, estabeleci o vínculo entre o wicca, a cura e a paranormalidade, minha vida alterou-se de uma forma com a qual eu jamais havia sonhado. Aceitei o crescimento da minha consciência paranormal como um elemento desse conjunto de mudanças e o acolhi de bom grado. Procurei com todas as minhas forças informar-me sobre o significado desse fato e sobre como usá-lo. Comecei a explorar e estudar o wicca. Pela primeira vez na vida, comecei a meditar, a aprender a visualização e o ritual, a trabalhar com cristais e a estudar os remédios caseiros de cuja existência eu começava a inteirar-me.

Em junho de 1983, uma meditação da Árvore da Vida tirada de *The Spiral Dance*, de Starhawk (Harper & Row, 1979), converteu-se numa experiência de abertura da Kundalini, a primeira que tive. Vi-me a mim mesma e senti-me como uma árvore viva e em crescimento, e as cores dos chakras penetraram-me desde as raízes até as folhas. No mesmo dia, uma nova amiga energizou-me pela primeira vez com uma breve sessão de imposição das mãos. Senti a energia percorrer meu corpo todo, tal como havia acontecido com as cores, provocando uma sensação de intenso calor. A aplicação da energia à minha mão e braço prontamente curou-me de uma dolorosa fratura palmar e, tão logo me dei conta disso, percebi que teria de aprender a fazer a mesma coisa, que a cura seria a minha vida dali em diante.

Aquele dia eu estava me preparando para o que mais tarde chamei de "caminhada para dentro", embora não soubesse, na ocasião, como rotulá-lo. Algumas semanas depois, na cama, no meio da noite, num estado intermediário entre o sono e a vigília – porém, muito consciente de tudo –, senti e vi que ondas oceânicas de um verde e vermelho muito vivos percorriam-me o corpo. Eram formações lindas, como que ondas de rebentação numa pintura japonesa, e tão quentes quanto a energia que me havia curado a mão. Embebi-me, sem medo, na formidável beleza delas. Depois, senti-me e vi-me pairar acima do meu corpo, a um só tempo separada e dentro dele. Uma aura de cintilante bruma branca envolveu aquele "eu" flutuante e carregou-o para longe, e aquilo que voltou e se instalou no meu corpo sobre a cama foi um "eu" diferente. Conversei com alguém que eu não podia ver acerca de como proceder a reentrada e, antes que isso acontecesse, foram necessários numerosos ajustes. Desde essa troca de alma, passei a sentir-me como se fosse outra pessoa, e o meu antigo "eu", conquanto presente, parecia ter-se deslocado para um segundo plano. Limitava-se a contemplar, sem atividade. Todas as minhas percepções se haviam tornado radical e surpreendentemente diferentes.

Todos os aspectos da minha vida mudaram imediatamente, não raro de forma assustadora. Durante as semanas que se seguiram tive dificuldades em controlar o corpo, achava difícil andar ereta e não conseguia me lembrar de como deveria realizar certos atos que antes eram automáticos. Eu não conseguia me lembrar do trajeto para o trabalho que há três anos vinha fazendo diariamente, nem da maneira de inserir a chave do carro na ignição. Dirigir tornou-se, nos primeiros dias, algo aterrador. E o que tornava tudo ainda mais problemático é que eu me sentia incapaz de compreender por que coisas tão simples pareciam tão difíceis ou, mesmo, por que eu tinha de fazer essas coisas. Bem depressa, transformei-me numa vegetariana convicta que se alimentava somente de arroz, legumes e chás de ervas – eu, que sempre praticara uma dieta à base de carne e brioches. Em poucos dias, deixei meu emprego, que era estressante e, do ponto de vista emocional, destrutivo, depois de ter sido pilhada meditando durante o expediente, e dois dias depois comecei a escrever o meu primeiro livro, *The Kwan Yin Book of Changes* (Llewellyn Publications, 1985). Rompi, nos meses subseqüentes, o péssimo relacionamento que eu tinha com meus pais e o resto da família.

Naquele agosto, compareci pela primeira vez ao Festival de Música Feminina de Michigan, depois de haver ficado afastada, como lésbica, durante muitos anos. As mulheres com quem viajei me abandonaram na entrada e lá eu fiquei sozinha, sem roupas apropriadas para o frio e sem equipamento adequado. Nunca eu tinha acampado antes; chovia e fazia frio e eu não tinha onde me abrigar. Incapaz de lidar, naquela situação, com a minha dislexia e agorafobia, malgrado me entusiasmasse o festival propriamente dito, acabei acampando na tenda-dormitório comunitária de uma associação para incapacitadas específicas (DART).* Ali as mulheres ministraram-me um curso completo sobre auto-estima e conscientização das deficiências, e eu comecei a me dar conta das minhas aptidões e problemas.

Freqüentei meus primeiros seminários de cura por mulheres – sobre ervas, meditação, ritual da Deusa e cura pelos cristais. Descobri a música das mulheres, seu artesanato e sua cultura, e percebi que eu fazia parte daquilo tudo. Não havia volta possível. Em poucas semanas eu me havia transformado inteiramente. Era outra pessoa. Meu velho "eu" e minha antiga vida tinham desaparecido para sempre e uma vida nova e totalmente desconhecida apenas começava. Quando voltei do festival, pareceu-me que eu nunca tinha estado no apartamento em que havia doze anos eu vinha morando; além disso, notei que a minha agorafobia tinha desaparecido.

No verão seguinte, terminado o livro *Kwan Yin* e sendo necessário encontrar quem o publicasse, mudei-me para outro Estado, consegui um emprego massacrante no qual não pude manter-me e acabei voltando sem um centavo no bolso. Durante três meses vivi do seguro-desemprego e tendo como único consolo o teto sobre a cabeça. Os anos que se seguiram foram para mim de extrema penúria e solidão. Como eu me recusasse a voltar a trabalhar em escritórios, onde os computadores então em voga eram uma fonte de enxaquecas e ataques epilépticos, optei – sem nenhum proveito pecuniário, aliás – por um serviço de garçonete. Foram anos e anos em que dependi dos vales-refeições, embora trabalhando às vezes em dois lugares diferentes, 14 horas por dia. Quando os problemas de sobrevivência diminuíram e os livros se converteram numa fonte de renda, comecei minha caminhada na trilha da cura.

Em primeiro lugar, tive de entrar em acordo com as minha limitações físicas, a fim de entendê-las e aceitá-las, para depois superá-las e saná-las. Eu sofria de dores crônicas no pescoço e nas costas em razão de uma curvatura na coluna. Além disso, perturbava-me a dislexia – uma incapacidade neurológica que, no meu caso, se manifestava na forma de ausência de senso de direção, capacidade espacial diminuta, equilíbrio físico precário, falta de agilidade e uma confusa sensação de que as coisas jamais eram encontradas duas vezes no mesmo lugar. Eu vivia num estado crônico de estafa, hipernervosismo, ansiedade e medo, com uma imagem negativa de mim mesma, uma irritabilidade que beirava a ira e uma sensação de pânico freqüente e debilitante. Sentia-me permanentemente exausta, sem que para isso houvesse razão visível. Sofria de enxaquecas devastadoras durante as

---

* *Differently Abled Resource Team* [Grupo de Pessoas Dotadas de Diferentes Habilidades.] — N.R.

quais eu queria morrer. Comecei a perder a capacidade de ler em razão de deficiências na musculatura ocular e, somente então, comecei a me dar conta de que tanto os meus pais quanto a minha irmã muito me haviam castigado, física e emocionalmente, desde a minha infância. Além disso, os maus-tratos emocionais e o assédio sexual tinham sido uma constante por parte de muitos empregadores.

Quando um relacionamento que eu muito desejava fracassou inexoravelmente, percebi que não havia médico que pudesse me dar a cura de que eu necessitava e que eu própria teria de encontrá-la. Comecei pelas ervas, pelos cristais e pelo Reiki I. Passei a fazer uma sessão de massagem por mês e pude afinal submeter-me a uma terapia visual optométrica para a correção dos problemas de leitura, equilíbrio e memória. Uma amiga que havia estudado programação neurolingüística queria alguém com quem pudesse praticar. Ofereci-me e, durante um ano, submeti-me a duas sessões por semana de programação neurolingüística (PNL), ao longo das quais foram revividos antigos dramas da minha infância infeliz. Examinei, um a um, todos os episódios de maus-tratos, mesmo quando ainda era um bebê, ou até mesmo antes, no útero materno. A seguir, em regime de permuta com uma mulher que também era agente de cura paranormal, enfrentei dois anos de uma Gestalt-terapia heterodoxa.

Mudei-me de Pittsburgh para a Flórida. Novamente muito solitária, trabalhei com a cura da depressão e da ira e obtive meus diplomas em Reiki II e Reiki III. Aprendi também a lidar com guias espirituais e com equipes de guias espirituais, da Terra e de outros planetas. Depois de usar durante algumas semanas o PAM (Programa de Assistência Médica) da obra de Machaelle Small Wright, *The Co-Creative White Brotherhood Medical Assistance Program* (Perelandra Publications, 1990), minhas costas começaram a endireitar-se. Em poucos meses, normalizaram-se completa e drasticamente. Aprendi a meditação profunda, o que abriu o caminho para a cura dos chakras, o trabalho com a criança interior, a regressão a vidas passadas, a técnica de "corte das cordas", o resgate anímico, a liberação kármica e para a arte perene da cura emocional atualmente em voga. Recebi, sempre que possível, a ajuda de pessoas com quem sentia afinidade, mas, a maior parte do tempo, tratei de fazer as coisas por mim mesma. Todos e cada qual dos episódios de dor emocional e física – já esquecidos ou quase – que marcaram a minha vida voltavam várias vezes à tona para serem vistos e depois esquecidos, e o processo parecia eternizar-se. Depois começaram a entrar em cena vidas passadas. Aprendi a sentir as emoções na sua plenitude, em lugar de negá-las, até que se transformassem em ira.

Curei inteiramente o meu problema de coluna e melhorei bastante de outra lesão lombar, mais recente e mais baixa; resolvi muitos dos meus problemas neurológicos; corrigi a insuficiência adrenalínica, as enxaquecas e os ataques epilépticos; e curei, além de uma infecção no útero, alguns grandes tumores fribosos. Eu combinava as técnicas psíquicas com massagens, ervas, homeopatia, cristais, pedras preciosas, essências florais e Reiki. Também os anos de pobreza terminaram. Já não levo uma vida de sofrimento, de medo, de mal-estar e de raiva e – o que traduz um sentimento inteiramente novo para mim – agora eu sinto prazer em estar neste mundo.

Ao longo do caminho, aprendi a discernir o que funciona e o que não funciona, e comecei a usar as coisas que me ajudavam para ajudar os outros. Participei, durante dois anos e meio, de um trabalho com pacientes aidéticos; durante um ano trabalhei com uma mulher que sofria de câncer de mama; fiz muitas sessões com vítimas de incesto e de distúrbios de personalidade múltipla, bem como com mulheres portadoras de inúmeros outros problemas emocionais ou orgânicos. As técnicas descritas neste livro (tanto quanto naqueles que escrevi antes) provêm diretamente desse aprendizado.

O elo mais forte em todo o processo foi o Reiki. Embora as técnicas inseridas nesta obra não exijam uma formação específica em Reiki, eu o recomendo com empenho a todas quantas praticam a cura. A publicação, em 1995, do meu livro *Essential Reiki* * foi de muita utilidade para tornar essa modalidade de cura acessível a todos os interessados. No treinamento de uma agente de cura psíquica, eu começo por formá-la em Reiki, pois se trata da estrutura básica de todos os métodos de cura psíquica e de cura pela imposição das mãos. Pela sintonização, a aprendiz também se abre para as suas qualidades mediúnicas e entra em contato com seus guias espirituais e de cura. Quando uma agente de cura houver alcançado o terceiro grau em Reiki, praticando-o reiteradamente tanto na cura dela mesma quanto na cura de outras pessoas, já terá decifrado a maior parte dos métodos apresentados nesta obra. A paranormalidade feminina desenvolve-se também sem o Reiki, porém mais devagar e sem a mesma naturalidade ou facilidade.

Concluída a formação em Reiki, a capacidade de curar se aperfeiçoa plenamente por meio da experiência. Por maior que seja a massa de informações colhida pela mulher, é a prática de sessões de cura que faz a agente de cura. Não existe nada que substitua a prática, e cada cura constitui-se numa lição para ambas as partes. Depois que ensino o Reiki a uma aluna, peço-lhe que ela passe a curar outras pessoas; oriento-a ao longo das sessões de acordo com suas necessidades e a ajudo a definir suas percepções. Com umas poucas sessões, ela aprende a acionar seus guias espirituais e obter, no nível não-físico, informações que contribuem para a cura. Depois de um bom número de sessões, as informações chegam com facilidade e são facilmente compreendidas.

A ligação com os guias de cura e a capacidade de trabalhar com eles é a

---

* *Reiki Essencial — Manual Completo sobre uma Antiga Arte de Cura*, publicado pela Editora Pensamento, São Paulo, 1998.

principal arte que as agentes de cura novatas têm de aprender. O Reiki é um meio rápido e confiável para estabelecer essa conexão, mas não é o único. Eu recomendo sinceramente a formação em Reiki, nos seus três graus quando possível, a todas as agentes de cura sutis responsáveis.

A cura psíquica não é medicina e nem minimamente é aceita pela medicina tradicional; todavia, oferece respostas profundas na busca do bem-estar e na cura das moléstias orgânicas, emocionais, mentais e espirituais. O sistema médico moderno centra suas "curas" unicamente no corpo físico ao passo que a cura psíquica procura as causas das doenças nos níveis não-físicos. A medicina cura mediante a supressão dos sintomas, enquanto a cura psíquica visa as causas não-corpóreas das doenças. Pela detecção das causas emocionais, mentais e espirituais das enfermidades e, pois, da cura da pessoa no seu todo, o corpo físico se liberta afinal dessas enfermidades. Os sintomas desaparecem e a doença é curada, porém num nível superior aos níveis densos do corpo físico.

A medicina negava, até há pouco tempo, a existência de tudo o que não fosse o corpo. Hoje em dia, começa a abrir-se lentamente ao conceito de que a mente e o corpo estão ligados. Quando a medicina patriarcal deixou de basear-se nas bruxas, parteiras, curandeiras e xamãs dos tempos pré-inquisitoriais e pré-cristãos, ela voltou inapelavelmente as costas para o não-físico. A arte médica das mulheres – que vigorava em todas as culturas antes da usurpação da medicina pelos homens – sempre exaltou os níveis não-físicos do corpo. Sem o concurso da paranormalidade feminina, a medicina tornou-se um repositório frio e mecânico de partes humanas isoladas. Os medicamentos de efeitos colaterais perigosos e nocivos e o excesso de cirurgias e amputações são as respostas mecânicas e agressivas da medicina moderna à dor e à doença.

As curas dessa natureza são mais dolorosas e mais debilitantes do que as próprias moléstias originais; elas mais mutilam do que curam os pacientes. Os horrores tecnológicos e os aberrantes excessos da medicina resultaram na ressurreição de métodos de cura antigos, mais suaves, menos invasivos e mais holísticos. As mulheres, na condição de vítimas contumazes dos excessos médicos, são quem mais freqüentemente buscam as alternativas para eles.

O despertar vem-se consolidando rapidamente, e toda uma gama de métodos tem-se provado de utilidade. Esses métodos vão desde o exclusivamente físico até o inteiramente não-físico. A cura pelas ervas (uma farmacopéia mais suave), as vitaminas e minerais, os nutrientes não-tóxicos, a naturoterapia, a massagem, a quiroprática e numerosos métodos naturais funcionam primordialmente como terapias não-medicamentosas que se dirigem ao corpo. Numerosos métodos holísticos alcançam ainda além do nível físico, ou ainda além daquilo que pode ser cientificamente explicado. Entre esses métodos que fazem a ponte entre o nível físico denso e o nível não-físico incluem-se a homeopatia, a acupuntura e a acupressão, as essências florais, as pedras preciosas e cristais, o *biofeedback* e a hipnose. São os chamados métodos de cura vibracional. Entre os métodos que afetam o corpo físico, embora atuem muito além dele, incluem-se a meditação e a visualização, a liberação emocional, o trabalho com a criança interior, o Reiki e qualquer forma de cura sutil.

Existem dados estatísticos que atestam a popularidade crescente da cura holística e vibracional. Nos Estados Unidos, gastou-se, no ano de 1990, 10,3 bilhões de dólares em tratamentos alternativos, quase tanto quanto se despendeu em hospitalizações (12,8 bilhões de dólares). Em 1995, um levantamento levado a efeito pela Associated Press mostrou que entre 1500 adultos entrevistados mais de 750 afirmaram preferir os tratamentos "não-sancionados" aos tradicionais. Uma pesquisa realizada em 1992 demonstrou que uma terça parte da população norte-americana já havia experimentado as terapias alternativas e agora lhes dava preferência em relação às ortodoxas. Estima-se que os remédios holísticos representem um setor da economia cujo faturamento é da ordem de 27 bilhões de dólares anuais, e só tende a crescer.[1]

Atualmente, as pessoas se afastam cada vez mais dos horrores tecnológicos e das "curas" estritamente centradas no corpo. Elas temem e repudiam os estratagemas médicos superficiais e de impacto, preterindo-os em favor de uma cura que vai bem mais fundo do que a pele. O primeiro passo é a cura holística, que exalta a integridade do corpo físico. A seguir vem a cura vibracional que, para curar as moléstias, vai além do nível físico, penetrando no mental-emocional. Aqui se inclui o novo campo da psiconeuroimunologia (PNI), que ainda está à margem da medicina. A cura psíquica, contudo, vai ainda mais longe, alcançando, além do corpo físico denso, os níveis emocional, mental e espiritual, a fim de converter inteiramente o padrão energético enfermiço no bem-estar do ser/indivíduo integral. Esse bem-estar significa conforto corporal e ausência de doenças, mas significa também saúde emocional, tranqüilidade mental e alegria espiritual. Esta forma última de cura é uma volta à psique feminina, uma evocação do passado que dá à luz o futuro.

A cura psíquica não exclui os métodos físicos ou vibracionais: tudo funciona em conjunto. Ela pode ser levada a efeito lado a lado com a terapia médica convencional, tanto quanto com os remédios naturais, a acupuntura, o trabalho com o corpo, a terapia emocional, as essências florais etc. Como agente de cura, trabalho quase sempre de forma eclética, combinando nutrição, desintoxicação, homeopatia e plantas medicinais com métodos não-físicos. O objetivo é obter a cura nos quatro níveis – físico, emocional, mental e espiritual – e da maneira mais rápida e eficaz possível. Aconselhar alguém a fugir da medicina não apenas fere a ética terapêutica como é também proibido por lei na maioria dos países ocidentais. Já houve vezes em que pedi a mulheres que estavam se submetendo a um tratamento de cura que procurassem um médico, pois eu achava isso necessário no caso delas. Também trabalhei com mulheres que repudiavam totalmente a medicina. A cura psíquica também funciona às maravilhas em conjunto com o tratamento holístico, e, pessoalmente, entendo que este é mais positivo na maior parte dos casos.

Embora eu escreva acerca de níveis, o ser humano não é dividido em partes. O corpo físico por si só nunca está bem de saúde ou doente. Onde existe dor física, quase sempre existe também a dor emocional, mental ou espiritual. Onde existe a doença espiritual (ou mental ou emocional), raro existe um corpo físico saudável – a doença fatalmente virá à tona. Nós não somos uma soma de partes, mas uma entidade íntegra, e estar bem significa ter saúde em todos os níveis. O termo "cura holística" provém do inglês *wholeness* ("integridade"), tanto quanto de *holy* ("sagrado"); as pessoas são seres espirituais. Negar a espiritualidade é negar o próprio ser e o seu lugar no universo (você é Deusa) e, por conseguinte, atrair inevitavelmente a doença sobre si. Da mesma forma, a mulher que está espiritualmente bem, em geral também está bem no corpo, na mente e nas emoções; ou então pode ser facilmente curada.

A cura psíquica, ao contrário do modelo médico, significa curar-se a si mesma, aos outros e a todo o planeta. Uma agente de cura não atua apenas sobre a paciente, mas *com* ela. Toda cura é uma colaboração ativa e tríplice entre a agente de cura, a paciente e a Deusa (ou como quer que se prefira denominar a Energia Original ou a divindade). Ninguém cura ninguém; só a própria pessoa pode curar a si mesma, e o papel da agente de cura, no processo, é o de facilitar e canalizar o processo. Eu gostaria de dar aqui um exemplo bem simples. Se uma criança sofre uma queda e esfola o joelho, a mãe pode beijá-la ou a irmã aplicar-lhe um esparadrapo, mas somente o organismo da criança pode sanar o problema, criando uma casca no local ferido.

Todos nós nos curamos a nós mesmas, e à agente de cura psíquica está reservado o papel de encontrar o método que melhor assegure a cura em todos os níveis. A agente de cura pode aumentar a energia de cura da criança a fim de acelerar o processo. Mas se a criança que feriu o joelho continuar com medo de voltar a brincar, ela não estará curada, ainda que a sua pele se tenha regenerado. É indispensável a ocorrência simultânea das duas curas: a emocional e a física; sem elas, a obra não estará terminada. O corpo da criança se encarregará do problema físico (com a ajuda da Deusa), mas talvez se faça necessária uma ajuda suplementar para que essa criança se cure emocionalmente.

É assim que começam quase todos os tratamentos de cura. Eles ajudam a desfazer temores, detectando-os e eliminando-os na sua fonte, seja na infância, seja numa vida passada. A agente de cura facilita à criança superar o medo e voltar à sua atividade. Talvez o medo não seja devido à queda recente, mas a alguma coisa que tenha ocorrido no passado – próximo ou remoto – ou mesmo numa vida pretérita. A Deusa é que proporciona à agente de cura e à paciente a correta percepção dos processos de cura, e todas – agente de cura, Deusa e criança – envolvem-se por igual no processo. Esse é um exemplo bem simples do mesmo processo de cura que se aplica a questões e moléstias de complexidade muito maior.

Na cura psíquica, agente de cura e paciente são muitas vezes uma única e mesma pessoa. Hoje em dia, são poucas as mulheres que podem receber de outrem esse tipo de cura, mas a tendência é que as coisas se alterem nesse particular. O campo é novo demais e as praticantes são muito poucas e, em regra, só podem atuar na clandestinidade. As próprias agentes de cura vivem, na maioria das vezes, longe uma da outra. Elas precisam desse trabalho como qualquer outra pessoa. Enquanto na medicina patriarcal só o médico tem permissão para "curar" (e qualquer outro corre o risco de ser preso pela prática ilegal do ofício), na cura não-física todas somos agentes de cura. As mulheres podem usar com outras pessoas os mesmos métodos que usam consigo próprias.

É provável que a cura psíquica seja exercida na maior parte das vezes como autocura. Conquanto a cura seja bem mais fácil quando agente de cura e paciente trabalham em colaboração, a autocura é prática cotidiana. A cura de si mesma requer habilidade e objetividade, mas às vezes basta um desejo de mudança e confiança no processo e na Deusa. O trabalho com guias espirituais pode suprir o que estiver faltando, mas a autocura costuma ser um processo lento. Eu preconizo que a cura seja feita com uma pessoa de confiança, sempre que possível, e que haja também uma boa dose de auto-ajuda. Se não houver outra agente de cura disponível, faça sozinha o que for possível; você aprenderá muito com isso. Os métodos descritos nesta obra são eficazes tanto para a autocura quanto para a cura de outros ou por outros.

As mulheres curam a si mesmas e umas às outras, e também às crianças, às plantas, aos animais, aos homens, aos governos e ao planeta. Ninguém neste mundo vive separado do todo e ninguém poderá gozar de uma saúde plena enquanto a sociedade e o próprio planeta Terra não forem perfeitamente saudáveis. Vários métodos de cura e autocura podem ser adaptados para curar o planeta. A cura a distância pode abranger a Terra e qualquer porção dela. Na verdade, toda cura é planetária, da mesma maneira que cada pessoa, animal ou planta é uma porção da Terra. Gaia é a Deusa Terra e todos nós somos uma parcela do seu Ser Vivo.

Toda cura, em benefício próprio ou no de outrem, de qualquer animal de estimação, ave, criatura selvagem ou flor, é uma cura da Terra. Qualquer manifestação ativista – marcha pela paz; protesto contra o racismo, a discriminação sexual, a homofobia ou a pobreza; o voto num candidato honesto e favorável à vida; uma carta enviada a um membro do Congresso; a divulgação de qualquer informação verdadeira – é uma cura planetária. Toda garrafa, lata e jornal reciclados são de ajuda; cada árvore que se planta, cada cura de um ser vivo que é feita é de ajuda a todos neste mundo. Cada depoimento contra a violência, tanto quanto qualquer coisa que se dê de comer a quem tem fome, representa uma cura para todos e cada um de nós.

A Terra e todas as nações e povos do mundo participam de um gigantesco processo de depuração e cura que a metafísica da Nova Era conhece sob o nome de "mudanças na Terra". Embora muitos se recusem a acreditar no conceito e nas profecias – que Edgar Cayce anunciou e popularizou antes de 1945 –, o noticiário diário demonstra tratar-se de um fato cada vez mais costumeiro. No meu livro *Dreaming the Past, Dreaming the Future* (Ed. Crossing Press, 1991) apresento uma visão global da teoria das mudanças na Terra e das previsões então correntes. Os acontecimentos começaram a desenrolar-se naquela época e, nos últimos dois anos, multiplicaram-se bastante. E prosseguirão nos próximos anos, propiciando aos indivíduos e ao planeta uma oportunidade para transformar-se positivamente. Tudo aquilo que não funcionou na vida e na organização das nações e das pessoas está eliminado para dar lugar àquilo que efetiva e humanamente funciona. O resultado do caos afigura-se bom, em última instância.

Barbara Marciniak afirma em *Earth: Pleiadian Keys to the Living Library*:

> A Terra sofrerá alterações turbulentas... Consideramos essa possibilidade como inevitável em razão do alto grau de polaridade do planeta de vocês. Estejam certos de que quanto mais vocês poluírem e destruírem a Terra, tanto maior será a energia de mudança que irá reordenar as coisas.

> Entre os anos de 1994 e 1999 o caos atingirá o seu ápice.

> A época presente testemunhará a queda da civilização global e o reaparecimento de uma nova forma de consciência.[2]

As predições e profecias se estão desdobrando em nível global. Desde que *Dreaming the Past, Dreaming the Future* foi escrito, o mapa do mundo mudou. A União Soviética fragmentou-se em numerosas nações menores; o muro de Berlim caiu, unificando as duas Alemanhas; e a União Econômica Européia aboliu fronteiras dentro de um continente. O *apartheid* desapareceu da África do Sul, assim como o fascismo do Haiti; na dividida Irlanda fazem-se esforços pela paz, como também acontece entre Israel e os países árabes. Por outro lado, conflitos genocidas sacodem a Bósnia, Ruanda e o Burundi, e na Etiópia e Somália a fome reescreve os mapas, matando milhões de pessoas e horrorizando o mundo. A AIDS varre o globo e despovoa diversos países africanos.

Diariamente, ocorrem na superfície da Terra grandes alterações, algumas das quais devastadoras. O terremoto de Los Angeles, em 17 de janeiro de 1994, deixou um saldo de sessenta mortos, milhares de desabrigados e bilhões de dólares em prejuízos materiais. Exatamente um ano depois, o terremoto de Kobe, no Japão, matou 5.100 pessoas e deixou ao desabrigo outras 300.000. Terremotos na América do Sul, na Índia, no Irã, no México, na China, nas Filipinas, no Japão, nos Estados Unidos e em outros lugares provocaram perdas e mortes, e milhares de tremores menores e suas conseqüências se fazem sentir. A violência desses sismos vem crescendo de forma alarmante.

Furacões causaram danos semelhantes na Flórida, nas Carolinas, no Havaí, no Japão, nas Filipinas e em Santa Cruz, com destaque para o furacão Andrew, em 1992. Grandes tempestades, tornados e perturbações climáticas vêm ocorrendo em todo o globo desde 1993, castigando duramente a Europa, os Estados Unidos e a África. Tornados na Flórida, no sul e no meio-oeste americanos e a megatempestade na costa leste, em 1993, provocaram inundações e deslizamentos nos Estados Unidos; e na Europa foram imensas as perdas em vidas humanas, provocadas por fenômenos semelhantes.

As cheias do rio Mississippi e no Estado da Georgia, em 1993, no rio Reno e na Holanda, em 1994/1995, obrigaram muitos milhares de pessoas a abandonar suas casas. Em muitos lugares, o trajeto e volume dos rios e os padrões habituais do meio sofreram reiteradas modificações. Na Califórnia, no Colorado e na costa noroeste do Pacífico, incêndios incontroláveis devoraram imensas áreas florestais e destruíram muitas vidas. Muitos dos desastres naturais resultaram diretamente da má administração da terra: as construções em planícies alagadiças e em áreas de incêndio e a retificação do curso de rios com finalidades econômicas, por exemplo. Por toda parte nos EUA e no exterior, registraram-se picos de calor, frio, vento, chuva (ou seca) e neve.

Apesar dos desastres sociais e naturais e da conduta condenável dos homens, existe uma contrapartida, um fator positivo, que é o renascimento da espiritualidade e da liberdade. Ao fundamentalismo cristão e islâmico contrapõem-se também a espiritualidade da Deusa e da Nova Era, o interesse pelas filosofias orientais, o anti-racismo e o feminismo. Não obstante a violência indiscriminada, as drogas, a repressão, o desabrigo, os abusos contra mulheres, crianças e minorias, nota-se uma crescente compreensão da unicidade da vida, bem como um sentimento de repúdio a todas as formas de opressão. Se, de um lado, há acidentes aéreos, terremotos, enchentes, incêndios e catástrofes em grande número, de outro lado há uma mobilização em torno do sentimento de solidariedade humana. Lado a lado com doenças recém-detectadas e violentas, como a AIDS e o vírus Hantaan, e males antigos que ressurgem, como a tuberculose e o cólera, coisas como a cura e a compaixão cada vez mais centralizam as atenções. Paralelamente à falta de adequada assistência médica que atinge a tantos, registra-se um progressivo retorno a um modo de vida mais natural e seguro.

Embora nem sempre agradáveis, as mudanças são a lei primeira em matéria de energia e vida. Onde a resistência a elas é forte, elas se manifestam com muita força. À medida que o inoperante mundo velho desmorona, o novo vai reconstruindo um modo de vida positivo. Barbara Marciniak descreve as mudanças na Terra como uma iniciação em que o desafio é enfrentar e vencer o medo:

> Se porventura o medo te surpreender, opõe-lhe com firmeza a imagem da tua integridade e felicidade, e aprendendo sobre a tua própria pessoa... Quando o medo não mais couber no teu campo energético, aquilo que temias já não terá forças para te destruir.[3]

Os problemas e desafios geram força e crescimento, o que se traduz num processo de cura ao longo do qual a Mãe Terra conduz seus habitantes. A cura da Deusa/Planeta reflete-se na cura e na cura e fortalecimento das mulheres. Cada qual dos seres vivos no planeta é a Terra.

Para as mulheres, as mudanças interiores podem ser tão terríveis quanto os terremotos; aquelas que não mudarem vão morrer, mas aquelas que enfrentam o processo de iniciação vão colher resultados positivos. O fortalecimento e o crescimento pessoal se manifestam na forma de uma abertura emocional, e as mudanças na vida espiritual das mulheres se manifestam através das suas opiniões e percepções. As mulheres estão se tornando mais sensíveis às forças sutis, mais conscientes de terem um propósito de vida e serem uma parte desse todo único que é a vida na Terra. As rígidas religiões patriarcais estão perdendo lentamente terreno para filosofias orientais, nascidas na América, embasadas no telúrico; e não raro ressurge o conceito da divindade da mulher. Para muitas mulheres, a espiritualidade se torna mais importante que a religião e mais focada no abrir-se, no dar-se e no amar. Há uma volta à velha e outrora generalizada crença na reencarnação e na vida após a morte.

As mudanças na Terra acarretam também uma ênfase na cura de dentro para fora, e é essa forma de cura que inspirou este livro. Tanto as mulheres quanto os homens estão aprendendo que curar o corpo é livrar as emoções, a mente e o espírito dos abusos perpetrados pelo patriarcado e dos traumas provenientes do seu próprio passado. Curar os traumas, tanto desta vida quanto de vidas passadas, é a forma de enfrentar e vencer o medo, de progredir e crescer além dos limites previamente traçados. Retrocedendo-se a sofrimentos passados – incesto, espancamento, rejeição e outros – , a dor é reconhecida, sentida, curada e liberada. Os traumas de existências pretéritas afloram durante a cura e são resolvidos para sempre.

A resolução do histórico e das emoções pessoais de cada um acarreta a cura coletiva e a cura da Deusa. Uma mulher que, tendo sido vítima de incesto ou espancamento, cura a sua própria dor, contribui depois para a cura da dor alheia, para uma conscientização maior de que existe a dor do planeta e para pôr fim a esta última. Aquela que, depois de vitimada por atos de racismo, homofobia, misoginia, violência ocasional ou discriminação religiosa, restaura sua consciência de Deusa, ajuda a erradicar da sociedade esses males. Quem tiver estado numa guerra auxiliará na pacificação do mundo, quem tiver sido pobre ou desabrigado aprenderá a alcançar a prosperidade e ajudar os outros a conquistá-la, e assim por diante. Com a dissipação do medo sobrevêm a abundância, a saúde, a paz e a capacidade de, por amor, direcionar a si mesmo, aos outros e ao planeta no rumo da cura e de uma nova era. À medida que mudam as auras individuais, muda também a aura da Terra.

Quando essas curas acontecem, as vidas mudam. Muitas pessoas estão mudando de profissão e de emprego, com risco da própria segurança, para se dedicar a atividades mais compatíveis com seus gostos e necessidades emocionais. Algumas estão optando por trabalhar em benefício dos outros. Muitas têm preferido trabalhar por conta própria. Numerosas mulheres estão deixando suas antigas moradias ou locais de nascimento para mudar-se para outras cidades, no seu próprio país ou mesmo no estrangeiro, chegando a mudar diversas vezes. Outras trocam de parceiro e muitas das que estavam sós encontram seu par. Umas poucas optam por ir pela primeira vez viver numa comunidade. As mudanças podem afigurar-se assustadoras e caóticas por algum tempo, mas acabam por promover a paz de espírito e o senso de integridade. Muitas mortes têm ocorrido – de AIDS, câncer, desastres aéreos, acidentes de trânsito e catástrofes outras – e muitas mais haverá. Quem for incapaz de mudar ou enfrentar seus próprios temores poderá morrer. Quem realmente mudar poderá deparar com alegrias nem sequer antes sonhadas.

Aquilo que mais precisa ser curado, nas pessoas e nas nações, é a idéia da separação. Separação e solidão não passam de idéias falsas e superficiais que a cobiça e o ciúme patriarcais alimentam. Na raiz e fonte da vida, todos nós somos unos e igualmente partícipes da Deusa que é a terra que habitamos. Somos todos essencialmente iguais e aquilo que fere um de nós nos fere a todos. A Terra, a Deusa e sua gente partilham um karma de opressão e abuso cuja cura está na consciência da unicidade de todas as espécies de vida. Se a cura psíquica, ou qualquer tipo de cura, comporta uma definição, trata-se do processo de retorno do indivíduo à comunhão total com os outros seres e com a Deusa.

O reconhecimento dessa unicidade leva à compreensão de que o caos faz sentido, e cada um de nós se livra do medo da solidão. Toda mulher que aprende a se amar aprende a amar a todas as outras pessoas e também à Terra. Aprendendo a confiar na Deusa/Terra, ela aprende a ter confiança em si própria e nos outros, confiança que será sempre respeitada e retribuída. A sensação de separação desaparece em face da confiança e do amor; do todo único ninguém se separa.

Quando o problema da separação é resolvido e as pessoas passam a amar-se a si mesmas, cada uma delas passa a ver-se refletida nas outras. Nesse estado de espírito, a guerra, a opressão, a violência e os abusos tornam-se coisas insuportáveis. Como ninguém jamais faria tais coisas a um "eu" que devidamente amasse e respeitasse, torna-se simplesmente impossível fazê-las aos outros. O fim da separação é também o fim da pobreza, do racismo, da poluição ambiental, da crueldade com crianças e animais, do incesto, dos maus-tratos e do preconceito contra os deficientes e os idosos. Entregando-se ao amor e à unicidade com todas as formas de vida, a pessoa se sente íntegra e completa, não sente falta de nada e é capaz de transmitir e absorver sabedoria, graça e compaixão. Essa unicidade estabelece com a Deusa uma ligação a mais ampla possível.

A doença das pessoas é reflexo da doença do planeta, e a cura é sempre um processo de crescimento consciente. A vitória sobre a doença é sinal de saúde e continuidade, mas pode também ensinar a aceitar as coisas como elas são, e o processo de cura pode desfechar em morte. A morte não é uma derrota, nem um triunfo do mal ou da moléstia. É um outro rito de passagem e uma avenida que leva a um renascimento mais sadio. Todos aqueles que nascem, morrem um dia. A mulher que morre depois de enfrentar e purgar os traumas e o karma do seu passado morre em paz. Sua compreensão e entendimento a integram num novo todo, e o trabalho que lhe cumpria fazer nesta encarnação está feito. Sua vida seguinte será o reflexo do seu crescimento e lhe trará novos ensinamentos, libertos das atuais limitações. Da mesma forma, a mulher que se entende com a sua doença e aprende, por amar-se a si mesma, a conviver com ela, abre o caminho para a boa saúde. Curando-se nos níveis não-físicos, ela alcança a integridade e a paz interior, com ou sem o seu mal físico.

O conceito do amor de si mesma talvez seja o ponto nevrálgico e central da cura das mulheres. A sociedade patriarcal propugna a ilusão da separação e a idéia de que todo aquele que não é um homem anglo-saxão branco e rico é um ser inferior. É esse posicionamento mental que está provocando a atual deterioração da Terra e exigindo que Ela passe por transformações. O fato é que as mulheres são o coração espiritual e a única esperança de salvação desta cultura planetária. As mulheres lembram a Deusa e, feitas à sua imagem e semelhança, constituem-se num exemplo vivo da força vital criadora. Sem nós ninguém nasceria neste mundo, e somente voltando aos valores femininos baseados na Deusa poderá a humanidade sobreviver. A ênfase feminina nos relacionamentos, na compaixão, na criatividade, na ética, na civilização e no não-materialismo é a raiz da Nova Era que nasce. A violência característica da cultura atual raramente é praticada por mulheres.

As mulheres são a Deusa e a Terra. Elas dão à luz filhos e os criam, fazem os lares e criam civilizações e comunidades cooperativas. Quando os homens fazem a guerra, as mulheres fazem a paz; quando os homens fazem tecnologia, as mulheres fazem humanismo, quando os homens fazem o caos, as mulheres fazem compaixão, sensatez e ordem. Somente pela conscientização das mulheres poderão os homens mudar e o patriarcado acabar. O sistema patriarcal não quer que as mulheres saibam até que ponto elas próprias e o que elas fazem são importantes. Reconhecendo sua real influência, as mulheres se conscientizam do quanto são fundamentais à sobrevivência da Terra e de que amarem-se a si mesmas é apenas um sinal do respeito que se deve à vida e à Deusa. Para as mulheres, pois, qualquer cura significa a cura do respeito e do amor que elas devem ter por si mesmas, bem como da auto-imagem feminina.

A recitação da Bênção de Si Mesma do wicca, todas as noites, é uma boa forma pela qual qualquer mulher pode iniciar o processo de cura dos seus males. Acenda uma vela e se coloque nua diante de um espelho.

Molhe o dedo indicador com uma gota de óleo (de rosas ou de jasmim, de preferência), vinho tinto, sangue menstrual, água salgada ou água pura. Toque, um por vez, cada um dos chakras, dizendo em voz alta o seguinte:

Tocando o chakra da coroa (alto da cabeça), diga:
"Abençoa-me, Mãe, porque sou tua filha".

Tocando o chakra ajna (entre as sobrancelhas), diga:
"Abençoa a minha vista, para que eu veja claro e veja a Ti na minha vida".

Tocando o chakra da garganta, diga:
"Abençoa a minha voz, para que eu fale a verdade e fale de Ti".

Tocando o chakra do coração (entre os seios), diga:
"Abençoa o meu coração, para que ele se abra e se encha de amor por todos".

Tocando o plexo solar (na altura das costelas inferiores), diga:
"Abençoa a minha energia vital, que vem de Ti".

Tocando o chakra da barriga (abaixo do umbigo), diga:
"Abençoa o meu útero e ovários, para que eu pratique o sexo com amor".

Tocando o chakra da raiz (vagina), diga:
"Abençoa a minha vagina, portal da vida e da morte".

Tocando a sola de ambos os pés, diga:
"Abençoa os meus pés, para que possam trilhar o Teu caminho e o meu".

Tocando a palma de ambas as mãos, diga:
"Abençoa as minhas mãos, para que façam o Teu trabalho, que é o meu trabalho neste mundo".

Tocando novamente o chakra da coroa, diga:
"Abençoa-me, Mãe, porque sou tua filha e sou uma parte de Ti".

Esta cura produz milagres e abre o caminho para todas as curas subseqüentes. Os métodos expostos neste livro começam com a abertura das mulheres para a sua unicidade com a Deusa e com toda e qualquer forma de vida pela meditação; prosseguem estendendo essa abertura à comunicação com o eu-Deusa por meio da visualização. A seguir vêm alguns capítulos sobre a anatomia não-física dos chakras, da Linha do Hara, do corpo anímico e dos níveis da aura, e depois sobre limpeza energética básica, aperfeiçoamento e técnicas de proteção. São essas as ferramentas primordiais da cura sutil. Mais adiante trato de uma outra ferramenta essencial do trabalho de cura não-físico, que é aprender a trabalhar com os guias espirituais.

O uso dessas técnicas possibilita que a agente de cura aprenda acerca da libertação emocional e da cura do passado na vida presente, da imposição das mãos, da cura a distância e do emprego de pedras e cristais. Os últimos capítulos incluem métodos mais avançados de cura psíquica e informação: cura kármica e trabalho de liberação, resgate anímico e combate a entidades que perturbam o corpo áurico. Trata-se de entidades que tanto podem ser do presente como de vidas passadas, da Terra ou de outros planetas, e que podem requerer o auxílio de aliados externos. O capítulo final do livro é sobre a cura e o processo da morte e sobre a possibilidade de projetar a cura às vidas futuras.

No princípio, apresento técnicas básicas e, na continuação, técnicas mais avançadas, enfocando primordialmente assuntos de natureza complexa. Existem muitos livros sobre cura para iniciantes, mas poucos que ensinam técnicas avançadas. As mulheres que completaram o Reiki II e III, e aquelas que não aprenderam o Reiki mas exerceram por bastante tempo a cura sutil e têm experiência suficiente, todas precisam de orientação suplementar. Até aqui, quase todas nós temos trabalhado a sós, buscando decifrar o sentido daquilo que vemos e tentando aproveitar as experiências, aplicando-as na base da tentativa e erro. Os métodos apresentados neste livro representam o que eu vi e compreendi através das minhas próprias tentativas e erros.

Não existem duas agentes de cura cuja forma de trabalhar seja a mesma, e aquelas que lêem os meus métodos poderão optar por usá-los de outra maneira, e com a minha bênção, desde que sejam usados para a cura e para o bem, jamais prejudicando ou manipulando quem quer que seja. Cada agente de cura, ao ganhar experiência em determinado método, progredirá além dele, também com a minha bênção. É isso que eu quero. O importante em matéria de capacidade mediúnica é usá-la para o bem das pessoas, dos animais e do planeta. Quando esse é o alvo, a cura é orientada de cima pela Deusa e seus guias espirituais, para o bem da vida.

As agentes de cura são sacerdotisas e parteiras que ajudam a Terra e as mulheres a entrar na Nova Era e a criar um mundo novo agradável e positivo. Lembre-se de que tudo aquilo que você der lhe será devolvido e que curar os outros resulta em cura e muitos benefícios para quem cura. O melhor conselho que posso dar a uma agente de cura é que renuncie ao ego (que é separatividade), seja compassiva e deixe que a Deusa trabalhe por suas mãos. Toda cura é um tríplice contrato entre a agente de cura, a paciente e a Deusa Terra, e dessa parceria só pode nascer o bem e o amor. Uma atitude de respeito espiritual na cura pode mudar vidas e favorece a integridade dos indivíduos, da Deusa e do mundo.

20 de janeiro de 1995
Lua minguando em Virgem

NOTAS

1. Marc Ian Barasch, *The Healing Path: A Soul Approach to Illness* (Nova York, Arkana Books, 1993, pp. 218-219.

2. Barbara Marciniak, *Earth: Pleiadian Keys to the Living Library* (Santa Fe, NM, Bear and Co., Inc., 1995), pp. 220-221.

3. *Ibid.*, p. 219.

Capítulo 1

A Meditação

A saúde e a cura começam com hábitos físicos adequados: comer alimentos integrais e não contaminados, tomar vitaminas, beber água pura e consumir o mínimo possível de açúcares, gorduras, álcool, drogas (inclusive as que se vendem na farmácia), fumo, produtos químicos, pesticidas e aditivos. Saúde e cura significam asseio, higiene e sono reparador, sol e exercícios físicos, ambiente agradável e segurança física. Quando rodeadas pela beleza, as mulheres vivem saudáveis. Saúde significa também bons hábitos mentais e emocionais: tempo para si, tempo para passar na companhia de pessoas confiáveis, relacionamentos calmos, muitos abraços, trabalho e lazer o quanto possível gratificantes, saídas criativas, convívio com crianças e animais, interesse pelo que se faz sem cair, porém, se possível, nas preocupações, na pressa e no *stress*.

O *stress* é a causa direta de 85% das moléstias humanas, segundo uma comedida estimativa dos médicos. Segundo um conceito bastante livre, pode-se definir o *stress* como uma tensão exercida sobre os sistemas do organismo. Certa dose de tensão se faz necessária para estimular o bom funcionamento, mas o excesso de "combustível" nos circuitos é negativo e prejudicial. É uma sobrecarga da qual resulta prejudicada a plenitude do funcionamento físico e mental/emocional e que, por fim, precipita a falência dos órgãos e sistemas do corpo. A tolerância dos indivíduos ao *stress* varia, assim como varia a própria definição de *stress* para·cada pessoa, e a sobrecarga tanto pode advir de acontecimentos positivos como de ocorrências traumáticas.

Os sintomas do *stress* emocional são, entre outros, irritabilidade e facilidade de chorar; irrequietude e ansiedade; incapacidade de concentrar-se ou de tomar decisões; tristeza; insônia; tabagismo nervoso; alcoolismo; maus hábitos alimentares (ou inapetência); fadiga crônica; falta de interesse pelo sexo e falta de resistência.[1] Cada indivíduo tem um nível próprio de tolerância às emoções e situações estressantes. Acima desse nível, os sintomas começam a aparecer. Quando o *stress*, extrapolando os limites, tornar-se crônico, a doença propriamente dita entra em cena e pode se transformar em moléstias progressivamente mais graves, disfunções imunológicas e, por fim, pode resultar na morte. Cada pessoa tem um limite máximo de *stress* que pode suportar.

Os sintomas de *stress* são também os sintomas da separação espiritual, essa separação entre o corpo, a mente, as emoções e o espírito tão endêmica na sociedade contemporânea. São os sintomas e conseqüências de a mulher não saber que é a Deusa. O *stress* não é apenas o resultado do afastamento da Deusa; pode ser também um fator de estímulo à mudança. Habitamos um mundo em que tudo muda muito rapidamente, sem sinais de desaceleração. O desconforto provocado pelo *stress* pode ser uma pressão que obriga a pessoa a modificar aquilo que não vai bem na sua vida, impelindo-a rumo à cura e ao crescimento. Isso pode ser positivo em última análise, embora de momento não pareça, e é típico do que vem acontecendo às mulheres nestes tempos de mudanças na Terra. Os sintomas do *stress* podem ser uma simples advertência para que a pessoa diminua o ritmo e volte a "sentir o perfume das rosas" (restabelecendo o contato com a Deusa), retomando uma vida mais simples e mais voltada para o espiritual. A volta à consciência de que você é a Deusa alivia o *stress* e modera a velocidade das mudanças.

O sistema imunológico humano é diretamente afetado pelo *stress* e se constitui no verdadeiro elo entre o corpo e os níveis não-físicos. As emoções negativas decorrentes do *stress* provocam no cérebro a formação de substâncias químicas que se deslocam e inundam o organismo, alcançando o timo através do nervo vago.[2] Essas substâncias químicas são o resultado de um excesso de produção dos hormônios que caracterizam a "síndrome de lutar ou fugir", produção superestimulada pelo *stress* freqüente ou crônico. O nervo vago, sede do sistema nervoso autônomo, controla o coração e o sistema respiratório e, em termos metafísicos, conecta as emoções com a mente superior. De modo geral, as emoções negativas são definidas como resistência, cobiça, culpa, espírito de acusação, ódio, ciúme, ressentimento, fúria, frustração, depressão etc.

O timo é o centro físico, na Linha do Hara (ver. Cap. III), e é também o elo psíquico entre o corpo e as emoções, o nível físico denso e os níveis não-físicos da aura emocional. É o elemento de ligação entre o duplo etérico (aura do nível físico) e o corpo emocional, e entre as emoções e as funções físicas. O nervo vago faz ainda a conexão do corpo emocional com o mental. Assim unem-se o corpo físico, o duplo etérico e os corpos emocional e mental. A doença no corpo denso resulta desta cadeia de acontecimentos: *stress* → emoções negativas (dolorosas) → substâncias químicas negativas no cérebro → nervo vago → funcionamento deficiente do timo → imunidade exaurida → doenças físicas, desde o resfriado até o câncer.

A doença relacionada com o *stress* (em sua maior parte, senão todas), é, portanto, a necessidade de se voltar à unicidade interior, de religar o eu à

Deusa Fonte. É uma advertência para que se vençam as tensões da vida física pela volta à quietude dos níveis espirituais, onde nós somos a Deusa (Deusa Interior). As doenças são também um sintoma de resistência às mudanças, seja na maneira de viver, seja nas emoções, seja na forma de pensar. Quando alguma coisa no cotidiano da pessoa (ocupação, relacionamento, dependência, estado emocional, hábito) não é positiva e, ainda assim, ela se nega a mudá-la, o *stress* que daí resulta provoca primeiro o desconforto emocional, depois a inquietação mental e espiritual e, por fim, a dor e a doença física. Mais uma vez, a resposta é voltar-se para a Deusa, para os valores espirituais; a resposta é dar um crédito às mudanças, dando-lhes livre curso e renunciando ao que havia antes. A mudança mais significativa é a conversão de pensamentos negativos em positivos. Esse reequilíbrio espiritual se opera nos vários níveis e reverte o processo de adoecimento.

A progressão é esta: modo de vida negativo → *stress* → resistência à mudança → mal-estar emocional → mal-estar mental → sofrimento espiritual → doença física. No sentido contrário: doença física → mudança e renúncia → liberação emocional → liberação mental (muitas vezes kármica) → religação espiritual → cura do corpo. É este o processo sutil de cura por meio do qual a agente de cura conduz a paciente. Para que se seja uma agente de cura proficiente e para que se pratique a autocura é necessário ter acesso a esse processo de reversão do quadro acima descrito.

O segredo desse acesso, o caminho pelo qual se chega à cura, é o estado de meditação. Toda formação espiritual e técnica de cura sutil, em qualquer cultura ou religião neste planeta, começa com o desenvolvimento dessa habilidade. Também a autocura começa pela meditação. É essa a melhor forma de transcender os níveis físico, emocional e mental do corpo para se alcançar o espiritual e contatar a Deusa. No nível espiritual da Deusa Fonte, toda a negatividade (dor em todos os níveis), *stress*, obstinação e medo dissolvem-se para que o eu se encha de calma, segurança, paz, amor, aceitação, integridade e cura. A cura é uma volta à integridade, à unificação com o eu espiritual, com a Terra e com tudo o que vive, e é pela meditação que se chega a essa unificação.

Deepak Chopra conta como o físico Albert Einstein, na década de 20, e os antigos sábios hindus (rishis) procuravam a fonte oculta da transformação de espaço e tempo, massa e energia. Interessante é que somente agora a Física moderna começa a compreender (embora, em verdade, ainda não compreenda) o fundamento da cura que as antigas agentes de cura desde sempre dominaram. Einstein queria descobrir a "teoria do campo unificado", um estado original único capaz de explicar a mudança, isto é, as transformações da matéria. Em termos antigos, isso que ele buscava era a fonte da criação e da cura, que só pode ser definida como transformação da consciência.

Os rishis identificavam três estados de realidade ou consciência: vigília, sono e sonho, comparáveis ao espaço-tempo e massa-energia de Einstein.

Eles definiam o campo unificado de Einstein como um quarto estado, a que denominavam *turiya* (o samadhi budista). Os rishis explicavam turiya como uma estado de consciência ulterior aos três primeiros, porém escondido por estes. Diziam que o turiya, ou samadhi, pode ser alcançado quando o indivíduo transcende a atividade normal dos sentidos e avança ainda além dos estados de vigília, sono e sonho, rumo à fonte de toda a consciência, o Vazio. Essa fonte (Deusa) ou estado transcendental (nível espiritual, Deusa Interior) de consciência é o lugar que está além do espaço-tempo, massa-energia, definido por Einstein, no qual a vida é criada e a matéria pode ser transformada.[3]

É claro que a palavra "unificado" em "teoria do campo unificado" significa unicidade, e essa unicidade, na qual se alcança a Deusa e a Deusa Interior e na qual se chega à cura, é atingida através do turiya (samadhi) do estado de meditação. O lugar que se deve buscar para fazer a conexão com a Deusa ou Deusa Interior é denominado *Vazio* no budismo. Os outros três níveis são o *Não-Vazio*. O Vazio é o lugar não-físico de criação, a matriz a partir da qual a matéria é feita, o nível espiritual do Ser-Deusa. O Não-Vazio é o mundo criado, ou corpo físico, o infinito potencial dos estados físico, emocional e mental.

Toda a realidade, incluído nela o corpo humano denso, é criada pelo Vazio através do Não-Vazio. Alcança-se o nível do Vazio, da Deusa, deixando de lado a perturbação dos sentidos e adentrando o berço ou fonte da transformação, da consciência, da criação e da vida. É um local de silêncio, vacuidade, nada e completude, além do qual se encontram a alegria e a libertação plenas (nirvana).[4] Para alcançar o Vazio é preciso renunciar ao ego (separação) e encontrar na unicidade: turiya, samadhi, estado meditativo de transformação, Deusa/Deusa Interior, campo unificado.

O budismo mahayana conceitua o Vazio, esse estado de felicidade e completude, como a natureza íntima de todos e de tudo aquilo que tem vida. Eu equiparo o conceito budista "natureza búdica", abaixo descrito, com a Deusa Interior do wicca:

> A nossa natureza búdica original não é, em verdade, algo que se possa aprender. Ela é vazia, onipresente, silenciosa, pura; é tranqüilidade gloriosa e misteriosa, e isso é tudo quanto pode ser dito. Tu próprio tens de despertar para isso, perscrutando-lhe as profundezas. O que tens à tua frente é Ela em toda a sua inteireza, e nada, absolutamente nada, lhe falta.[5]

Na procura do Vazio-Deusa, cada um de nós encontra dentro de si a fonte de toda a criação, amor e cura.

A Física descobriu também que a matéria sólida não é, na realidade, nem um pouco sólida. Mesmo nos objetos mais densos existe muito mais espaço aberto do que volume atômico. O potencial de transformação não está nos átomos e moléculas, mas na distribuição e redistribuição dos seus espaços intermediários. Da mesma forma, as células do corpo contêm muito mais espaços intermediários do que matéria sólida. Elas estão rodeadas por campos elétricos; aliás o corpo humano todo está cercado por camadas de campos elétricos (as camadas da aura e também os campos que circundam as células e órgãos). A matéria sólida é esparsa e o espaço é vasto – esses espaços entre os átomos, isto é, essa vacuidade física-elétrica, também é o Vazio. A eletricidade nos espaços não-materiais é o Não-Vazio, o potencial do qual emergem a transformação e a cura.

Toda cura se inicia nesse local de vacuidade ao qual se chega pela meditação. Nesse nível espiritual de espaços elétricos interatômicos e intercelulares o *stress* é deixado para trás, bem como os seus efeitos negativos. Os sentidos terrenos, mas não os astrais, o ego e o corpo são deixados para trás, bem como a doença. Na perfeição do Vazio tão-somente pode existir o bem-estar, matriz perfeita da integridade e criação primordial da Deusa. Com a chegada a esse estado, a marcha da doença é revertida e a perfeição volta através do Não-Vazio. Dessa mudança se origina a cura física. Por força da atuação da mente no Vazio (a visualização, descrita no capítulo seguinte), no estado de meditação, ocorrem a transformação e a cura. As transformações deslocam-se através dos níveis, do espiritual através do mental e do emocional para o físico denso. Com as mudanças físicas vêm o fim do *stress*, a calma emocional e um estado mental e físico tranqüilo, o mais das vezes beatífico.

A meditação é uma habilidade ao alcance de todos; as crianças aprendem-na mais facilmente que os adultos. Dela resulta um *processo* de crescimento, e o processo propriamente dito é mais importante do que qualquer objetivo ou resultado. Para que tenha a máxima eficácia, é preciso que se torne um hábito de vida, algo que se faz todos os dias, como escovar os dentes. Quando se adquire tirocínio em meditação, quando já se está familiarizado com a sensação do estado meditativo de concentração, torna-se fácil entrar nesse estado a qualquer momento. O movimento de entrar e sair da meditação à vontade constitui esse estado de cura que é a base de toda cura psíquica.

O processo de aprendizado da meditação, de praticá-la uma ou duas vezes ao dia durante meia hora, produz também excelentes resultados em benefício da mulher que quer curar a si mesma. Transcender os sentidos, o ego, o nível do plano físico terrestre é algo que purifica e ilumina a energia dos corpos não-físicos (o campo elétrico entre os átomos) e é por si mesmo uma cura. O *stress* e seus efeitos negativos ficam grandemente reduzidos e a doença do corpo físico é minorada ou, mesmo, eliminada. A mulher passa a experimentar uma crescente sensação de paz e desenvolve a virtude da tolerância. Sua mente se aclara e aumenta a sua capacidade de subtrair-se às influências alheias e fazer da sua vida o que lhe aprouver. Até mesmo a dependência pode ser curada. E, embora no Ocidente este aspecto não seja muito sublinhado, o fato é que a abertura para a paranormalidade existe e com ela vem um aumento dos sentidos e da capacidade de cura, quer em benefício próprio, quer no de outrem.

A palavra "meditação" de hábito é associada à idéia de "transe", e isso pode gerar vários mal-entendidos. "Transe" conota uma ausência de controle ou de consciência, que é precisamente o oposto do verdadeiro sentido da palavra. Muito pelo contrário, meditação e transe consistem num estado de concentração tranqüila e consciente e de aguda fixação: uma unificação mental profunda, imperturbável e cheia de calma. "Transe" é, segundo a minha definição, um processo de mergulho no qual a pessoa se concentra no eu interior, diminuindo as distrações que vêm do mundo exterior cotidiano. Não é uma tentativa de esvaziar por completo a mente, o que seria improvável até mesmo no Oriente e decididamente impossível na cultura ocidental. Na meditação não há hipnose. Só pode ser hipnotizado quem quer sê-lo e a hipnose (consulte o próximo capítulo) é um processo diferente.

O ser humano, em média, usa entre cinco e dez por cento da sua capacidade cerebral, e a meditação é um treinamento mental sistêmico que ajuda a aumentar o uso do potencial do cérebro. A meditação ensina a mente a concentrar a atenção e a melhor exercer o livre-arbítrio. É uma forma de ganhar acesso aos níveis de consciência mais profundos e ao subconsciente, e de interligar e depurar as camadas e níveis energéticos. Ela desacelera as funções orgânicas e prende a mente a um pensamento por vez. Pela meditação a mulher entra em si mesma e encontra a Deusa. O processo põe fim às ilusões dos sentidos e do mundo físico, como, por exemplo, à ilusão de que nós somos o nosso corpo. Nós não somos o nosso corpo, nem mesmo a nossa mente ou nossas emoções; somos, antes, alguma coisa muito maior e que inclui tudo isso. A meditação nos conscientiza melhor daquilo que de fato somos, como seres espirituais.

Os efeitos do estado de meditação são descritos pelos médiuns como "um relaxamento profundo associado a um estado mental intensamente alerta".[6] O metabolismo se torna mais lento, assim como os ritmos cardíacos e respiratório (nervo vago); e o consumo de oxigênio diminui. Baixa também a taxa de ácido lático no sangue, que é a medida fisiológica da ansiedade e da tensão (*stress*). A resistência da pele aumenta, o que é um outro indicador de queda do *stress*. O eletroencefalograma acusa uma mudança das ondas cerebrais beta, que são mais rápidas, para as ondas alfa, mais lentas (oito a treze ciclos por segundo). Se a pessoa for experiente em matéria de meditação ou cura, suas ondas cerebrais poderão, nos estados mais profundos, alcançar os graus mais elevados do nível teta, que é extremamente lento.[7] O estado de meditação não é de vigília, nem de sono, nem de sonho; é esse quarto estado, o estado criativo, de transformação da consciência e da matéria de que falam os rishis e o estado do campo unificado de Einstein. É, em suma, o estado que dá acesso aos espaços intermoleculares e interatômicos, o Vazio.

Qualquer pessoa pode aprender a meditação, praticando-a. Todavia, o ego e a mente tendem a resistir às renúncias que ela acarreta. Proficiência na meditação é coisa que só se consegue com tempo, insistência e prática constante. A despeito da resistência, não é preciso muito tempo para que o meditante experimente a passagem da dispersão exteriorizada para a concentração interiorizante, da agitação do dia-a-dia para a tranqüila cura do estado de transe leve (pré-alfa). A fim de ter o quanto antes essa experiência e à guisa de introdução à concentração profunda que vem com a meditação, tente o seguinte exercício:

Num lugar tranqüilo onde você não possa ser perturbada, sente-se no chão na posição de alfaiate. Não tente a posição oriental de meio-lótus (pernas cruzadas, um dos pés sobre o joelho da perna oposta), a não ser que ela lhe seja fácil. Relaxe o corpo, endireite as costas, coloque as mãos abertas sobre as coxas, palmas para cima, e faça algumas respirações lentas e profundas. Incline seu peso lentamente para a esquerda; depois volte ao centro. Incline-se para a direita e volte ao centro. Incline-se para frente e volte à posição central. Depois pare, relaxe, concentre-se e faça novos movimentos respiratórios, lentamente, prestando-lhes atenção.

Preste atenção ao que você está sentindo. Seu peso está bem equilibrado, tanto que talvez você sinta o corpo. Sua mente está calma e tranqüila. Continue a respirar lenta e profundamente e concentre a atenção na respiração. Limite seus pensamentos a um por vez, prestando-lhes atenção. Este processo, chamado de ancoragem e concentração, é o começo da meditação e pode ser usado diretamente para principiá-la, mas a mente não se aquietará por muito tempo se você não lhe der mais nada para fazer.

A meditação, para exercitar a mente e transcender o estado físico, deve ser praticada por vinte ou trinta minutos, uma ou duas vezes por dia. Não exceda esse período enquanto não tiver uma certa experiência e não for capaz de controlar uma possível exacerbação da energia da kundalini. Medite sempre na mesma hora do dia. Logo ao despertar ou antes de dormir são considerados os horários mais adequados. Sente-se no chão como um alfaiate ou na posição de meio-lótus, ou mesmo numa cadeira de espaldar reto com descanso para os braços. Não medite deitada, porque você pode cair no sono; e o melhor é não meditar nas duas horas seguintes a uma refeição. Feche os olhos durante a meditação, mas mantenha-se alerta e desperta. Para que a concentração visual seja mais suave, tire os óculos ou as lentes de contato.

O lugar de meditação e seus adereços têm grande importância. Use sempre o mesmo quarto e o mesmo lugar no quarto. O lugar tem de ser tão silencioso e a salvo de distrações quanto possível. Feche a porta e tire o fone do gancho, ou desligue-o. Algumas mulheres usam um fundo musical para meditar, mas eu prefiro não usá-lo. Se você usar música, ela não deve ser cantada, mas sim algum clássico ou, então, uma música *New Age* tocada em volume bem baixo. Se você se surpreender com a atenção presa à música e não à meditação, desligue-a. Não deixe que ninguém perturbe você; essa meia hora é sua e só sua. É bom meditar com outras pessoas. As crianças em geral aprendem facilmente a meditar, mas por períodos mais curtos. Os animais de estimação podem participar, desde que permaneçam em silêncio.

O quarto que se usa diariamente para a meditação adquire uma aura própria de espiritualidade. Quando medito, gosto de me sentar num tapete em frente ao altar da Deusa, altar que montei sobre a penteadeira do meu quarto de dormir. Eu medito antes de me deitar. A energia que fica me ajuda a pegar no sono depois, e o quarto fica parecendo um templo antigo. As velas acesas no altar foram para mim um ótimo suporte de concentração quando eu estava aprendendo a meditar. Hoje, nem sempre as acendo. Velas ou incensos criam um ambiente propício e tendem a tornar-se um hábito, passando a funcionar como um gatilho que aciona automaticamente o estado de meditação quando repetidamente usados.

O exercício de ancoragem e concentração é um bom começo. A partir dele há uma variedade de métodos de meditação. Escolha aquele que mais a interessar. Porém, uma vez escolhido um método, fique com ele ao menos durante um mês antes de tentar outro. Se depois você realmente quiser continuar com esse método, ótimo. Todos os métodos levam ao mesmo resultado: mente aquietada, emoções tranqüilas e corpo relaxado. Chegar lá é mais importante do que a forma pela qual se chega.

Para as iniciantes que talvez nunca tenham sentido o próprio corpo totalmente relaxado, os exercícios de relaxamento completo do corpo constituem um bom começo. Sentada na posição adequada no seu local de meditação, faça primeiro o exercício de ancoragem. Depois, começando pelos dedos dos pés e seguindo até o alto da cabeça, aperte com firmeza cada grupo de músculo de cada parte do corpo e depois relaxe-o. Proceda com vagar e cuidado. O ato de apertar firmemente os músculos faz com que você sinta com mais nitidez a tensão que há em cada parte, e, por contraste, amplifica e intensifica o relaxamento.

Dê uma atenção especial aos músculos das costas, do pescoço, da mandíbula e da face, pois esses são os locais em que a tensão mais se manifesta, na maior parte das pessoas. Cada pessoa tem algum grupo de músculos que reflete o *stress*.

Ao fim do exercício, preste atenção no que você está sentindo. Dirija sua respiração para qualquer área que lhe pareça tensa. Repita ainda uma vez o processo de relaxamento. Depois, sente-se tranqüila, respire devagar e atente para os pensamentos que lhe passam pela cabeça. Desacelere os pensamentos e acompanhe cada um deles até que ele se vá e desapareça. Pense apenas um pensamento por vez, mas, quando ele estiver ocupando a sua mente, dê-lhe toda a sua atenção. Depois, deixe que ele se vá; não o prenda nem lhe acrescente nada.

Uma variante desse método consiste em memorizar estas frases (ou outras semelhantes). No seu local de meditação, os olhos fechados, repita, sem pressa e mentalmente, cada frase, de 12 a 15 vezes:

Meus braços e pernas estão pesados e quentes.
Meu coração bate tranqüilo e compassado.
Minha respiração é livre e fácil.
Meu abdômen está quente.
Minha testa está fresca.
Minha mente está tranqüila e serena.[8]

O relaxamento completo do corpo é o primeiro passo para o relaxamento emocional e é o princípio do estado de cura. Norman Shealy e Caroline Myss, em *The Creation of Health** (Stillpoint Publishing, 1988, 1993), dizem que pelo menos 80% de todas as moléstias respondem favoravelmente à meditação ou simplesmente ao relaxamento completo do corpo, desde que praticados todos os dias. O método acima descrito se torna um hábito; ao fim e ao cabo, o próprio ato de se sentar para meditar se converte num sinal automático para que o corpo relaxe. Cada passo no processo da meditação mais nos aproxima de uma nova consciência e mais fundo nos leva para o turiya, o samadhi e o Vazio-Deusa, matriz da cura. A seguir vão alguns dos métodos de meditação que podem ser escolhidos.

O exercício que eu fazia depois das técnicas de ancoragem e relaxamento era, de início, a meditação da Árvore da Vida, que é também uma das primeiras técnicas do budismo tântrico. Os métodos tântricos budistas provavelmente são a fonte de quase toda a prática, as técnicas de cura e os rituais do wicca. Essa meditação combina a visualização (capítulo seguinte) com o despertar da energia da Kundalini. A Árvore da Vida é uma imagem que a Deusa propõe para representar o canal da Kundalini propriamente dito e a estrutura eletroenergética não física do corpo.

Comece com o exercício de ancoragem, concentração e relaxamento completo do corpo. Imagine-se, a seguir, como uma antiga e frondosa árvore cujas raízes partem da sola dos seus pés e se cravam no chão. As raízes se aprofundam na Terra até atingir o coração dourado do planeta. Absorva essa energia telúrica dourada através das suas raízes, deixando que ela passe pelos seus pés, suba pelas pernas e pelo canal da espinha. Imagine a sua espinha como o tronco dessa árvore grande e sábia, e deixe que a energia inunde todas as partes do seu corpo. Faça com que essa energia dourada lhe suba ao pescoço e a cabeça e saia do seu corpo físico pelo alto da cabeça.

Sinta depois que começam a nascer os galhos, espalhando-se como braços que partem do seu tronco e se ramificam, por sua vez, em galhos

---

* *Medicina Intuitiva*, publicado pela Editora Cultrix, São Paulo, 1997.

cada vez menores. Desses ramos nascem folhas verdes e flores douradas, de pétalas macias. Sinta as flores, a princípio, como botões que desabrocham até que as pétalas, grandes e belas, se despregam e caem no chão. Acompanhe a chuva de pétalas douradas que os galhos derramam sobre a Terra, de onde a essência delas, varando a superfície, chega ao coração dourado do planeta, com o qual se unifica para depois fazer o caminho de volta através das raízes. Termine sempre a meditação voltando ao centro da Terra.[9] Volte lentamente ao presente.

Espreguice-se e se movimente um pouco; antes de se levantar, trate de voltar inteiramente à realidade exterior.

A meditação da Árvore da Vida é uma tradição tanto no budismo como no wicca. Existem inúmeras variantes. No Tibete, em lugar de imaginar-se como uma árvore, a pessoa pode meditar num iaque ou num outro ser qualquer daquele ambiente, até sentir-se transformar-se nesse ser. A iniciante poderá também concentrar-se num objeto – um disco de argila, uma tigela com água, a ponta rubra de um bastão de incenso, ou uma lareira em cuja grade escura se faça um recorte que deixe à mostra um círculo de luz brilhante.[10] (Mais adiante, neste capítulo se falará mais deste tipo de meditação.) O objetivo é fazer com que, de olhos fechados, a imagem pareça tão real à mente como quando está fisicamente diante de nós. Nesses exercícios simples, as imagens vão-se tornando cada vez mais complexas até que as mais intrincadas Mandalas assumem na meditação uma dimensão de realidade igual à de uma pintura, ou ainda maior. As Deusas nas Mandalas ganham vida e funcionam como guias espirituais da pessoa. É o que no budismo tântrico se chama meditação Yidam.

Nesse trabalho, primeiro estágio da meditação budista, desenvolve-se a capacidade de concentração, visualização e atenção. A identificação com a árvore ou o iaque até o ponto em que a pessoa praticamente se transforma na coisa é chamada deslocamento ou transferência de consciência. A partir do instante em que você, mulher, é ao mesmo tempo também uma árvore ou um iaque, você é também todo e qualquer ser vivo. Este exercício demonstra a unicidade de todos os tipos de vida. Ao fundir-se com a Terra na meditação da Árvore da Vida, você não apenas é alimentada pela Terra como também se transforma Nela. Trata-se do primeiro passo na Via da Iluminação, que no Reiki II é representado pelo símbolo do Cho-Ku-Rei.

Eis o que diz Alexandra David-Neel acerca dessa forma de meditação:

> As pessoas que têm o hábito de praticar a contemplação metódica experimentam amiúde... a sensação de tirar um fardo dos ombros ou de despir um pesado traje e penetrar numa região silenciosa, maravilhosamente calma. Trata-se da sensação de libertação e serenidade que os místicos tibetanos denominam *niampar jagpa*, "tornar igual", "nivelar" – e que equivale a aplacar as causas de agitação cujas "ondas" rolam na mente.[11]

Outra forma de meditação consiste em memorizar uma frase inspiradora e repeti-la mentalmente, devagar, grande número de vezes. Use a mesma frase todos os dias, durante algum tempo. Extraia tudo quanto puder do seu significado, mas sem deixar que ela se torne estéril. Lentamente, concentre-se em cada uma das palavras do texto, uma a uma, afastando todos os demais pensamentos. Isto se faz durante meia hora, uma ou duas vezes por dia, sentada na posição de meditação num quarto tranqüilo, os olhos fechado e o corpo completamente relaxado. Se a sua mente começar a desgarrar-se do texto e outros pensamentos aparecerem com força, comece de novo, mesmo que tenha de fazê-lo muitas e muitas vezes durante a sessão. Não é fácil disciplinar a mente; ela certamente vai rebelar-se reiteradas vezes. Recomeçando, você a obriga a trabalhar e a resistência tenderá a diminuir.

Escolha somente textos que de fato reflitam o modelo de vida em que você quer inspirar-se. Há uma quantidade enorme deles nos escritos de todas as religiões, entre as quais o wicca. Evite passagens que conflitem com suas crenças, passagens duras e que contenham juízos de valor, bem como aquelas que menosprezem a vida na Terra, as mulheres, qualquer minoria ou o corpo humano. Uma poesia qualquer não basta; o texto não pode ser apenas bonito – tem de refletir uma realidade maior do que você, abrindo acesso ao seu eu ideal mais elevado. É bom esmiuçar o significado do texto, mas não na meditação; faça isso em sessões especialmente reservadas a essa finalidade. Na meditação do texto, repita simplesmente as palavras e concentre-se nelas até excluir todos os outros pensamentos e sensações.[12]

Essa forma de meditação disciplina a mente preenchendo-a e não calando-a, e ensina a concentração e a atenção dirigida. O texto acaba por ficar impresso na consciência da meditante; e ela, concentrando-se nele, acaba por se transformar nos princípios que ele exprime. Ao meditar na unicidade da vida, você se abre para ela. Ao meditar no amor e na confiança, na bondade e na cura, você se abre também para essas coisas. O texto escolhido deve ser uma afirmação bem desenvolvida, uma frase que proclame como uma verdade atual aquilo em que você almeja transformar-se. (Eis alguns outros exemplos de afirmação: "Cada dia que passa eu me sinto melhor." "Sou linda e sou amada." "Estou cheia de paz.") Use imagens do que você quer ser, e evite as que não atinjam o alvo.

Eis alguns possíveis e típicos exemplos de textos para memorizar:

> Ensina-me a sentir que é o sorriso Dela que se manifesta no amanhecer, nos lábios das rosas e nos rostos das mulheres.

> Com o aprofundamento do silêncio interior e exterior, vem-me a paz da Deusa. Tentarei sempre ouvir o eco dos seus passos.

> No som da viola, da flauta e do mavioso órgão, ouço a voz da Deusa.[13]

São também positivas as citações de Hildegarda de Bingen, Mary Daly ou Teresa de Ávila, ou de qualquer grande agente de cura ou mística. Contudo, as frases para meditação que eu pessoalmente prefiro provêm dos "Estudos da Deusa", do wicca tradicional. Os excertos a seguir são da versão publicada em *Casting the Circle: A Women's Book of Ritual* (Diane Stein, The Crossing Press, 1990), p. 54.

> Canta, festeja, dança, faze música e amor, tudo na minha presença, porque meu é o êxtase do espírito e a alegria na Terra. Minha única lei é amar a todos.

> Meu é o segredo que franqueia a porta do nascimento, meu é o mistério da vida que é o Caldeirão de Hécate, ventre da imortalidade. Dou a conhecer o espírito da criação e, além da morte, apaziguo e reúno os que partiram antes.

> Eu, que sou a beleza da Terra verde e da branca lua entre as estrelas e o mistério das águas, quero que a tua alma se levante e venha para mim. Porque eu sou a alma da natureza que dá vida ao universo.

> Desde o princípio tenho estado contigo e sou aquela que é encontrada no extremo do desejo.

Qualquer versículo ou trecho do "Estudo da Deusa" (*Charge of the Goddess*) pode ser usado como tema de meditação. Sugiro que você comece pelo primeiro versículo, medite nele até esgotá-lo e depois passe ao seguinte. (O texto completo encontra-se em *Casting the Circle* e em vários outros livros de wicca.) Faça-o até que todo o "Estatuto da Deusa" tenha sido meditado ao longo de muitos meses, repetido mentalmente muitas vezes e devidamente contemplado. (Essa "contemplação", ou plena compreensão, é uma outra modalidade de prática meditativa.) Prometo que o *stress* vai desaparecer, a dor emocional e a física vão sumir e a sua vida vai sofrer uma modificação positiva e profunda.

> Outra técnica de meditação consiste em concentrar-se na respiração, procedimento comum ao Ocidente e ao Oriente. Comece por colocar-se na posição de meditação, procedendo à ancoragem e à concentração e relaxando completamente o corpo. A seguir, comece o exercício de respiração. Primeiro expire, depois tape a narina direita com o polegar da mão direita. Inspire lentamente pela narina esquerda, contando até quatro. Agora tape a narina esquerda com o indicador da mão direita e conte até dezesseis, segurando a respiração. Retire o polegar da narina direita e expire, contando até oito. Repita, deixando o indicador na narina esquerda e inspirando pelo lado direito, para recomeçar. Este é um exercício completo da chamada Respiração Purificadora. Não o repita mais de quatro vezes na mesma sessão.[14]

> Se o regime de quatro-dezesseis-oito for desconfortável ou parecer forçado, tende o de dois-oito-quatro, a fim de manter o mais normal possível o padrão respiratório. Não tente inspirar quantidades exageradas de ar nem segurar demasiadamente o fôlego. Cuide de manter a respiração tão normal e confortável quanto possível durante o exercício. Concentre-se na contagem dos movimentos respiratórios; se a sua men-

te se desviar para outras coisas, faça com que ela volte à contagem. Completada quatro vezes a seqüência, volte a respirar normalmente, bem devagar. Interiormente, permaneça tão tranqüila quanto possível, prestando atenção aos pensamentos que lhe passam pela cabeça. Perceba-os e deixe-os ir embora.

Se está às voltas com algum problema, é nessa hora que você deve propor a questão, calar-se e aguardar uma resposta. Dessa forma, poderá ter grandes intuições. A essa altura da meditação, você já se terá tornado suficientemente tranqüila para ouvi-las (ou de alguma outra forma percebê-las). O processo acima descrito, assim como outras formas de meditação, acalma, diminui o *stress*, facilita o sono e ajuda a equilibrar os hormônios – essas substâncias químicas que tanto afetam o sistema imunológico e a saúde.

O uso de um mantra (ou mantram), palavra, frase ou som que estabeleça uma ligação com a Deusa, quando exaustivamente repetido, constitui uma outra forma de meditação. O mantra é utilizado de uma maneira diferente dos suportes habituais de meditação. Além de repetido durante a meditação, ele também o é na vida cotidiana. Pode ser usado a qualquer tempo. Sua mente não precisa fazer nenhum outro esforço. Esperando na fila, lavando louça, tomando banho, preparando-se para dormir ou passeando a pé, repita o mantra sem cessar, concentrando-se nas palavras e nos sons. Não o faça se estiver dirigindo, conversando, lendo ou se ocupando de algum outro assunto terreno que exija integralmente a sua atenção.

Repita o mantra sempre que surgir a oportunidade, usando-o para preencher qualquer espaço de tempo ocioso. Ou então use-o para meditação de dez a quinze minutos, depois pare e registre mentalmente os seus sentimentos e pensamentos. Pronuncie as palavras lentamente e de forma concentrada, conduzindo o pensamento de volta ao mantra caso ele se disperse. Faça isso nos momentos de medo, raiva ou outras emoções fortes a fim de acalmá-las, eliminá-las e transformá-las em coisas positivas. O mantra é, em suma, um depurador das emoções e da mente que leva à cura do corpo.

O mantra funciona baseado em dois princípios: o princípio das palavras de poder e o princípio da repetição. As palavras têm um efeito sensível sobre a vida humana e nela repercutem, particularmente quando reforçadas por uma repetição incessante. Os pensamentos e palavras negativos criam efeitos negativos e minam a saúde; os positivos purificam e curam. Essa modalidade de meditação tem todos os efeitos curativos dos demais métodos, porém numa forma mais concentrada. Apesar da sua simplicidade, ela exige uma insuspeitada dose de disciplina mental. Embora o mantra não seja empregado durante as sessões de cura mediúnica propriamente ditas, pode, segundo o caso, ser de grande utilidade na autocura e no preparo da mente para os estados de cura. Eu o utilizo como um auxiliar e não como um substituto de outros métodos de meditação.

A frase ou expressão a ser escolhida para mantra deve ter uma característica bem definida: tem de ser breve e positiva, ligar o usuário à sua idéia de divindade e, de modo geral, conter algum nome santo ou sagrado. Uma vez escolhida, a frase ou expressão nunca mais deve ser trocada nesta vida, de modo que é preciso escolhê-la com cuidado. Ainda que algumas escolas de meditação recomendem aos seus adeptos que mantenham em segredo seus mantras, a frase não perde sua força por tornar-se pública. Seu poder reside propriamente na repetição das palavras. A "Ave Maria" é um mantra cristão, desenvolvido a partir dos *malas* da Índia. O mantra "On Mani Padme Hum" do budismo ("a jóia no lótus do coração") talvez seja o exemplo mais conhecido. A vibração e o som do "Om" são tidos como o som que criou o universo, fazendo com que do Vazio nascesse a matéria.

Os mantras do wicca também são fáceis de encontrar. Qualquer nome da Deusa cantado vagarosamente é um mantra: Ísis (Í-sis, Í-sis, Í-sis), Kwan Yin, Kali Ma. Repita rítmica e insistentemente cada sílaba, sempre devagar. Experimente algumas frases ligeiramente mais longas ou trechos de cânticos à Deusa; em sua maioria, os mantras são mais do que simples nomes. Tente "Deusa Abençoada", "Abençoada Seja", "Mãe Deusa, Mãe Deusa", ou "Yemaya, Minha Mãe, Yemaya". Cânticos um pouco mais longos, tais como "Eu sou Maat, Maat sou eu, somos um só", são uma excelente escolha. Meu mantra pessoal é "Breda está aqui"; ela é a Deusa celta da inspiração, da poesia e da cura; chamam-na também Brigit. A repetição do mantra dela me enche de calma, mesmo nas horas de maior aflição.

Usado durante muito tempo, o mantra começa a soar na sua mente quando você não está ocupada com outras coisas. Esse fato é visto como o estabelecimento de um vínculo direto com a Deusa e é considerado muito positivo. Dizem os budistas que, se a pessoa morre com um mantra na mente, sua alma vai imediatamente para a Deusa (Buda). Essa pessoa renasce então numa Terra Pura, num lugar em que todo o karma pode ser resgatado e a Iluminação alcançada já naquela mesma vida.

A contemplação é ainda outro método de meditação, provavelmente o mais usado no Ocidente e o mais útil às agentes de cura. Comece pela ancoragem, concentração e relaxamento total do corpo. Depois volte a atenção para um objeto simples que você terá escolhido previamente. O objeto pode estar colocado à sua frente ou estar na sua mão. Quando comecei a praticar este método de meditação, eu usava como suportes de concentração um cravo vermelho colocado num vaso transparente, uma concha do mar, um cristal, uma pinha e a chama de uma vela acesa no meu altar. Use apenas um objeto por sessão de meditação.

Fixe toda a sua atenção nesse objeto, deixando tudo o mais de lado: olhe para ele durante algum tempo, depois feche os olhos e conserve na mente a imagem. Tome consciência do objeto de todas as maneiras possíveis, *menos* em palavras; examine-lhe a forma, a cor, a fragrância, a textura, o tamanho e o som. Examine-o com todos os seus sentimentos. Se você tiver na mão uma concha marinha, lembre-se do mar e da praia, do elemento água, da vida que um dia habitou naquela concha. Usando uma vela, funda-se com o elemento fogo, nas formas positiva e destrutiva, ou mesmo com uma Deusa do fogo (Pele, Oya). Meditando numa flor, observe-a transformando-se de semente em planta, florescendo e voltando a ser semente. Meditando com um cristal ou pedra preciosa, veja-o formando-se na Terra.

Tente unir-se com a Deusa de cada Ser ou com os devas dos objetos naturais. Se, em algum momento, a sua mente se afastar do suporte da atenção, faça com que ela volte. Será preciso repeti-lo muitas vezes. Comece com sessões de dez minutos, depois aumente-lhes a duração. Faça algumas sessões concentrando-se apenas no objeto propriamente dito, sem as suas associações. A capacidade de concentrar-se e direcionar a atenção da mente é essencial à atividade de cura.

Quando você tiver adquirido uma disciplina mental razoável (a perfeição não existe aqui), tente concentrar-se no seu próprio corpo. Medite no seu aparelho reprodutor, no seu ciclo menstrual, no coração, nos ossos, na respiração, na circulação do sangue, nos aparelhos digestivos e excretor, tal como fez com a flor ou com a concha. Veja como o seu corpo funciona e o que ele é. Faça-o sem usar palavras. Numa outra sessão, tente concentrar-se num único órgão ou sistema do seu corpo. Contemple esse sistema ou órgão e depois, com a atenção, entre dentro dele. Se surgirem emoções, preste atenção nelas e deixe que elas percorram o seu corpo. Talvez você se surpreenda com algumas das atitudes que alimenta a respeito do seu corpo. Se surgir uma emoção positiva, trate de enaltecê-la e, depois, deixe-a ir embora. Se aparecer uma negativa, pergunte-lhe de onde veio a atitude que a criou e peça-lhe que vá embora. Sinta que ela passa rapidamente por você.

Se o órgão ou sistema lhe parecer vazio depois que a emoção se foi, encha-o com uma luz da cor que melhor lhe aprouver, ou encha-o de elogios. Dedique-lhe uma atitude nova e positiva. Antes de terminar a sessão, peça a esse sistema ou órgão uma mensagem. Talvez você a ouça em palavras; talvez a veja em cores, ou lhe sinta as sensações e a fragrância. Você compreenderá o significado da sua percepção. Se na área houver doença, pergunte-lhe o que é preciso para curá-la e siga as instruções. Você acaba de fazer uma visualização e uma pequena sessão de cura paranormal. Termine a sessão abençoando-se a si mesma.

Para mulheres intelectualizadas e para as quais se faz mister o uso das palavras, experimente a Meditação do Lótus das Mil Pétalas.[15] Essa é uma forma de meditação semelhante à que foi descrita acima, mas que emprega palavras em vez de imagens. Saiba, contudo, que a capacidade de trabalhar com formas não-verbais é extremamente importante para a capacidade de cura e precisa ser praticada também. No budismo, o Lótus das Mil Pétalas é um símbolo do chakra da coroa e da unicidade da vida. O centro desse lótus, na meditação, é uma palavra que você escolhe, e as ligações dessa palavra com todas as outras coisas são as muitas pétalas do lótus. Tente o seguinte, a princípio durante dez minutos e aumentando aos poucos até meia hora.

> Comece escolhendo uma palavra que seja positiva e que também tenha conotações positivas para você. Palavras negativas que lhe provoquem sentimentos negativos, podem causar depressão ou ansiedade logo depois da meditação e, às vezes, até por vários dias. Palavras ligadas à natureza são boas para começar, como concha, cristal, pinheiro, uma cor etc. Só depois de adquirir certo traquejo é que você deve usar palavras cósmicas como universo, galáxia, Terra, Vazio, Deusa.
>
> Escolha uma palavra e a contemple, fixando-a na mente. Ela é o centro do lótus. Logo uma outra palavra aparecerá, por associação com a primeira: é uma pétala do lótus. Contemple ambas as palavras durante três ou quatro segundos, depois ponha de lado a associação, quer você compreenda o vínculo, quer não. Repita a palavra central ainda uma vez e aguarde a pétala/associação seguinte. Examine-a e dispense-a também; volte ao centro. Continue a fazer o mesmo durante toda a sessão. Volte sempre à palavra iniciação e, se a sua mente divagar, traga-a de volta e recomece.

As associações podem levá-la a conhecer melhor as coisas e a si mesma. Quando você já tiver bastante experiência, poderá escolher a palavra central de modo a usá-la para a solução de um problema. Por exemplo, se o assunto for um relacionamento, ponha o nome da outra pessoa no centro e observe as associações que surgem durante a meditação. Se você quiser saber o que é necessário para curar uma determinada emoção ou doença, coloque as palavras, uma por vez, no centro e fique aberta às associações e respostas.

Quando tiver se tornado proficiente na prática de todas as meditações tratadas neste capítulo, você estará familiarizada com a capacidade básica que se exige para a cura e para a autocura. A mudança da mente cotidiana, que vai pulando de pensamento em pensamento e de assunto em assunto, para a mente meditativa do estado alfa, é a própria mudança que conduz da doença para a cura. O que caracteriza a agente de cura é a capacidade de produzir deliberadamente essa transformação, e tal capacidade vem automaticamente quando se pratica a meditação todos os dias.

Uma mente controlada e tranquila não é coisa que se desenvolva rapidamente. Qualquer habilidade demanda tempo e prática, mas na meditação a prática é o próprio objetivo. A paz que ela proporciona torna o exercício diário agradável e compensador. A meditação é um hábito positivo, que a pessoa pode conservar pela vida inteira. Fazê-la tão-somente com vistas a reduzir o *stress* é por si só uma atividade curativa, e tornar-se perito nela parece operar milagres. Quando se acrescenta a visualização ao estudo de meditação, resultam mudanças profundas que rápida e poderosamente afloram em todos os níveis.

NOTAS

1. Michael Van Straten, ND, DO, *The Complete Natural Health Consultant* (Nova York, Prentice Hall Press, 1987), p. 43.

2. Deepak Chopra, MD, *Quantum Healing: Exploring the Frontiers of Mind/Body Medicine* (Nova York, Bantam Books, 1989), p. 157; e Marc Ian Barasch, *The Healing Path*, p. 264.

3. *Ibid.*, pp. 176-180.

4. John Blofeld, *The Tantric Mysticism of Tibet: A Practical Guide to Theory, Purpose and Techniques of Tantric Meditation* (Nova York, Arkana Books, 1970), pp. 61-62.

5. E. A. Burtt, *The Teachings of the Compassionate Buddha* (Nova York, Mentor Books, 1955), p. 197.

6. Lawrence LeShan, Ph.D., *How to Meditate: A Guide to Self-Discovery* (Nova York, Bantam Books, 1974), p. 29. [*Meditação e a Conquista da Saúde*, publicado pela Editora Pensamento, São Paulo, 1997.]

7. *Ibid.*, pp. 29-31.

8. C. Norman Shealy, MD, Ph.D., e Carolyn M. Myss, M.A., *The Creation of Health: The Emotional, Psychological and Spiritual Responses that Promote Health and Healing* (Walpole, N.H., Stillpoint Publishing, 1988, 1993), p. 358. [*Medicina Intuitiva*, publicado pela Editora Cultrix, São Paulo, 1997.]

9. Tradicional. Adaptado de Starhawk, *The Spiral Dance: A Rebirth of the Ancient Religion of the Great Goddess*, (S. Francisco, Harper and Row Publishers, 1979), p. 44. Também Alma Daniel, Timothy Wyllie e Andrew Ramer, *Ask Your Angels* (Nova York, Ballantine Books, 1992), pp. 109-111. [*Pergunte ao seu Anjo*, publicado pela Editora Pensamento, São Paulo, 1993.]

10. Alexandra David-Neel, *Magic and Mystery in Tibet* (Nova York, Dover Publications, 1932, 1971), pp. 272-276.

11. *Ibid.*, p. 276.

12. Eknath Easwaran: *Meditation: A Simple Eight-Point Program for Translating Spiritual Ideal into Daily Life* (Tomales, CA, Nilgiri Press, 1991), pp. 38-40.

13. Paramahansa Yogananda, *Metaphysical Meditations* (Los Angeles, Self-Realization Fellowship, 1964, 1989), pp. 54-57.

14. Earlyne C. Chaney e Robert R. Chaney, *Astara's Book of Life: The Holy Breath in Man*, Second Degree, Lesson Four (Upland, CA, Astara, 1966), pp. 23-24.

15. Lawrence LeShan, *How to Meditate*, pp. 63-66. [*Meditação e a Conquista da Saúde*, publicado pela Editora Pensamento, São Paulo, 1997.]

Capítulo 2

A Visualização

A filosofia budista — o budismo é muito mais uma filosofia do que uma religião — afirma que toda a realidade é criada pela Mente a partir do Vazio. A matéria é então manifestada pela Mente por meio da possibilidade ilimitada do Não-Vazio. A Mente é a realidade última. A Iluminação (libertação, fim do ciclo de nascimentos e mortes) vem de dentro da pessoa através da mente humana, que toca a Mente Universal. Essa é a única forma de alcançá-la ou obtê-la. Todas as coisas são a Mente e a Mente é cognoscível. A Mente Búdica ou natureza de Buda (Deusa Interior na terminologia do wicca) está presente em todos os Seres e participa da realidade da Mente Universal. Todos os Seres e estados de Ser são criados por ela. A Mente, em seu estado puro, é a perfeição do Buda (Deusa) que procede da vacuidade do vazio. É a unicidade da vida e do Ser, a Fonte primária.

A mente humana individual é separada da perfeição da Mente e do Vazio pelo ego, que cria a ilusão de separação. O ego vê um eu separado, isolado, e não a unicidade universal; e, em razão dessa falta de compreensão da realidade, cria todas as doenças e sofrimentos que lhe infelicitam a vida neste mundo. Buscando uma realidade que ele é incapaz de compreender, o ego cria e se apega a desejos, anseios, apegos e emoções perturbadoras, coisas que, por sua vez, "embaçam o espelho" e impedem o desenvolvimento da capacidade de compreensão da pessoa e a sua volta à unicidade. As ilusões de uma mente obnubilada pelo ego acumulam-se ao longo de uma vida, e aquelas que não se resolvem com a morte tornam-se o karma da alma, que haverá de ser resgatado ou, pelo contrário, aumentado em encarnações futuras.

Ainda que o "espelho" esteja embaçado, a Mente além dele permanece pura. Quando começa a compreender que o ego é ilusório, a buscadora começa a compreender a realidade e a entender a sua própria mente e a Fonte universal. Cito a seguir John Blofeld, ressalvando que substituí "ele" por "ela":

Olhando agora para o fundo da sua mente, a adepta se dá conta de que todas as aparências são preconcepções suas, e este saber as faz dissipar-se como nuvens... Ela percebe que a mente não brilha nem interior nem exteriormente, mas é onipresente.

A adepta aprende então que a sua própria mente e a mente de todos os seres sencientes são inseparavelmente unas.[1]

Que significa isso na linguagem da Deusa e da cura? Significa que a mente é a força operativa de toda a criação. A mente individual cria a existência do indivíduo, e a Mente da Deusa cria o universo. Contudo, a Mente da Deusa é uma combinação de todas as mente individuais. A realidade se cria na mente em unicidade. Quando encarnamos no corpo, os desejos (o medo de separar-se da Deusa) da mente individual obscurecem a nossa compreensão da unicidade e o processo de criação. Quando esquecemos a unicidade da vida e esquecemos que somos a Deusa, as ilusões do plano terrestre (o ego) comprometem a perfeição do nosso Ser.

Essas ilusões, que são, em suma, os pensamentos e emoções negativas que "embaçam o espelho" e nos distorcem a percepção da realidade, provocam doenças individuais e coletivas no planeta. Compreendendo que quem cria a nossa realidade é a nossa própria mente, e optando por criações positivas geradas pela atitude de unicidade pela consciência da Deusa Interior, nós curamos a nós mesmas e à Terra. O que limita as mulheres é tãosomente o desconhecimento dessas coisas, as quais, porém, podem ser aprendidas e aperfeiçoadas mediante o esforço. Ao dizer isso, não pretendo negar os efeitos da sociedade sobre a vida dos indivíduos. As mulheres e certos outros agrupamentos — as raças e religiões minoritárias, os pobres, os *gays* e as lésbicas, as crianças, os idosos, os deficientes, os animais — são clara e inegavelmente oprimidos. A pobreza é uma fonte primária de *stress* e de outras condições que propiciam as doenças. Contudo, a capacidade da mente de criar as suas próprias condições e realidade tem um forte efeito positivo, mesmo em face dos erros da sociedade dominante.

O desenvolvimento da cultura lésbica, por exemplo, aliviou muitíssimo a sensação que as lésbicas tinham de viver isoladas num mundo que lhes é hostil; melhorou, em suma, a qualidade de vida das lésbicas e diminuiu as pressões sobre as mulheres em geral. Essas mudanças de mentalidade também afetam, em última análise, a mente da sociedade. As tensões negativas da opressão produzem resultados menos danosos nas mulheres que têm a coragem e o apoio necessários para renegá-las e criar uma realidade mais positiva.

Tampouco a idéia de que a mente cria a realidade significa que as mulheres causam ou escolhem suas doenças. Espero que nenhuma agente de cura formada por mim entenda de culpar alguém por suas doenças ou sofrimentos. Se alguma o faz, não aprendeu isso de mim. As condições da vida ou do sofrimento de uma pessoa (suas emoções conflituosas) podem ser a fonte (ou uma fonte) de muitas doenças, mas ninguém, consciente e deliberadamente, quer a dor ou a doença. Todavia, se a mente puder ser formada para remediar essas condições ou sofrimentos, muitas doenças poderão também ser curadas.

Os erros (temores) cometidos pela mente de um indivíduo em vidas passadas pode também ser uma fonte de doenças nesta vida; a isto se chama karma negativo. Também neste caso, não faz sentido culpar a pessoas pelos acontecimentos de uma vida passada, na qual ela pode ter sido a mesma alma, mas de fato, uma pessoa muito diferente. Se a consciência daquela vida passada perdura nesta vida, é decerto sob forma rudimentar. O karma se resume a lições de vida, coisas a atingir e aprender nesta rodada, oportunidades de crescimento e assuntos a serem sanados. Esse aprendizado é a razão pela qual viemos aqui viver uma outra vida. A capacidade da mente de escolher e criar uma nova realidade resgata o karma, possibilitando à mulher livrar-se de antigos temores, mudar antigos modelos de comportamento, resolver conflitos e relacionamentos não terminados e restaurar um equilíbrio positivo que previna o acúmulo de mais karma negativo. Todo êxito deve ser bem-recebido, mas não há por que irrogar culpas. Cada alma tem a sua própria vida e o seu próprio currículo.

Nós somos aquilo que pensamos ser, de modo que, para sermos capazes de usar a mente em vez de permitir que ela nos use, o primeiro passo consiste em impedi-la de nos encher de pensamentos negativos. Estes, pela força da repetição, tornam-se crenças negativas, depois emoções negativas e, por fim, *stress* e doença física. Da mesma forma, as emoções negativas se convertem em pensamentos e crenças negativos. Em geral, as mulheres são levadas a crer que elas não são boas o suficiente, quando na verdade o são e têm poder bastante para pôr em risco a dominação do patriarcado. Quando quaisquer pensamentos negativos vierem à tona, trate de mudar a crença mudando imediatamente a forma dos pensamentos. Faça isso quantas vezes for necessário, até que os pensamentos negativos cessem. Substitua-os por uma auto-imagem melhor. A imagem que as mulheres têm de si mesmas é o maior desafio que se põe à nossa cura, e o caminho aqui indicado possibilita uma mudança positiva.

Por exemplo, uma mulher derrama alguma coisa e pensa: "Outra vez! Estou sempre derrubando coisas. Eu não sirvo para nada!" Interrompa imediatamente o pensamento, dizendo "não" ou "pare com isso", ou imagine que você está pintando um "X" vermelho em cima dele. Substitua-o por algo construtivo: "Eu já não derramo as coisas. Estou cada vez melhor." Com isso, a mulher tem algo mais saudável em que basear a sua auto-estima. Uma imagem positiva de si mesma (ego corajoso) melhora a saúde em todos os níveis.

As formas-pensamento positivas e negativas são vistas na aura pelos paranormais que têm a capacidade de enxergá-las. São projéteis coloridos e luminosos que coriscam ligeiros na aura emocional do corpo. As formas-pensamento prevalecentes, os pensamentos habituais, afetam a aura de forma permanente — até que a mulher faça um esforço para mudá-los. Os pensamentos induzem sentimentos (e, ocasionalmente, vice-versa), e os pensamentos recorrentes ficam registrados na constituição do corpo emocional, que afeta diretamente a saúde emocional e física. Pensamentos negativos → emoções negativas → doença física. Aprendendo a controlar e repelir os pensamentos insalubres (negativos, danosos, autodepreciativos), as mulheres aprendem a criar uma boa saúde mental, emocional e física.

A visualização é uma forma de acostumar a mente a criar formas-pensamento positivas, transformando as criações da realidade em criações positivas e amorosas. É um instrumento para que o ego terreno, libertando-se das suas ilusões (medo e dor), se una e participe da unicidade espiritual. É isso que desembaça o espelho. A mente cria a realidade humana, e a visualização é a ferramenta própria para escolher o que vai ser criado, bem como para discernir qual é a escolha melhor e mais eficaz. É uma extensão da meditação, pois é no estado de meditação que os receios e crenças negativos do ego podem ser transcendidos e o Vazio da Deusa Interior alcançado. A mulher, como Deusa, cria-se a si mesma com seus pensamentos.

> ... a visualização é uma ioga da mente. Ela permite rapidamente o uso de forças que apenas nos níveis mais profundos de consciência são conhecidas da mulher. São essas as forças com as quais a mente cria o universo.[2]

O pensamento é uma energia, e uma energia que pode ser visível para qualquer mulher, tenha ela ou não a capacidade de ver as formas-pensamento. Uma brincadeira com que se pode iniciar o desenvolvimento da paranormalidade consiste em acender uma vela, colocá-la diante de si na altura dos olhos e entrar no estado de meditação. Concentre a mente na chama da vela e, quando estiver bem concentrada nela, imagine-a inclinando-se para a esquerda. Se você tiver unido a sua atenção à vela, como fez com a Árvore da Vida no capítulo precedente, a chama se inclinará lenta mas facilmente.

Brinque com a chama, desloque-a para a esquerda e para a direita, para a frente e para trás. Pare antes de se cansar — a brincadeira é surpreendentemente cansativa. Pode-se fazer o mesmo com uma conta pendurada em um cordão fino e colocada bem a sua frente. Prenda o fio em algum lugar elevado de modo que a conta fique na altura dos seus olhos. Tente. Faça disso uma brincadeira; se você forçar demais, nada acontecerá. Quem trabalha com o pêndulo conhece bem esse fenômeno.

Se os pensamentos são formas de energia, toda vida é criada pela energia. A energia é a estrutura elétrica dos níveis não-físicos da aura, o cimento cósmico que prende os átomos às moléculas e as moléculas às células. Os espaços entre os átomos e moléculas, isto é, o Vazio universal no microcosmo, são compostos de vacuidades presas entre si pela energia. Tal é o corpo humano em todos os seus níveis. O campo unificado dos físicos, o Vazio e o Não-Vazio budistas, são também energia. Segundo os físicos, a energia é eterna; não pode ser criada (ela é a própria criação) nem destruída. A própria vida é energia e os pensamentos são energia.

Em termos científicos:

> O pensamento é uma forma de energia; tem propriedades universais de "campo" que, assim como os campos gravitacional e magnético e os campos L de todas as coisas vivas, são passíveis de pesquisa científica.

> Os campos de pensamento... podem interagir, cruzar o espaço e invadir a matéria instantaneamente e de maneira mais ou menos simultânea, pouco ou nada se enfraquecendo.

> Os campos de pensamento de uma pessoa podem misturar-se com os campos de pensamento (ou sistemas de energia) de outra pessoa... com conseqüências físicas no(s) corpo(s) físico(s).[3]

A visualização no estado de meditação é a maneira própria de induzir mudanças no campo de energia do corpo. Tais mudanças podem transformar e de fato transformam esses campos de energia, e podem ser usados para influenciar a saúde física. Elas geram, a partir do Vazio da criação, e constituem o Não-Vazio matéria-prima da matéria física. As formas-pensamento derivadas da percepção espiritual da Deusa e da consciência de unicidade modificam primeiro os níveis mental e mental elevado. Depois se deslocam para o corpo emocional, sanando as emoções e eliminando o *stress*, e a partir daí reprogramam o corpo físico.

Deepak Chopra descreve esse processo do ponto de vista médico: "A realidade aceita no estado desperto só se conhece em função dos impulsos que se deflagram no cérebro."[4] Pessoalmente, eu preferiria dizê-lo de maneira um pouco mais filosófica, mas o fato é que toda percepção mental é interpretada no cérebro. Os sentidos humanos fazem o vínculo entre as mulheres e o universo (Mente), e os sentidos são controlados pelo cérebro. O cérebro não é a mente, mas a ponte pela qual a mente tem acesso ao mundo físico. É a reação do cérebro ao *stress* mental e às emoções que cria as substâncias químicas negativas que depois afetam o sistema imunológico e levam à doença. O cérebro também é influenciado pela energia das formas-pensamento, que são o veículo de transporte e de criação da mente.

O trabalho de visualização no budismo e no wicca tradicionais começa com os sentidos (e o cérebro) e depois vai além deles. Estou dando ênfase à filosofia budista nesta obra porque, na verdade, todas as práticas das bruxas modernas provêm dos métodos de visualização, meditação, simbolismo e ritual já preconizados no budismo tântrico e depois adotados no Ocidente. A filosofia tântrica é altamente desenvolvida; ela explica cabalmente aquilo que as mulheres fazem, e com freqüência o faz de uma forma muito mais complexa do que as análises que as próprias mulheres já fizeram. A formação nessa habilidade começa simples e se torna progressivamente mais complexa.

A iniciante que aprendeu a concentração recebe de presente uma mandala com a imagem de uma Deusa (em geral, Tara) no centro de um complicado desenho. Ela medita na mandala até que a imagem assuma no seu íntimo um aspecto tão real quanto o que tem na forma física. A deusa no centro torna-se real a ponto de ganhar vida. Ela fala à meditante e, dali em diante, torna-se a mestra dela. A buscadora sabe que do Vazio fez surgir a sua Mestra/Deusa pela força da mente, e que essa Deusa é totalmente real.

Essa é uma possibilidade pela qual as mulheres podem optar na meditação. Na cura, contudo, a visualização tem um objetivo ligeiramente diferente. A estudante aprende a ir além dos seus sentidos físico a fim de colher informações não-físicas no campo energético da pessoa a quem está tratando (ou dela própria, no caso da autocura). Abre-se também nela a percepção da anatomia não-física, e ela entra em contato com os campos de energia de Seres que não habitam corpos físicos, como os guias espirituais. Essas informações mostram ou dizem à agente de cura onde é necessário aplicar a energia mental (pensamento controlado) para transformar a doença em saúde, e como fazê-lo. As mudanças que curam, depois de operar nos níveis áuricos não-físicos, chegam ao corpo físico. Por essa forma qualquer nível não-físico pode ser curado, e o próprio karma pode ser sanado e resgatado.

Comece com alguma coisa bem simples. Toda visualização é apenas uma imaginação que se elabora no estado de meditação; portanto, entre primeiro em meditação, faça a ancoragem e a concentração e relaxe inteiramente o seu corpo. Com o tempo e com a experiência, a maior parte das agentes de cura aprendem a entrar nesse estado instantaneamente e à vontade, com o auxílio, às vezes, da respiração profunda. O nível de transe para começar a cura é bastante superficial, e aprofunda-se automaticamente se a agente de cura mantiver a concentração. É esta a razão determinante de todos os exercícios de concentração e direcionamento da atenção descritos no capítulo anterior. Quanto mais experiente for a agente de cura, mais profundo será o estado de transe em que ela saberá entrar e melhores serão os resultados.

No estado de meditação, pense numa rosa ou noutra flor. Se você quiser, pode colocar à sua frente uma flor de verdade. Com os olhos fechados, examine mentalmente a rosa. Qual é a cor dela? E o cheiro? Está em botão ou aberta? Tem folhas? Espinhos? Imagine como seria tocar-lhe as pétalas; faça-lhe mentalmente uma carícia. Se ela tivesse um som, como seria? Contemple a rosa por alguns momentos. Depois, mude a imagem. Se a rosa estiver aberta, transforme-a num botão; se for um botão, faça com que se abra. Se for vermelha, mude para o amarelo, depois para branco, depois para o cor-de-rosa e, depois, volte ao amarelo.

Você é capaz de imaginar uma rosa azul? Se ela tiver espinhos, retire-os; se não tiver, coloque-os. Ponha uma gota d'água na flor. Faça com que ela adquira um perfume de gardênia e mude-lhe o som. Ponha em cena uma borboleta e veja como ela adeja em torno da rosa antes de pousar nela. Ouça as asas da borboleta. Recoloque a rosa na sua forma original e faça com que ela suma e depois reapareça.

Sinta cada uma das mudanças com todos os sentidos, se possível, Algumas mulheres têm grande sensibilidade visual; outras colhem suas impressões parapsíquicas pela audição e pelo tato. Algumas agentes de cura (as mais experientes) fazem uso de vários sentidos, sendo um deles o predominante. Na minha paranormalidade, o sentido que predomina é o da audição — eu ouço a informação antes de vê-la. Para mim, o tato vem em segundo lugar e a visão só em terceiro. Às vezes recebo a informação visualmente, mas, de hábito, a maior parte me é verbalmente fornecida pelos meus guias. Cada qual tem um tipo de percepção próprio, e não se pode dizer que um deles seja melhor e o outro pior. O que importa é que a informação seja recebida. Não a maneira pela qual o é.

Repita o exercício acima com outros objetos. Use outras flores; faça de uma bolota um carvalho e do carvalho uma bolota. Visualize-se vestindo-se e despindo-se, peça por peça. (Não entrarei aqui em minúcias; use a sua imaginação — mas não descure a ética!) Além de adestrá-la na visualização (imaginação, criação) estes exercícios desenvolvem os seus sentidos sutis e começam a lhe mostrar quais deles são predominantes no seu caso. O ideal é treiná-los todos e não apenas os predominantes. Os sentidos que você capta mais facilmente são predominantes por ora, mas, com a prática, outros poderão tomar-lhe o lugar. Quanto maior for o número dos sentidos com os quais a agente de cura puder trabalhar, tanto maior será o número de informações de que ela vai poder dispor nas suas curas.

Passe agora a visualizações mais complexas. Sentada em meditação, de olhos fechados, visualize a sua sala de estar tão clara e detalhadamente quanto possível. A princípio isso parece fácil, mas não é. Os ocidentais não são ensinados a prestar atenção. Não mude nada, por ora, mas visualize a sala tal como está. Lembre-se de usar todos os sentidos. Depois da meditação, corra os olhos pela sala e verifique até que ponto a sua memória se aproximou da realidade física. Quando você for capaz de visualizar a sala com precisão, comece, durante a meditação, a retirar dela, um a um, os objetos que lá estiverem. Uma vez esvaziada a sala, ponha de volta os objetos. Tente dispor os móveis de maneira diferente. Depois volte tudo a como estava. Faça os mesmos exercícios com os outros cômodos da casa.

Em outra sessão, olhe para dentro do seu corpo. Não o contemple como você fez na meditação do capítulo precedente; limite-se a olhar para ele, empregando todos os sentidos sutis de que for capaz. Comece pela cabeça e olhe para dentro dela. Se os seus conhecimentos de anatomia forem limitados, não se preocupe por ora; apenas preste atenção àquilo que você percebe. Aconselho a todas as agentes de cura que adquiram conhecimentos básicos de anatomia humana. Compre um compêndio de medicina ou, por exemplo, o *Anatomy Coloring Book*. Aprenda ao menos a forma e a localização dos órgãos principais. Não é preciso memorizar os nomes de ossos, músculos e nervos. Percorra o seu corpo da cabeça aos pés, limitando-se a prestar atenção.

Talvez você veja ou sinta de alguma outra forma os órgãos ou, o que é mais provável, as formas de energia que serão discutidas no próximo capítulo. Algumas mulheres percebem os ossos e a estrutura esquelética; talvez você veja os músculos e a aponevrose debaixo da pele. Quais são os sons, símbolos, impressões sensoriais, sentimentos e fragrâncias que você percebe? Qual é a diferença entre essa imagem do seu corpo e a imagem do exercício de contemplação descrito no capítulo precedente? Antes de parar, impregne todos os seus órgãos de amor, simbolizado por uma luz rósea.

Neste livro, as instruções sobre como "ver" referem-se necessariamente a todos os outros sentidos que você for capaz de captar. "Visualização" também é uma palavra relacionada à visão, mas seu significado é bem mais amplo. Lembrando-se disso, veja agora o seu corpo como um campo de energia. Talvez você veja/perceba os chakras, as camadas da aura, os fluxos energéticos ou tão-somente um contorno impreciso. Qualquer percepção é válida. Lembre-se de utilizar os outros sentidos. Imagine uma bola de luz prateada sobre a sua cabeça. Com a imaginação, faça-a entrar na cabeça e descer pelo corpo, passando pelo pescoço, peito, tórax, abdômen, pernas e pés. Faça depois com que ela percorra o caminho de volta, subindo dos pés à cabeça e saindo novamente. Deixe que ela se desmanche ou que vá embora. Imagine que a bola é dourada, amarela, azul, verde ou de qualquer outra cor, ou multicor como o arco-íris. Imagine-a como se fosse composta de sons variados percorrendo-lhe o corpo — violino, guitarra elétrica, flauta, piano. Imagine-a como fragrâncias várias — lavanda, rosa, jasmim, gardênia — que percorrem o corpo da cabeça aos pés e dos pés à cabeça. Enquanto você brinca, vá notando as reações provocadas pelas cores, sons ou fragrâncias.

Essas meditações são mais profundas que as do capítulo I. Ao terminá-las, assegure-se de estar plenamente desperta para a realidade exterior antes de levantar-se e voltar à vida comum do dia-a-dia. Estique as pernas e os braços. Se você ainda estiver se sentindo avoada, lave o rosto ou tome um copo d'água. Há mulheres que sentem fome depois de concentrar-se profundamente ou dedicar-se a um trabalho de cura. O desejo pede açúcar mas o que o corpo realmente precisa é de proteína; tenha à mão um pouco de ricota fresca. Mesmo tendo a sensação de ter meditado por apenas dez minutos, é possível que se tenha passado até uma hora. Este tipo de meditação deve ser feito de preferência na hora de dormir e não pela manhã;

além disso, praticado antes do sono, pode propiciar sonhos bastante vívidos. Todavia, há aquelas que se sentem energizadas e não relaxadas depois de praticá-lo.

Comece a usar a visualização na cura. Quando você se impregnou de luz prateada (ou som, ou perfume), pareceu-lhe que o fluxo energético ficou retido em algum ponto do seu corpo? Quer o ponto de retenção seja um órgão, um chakra ou uma linha de fluxo, ele configura um bloqueio ao livre trânsito da energia vital. Pode haver diversos bloqueios; o fluxo da luz, do perfume ou do som é intermitentemente interrompido e continuado. Encha a área congestionada com luz prateada, sons de violino ou aromas de lilás até que a energia consiga passar. O bloqueio está rompido. Repita a manobra se a energia encontrar uma nova obstrução.

Terminada a sessão, verifique se houve alguma alteração no que você sentia. Os bloqueios ocorrem com freqüência onde há dor física ou no local de um antigo ferimento. Embora o ferimento esteja "curado" do ponto de vista médico, sua energia não-física talvez ainda não o esteja. Repita esse exercício na noite seguinte e verifique os desequilíbrios de energia que ainda restam. Eles estão nos mesmos lugares? São do mesmo tamanho? Use cores diferentes das da véspera e compare as sensações; tente visualizar sons e perfumes diferentes. Se você só esteve trabalhando com a luz e a cor, experimente movimentar a energia curativa por meio de imagens sensoriais diferentes. Se antes só a luz podia ser usada com tranqüilidade, talvez agora seja mais fácil trabalhar com outros sentidos.

Você pode fazer outro exercício desse tipo. Entre em meditação com os olhos fechados e concentre-se novamente no seu corpo energético. Não use a bola de luz, o som ou o perfume. Em vez disso, peça para sentir, ver ou, de alguma outra forma, tomar conhecimento de quaisquer restrições ou bloqueios que afetem a energia. Concentre-se na primeira dessas áreas que você perceber. Diga mentalmente à área congestionada: "Eu te amo", e mande amor para essa área. Sinta o amor com qualquer um dos seus sentidos, ou com todos eles — o amor é rosa ou azul? Seu som é o de violino ou o de oboé? O toque é de veludo ou de lã? O aroma é de rosas ou de lírio do vale? Mande amor sem determinar especificamente como ele deve ser, e note o que acontece. Atente ao que acontece ao bloqueio quando a energia do amor o atinge. Faça tudo isso toda vez que você deparar com uma área congestionada, começando pela cabeça e descendo até os pés. Termine a sessão com a Bênção a Si Mesma e veja como você se sente depois.

Para fazer a meditação de visualização seguinte, comece com a ancoragem e a concentração e relaxe o corpo inteiro; depois, encha-se da energia da Terra ou Deusa, fazendo-a entrar pelos pés ou pelo topo da cabeça. Este exercício difere da meditação tibetana com a mandala na medida em que aqui a mulher cria a sua própria imagem da Deusa, em lugar de concentrar-se num quadro. Imagine a aparência da Deusa e, para criar a imagem dela, faça como fez com a rosa. Talvez você já tenha na mente uma imagem da Deusa; caso contrário, você pode criá-la espontaneamente. Ela é alta ou baixa, gorda e de seios fartos ou pequena e delicada? Qual é a cor da pele dela? Ela é Kwan Yin, Kali, Breda, Oxum ou você? Como está vestida, se é que está? Crie a indumentária dela, atente para os detalhes, e não se esqueça dos sapatos. Qual é a cor e o comprimento dos cabelos dela? Como estão cortados e penteados? Ela tem alguma coisa nas mãos? Aparece sozinha ou rodeada de gente, animais ou flores? Ela vem acompanhada de algum som ou perfume?

Pergunte à Deusa se Ela tem alguma mensagem para você e ouça. Aceite um presente dela, depois lhe dê uma rosa e lhe faça um carinho. Imagine-a diminuindo de tamanho até vir colocar-se na palma da sua mão. Deposite-a no seu coração e veja-a transformar-se numa rosa, que se transforma, por sua vez, no seu coração. Veja a rosa dissolvendo-se dentro de você, enchendo de luz e calor todo o seu corpo, sua mente, suas emoções e seu espírito. Agradeça à Deusa e volte ao momento presente, plenamente segura de que você a tem dentro de si. A qualquer momento você pode recorrer a Ela, pedindo a presença dela, seu poder de cura ou seus conselhos. Note como você se sente logo em seguida e nos dias subseqüentes.

Numa outra sessão de visualização, volte ao exercício da bola de luz prateada. Desta vez, porém, dê à bola, ao som ou ao perfume o nome de uma qualidade positiva que você quer para si. Pense, por exemplo, em amor, sabedoria, abundância, alegria, paciência ou cura. Podem também ser coisas mais concretas, como um novo emprego, uma casa nova ou um novo amante (nome e rosto não especificados). Quando a bola estiver penetrando no seu corpo pelo alto da cabeça, peça-lhe que se torne a imagem mais perfeita possível da qualidade que você quer. À passagem de energia, sinta a qualidade que você escolheu (som, cor, perfume etc.) preenchendo-a por dentro. Se o fluxo de energia parar ou diminuir, pergunte qual é o pensamento ou emoção que está impedindo que a qualidade desejada entre na sua vida. Medite no pensamento ou emoção obstrutiva. Sugiro, para esta finalidade, que você use a contemplação ou o método do Lótus das Mil Pétalas.

Se optar por livrar-se da forma energética bloqueadora, afirme na mente essa decisão. Elimine o bloqueio pela expiração ou então enchendo-o de cor, luz ou outra imagem, para que se dissolva. Repita o procedimento se houver outros bloqueios. Se você estiver relutando em livrar-se da forma energética bloqueadora, medite na possível razão disso. Essa emoção ou pensamento está lhe dando algo que você pretende conservar; o que é esse algo? Se você preferir continuar com a energia obstrutiva por enquanto, passe pelo local congestionado e siga em frente. Quando chegar a hora de livrar-se da obstrução, repita o exercício, liberando-a. Às vezes, a simples compreensão dos nossos bloqueios e obstruções é tão instrutivo quanto a cura deles. Às vezes (freqüentemente) a própria compreensão é a cura, ou leva à cura.

LaUna Huffines, na obra *Bridge of Light* (Fireside Books, 1989), leva mais adiante essa meditação. Conduza a bola luminosa, com sua qualidade positiva (alegria, no exemplo dado por LaUna), para dentro do seu coração, onde a energia vai expandir-se e abrir-se; imagine-se a seguir a tecer fios de luz no seu coração...

> Concentre-se inteiramente nos fios de luz que você for tecendo, até que eles formem uma ponte. Acrescente novos fios até sentir que a ligação tornou-se sólida e forte. Agora, abra-se para receber a energia de alegria que vem da Ponte de Luz para você. Respire fundo para que essa energia penetre todo o seu ser. Preste atenção nas imagens que lhe vierem, nos pensamentos e sentimentos que vêm de conhecer a alegria na sua própria fonte.

> Agora ancore sua ponte (no seu Templo de Luz/espaço de meditação) e atravesse-a rumo ao próprio centro da alegria.[5]

Receba de bom grado a energia de alegria que preenche todo o seu Ser. Para terminar a meditação, quando você já estiver satisfeita, volte pela ponte, recolha suas fibras de luz (ou cor, som, aroma) e as traga de volta ao seu coração. Repita o exercício quando tiver vontade, escolhendo qualquer qualidade positiva que você queira para si. Essa qualidade pode ser a cura. LaUna Huffines usa a Ponte de Luz como uma ferramenta que ajuda a resolver uma ampla variedade de situações e conflitos. A prática começa num nível elementar e depois entra em considerações bastante adiantadas, e eu recomendo muito o livro de LaUna.

A visualização tem possibilidades quase ilimitadas. Ela é a base da cura mediúnica ou sutil de todas as técnicas de cura a distância (nos capítulos posteriores daremos mais informações a respeito desta). Por que não visualizar a paz mundial, o fim dos estupros, da fome, da pobreza e da violência e o reflorestamento das áreas devastadas? Este tipo de meditação é extremamente poderoso, e tem a virtude de curar a Deusa e a Terra. Sempre visualize tudo no tempo presente, como se a imagem fosse um fato consumado. Visualize somente coisas positivas, coisas que você queira criar ou pedir. A visualização é, em essência, uma prática da imaginação controlada no estado de meditação. Os pensamentos são energia e podem, com o devido cuidado, ser usados para transformar energia negativa em positiva, com excelentes resultados. Até mesmo o sistema médico convencional está descobrindo esse fato.

É provável que a primeira técnica de visualização reconhecida pela medicina seja o *biofeedback*, embora nem todos os instrumentos e métodos mencionados a seguir sejam aceitos universalmente e sem restrições. O *biofeedback*, desenvolvido nos anos 60, baseia-se em três idéias: 1) Qualquer função fisiológica que possa ser eletricamente captada e amplificada, e depois analogicamente apresentada à pessoa por meio de qualquer dos seus sentidos, pode ser regulada por essa pessoa. 2) Toda mudança fisiológica é acompanhada por uma mudança do estado mental-emocional. 3) O estado de meditação e a visualização podem ser usados para ensinar a paciente a controlar a função fisiológica de acordo com a sua vontade.[6]

No *biofeedback*, a paciente é ligada a uma máquina que capta e mede uma função biológica — o ritmo cardíaco, por exemplo. A máquina pode mostrar um padrão de eletrocardiograma ou emitir um som em função do ritmo cardíaco. A seguir, ensina-se a mulher a desacelerar o seu coração e acompanhar as alterações pelo monitor. Simplesmente mudando o ritmo de respiração, ou mesmo mudando a posição do corpo, ela reduz o ritmo do batimento cardíaco. Este também diminui quando a paciente imagina uma cena agradável e repousante ou põe mentalmente na área do coração uma substanciosa sensação de calor, ao passo que cenas desagradáveis ou sentimentos constrangedores ou incômodos novamente o aceleram. A mulher aprende a baixar o ritmo do coração controlando-o pelo monitor, mas pode tornar-se dependente deste. Ela é depois encorajada a meditar — em geral com a meditação de visualização dirigida, que leva a pessoa, na mente, a ambientes agradáveis e repousantes — para a consecução de mudanças mais duradouras.

Esse método de visualização é usado para baixar a pressão arterial, desacelerar as ondas do cérebro, reduzir a tensão muscular e baixar a temperatura do corpo. Também é usado para reduzir todos os sintomas de *stress*. O *biofeedback* pode reduzir a acidez estomacal dos portadores de úlceras, diminuir os ataques epiléticos, aliviar dores crônicas e, nos casos de AIDS e câncer, aumentar a taxa de glóbulos brancos no sangue e melhorar as funções imunológicas. Ensina-se as vítima da enxaqueca — mulheres, em sua maioria — a aquecer as mãos no início da síndrome de enxaqueca. Dessa forma elas interrompem a dilatação dos vasos sangüíneos da cabeça e cortam pela raiz o processo da moléstia. O *biofeedback* é uma técnica de visualização que provavelmente poderia ser utilizada com mais proveito se incluísse os métodos de meditação que a medicina rejeita.

Outro método que, este sim, usa melhor as possibilidades da visualização, é a hipnose. Trata-se de uma forma de imaginação dirigida baseada num relaxamento profundo, durante o qual a paciente é conduzida por um percurso agradável ou desconhecido, em que todos os seus sentidos são acionados. O estado de relaxamento é mais profundo do que na maioria das meditações e a paciente limita-se a sentir as impressões sensoriais da seqüência de acontecimentos que a terapeuta lhe comunica, seqüência que em geral não tem nenhum conteúdo espiritual. O que mais freqüentemente se objetiva são mudanças de comportamento. Os métodos e o enfoque diferem muito dos da meditação, mas o estado de relaxamento é semelhante a um transe meditativo profundo (nível teta).

Embora não seja a própria paciente que cria a visualização, ela tem, não obstante, controle sobre o que acontece. Se uma imagem não for aceitável, ela pode recusá-la com facilidade e sair do estado de transe assim que quiser, simplesmente mudando a posição do corpo (erguendo-se, geralmente, pois a hipnose costuma ser feita com a pessoa deitada). A paciente pratica na sua própria casa, tocando a fita do terapeuta em vez de criar suas próprias imagens e situações. As imagens são positivas, tudo se faz no tempo presente e a paciente toma parte na cena; estes conceitos são adotados em todas as formas eficazes de visualização.

Praticada inicialmente pelos psicoterapeutas, a hipnose é usada como um tratamento direto para várias moléstias, ao contrário da meditação, que é um instrumento e um caminho espiritual. A hipnose. é considerada mais eficaz que o *biofeedback*, pois não usa máquinas, as possibilidades de visualização são melhor aproveitadas e o estado de relaxamento profundo é mais eficiente para vencer as resistências opostas pelas emoções e pela mente consciente. A hipnose cria uma sensação de bem-estar e expansão sensorial, aumenta a energia, reduz o *stress* e melhora as respostas sexuais. Ela pode produzir, ao longo de uma série de sessões, resultados positivos permanentes, e é empregada com as mesmas finalidades que o *biofeedback* e com muitas outras.

A hipnose é altamente eficiente para debelar muitas doenças que a medicina não pode "curar", entre as quais as fobias, o medo de estar entre outras pessoas, a anorexia, a obesidade, o tabagismo e outras dependências, como o alcoolismo e a narcodependência. Pode ser usada para aumentar a capacidade atlética e criadora, curar dores crônicas e eliminar a enxaqueca, a insônia e a depressão. É usada, além disso, para ajudar a restaurar o equilíbrio imunológico em casos de artrite, lúpus, câncer e AIDS, e retardar a degeneração em doenças como a esclerose múltipla. Creditam-se tais sucessos ao relaxamento profundo.

Resumirei agora algumas das técnicas usadas nessa forma de visualização; tirei-as do livro de William Fezler, *Imagery for Healing, Knowledge and Power* (Fireside Books, 1990). A primeira é o *relaxamento*, estado sobre o qual se baseia toda a hipnose. O relaxamento é induzido mediante a técnica corporal apresentada no capítulo precedente, empregando-se depois a contagem regressiva (indução) e criando um cenário perfeitamente agradável, com imagens dirigidas aos cinco sentidos da paciente para que ela entre nele e viva a experiência. A cena tanto pode ser fictícia como real.

A seguir vem a técnica da supressão da dor, chamada *anestesia* ou *transferência de calor*. Na anestesia se fornece à paciente a imagem de uma paisagem nevada (ou alguma outra imagem gelada) e faz-se com que ela se visualize colocando a mão na neve até que a mão fique gelada e entorpecida. Quando a sensação de frio chega-lhe ao corpo, ordena-se então que a paciente coloque a mão sobre o local da dor e transfira para lá a sensação de torpor. Na transferência de calor usa-se o calor em vez de frio. O processo é eficaz quando praticado em estado de relaxamento profundo e, com a prática, pode ser realizado na vida cotidiana. Trata-se de um método cujos resultados podem ser excelentes.

A *distorção do tempo* é outra técnica de hipnose. Acelera-se o tempo de modo a comprimir dias, meses ou anos numa visualização de cinco minutos, ou retarda-se a experiência do tempo na imagem fornecida; isso distorce a noção que a mente tem dele. O tempo não é senão um construtor do plano terrestre; não é uma realidade no universo. O *stress* se deve em parte ao hábito de querer fazer coisas demais num tempo muito curto, e a distorção do tempo relaxa e reduz a sensação de pressa. O resultado é que se cria uma sensação maior de calma, a redução da pressão arterial, menos enxaquecas e, paradoxalmente, no trabalho, uma produção maior em menos tempo.

O método hipnótico de inundação da *dissociação* consiste inicialmente em sair do corpo (projeção astral), coisa que os paranormais e algumas pessoas no processo de meditação fazem com freqüência. É um estado de euforia que pode ser usado para curar fobias: saia de onde você está, vá para outro lugar a fim de escapar da situação difícil. Todavia, para algumas mulheres é mais difícil *permanecer* no próprio corpo do que sair dele, especialmente para aquelas que sofreram abuso sexual. O método pode ser usado para ajudar as mulheres a permanecer contentes no corpo que têm. As técnicas de *energia sexual* (toda energia é energia sexual da Kundalini) são usadas para melhorar a resposta sexual, bem como o nível global de energia na vida cotidiana. Nelas se pratica a transferência de calor para os genitais e se invoca uma imagem erótica positiva para fazer um estimulante "filme" cujos tempos são o sucesso no sexo e a autoconfiança. Essas técnicas são tão importantes e úteis para as mulheres quanto para os homens.

A *regressão etária* que se faz na hipnose também é uma técnica aplicada na cura mediúnica. Trata-se de uma visualização na qual a mulher é reconduzida a uma época anterior a um acontecimento negativo ou traumático para reprogramá-lo, trazendo as mudanças para o presente. Pode ser usada para tudo, desde parar de fumar até curar um ato de incesto. Mais adiante neste livro se falará mais acerca dessa técnica; também faço referência a ela em *Essential Reiki* (The Crossing Press, 1995). Costumo usá-la para a cura desta vida, de vidas passadas e para a cura kármica, embora com visualizações diferentes das usadas pela maioria dos hipnotizadores.

Outro método de hipnose é chamado de *alucinação negativa*. Não se trata de criar uma imagem negativa ou lúgubre, mas de apagar algo indesejável da cena visualizada. Se o trânsito na sua rua não a deixa dormir à noite, use a alucinação negativa para tirar o barulho da sua consciência. Dentro em pouco você já não escutará os ruídos. A anulação proposital de qualquer um dos sentidos aguça todos os outros. Suponhamos, por exemplo, que a visualização comporte o ato de chupar uma laranja; caso se atribua à laranja som, textura, umidade, cor e perfume, mas nenhum paladar, os outros sentidos se expandem e essa expansão prossegue na vida do dia-a-dia. Imagine cenas variadas, acrescentando e anulando cada um dos sentidos. Os cinco sentidos são sempre usados em conjunto na imaginação hipnótica, e essas cenas de alucinação negativa parecem muito peculiares e extravagantes.[7]

Estes métodos representam, no Plano Terrestre, o supra-sumo do uso da visualização no estado de meditação. Eles diferem da visualização usada na cura mediúnica sob muitos aspectos. Em primeiro lugar, a cura tem um propósito espiritual que implica mudanças em todos os níveis não-físicos com vistas a um resultado final no nível físico. Com ela, grandes mudanças ocorrem na vida das mulheres, mudanças que vão muito além da cura de uma moléstia ou sintoma específicos. Já o *biofeedback* é totalmente físico, e almeja uma função orgânica não-voluntária passível de captação e expressão analógica por meio de uma máquina. A hipnose alcança apenas a mente e almeja uma modificação comportamental específica mediante uma reprogramação mental. A hipnose cria uma cena na imaginação (em geral, uma fantasia) com elementos físicos ou do Plano Terrestre; o *biofeedback* cria tão-somente cenas agradáveis, mas sempre rudimentares. As imagens visualizadas na cura provêm de dentro da paciente, e não de fora dela, e a cura mediúnica ou sutil busca a fonte da doença para curá-la nos níveis emocional, mental e espiritual.

Tanto o *biofeedback* quanto a hipnose dependem de um terapeuta ou de um técnico, ao passo que na cura psíquica, agente de cura e paciente trabalham em conjunto e, na autocura, a paciente cria suas próprias imagens. Na cura psíquica, as informações e as imagens vêm, em regra, da agente de cura, da paciente, dos métodos de formação espiritual ou de guias não-físicos, e não da tecnologia, da ciência ou das formalidades da psicoterapia. Estes métodos da medicina ortodoxa podem ser frios, mecânicos e tirânicos a ponto de ignorar por completo as necessidades da paciente. Contudo, a cura pode usar, como faz muitas vezes, essas técnicas, ou outras adaptadas a partir delas, e com bons resultados.

Uma derradeira técnica de visualização consiste em usar a imaginação para reduzir tumores e estimular a função imunológica, especialmente nos casos de câncer. Os métodos são uma ponte ou síntese entre as práticas espirituais de meditação e visualização e a visualização do sistema médico. Foram desenvolvidos por Stephanie e Carl Simonton, este médico, no princípio dos anos 70; foram popularizados pelo Dr. Bernie Siegel (*Love, Medicine and Miracles*, Harper and Row, 1986) e estão sendo hoje cada vez mais usados. O sistema médico se divide a respeito, como, de resto, a propósito de tudo que tem a ver com qualquer forma de trabalho que envolva a ligação entre a mente e o corpo.

A ciência quer saber por que a cura por meio desses métodos funciona, mas se recusa a aceitar a explicação de que a mente, as emoções e o corpo formam uma unidade. A medicina e a ciência também negam inteiramente a existência e os efeitos do espiritual. Até mesmo a psicoterapia convencional, que tanto trabalha com a mente e as emoções, ainda se recusa a aceitar — rotulando, mesmo, de patológico — o emprego da espiritualidade ou da religião para o efeito de promover a cura. Incapaz de aceitar a razão pela qual a visualização funciona, a medicina tenta negar-lhe inteiramente a eficácia.

Talvez a descoberta mais importante dos Simonton seja a de que a participação dos doentes pode criar saúde. Embora antiga, essa idéia continua estranha à prática médica moderna, na qual se espera que os pacientes aceitem sem discussão as ordens e determinações do médico. Na clínica dos Simonton faziam-se todos os dias diversas sessões de 15 minutos de relaxamento/meditação. Pedia-se à paciente que visualizasse sua doença sendo destruída pelo tratamento médico que lhe estava sendo ministrado, sem nenhum inconveniente para ela própria, e visse que suas próprias defesas orgânicas lhe estimulavam a recuperação.

Os resultados do primeiro programa dos Simonton com pacientes terminais de câncer foram impressionantes. No caso daqueles que faleceram, a expectativa média de vida aumentou de 12 meses para 20,3 meses. Entre os que sobreviveram "os três anos que durou o primeiro estudo (63 de um total de 159), 14 (22,2%) sararam, por completo da moléstia terminal, 12 (19,1%) viram o tumor regredir, 17 (27,1%) mantiveram-se clinicamente estáveis e 20 (31,8%) desenvolveram novos tumores; 75% das pessoas levavam uma vida tão ativa ao final do estudo como a levavam antes de receber o diagnóstico de um câncer terminal que as condenaria a uma sobrevida de apenas um ano.[8] Assim foi durante o primeiro estudo, e o índice de sucesso vem aumentando.

Os Simonton perceberam que o sucesso ou fracasso do método está na escolha das imagens pelo indivíduo. Eles conceberam uma imagem que hoje em dia é usada de maneira criativa e eficaz porque depois é individualizada pela própria paciente. O programa também cuida para que o tratamento médico da paciente, em geral quimioterapia e radiações, seja incluído na imagem, embora também funcione fora da medicina moderna, ou quando se usam métodos holísticos ou baseados na espiritualidade. O trabalho dos Simonton dirigia-se, de início, a pacientes de câncer, mas a imagem pode ser adaptada com proveito a qualquer doença, terminal ou não.

Na típica visualização Simonton para paciente de AIDS e câncer, os vírus HIV e as células cancerosas, fracos e confusos, são visualizados como carne podre, como uma pústula cinzenta ou algum outro material em decomposição. O tratamento (holístico, médico ou espiritual) é visto como alguma coisa que se lança sobre a doença, fragmentando-a ou fazendo-a diminuir, sem, contudo, danificar as células saudáveis. Um exército de glóbulos brancos, muito mais numerosos, mais fortes e mais agressivos do que as células enfermas, esmaga a débil doença. As células mortas são naturalmente expulsas do corpo. A meditante visualiza-se então plenamente saudável e cheia de vida, livre da doença e vivendo sua vida e seus objetivos com alegria.[9]

A visualização básica no estado de meditação é, atualmente, adaptada segundo diversos critérios individuais — as imagens que têm apelo para a usuária dão melhores resultados. A mulher pode ver sua doença como comida de peixe ou de répteis carnívoros, e seus glóbulos brancos como um jacaré, um tubarão ou outro peixe; pode ver a doença como um cubo de gelo e os glóbulos brancos como raios de fogo que o derretem e explodem; pode ver, ainda, a doença como diversos tipos de sujeitos e os glóbulos brancos como um aspirador que a engole. Uma criança pode imaginar foguetes de um *video game* disparando contra uma "bolha assassina" alienígena. Algumas mulheres, que não gostam desse modelo de ataque e violência, preferem ver os glóbulos brancos transportando delicadamente a doença para fora do corpo, como que a filtrá-la, por exemplo, em vez de explodi-la ou atirar contra ela. Outra opção é enviar uma luz rósea às células doentes e vê-las absorver amor e recuperar a saúde.

Numa sociedade violenta como a nossa, esse enfoque mais pacífico é altamente positivo. Certa vez, uma paciente observou: "À medida que o meu sistema imunológico ia-se tornando mais feroz e eu o via atacando os tumores, isso só intensificava o aperto que eu sentia no estômago. O câncer de estômago tornava-se mais problemático. Em lugar de usar a agressividade para estimular o sistema imunológico — visualizando jacarés brancos (linfócitos) a devorar carne podre (tumores cancerosos), comecei a me imaginar enviando amor às células doentes. Que alívio senti quando parei de estimular o ódio dentro de mim! Já não precisava ter medo de mim mesma por causa disso."[10]

Ao pedir a seus alunos/pacientes que escolham suas imagens, alguns professores desse método pedem-lhes também que as desenhem. Quanto mais forte for a imagem dos glóbulos brancos salvadores e quanto mais fraca for a imagem da célula doente, melhor será a cura. Jeanne Achterberg descobriu quais são os tipos de imagens que dão melhores resultados:

As visualizações de figuras arquetípicas que lutam por Deus e pela pátria para proteger o povo auguravam bons resultados clínicos. Os pacientes cujos defensores da saúde eram animais de instinto matador — tubarões, ursos, cães ferozes — não se davam tão bem... Símbolos fracos ou amorfos eram sinal de uma reação fraca, e os doentes com os piores prognósticos eram capazes de "ver" o câncer, mas não conseguiam minimamente visualizar o sistema imunológico.[11]

Eis algumas visualizações eficazes para os glóbulos brancos, defensores da justiça: Joana D'Arc, o Anjo da Cura, a destruidora deusa Kali ou Oya, ou a doce Kwan Yin. Os medicamentos positivos que inundam o corpo podem ser imaginados como uma luz dourada (ou da cor da sua preferência), uma onda de amor, um desinfetante verde ou uma música suave. Experimente enviar "um grupo de amorosos trovadores que 'acariciem, massageiem e façam cócegas' na moléstia a fim de afugentá-la".[12] As débeis células enfermas podem ser conduzidas para fora do corpo como um rebanho de carneiros ou então transformar-se por completo, mudando de lado para se converter em células curadas e saudáveis e valiosos auxiliares. Um homossexual portador de AIDS visualizou o seu agente de cura como uma essência cor-de-rosa que lhe forrava internamente o corpo, curando e dando alívio a todas as suas células e órgãos. Depois, ele disse ao vírus: "Você está num corpo que o ama... Esteja tranqüilo... Você está tão seguro que pode até dormir." A AIDS regrediu.[13]

Malgrado desenvolvida para curar o câncer, essa forma de visualização pode ser adaptada a qualquer doença, desde as passageiras e brandas até as graves e mortais. Não se trata de um método a ser usado apenas em casos extremos; ele pode curar doenças leves, impedindo-as naturalmente de se agravar e diminuindo-lhes a duração. É a essência da cura sutil e da autocura. A imagem do campo de batalha é desnecessária; as pessoas que aceitam e amam a sua doença (e a si mesmas) curam-na mais rapidamente do que aquelas que, combatendo-a, lutam contra o próprio corpo. Crie sua própria imagem e use-a no estado meditativo durante 15 minutos, várias vezes ao dia. Use apenas imagens positivas, imagens daquilo que você quer que aconteça; aprenda a anatomia da doença. Quanto mais vívida for a imagem, tanto melhor será o resultado. Cuide que as imagens sejam simples e divirta-se com elas.

É preciso que se faça aqui uma importante advertência. Se no intervalo entre as sessões, você deixar a mente livre para imaginar prognósticos os mais sombrios, perder-se-ão todos os benefícios da prática de cura. Isto nos leva de volta à idéia das formas negativas de pensamento. Aquilo que você pensa, você cria. Se, a qualquer momento, o medo vier a criar em sua mente esses quadros negativos, elimine-os e substitua-os imediatamente pela imagem de cura. Veja-se num ótimo estado de saúde. Pode não ser fácil, mas faça-o tantas vezes quantas forem necessárias.

Por alguma razão desconhecida, o cérebro humano é incapaz de distinguir entre um acontecimento real e uma imagem criada. Ele age em função daquilo que vê, seja isso positivo ou negativo; por isso, valorize cada imagem. As imagens criadas por emoções negativas (ou positivas) têm a mesma força que as imagens criadas pela mente, e têm um contato direto com as fontes da doença. Mais adiante se discutirá mais a respeito disso, mas a cura de coisas como o ressentimento, o ódio, a raiva, a culpa, a censura e o desprezo por si mesma é também necessária à boa saúde. Lembre-se incansavelmente daquela imagem de você radiante e cheia de saúde, e visualize-se amorosa e cheia de amor.

> Tente agora uma visualização deste tipo. Sente-se no seu local de meditação, faça a ancoragem e a concentração e relaxe inteiramente o corpo. Faça com que a bola de luz prateada atravesse o seu corpo, pedindo-lhe que se transforme na cor ou na imagem sensorial de que você precisa. Ela pára numa área dolorida do seu corpo. Encha essa área de amor e pergunte-lhe o que, nela, precisa ser curado. Dê-lhe o que ela pedir,

desde que seja algo positivo. Peça para ver uma imagem da doença — ela é pálida e imprecisa e quer ser curada. Veja-a como gotas de água barrenta na superfície do solo. Imagine que chega a Deusa da sua escolha. Ela se veste toda de rosa e carrega braçadas de rosas brancas (glóbulos brancos do sangue). Ela espalha as rosas, que absorvem a água barrenta; e a Deusa leva consigo a doença e as rosas. Ela volta com um regador cheio de água e rega o local com uma luz de cura e uma bênção de saúde perfeita. A Deusa está sorrindo e rosas coloridas começam a crescer no jardim dela. Você é o jardim. Veja-se curada e cheia de vida, comemorando uma grande conquista. Encha-se novamente de luz prateada e volte ao momento presente.

Para simbolizar a doença e a cura, use imagens inventadas por você mesma em vez das que eu sugeri. Se lhe convierem imagens agressivas, use-as, mas as imagens mais suaves podem ser mais salutares. Imagine um tumor no seio como uma bola de neve suja e a derreta ao calor do sol (célula branca). Encha o seu corpo e a doença de amor; diga-lhe que ela pode ir embora sem problema. Acostume-se a perdoar e a livrar-se das emoções perturbadoras. Acima de tudo, ame-se e ame a sua doença por ser parte de você própria. Ela aí está para ser a sua mestra nesta cura.

As "afirmações" são visualizações verbais. São frases curtas a ser repetidas muitas vezes e espalhadas pelo seu ambiente em forma de escrita para lembrá-la de alimentar pensamentos positivos. Eis algumas afirmações de cura bem simples: "Estou cada vez melhor", "Estou sarando rapidamente" ou "Estou cheia de amor e cura... tudo vai bem". São frases esplêndidas para serem usadas conjuntamente com a visualização imaginativa, mas menos eficazes de *per si* do que conjugadas às técnicas de condicionamento sensorial. Comparadas às afirmações, os mantras são mais poderosos, porque são invocações dos nomes da Deusa e são constantemente repetidos. (Os mantras são de grande valia quando as preocupações negativas da mente simplesmente não se vão embora.) Mas as afirmações, decididamente, ajudam a reforçar a visualização.

As regras básicas que comandam a criação das imagens visualizadas são também as regras que determinam o fraseamento das afirmações. Tanto umas quanto as outras têm de ser inteiramente positivas. Cuidado com aquilo que você pede; talvez você o obtenha. Lembre-se de que o que você manda para fora volta para você. Toda imaginação é feita no tempo presente, no "agora". Use "estou me curando" em lugar de "vou me curar". O "vou" refere-se sempre a um futuro indeterminado, que talvez nunca chegue; mas você quer a cura imediatamente.

Também use "eu tenho" em lugar de "eu quero", pela mesma razão — como, por exemplo, em "tenho uma saúde perfeita". Evite frases com a palavra "não", dizendo "estou livre da dor, me sinto bem" em lugar de "não estou sentindo dor". A mente subconsciente às vezes não toma conhecimento das negativas e toma "não estou sentindo dor" por "estou sentindo dor".

Se a visualização ou afirmação não a entusiasmam, se você definitivamente não sabe qual é a melhor para você, continue procurando. Se a imagem se desgastar com a repetição, escolha outra. Tanto na visualização como na afirmação, veja/afirme o objetivo como já alcançado; veja-se saudável e feliz ao dizer a frase ou antes de encerrar a sessão de imaginação.

A técnica de visualização no estado de meditação é a base de todos os métodos de cura psíquica. Tal como os músculos, a habilidade cresce com a prática e, com isso, cura e as qualidades psíquicas se fortalecem. Essa técnica, conjugada com a libertação emocional, é a própria arte de cura psíquica; as emoções serão analisadas num capítulo posterior. Toda cura é uma caminhada para chegar ao Vazio da Deusa Interior; ao longo dessa caminhada, o espelho se desembaça e a mente passa da doença para a saúde. A visualização é o acesso das mulheres à Mente que cria e define a vida. No capítulo seguinte, falaremos sobre a anatomia psíquica não-física, mapa do caminho que leva ao Vazio que cura.

NOTAS

1. John Blofeld, *The Tantric Mysticism of Tibet*, p. 240.

2. *Ibid.*, p. 84.

3. George W. Meek, org., *Healers and the Healing Process* (Wheaton, Quest Books, 1977), p. 181.

4. Deepak Chopra, *Quantum Healing*, p. 199.

5. LaUna Huffines, *Bridge of Light: Tools of Light for Spiritual Transformation* (Nova York, Fireside Books, 1989), pp. 73-75. [*Pontes de Luz: Instruções Práticas para a Transformação Espiritual*, publicado pela Editora Pensamento, São Paulo, 1991.]

6. Kenneth R. Pelletier, *Mind as Healer, Mind as Slayer* (Nova York, Dell Publishing, 1977), pp. 264-265.

7. William Fezler, Ph.D., *Imagery for Healing, Knowledge and Power* (Nova York, Fireside Books, 1990), pp. 75-91.

8. Stephanie Matthews Simonton, O. Carl Simonton, MD, e James L. Creighton, *Getting Well Again* (Nova York, Bantam Books, 1978), pp. 6-12.

9. *Ibid.*, pp. 155-156.

10. Stephen Levine, *Healing Into Life and Death* (Nova York, Anchor Books, 1987), p. 196.

11. Citado em Marc Ian Barasch, *The Healing Path*, p. 270.

12. Stephen Levine, *Healing Into Life and Death*, p. 197.

13. Marc Ian Barasch, *The Healing Path*, pp. 271-272.

Capítulo 3

Os Chakras e a Aura

O corpo se compõe tanto de ossos, músculos, órgãos, células, nervos e vasos sangüíneos como de camadas e centros de energia interligados por um campo energético que envolve todo o conjunto. A medicina ortodoxa ignora esse componente energético do Ser, embora seja ele muito maior e mais importante para a vida e para a saúde física do que a anatomia do corpo físico. Estima-se que aquela parte do ser humano que constitui o corpo físico não é senão uma migalha do todo. Assim como todo objeto dito sólido é feito de átomos e moléculas menos numerosos ou volumosos do que os espaços existentes entre eles, assim também ocorre com o corpo humano e com o dos animais. Os Seres vivos são primordialmente constituídos por camadas de um aparente nada (a vacuidade do vazio) preenchidas e interligadas por campos de energia elétrica (o Não-Vazio), tudo criado e dirigido pela mente. Nós somos muito mais luz do que massa sólida, muito mais pensamento e eletricidade do que matéria.

Essa "luz" de que somos feitos merece ser explicada aqui. Ultimamente, na terminologia da Nova Era, essa palavra vem sendo usada para designar quase tudo que é positivo (e "escuridão" designa o negativo), embora a rejeitem algumas agentes de cura sob a alegação de que carrega conotações racistas. Não é bem assim. Todos nós somos feitos de "luz" (eletricidade, energia, informação, pensamento), qualquer que seja a cor de pele com que viemos ao mundo nesta encarnação. Ao fim e ao cabo, todos nós encarnaremos com todas as cores de pele, e todas são positivas. Também encarnamos em corpos que são diferentes dos que existem neste planeta. Prefiro usar "negativo" como antônimo de "luz", pois acredito nos muitos aspectos positivos da escuridão. Tampouco o negativo tem cor de pele própria.

Os Seres sencientes de outros planetas podem ter corpos muito diferentes da forma humana, e os corpos dos homens e mulheres que atualmente habitam a Terra provieram de duas formas diferentes trazidas de outros planetas. As pessoas não nasceram na Terra; fomos aqui "plantados" (trazidos) e geneticamente desenvolvidos. Barbara Marciniak, em *Earth: Pleiadian Keys to the Living Library* (Bear and Co., 1995) assevera que o DNA do corpo humano terrestre é o resumo vivo de toda a vida universal. Os colonizadores da Terra provieram de doze diferentes planetas-base, dos quais a maior parte está na Federação das Plêiades e uns poucos nos sistemas estelares de Sírius e Órion.

Segundo Laurel Steinhice, em palavras mediúnicas publicadas no meu livro *Dreaming the Past, Dreaming the Future* (The Crossing Press, 1991), o corpo dos terráqueos deveria ter como modelo o dos habitantes de Lira. Era mais alto e mais magro, talvez de pele mais clara, e foi planejado para ser andrógino, simultaneamente macho ou fêmea. Descobriu-se depois que aqueles corpos tinham o quadril demasiado estreito para dar passagem às crianças geneticamente construídas que deveriam dar continuidade à vida na Terra. Algo tinha de mudar. Já vivia na Terra uma raça de pele escura, anteriormente projetada pela engenharia genética e desde longa data trazida para cá. Eram mais semelhantes à forma atual do corpo humano terrestre e poderiam dar à luz os humanos. Os de Lira tornaram-se os homens de hoje, por não dar à luz, e a outra tribo transformou-se nas mulheres.

Na ocasião, os homens eram tidos como mais espiritualizados, mas logo as mulheres os superaram. A diferença nos cromossomos XX e XY que tornam o feto masculino ou feminino é uma lembrança das duas espécies. Todas nós descendemos de mães africanas e negras e todas nós somos luz. Infelizmente, prossegue a rivalidade entre os povos — homens e mulheres, brancos e não-brancos, de Lira e das Plêiades e da África e da Terra —, que ainda precisa ser sanada.

Barbara Marciniak define "luz" como "informação" (que é também pensamento), e eu aceito essa análise.[1] Diz ela que a Terra foi originalmente concebida para ser uma biblioteca viva de toda a luz/informação e de todas as espécies do universo. Esse computador de luz viva foi armazenado no DNA humano, animal e vegetal. O DNA humano, hoje formado por uma molécula de filamento duplo, compunha-se outrora de doze filamentos e era um repositório muitíssimo mais rico de experiências e informações. Em algum momento, numa guerra interplanetária, o DNA humano foi "ligado"; as transformações que ele continha não se perderam, mas ficaram esparsas e não-intactas.

> Certas espécies capturaram a espécie existente, que era na verdade uma excelente espécie, e a reformaram para usá-la de acordo com as suas necessidades. Perturbaram a freqüência de informação interna dos seres humanos, mudaram o DNA e deram a vocês a dupla hélice, para que vocês ficassem na ignorância. A freqüência de acesso de vocês foi simplesmente desligada...[2]

Com o advento da Nova Era na época atual, o DNA humano está voltando a evoluir e, ao fim e ao cabo, atualizará plenamente toda a potencialidade dos seus doze filamentos. As pessoas estão mudando, tornando-se mais conscientes, desenvolvendo a sua paranormalidade e descobrindo novas capacidades que por vezes as assustam, mas que, em última instância, são positivas. Nossa "luz" está de volta e nós precisamos de toda "informação" que pudermos obter para nos auxiliar na busca da unicidade.

Essa luz não está armazenada nem pode ser captada no corpo físico, mas está se desenvolvendo rapidamente nos níveis corpóreos não-físicos. As mulheres estão se dando conta da existência desses níveis corpóreos, dos chakras e dos canais da Kundalini e, ultimamente, até mesmo de um novo canal energético dos chakras e de uma nova série de chakras, a Linha do Hara. Nossa constituição luminosa está se ampliando, crescendo, aprofundando-se e tornando-se mais brilhante.

A maioria das agentes de cura identificam quatro corpos energéticos mais próximos do nível físico, a saber: (1) o duplo etérico/físico; (2) o corpo do Hara/corpo astral/corpo emocional; (3) o corpo mental; (4) os corpos espirituais que circundam o físico como as camadas superpostas de uma cebola.

Além e ao lado desses corpos existe um Corpo de Luz com outra série de camadas e, ainda mais além, a Mente Suprema. Tudo isso vem com a encarnação e se forma por ocasião do nascimento.

A estrutura da alma lembra o traçado da hélice do DNA, mas é múltipla. Até quatro dos filamentos do trançado podem encarnar-se ao mesmo tempo, embora as quatro pessoas que daí resultam raramente se encontrem. Esses "filamentos" são chamados eus essenciais (vidas simultâneas), e cada qual dos eus essenciais tem reservadas para si, na sua porção do DNA da Mente Suprema, muitas encarnações. Cada filamento encarnado do eu essencial tem um par não-encarnado, um conselheiro, seu guia nesta vida. A maioria das pessoas tem ainda muitos outros guias. A Mente Suprema tem consciência própria. Algumas pessoas que entram em contato com a sua Mente Suprema a consideram um anjo, embora nem todo anjo seja uma Mente Suprema. A Deusa é a força viva e criadora que está acima da alma superior e anima todo o resto.

A camada de energia mais próxima do corpo físico é chamada de *duplo etérico*. Ele é um gêmeo energético do corpo denso e funciona como um redutor da energia transmitida pela Deusa para os níveis corpóreos físicos. Em cada etapa a energia tem de ser reduzida à quantidade de luz que o nosso DNA de dois filamentos é ainda capaz de assimilar e administrar. No nível do duplo etérico fica a primeira camada de chakras que transportam energia e luz dos corpos não-físicos para o corpo denso. Ele é, no Reiki, o nível do Cho-Ku-Rei, e são esses os sete grandes chakras que a maioria das agentes de cura conhece. Mais adiante, vou descrevê-los sucintamente. Segundo Barbara Marciniak, esses sete chakras estão, na época atual, se multiplicando para chegar ao número de doze.[3]

A aura do duplo etérico é uma cópia energética direta do corpo físico, cuja saúde reflete. Durante o processo de uma moléstia, este é o último

Diagrama 1
Estrutura da Alma I

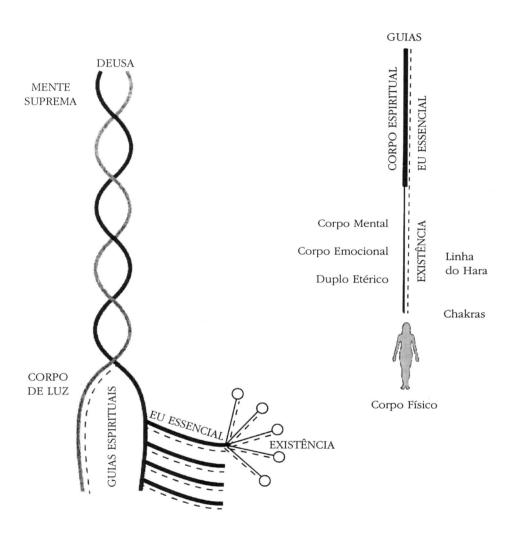

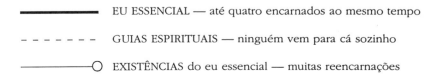

———————— EU ESSENCIAL — até quatro encarnados ao mesmo tempo

— — — — — — GUIAS ESPIRITUAIS — ninguém vem para cá sozinho

——————O EXISTÊNCIAS do eu essencial — muitas reencarnações

corpo alcançado pela doença antes da manifestação física. As paranormais muitas vezes vêem a doença que se afigura iminente mas ainda não chegou ao corpo físico denso, e podem muitas vezes curá-la antes que ela se manifeste. Da mesma forma, curando através de outros níveis, especialmente o mental e o emocional, curam o duplo etérico antes que este alcance e cure o corpo físico. Os chakras ligam o duplo etérico ao corpo físico e transportam a energia não-física (luz) de saúde ou doença para o corpo. Os chakras existem num canal de energia denominado Kundalini ou Linha da Kundalini.

A camada seguinte do corpo áurico é o *corpo emocional,* também conhecido como corpo astral. É a parte que, na projeção astral, viaja para fora do corpo; é, ainda, a mente subconsciente que pode vir à consciência através do desenvolvimento da percepção. Neste nível de energia existe uma outra linha de energia semelhante à da Kundalini, chamada Linha do Hara, e também uma outra série de 13 chakras. Esses chakras são desde há muito conhecidos no Oriente, onde a arte do Ch'i Kung tem a finalidade de desenvolvê-los. É só agora, porém, que eles estão começando a abrir-se para o nível universal, de modo que faz pouco tempo que as pessoas que trabalham com energia começaram a enxergá-los pela visão sutil. A abertura deles é um importantíssimo sinal da evolução do DNA.

Nós estamos apenas começando a aprender o que fazem esses novos chakras, e aprenderemos muito mais à medida que eles se desenvolverem. A prática do Reiki é eficaz para abrir esses chakras e os canais de energia da Linha do Hara, razão pela qual eu acredito que o Reiki tem uma importância vital para todas as agentes de cura mediúnicas. O símbolo do Reiki para o corpo emocional é o Sei-He-Ki.

O corpo emocional tem uma importância decisiva na cura; a liberação das emoções é essencial. Todos os danos causados pelo fato de vivermos num corpo — corpo cujas potencialidades foram, por sinal, frustradas — ficam armazenados nas emoções. Todas as dores humanas se acumulam nas emoções, e enquanto não são resolvidas afetam negativamente a saúde física. Toda energia que chega ao corpo passa pelo corpo emocional antes de alcançar o duplo etérico e, a seguir, o físico. É a dor nesse nível (emocional) que embaça o espelho da mente pura. Cada emoção dolorosa que fica retida devasta o bem-estar, e não existe quem não guarde consigo uma certa dose de dor emocional.

A Linha da Hara contém o propósito da nossa vida no corpo, propósito que é frustrado pelo apego a emoções como medo, ira, raiva, censura, depressão, autodepreciação e incapacidade de agir. A limpeza e a liberação dessas emoções negativas, e a transformação delas depois em sentimentos positivos, é o fator que mais contribui para a cura e a consecução dos objetivos de vida. O chakra do timo, na Linha do Hara, faz a ligação desta com o canal da Kundalini, e é o lugar onde se localiza a aceitação da unicidade universal. As emoções negativas são responsáveis pela separação que prejudica tanto a espiritualidade como a saúde, ao passo que as emoções positivas unem a mulher à Deusa e à Deusa Interior. O chakra do Hara, na Linha do Hara, é a nossa vontade de viver e de levar a cabo o propósito da nossa vida, que foi determinado antes da encarnação.

Vem a seguir o *corpo mental*, com uma outra série de chakras ainda por batizar e perscrutar. Esses chakras ainda não se desenvolveram nos seres humanos. O corpo mental é a mente criadora, é aquilo que, por meio da eletricidade/luz do Não-Vazio, cria, a partir do Vazio, a vida individual. Há dois tipos de mente: a individual, que a ilusão do ego (emoção) anuvia; e a Mente Universal/Deusa e Deusa Interior, desanuviada e pura. A Mente Universal se mescla à mente individual.

O corpo mental torna-se, nesse nível, o Corpo de Luz que se junta à rede da energia mental universal; esta é a consciência coletiva, a Mente. O curso em fita de Duane Packer e Sanaya Roman, *Awakening Your Light Body* (LuminEssence Productions, 1989), conduz a meditante, através da Linha do Hara, até esse nível de energia e o Corpo de Luz propriamente dito. Nesse curso, os chakras do Hara são chamados por nomes (formas sonoras) diferentes dos que eu emprego.

No capítulo precedente, sobre a visualização, falei sobre a importância da cura que parte do nível mental. É por meio da mente que nós criamos a nossa própria vida e realidade, aí incluídos o corpo e a saúde física. O símbolo que o Reiki usa para esse nível é Hon-Sha-Ze-Sho-Nen, que dá acesso ao karma e aos registros akáshicos. Esse nível de cura pode ser usado para reprogramar a mente, curando dores passadas — desta e de outras vidas — afastando-as no presente e prevenindo-as no futuro. É esse o nível em que ficam armazenados os modelos negativos de vida, que podem ser convertidos num fator de crescimento positivo. As mudanças de vida que essa cura enseja vão muito além do nível físico. A cura do corpo mental tem de transformar primeiro as emoções, para depois chegar ao corpo denso. A energia/luz desce (ou sobe) em progressão rigorosa, através das camadas. Os guias espirituais podem também ser contatados por meio do corpo mental.

Também o *corpo espiritual* pode ter chakras que ainda não foram descobertos. Ele compreende a Mente Suprema, a alma, a Deusa Interior e a Deusa. É o Vazio budista, o local em que o ego se dissolve e a separação se converte em unicidade. *Nesse nível*, não existe a personalidade individual, apenas a participação no Tudo. A Mente Suprema é a força criadora do indivíduo, de uma série de eus essenciais. Estes são uma forma pela qual a Deusa conhece e goza a plenitude do seu Ser. A Mente Suprema é como uma mãe de família, mas todos os membros da família são ela própria.

Quando uma mulher começa a fazer contato com a sua Mente Suprema, ela é tomada por um irreprimível sentimento de paz e alegria. Uma mulher chama de Senhora do Arco-íris à sua Mente Suprema; outra chama a sua de Ísis. Não se trata de guias espirituais. Talvez cada Mente Suprema seja um dos milhares de nomes da Deusa. Minha própria Mente Suprema, a quem conheci recentemente e que me orienta para escrever este livro, me disse o seu nome, Ariel. Uma luz a circunda, propagando-se horizontalmente às suas costas como se fossem asas. Será que as entidades que nós chamamos de anjos são, na realidade, as nossas Mentes Supremas? Será que as Mentes Supremas são deusas, a Deusa ou a Deusa Interior, ou todas as três coisas, ou nenhuma delas? Sinceramente, não sei. Contudo, o encontro com Ariel mudou e alegrou minha vida e resultou neste livro.

No Reiki, os símbolos do corpo espiritual são Dai-Ko-Myo e Raku, isto é, Iluminação e a própria Deusa. O Dai-Ko-Myo é chamado de bodhisattva, "um templo de luz grande e brilhante", uma mulher que, mesmo não estando obrigada a fazê-lo, reencarna-se para ajudar a humanidade. De acordo com o pensamento budista, trata-se de uma pessoa que se libertou do ego; que elimina a separação que existe dentro dela para aderir à unicidade e curar. Sua tarefa na Terra é livrar os outros da dor e da separação e ensinar-lhes a unicidade da vida. Ela compreende a alegria que transcende a vacuidade do Vazio e a mostra aos outros. Kwan Yin e Tara são bodhisattvas, como provavelmente também são Maria e Cristo. Atualmente existem no mundo numerosos bodhisattvas encarnados. Talvez eles saibam que o são, talvez não.

A cura espiritual é a mudança no modelo matricial da vida de uma mulher. Essa cura, em geral, é uma conseqüência da graça; defino a graça como a combinação e a síntese do esforço com a intercessão da Mente Suprema e da Deusa. Ocorrem aqui mudanças profundas, verdadeiros milagres: uma mulher com câncer ergue-se do seu leito de morte e começa uma vida nova, curada; uma mulher com AIDS de súbito se torna soronegativa. Os milagres acontecem todos os dias e as agentes de cura, testemunham-nos com freqüência. Eu sofria desde a adolescência de uma curvatura dorsal que se curou espontaneamente quando eu tinha 44 anos de idade. Eu nem havia pedido para ficar boa, pois não sabia que uma cura dessa natureza fosse possível.

Tive uma experiência semelhante aos 35 anos e me tornei uma pessoa totalmente nova. Esses são os mistérios das curas que provêm do nível espiritual. Elas vêm do vazio e, além dele, da Fonte. Via de regra, acontecem de forma inteiramente inesperada.

Em primeiro lugar, vou fazer uma relação sucinta dos chakras do duplo etérico e falar sobre a Linha da Kundalini para depois passar ao nível do Hara, que é muito menos conhecido. Em capítulos posteriores, vamos discutir de modo mais detalhado os corpos exteriores e os planos de existência. Os níveis não-físicos do corpo formam, em conjunto, a aura, cujas várias camadas se ancoram, por efeito de uma energia já bastante abrandada, num chakra (ou mais de um chakra) localizado no canal central da Kundalini. Os chakras da Linha do Hara estão ancorados nos níveis energéticos do corpo astral/emocional.

O canal central da Kundalini, chamado Sushumna, percorre de alto a

Diagrama 2
Estrutura da Alma II

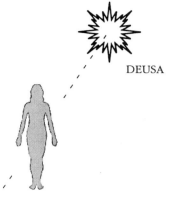
DEUSA

MENTE SUPREMA
Chakras do corpo espiritual

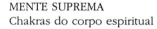

CORPO DE LUZ
Chakras do corpo mental, rede do corpo mental, rede da Mente Universal, rede galáctica

CORPO DO HARA
Chakras do corpo emocional
Linha do Hara
Corpo Astral

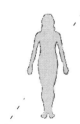

CORPO ETÉRICO
Corpo físico energético e seus chakras
(auras dos corpos físico, emocional, mental e espiritual)

CORPO FÍSICO
Plano terrestre

Diagrama 3
Estrutura da Alma III

Somente uma diminuta parte do eu no corpo

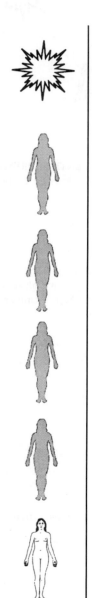

DEUSA

MENTE SUPREMA
CORPO ESPIRITUAL

CORPO DE LUZ
CORPO MENTAL

CHAKRA DO HARA
CORPO EMOCIONAL
CORPO ASTRAL

AURA DO CORPO FÍSICO
DUPLO ETÉRICO
CHAKRAS

CORPO FÍSICO

baixo o miolo central do corpo humano, no nível do duplo etérico. Nos animais, os chakras estão dispostos numa formação triangular; para maiores informações a respeito, consulte meus livros *Natural Healing for Dogs and Cats* e *Natural Remedies for Dogs and Cats* (The Crossing Press, 1993 e 1994). Existem dois canais menores, Ida e Pingala, que se entrelaçam ao longo do Sushumna; partindo do chakra da raiz (no cóccix), eles alcançam as narinas esquerda e direita, respectivamente. Os sete chakras, com seus análogos corpóreos, localizam-se no Sushumna, nos pontos onde se entrecruzam Ida e Pingala. O movimento energético desses dois canais sinuosos lembra bastante a forma dos dois filamentos da molécula do DNA.

Os canais são a via pela qual a Shakti sobe do cóccix para encontrar-se com Shiva, no topo da cabeça. Shakti é a Grande Mãe do Universo, da qual nascem todas as formas. É simbolizada por uma serpente enrodilhada na base da espinha, ou pelo relâmpago de Raku. Ela é o Vazio, a Deusa, de onde a Mente extrai a vida e a matéria. Conquanto seja considerado um princípio masculino, Shiva era originalmente tido como mulher e criatura de Shakti; Ela é a consciência *não-manifestada*, o Não-Vazio. Da união entre Shakti e Shiva resulta a criação do mundo e, no plano individual, a Iluminação. O Estado de Iluminação é definido como uma compreensão de todas as coisas (unicidade) que liberta a pessoa da Roda da Encarnação, da obrigação de renascer num corpo. Note-se, neste ponto, a semelhança entre a Roda da Vida do wicca e a Roda da Encarnação budista.

A ascensão da Shakti em espiral abre e purifica cada chakra, à medida que a Deusa passa por ele. A ioga e a maior parte das técnicas orientais de meditação foram concebidas para estimular essa ascensão, mas têm de ser praticadas com cuidado a fim de que a limpeza de cada chakra se realize lentamente e a subida da energia não seja demasiado vigorosa. Embora a Kundalini, em sua ascensão, seja a força vital da Deusa, uma movimentação excessiva e prematura da energia pode provocar certas experiências e sintomas desagradáveis, entre os quais sensações de calor, eletricidade no corpo, formigamento, tonturas, frio na espinha, vazio, deslizamento emocional ou físico, sons interiores, visões, alucinações, saída do corpo e até mesmo desmaios.[4] Serão as ondas de calor da menopausa um sinal da subida da Kundalini?

As sensações acima mencionadas podem ser muito assustadoras e, principalmente em se tratando de pessoa que não lhes conhece as causas, podem provocar um colapso nervoso. A psiquiatria não admite esse fenômeno e procura corrigi-lo pelo emprego de medicamentos. Um mestre de ioga é uma ajuda bem mais eficaz. Todavia, para a maior parte das mulheres, desde que o movimento da energia seja promovido de forma consciente e comedida, a abertura da Kundalini é um processo seguro e agradável, que se transforma num importante componente da espiritualidade e do desenvolvimento da paranormalidade e da cura. Se as sensações se tornarem demasiado fortes, simplesmente pare de meditar por algumas semanas. Eis

Diagrama 4[4]
A Linha da Kundalini
O Canal Central e os Canais Auxiliares

As Correntes Energéticas Mais Importantes

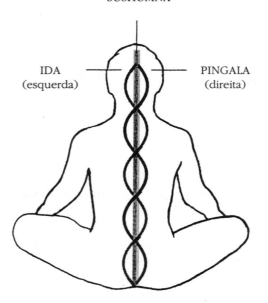

Diagrama 5
Os Canais da Kundalini e os Chakras[5]

"Ida e Pingala, subindo a partir da região do cóccix, entrelaçam-se em torno do Sushumna, entrecruzando-se nos nódulos entre os chakras... O mesmo modelo espiralado é encontrado na hélice dupla que configura a molécula do DNA..."

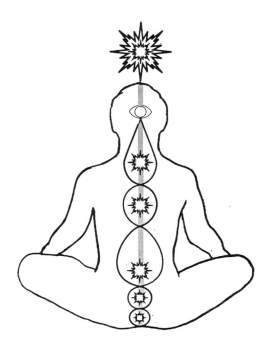

Configuração em dupla hélice da molécula do DNA, que contém o código genético da vida.

aí também uma razão pela qual se orienta as principiantes a limitar a duração de suas sessões a não mais do que meia hora. Uma forma importante de impedir o superaquecimento da Kundalini é terminar todas as meditações ancorando no solo a energia e voltando às raízes da árvore, no centro da Terra.

A forma mais segura de dar início ao processo da Kundalini é limpar cada um dos chakras, em vez de concentrar-se no despertar da Kundalini. À medida que cada chakra é depurado das energias obstrutivas e é curado, cada um deles se torna apto a conter sem problemas a energia ascendente. Essa forma de ativar a Kundalini é uma experiência de muita alegria. Ao abrirem-se os chakras a mulher ganha em saúde, equilíbrio emocional e vitalidade e, à medida que a energia é naturalmente despertada por esse processo de limpeza, a paranormalidade surge e se desenvolve. Essa energia também é equiparada à sexualidade, à criatividade, à manifestação e à consciência cósmica. A sexualidade, enquanto Kundalini, participa da divina união que é a unicidade da vida.

A Kundalini sobe através dos chakras, isto é, dos sete centros que presidem o desenvolvimento da vida humana, desde o mais terra-a-terra até o espiritual. Cada chakra está ligado a um determinado estágio do crescimento da pessoa, bem como a uma parte do seu corpo, ao seu estado de saúde e, ainda, a um dos níveis dos quatro corpos e da aura. Os três primeiros chakras, ou seja, o da base, o da barriga e o do plexo solar, vinculam-se às necessidades básicas de sobrevivência, procriação e volição. Os três chakras seguintes, do coração, da garganta e da testa, são mais avançados e mais maduros e definem o amor, a comunicação e o conhecimento. O sétimo centro, isto é, o chakra da coroa, é puramente espiritual e liga as mulheres aos mistérios do além. Quanto ao oitavo chakra, um ponto transpessoal acima do topo da cabeça, embora haja quem o inclua no sistema da Kundalini, parece-me agora que se trata de um centro energético da Linha do Hara.

Os chakras começam na base da espinha dorsal e terminam no alto da cabeça. Localizado no cóccix por trás e no osso púbico pela frente, o primeiro é o *chakra da base*, representado pela cor vermelha. Esse centro encerra as necessidades básicas de sobrevivência e segurança e a capacidade de fixação no Plano Terrestre através do corpo.[6] Os bloqueios energéticos nesse nível manifestam-se num sentimento de exclusão e de estar longe de casa (não ter raízes) e na incapacidade de manter-se às próprias custas e de concretizar os próprios objetivos. Os acidentes, o desabrigo e as tendências suicidas estão também ligadas ao chakra da base. É aqui que se desenvolve a identidade essencial: o pânico é uma emoção do chakra da base.

No corpo, os bloqueios no chakra da base manifestam-se nos quadris, nas pernas, na porção inferior das costas, no reto e no útero, em doenças tais como constipação, diarréia, colite, dores nos joelhos, ciática e problemas vaginais. A maior parte das moléstias uterinas são catalogadas como males do chakra da barriga, mas eu entendo que dar à luz tem a ver com o

Diagrama 6
Os Chakras do Duplo Etérico[7]
A Linha da Kundalini

São estes os sete chakras principais. O duplo etérico é o nível de energia mais próximo do corpo físico e é chamado aura do corpo físico.

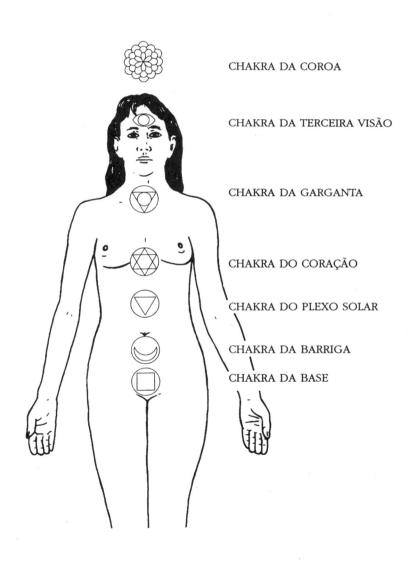

chakra da base. As mulheres dispersivas e sem raízes e as que sofrem de escassez de adrenalina e de fadiga crônica encontram a cura nesse nível. Entre os fenômenos paranormais ligados a esse centro podemos citar as experiências de quase-morte e a regressão a vidas passadas — nascimento, morte e renascimento, o interior e o exterior do ventre. O correspondente do chakra da base na aura é o duplo etérico, que é o gêmeo energético do corpo físico.

A seguir vem o *chakra da barriga*, localizado entre o osso púbico e o umbigo. Todos os chakras, com exceção do chakra da terceira visão e do chakra da coroa, também se enraízam na espinha, indo da frente do corpo até as costas. A cor desse centro é o alaranjado, e as necessidades básicas a ele ligadas são a sexualidade, a auto-estima — compreendida como poder sobre si — e as afirmações exteriores de poder. Quando a liberação emocional bloqueia antigos traumas, as imagens armazenadas nesse centro são liberadas. Aí se localizam a necessidade de controlar e possuir e a saudável capacidade de desligar-se dessas emoções. As disfunções desse centro podem causar temores e dificuldades relacionadas com a menstruação e com a menopausa, com a necessidade de ser mãe para alguém e/ou de ter alguém como mãe, com problemas nos relacionamentos e ressentimentos por ser manipulado ou por manipular os outros.

Os órgãos relacionados com o chakra da barriga são os ovários, o útero, as trompas de Falópio, a pélvis, a espinha lombar, os rins, a bexiga e o intestino grosso. As moléstias são aquelas próprias dos órgãos reprodutivos da mulher: fibromas, endometriose, doenças sexualmente transmissíveis, disfunções sexuais, esterilidade, hérnia de disco, artrite, infecções urinárias e doença renais. As mulheres vitimadas por abusos sexuais manifestam com freqüência esses males. As moléstias cessam quando as imagens traumáticas são trazidas à tona. Os poderes paranormais vinculados a esse centro são a clarissensibilidade (sentir o que os outros sentem) e as viagens astrais fora do corpo. O chakra da barriga é a energia abrandada do corpo astral/emocional. A criança interior da pessoa, quando não curada, habita nele.

O *plexo solar* é o terceiro chakra, localizado na altura das costelas inferiores. Sua cor é o amarelo e esse centro é o receptor, processador e distribuidor da energia e das sensações perceptivas do corpo. É por aí que entra no corpo a energia vital no Plano Terrestre, a seguir enviada para todo o organismo, em todos os níveis. Aí se concentram a autoconfiança, o instinto de sobrevivência, o sentido prático, e a capacidade de aprendizado no mundo material.

É esse o lugar da confiança e da força de vontade das mulheres e da sua capacidade de triunfar nos assuntos materiais. A cor amarela do centro também está ligada à mente racional: habilidade matemática, facilidade nos estudos e noção dos fatos concretos. É nesse chakra que ficam retidos a ansiedade e o medo, e é ele que precisa ser trabalhado para que essas coisas desapareçam. Os bloqueios nesse centro manifestam-se no medo de perder a autodeterminação, na incapacidade de safar-se de situações coercitivas ou de assumir responsabilidade, no medo de ser criticada ou ignorada, na depressão psíquica e no medo de errar. É um chakra importante para nós mulheres, pois está ligado à tomada consciente de controle sobre a nossa vida.

A digestão e a assimilação dos alimentos, das idéias, das intuições e da energia localizam-se no plexo solar. Os órgãos são o estômago, o fígado, a vesícula biliar, o pâncreas e o intestino delgado. As moléstias são os distúrbios alimentares, a obesidade, as dependências, as úlceras gástricas, o diabetes, cálculos biliares, indigestão, problemas de deambulação, náuseas e gripes. Os poderes paranormais ligados ao plexo solar são o controle dos sonhos e a criação consciente da realidade. Esse chakra é o primeiro dos dois níveis da aura do corpo mental.

O segundo chakra do corpo mental, centro da mente criadora, localiza-se no *coração*. Esse é também o centro que liga o corpo e a mente ao espírito, ou a sobrevivência básica às necessidades adultas. Situado atrás do esterno, entre os seios — pela frente —, e na espinha dorsal, entre as escápulas — por trás — o quarto chakra responde pela capacidade que a pessoa tem de amar a si mesma e aos outros, de dar e receber. A criança interior, uma vez curada, habita no coração. Há duas cores que representam esse centro. A cor tradicional é o verde, mas muitas mulheres vêem esse chakra na sua cor astral, que é o rosa. No mundo de hoje, quase todas as pessoas têm o coração duro, magoado ou partido, e não é por acaso que as moléstias do coração são a mais freqüente causa de morte neste país. O coração é o centro da compaixão por si mesmo e pelos outros.

A dor de coração provém do fato de ter sido cruelmente maltratada ou de ter maltratado outras pessoas ou animais, do sentir-se mal-amada ou incapaz de amar, da rejeição, do ciúme, do pesar, da solidão e de todos os tipos de problemas de relacionamento. Provém também do fato de presenciar essas coisas no mundo. As dores de coração mais profundas podem causar obstruções na aura, que se denominam cicatrizes do coração. Ao se resolver, elas reavivam numerosas dores antigas, mas deixam o coração aberto à brandura, à cura e a uma nova forma de crescimento. As doenças relacionadas com esse chakra são todas e quaisquer moléstias do coração, dos pulmões, do sistema circulatório, dos ombros e da porção superior das costas. Os poderes paranormais do chakra do coração são a cura, a capacidade de emocionar-se, a compaixão, o amor universal e o amor de si mesma.

Os três últimos chakras, da garganta, da testa e da coroa, compõem a aura do corpo espiritual. O *chakra da garganta*, localizado no V da clavícula, na base do pescoço é representado pelo azul-claro. Esse é o centro por meio do qual a mulher se comunica, se exprime, ouve e acolhe os outros e manifesta a sua criatividade. Nele está impresso o modelo matricial do corpo, da mente e das emoções, e ele representa a manifestação do Não-Vazio no indivíduo. Barbara Ann Brenann, em *Hands of Light* * (Bantam Books, 1987), chama a garganta de Matriz Etérica.[8] Trata-se, talvez, do mais complexo dos chakras, pois nele se localizam todas as possibilidades de mudança, transformação e cura, inclusive o resgate kármico. A maior parte das mulheres encontra problemas para criar em si esse nível; tivemos o nosso crescimento prejudicado por uma sociedade misógina. A garganta é o local onde a ira feminina fica armazenada e de onde é, por fim, liberada.

Os problemas do chakra da garganta são a incapacidade de falar por si; a falta de responsabilidade e a incapacidade de relacionar causa e efeito; a incapacidade de exprimir os próprios sentimentos ou mesmo de tomar consciência deles; a incapacidade de ouvir os outros; as explosões de raiva, ódio, choro ou insultos; o exagero ou a mentira; e a incapacidade de enfrentar ou conduzir a própria vida. Tudo isso se manifesta no corpo na forma de dores de cabeça, enxaquecas, dores de garganta, laringite, tireoidismo, dores de ouvido e surdez, maus dentes ou gengivas, problemas com a mandíbula, torcicolo ou doenças das vértebras cervicais.

A telepatia é o poder paranormal típico desse centro, de par com a capacidade de mudar e redesenhar o molde matricial do ser pela cura, do esforço e da graça kármica. É essa a sede da clariaudiência (audição sutil) que permite o contato com os guias espirituais. O chakra da garganta armazena muitas informações desconhecidas e um enorme potencial de criação/criatividade e capacidade paranormal; atualmente, esse chakra está se expandindo nas mulheres e se abrindo rapidamente.

O sexto chakra, que é da cor do anil e se localiza no meio da testa, logo acima da linha dos olhos, é chamado chakra da testa ou da terceira visão. Trata-se de um centro bastante sofisticado; está relacionado com a capacidade de raciocínio e de abstração, aos conceitos intelectuais, ao código de ética individual, à capacidade de relacionar um código abstrato com a vida cotidiana, à criação das próprias realidades e à compreensão do significado dos processos e acontecimentos do dia-a-dia. O centro sutil mais poderoso nas mulheres é o chakra da testa, com a sua capacidade de perceber a realidade e desmascarar a ilusão. O centro mais poderoso no homem é o plexo solar, cujo vínculo com a realidade é mais material do que conceitual.

O terceiro olho é o órgão que permite ver, ainda além das realidades físicas, as realidades ditas sutis. A compreensão da verdade não-física leva à consciência espiritual e ética, e a terceira visão é a Mente Individual (que não deve ser confundida com a "mente" que se manifesta nos centros mentais do plexo solar e do coração). A visão de mundo intelectualizada deste chakra favorece o desapego e a transcendência da separação egóica. Nesse nível não há emoção, apenas análise e raciocínio.

Os bloqueios energéticos nesse centro provocam a negação da verdade

---

* *Mãos de Luz*, publicado pela Editora Pensamento, São Paulo, 1990.

ou da realidade, a paranóia e outros distúrbios mentais, a não-aceitação ou o receio da introspecção, o hábito de julgar e condenar a si mesmo e aos outros, os pensamentos negativos e a recusa a aprender com as experiências e erros passados. Os olhos, a face, o cérebro e partes dos sistemas imunológico (linfático) e endócrino são os órgãos do chakra da terceira visão. As moléstias físicas a ele ligadas são a catarata, problemas de visão, desequilíbrios hormonais, debilidade mental, infecções recorrentes e moléstias degenerativas do cérebro, como o mal de Alzheimer e a doença de Parkinson.

Barbara Ann Brennan, em *Mãos de Luz*, chama de Corpo Celestial a camada áurica do corpo espiritual que se liga a este chakra. Ela o descreve como um local de meditação, transcendência, êxtase e transformação, um local onde se compreende a unicidade com a Deusa e com tudo aquilo que vive.[9] Eu o defino como o chakra da Deusa Interior, sendo o chakra da coroa a Deusa. É a combinação do sentimento e do amor incondicional (do chakra do coração) com a capacidade de pensar, analisar e intuir o potencial do Não-Vazio (do chakra da testa) que faz uma agente de cura. A cura é uma combinação dos dados fornecidos por esses dois chakras. A clarividência, a criação da própria realidade, a visualização, a visão e o conhecimento sutis são os poderes paranormais próprios da terceira visão.

O sétimo chakra da Kundalini é o *chakra da coroa*, localizado logo atrás do topo do crânio. Sua cor é o violeta, ou transparente com um núcleo dourado. É esse centro que liga as mulheres com a Deusa e com o Vazio, o local em que a vida anima o corpo físico. O cordão prateado que interliga os corpos áuricos sai pelo chakra da coroa; dali, da parte superior do corpo espiritual, ele se liga ao Corpo de Luz e depois à Mente Suprema. A alma entra no corpo pelo chakra da coroa no nascimento e sai por ele na morte. Esse centro do corpo espiritual espelha o chakra da base; são eles as duas faces das forças vital espiritual e física. O nascimento começa e a morte termina na raiz e na coroa, e a Roda da Vida gira.

Algumas qualidades relacionadas com o chakra da coroa às vezes são atribuídas à terceira visão. Nesse nível de desenvolvimento, a mulher é um Ser espiritual pleno, e nela os chakras e níveis áuricos se mesclam e sobrepõem. Em algumas culturas, os chakras da coroa e da terceira visão são tidos como um só. Barbara Ann Brennan define o chakra da coroa como o nível mental (como na criação) do plano espiritual. Para o budismo, ele é o Vazio; para o wicca, a Deusa. Para algumas tribos indígenas norte-americanas, o Grande Mistério.

É esse o ponto em que as mulheres se conscientizam da sua identidade suprafísica e da sua participação no plano universal. Conduta, ética, caráter, prestatividade, coragem, sabedoria e desafios espirituais caracterizam o grau de maturidade do chakra da coroa. Os bloqueios e temores nesse nível resultam em crises espirituais e apegos kármicos, na incapacidade de compreender e aceitar a vida como um processo holístico, na repulsa às mudanças e transformações, no medo de envelhecer e morrer e no medo dos próprios poderes paranormais.

Esses bloqueios podem manifestar-se fisicamente em moléstias do sistema nervoso central, como a esclerose múltipla, a paralisia e a distrofia muscular, no autismo, em doenças degenerativas da coluna e dos ossos, na osteoporose ou em doenças kármicas congênitas. Esse chakra é a última camada do corpo espiritual que tem localização e correspondências físicas. Os poderes paranormais a ele relacionados são a mediunidade, a transcendência e a unicidade com a Deusa e o universo. O campo áurico do chakra da coroa contém a vida e a força vital de toda a encarnação do indivíduo.

O sistema da kundalini não se limita a esses sete chakras: eles são o tronco da Árvore da Vida, mas esse tronco tem muitos ramos e existe um grande número de chakras menores por todo o corpo. Há chakras atrás de cada articulação, na sola dos pés e, é claro, nas palmas das mãos. Os chakras da mão se desenvolvem muitíssimo nas agentes de cura tornando-se instrumentos de percepção e transmissores de energia. Alguns dos chakras menores também estão relacionados a outros níveis áuricos. Cada um dos minúsculos vórtices energéticos que são os numerosos pontos de acupuntura pode ser considerado um chakra.

Numa apreciação mais ampla da Linha da Kundalini, Barbara Marciniak augura o desenvolvimento de cinco novos centros além do chakra da coroa. Esse total final de doze chakras virá de par com a futura reconstituição dos doze filamentos do DNA. Os centros prosseguem ao longo da reta central do Sushumna, indo desde o indivíduo até o universo. Eles estão além do corpo e não têm correspondentes físicos. Seu oitavo chakra, algo equivalente ao ponto transpessoal, acessa realidades psíquicas invisíveis além do corpo; o centro está localizado exatamente acima da coroa, poucos centímetros acima da cabeça física. O chakra nove, localizado tão distante da atmosfera terrestre quanto a lua, liga a pessoa à rede energética da Terra, o que faz dela um zelador e um intendente do planeta. O décimo centro dá acesso a todas as informações contidas no nosso sistema solar; o décimo primeiro às da nossa galáxia; e o décimo segundo chakra dá acesso aos demais planetas e às informações do espaço sideral e do universo. Com o desenvolvimento futuro desses centros, vamos nos tornar verdadeiros Seres interplanetários.[10]

Nos outros níveis do corpo áurico existem canais de energia e sistemas de chakras semelhantes à Linha da Kundalini do duplo etérico. Até há pouco as mulheres não tinham, em sua maioria, acesso a esses outros sistemas ou conhecimento deles; mas, como vimos, as mulheres estão despertando e se desenvolvendo rapidamente nestes tempos de mudanças na Terra. Algumas têm começado a notar a abertura de novos chakras, e vem-se evidenciando a existência de toda uma série destes num nível muito diferente do nível da Kundalini. O ponto transpessoal acima do topo da cabeça foi o primeiro novo centro que as mulheres descobriram. Depois veio o chakra

Diagrama 7
O DNA de Doze Filamentos —
Os Doze Chakras de Barbara Marciniak[11]

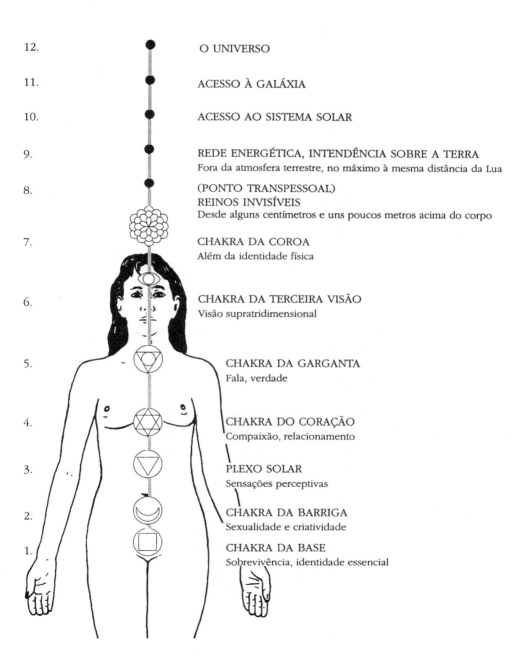

12. O UNIVERSO

11. ACESSO À GALÁXIA

10. ACESSO AO SISTEMA SOLAR

9. REDE ENERGÉTICA, INTENDÊNCIA SOBRE A TERRA
Fora da atmosfera terrestre, no máximo à mesma distância da Lua

8. (PONTO TRANSPESSOAL)
REINOS INVISÍVEIS
Desde alguns centímetros e uns poucos metros acima do corpo

7. CHAKRA DA COROA
Além da identidade física

6. CHAKRA DA TERCEIRA VISÃO
Visão supratridimensional

5. CHAKRA DA GARGANTA
Fala, verdade

4. CHAKRA DO CORAÇÃO
Compaixão, relacionamento

3. PLEXO SOLAR
Sensações perceptivas

2. CHAKRA DA BARRIGA
Sexualidade e criatividade

1. CHAKRA DA BASE
Sobrevivência, identidade essencial

do timo e, mais adiante, atribuiu-se significado ao Hara, que já era conhecido dos orientais.

Eu vi esses centros se desenvolverem em mim mesma, sem compreender inicialmente do que se tratava. Quando o meu corpo causal se abriu pela primeira vez, tentei me livrar dele, pensando que fosse um corpo estranho que tentava instalar-se onde não devia. Um bem-humorado guia espiritual informou-me afinal que ele era uma parte de mim e me disse que o deixasse em paz. Conquanto a minha compreensão desse nível ainda seja muito rudimentar, estou tentando passar todas as informações de que disponho. Através delas chamarei a atenção das mulheres para o assunto e, com isso, novas informações decerto virão.

Denominarei esse sistema de energia do corpo astral emocional de Linha do Hara, baseada na descrição que Barbara Brennan faz de um "Nível Hárico" composto por três chakras, em sua obra *Light Emerging** (Bantam Books, 1993). A Linha e os três centros encaixam-se nas minhas idéias, mas o sistema global que eu vejo é muito mais desenvolvido do que esse de que ela fala. Ela define o canal energético como "o nível [da aura] em que está impresso o grande propósito da encarnação da pessoa e as suas intenções em qualquer momento particular".[12] A Linha do Hara mostra por que encarnamos nesta vida. A compreensão clara desse propósito gera produtividade, realização e paz de espírito. O bloqueio da energia nesse nível prejudica e obstrui as intenções e realizações da pessoa, chegando até mesmo a impedir a percepção desse propósito pessoal.

Brennan postula três chakras — três pontos principais na Linha do Hara —, ao passo que eu já distingo 13. O primeiro desses três pontos principais é um centro energético de cor clara (furta-cor ou transparente), acima da cabeça, ao qual chamei de *ponto transpessoal*. É um chakra conhecido por muitas mulheres que o situam no canal da Kundalini. É a primeira manifestação da alma na matéria, o primeiro transbordamento de energia do Vazio-Deusa. Ele traz em si a razão pela qual o indivíduo encarna no seu corpo, mente, emoções e espírito, e estabelece uma distinção entre a alma individual encarnada e a Deusa, conferindo à mulher uma realidade pessoal na Terra.[13] Katrina Raphaell, em *Crystalline Transmission*** (Aurora Press, 1990), chama a esse chakra de Estrela da Alma e atribui-lhe propriedades semelhantes. Segundo o Ch'i Kung, uma antiga ioga asiática, esse centro é a fonte do Ki (Ch'i) Celestial, a energia vital do universo.

A linha energética nascida no ponto transpessoal desce verticalmente pelo corpo e penetra na Terra. Barbara Brennan não considera esse terminal da Terra como um chakra, mas eu o considero como tal e dei-lhe o nome de

---

* *Luz Emergente*, publicado pela Editora Cultrix, São Paulo, 1995.

** *Transmissões Cristalinas*, publicado pela Editora Pensamento, São Paulo, 1992.

chakra da Terra. Katrina Raphaell o chama de Estrela da Terra e o localiza vinte centímetros abaixo dos pés.[14] Sinto, porém, que ele pode se localizar ainda mais fundo, até onde a pessoa for capaz de ancorar-se na terra e ligar-se à intenção de estar aqui. Quanto à sua cor, vejo-a de um negro brilhante. É um centro que no Ch'i Kung também é conhecido como Ki da Terra, ou seja, a energia vital que a pessoa absorve do centro da Terra. Tanto o ponto transpessoal quanto o chakra da terra se situam além do físico, acima e abaixo dele, como pontos de ancoragem da Linha do Hara. Os centros restantes têm coordenadas físicas no corpo astral/emocional.

Barbara Brennan menciona ainda dois outros centros importantes: um deles eu chamei de *chakra do timo*, e o outro é o próprio Hara, que desde tempos remotos é conhecido no Oriente. O primeiro está localizado entre o coração e a garganta, e o segundo, abaixo do umbigo. Brennan define o timo (a que chama Sede da alma) como um lugar que contém "aspirações sagradas... muito próprias da nossa missão específica na vida".[15] Esse chakra representa a força e a paixão que empenhamos em realizar a tarefa para a qual nós encarnamos. Para mim, esse centro aparece com a cor da água-marinha, e eu o vejo como um elo que liga a Linha do Hara e o corpo emocional à Linha da Kundalini e ao duplo etérico. Mais precisamente, ele liga as emoções da mulher ao seu corpo físico.

No nível físico, esse chakra protege o sistema imunológico, que é claramente afetado pelas emoções (confira a discussão acerca do *stress* no Capítulo 1). A palavra grega *thymos* significa personalidade ou alma, e relaciona a imunidade à identidade de uma pessoa ou o propósito da sua vida. O chakra do timo é o nosso empenho emocional, a vontade de viver e de permanecer encarnada. Katrina Raphaell não menciona esse centro.

No Ch'i Kung, aplicado à acupuntura, ele é identificado como o ponto 17 do meridiano do Vaso da Concepção, que Stephen Levine, em *Healing Into Life and Death*, chama de "ponto da mágoa". Procure-o no peito, cerca de oito centímetros acima do ponto mediano entre os mamilos, sobre o osso esterno. Quando o encontrar, você saberá que o encontrou; ele é muito sensível e dói bastante ao toque. Uma leve pressão sobre esse ponto "desperta a pessoa para a realidade de um sofrimento que ela carrega há muito tempo, para uma vastidão que espera ser tocada por uma consciência cheia da vontade de perdoar".[16] A meditação nas sensações que nos vêm ao tocarmos nesse ponto traz à tona e libera a emoção da mágoa (que pode incluir a ira, o ressentimento, o medo e ainda outros sentimentos). Fazendo isso, a mulher aprende a ter compaixão por si mesma, que se traduz em compaixão para com os outros. Como diz várias vezes Levine no seu belo livro, "não é a *minha* dor, mas *a* dor" (do mundo).

O outro chakra principal na Linha do Hara, o último que Barbara Brennan menciona, é o *chakra do Hara*, o Hara propriamente dito. É um centro conhecido desde longa data no Ch'i Kung como tan tien ou Mar de Ch'i, e se localiza cerca de seis centímetros abaixo do umbigo, acima do chakra da

Diagrama 8
A Linha do Hara

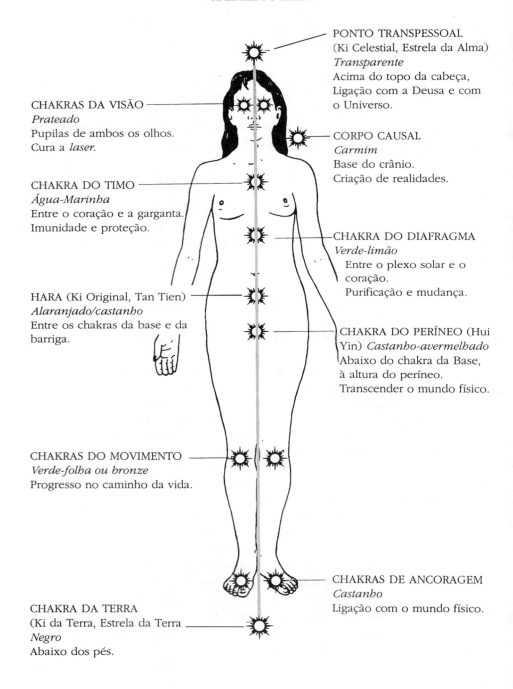

PONTO TRANSPESSOAL
(Ki Celestial, Estrela da Alma)
Transparente
Acima do topo da cabeça,
Ligação com a Deusa e com
o Universo.

CHAKRAS DA VISÃO
Prateado
Pupilas de ambos os olhos.
Cura a *laser*.

CORPO CAUSAL
Carmim
Base do crânio.
Criação de realidades.

CHAKRA DO TIMO
Água-Marinha
Entre o coração e a garganta.
Imunidade e proteção.

CHAKRA DO DIAFRAGMA
Verde-limão
Entre o plexo solar e o coração.
Purificação e mudança.

HARA (Ki Original, Tan Tien)
Alaranjado/castanho
Entre os chakras da base e da barriga.

CHAKRA DO PERÍNEO (Hui Yin) *Castanho-avermelhado*
Abaixo do chakra da Base,
à altura do períneo.
Transcender o mundo físico.

CHAKRAS DO MOVIMENTO
Verde-folha ou bronze
Progresso no caminho da vida.

CHAKRAS DE ANCORAGEM
Castanho
Ligação com o mundo físico.

CHAKRA DA TERRA
(Ki da Terra, Estrela da Terra
Negro
Abaixo dos pés.

barriga do plano da Kundalini. Sua cor é castanho-alaranjado mas, durante a cura, ele pode tornar-se mais escuro, chegando mesmo a aquecer-se e avermelhar-se. O centro do equilíbrio físico da mulher fica nessa parte do corpo. No Ch'i Kung, todo trabalho energético começa e termina nesse centro, que é a fonte da encarnação e o lugar do qual a força vital flui para o resto do corpo. O Chakra do Hara liga a vontade de viver com a vivificante energia terrestre que provém do chakra da Terra. Diz Barbara Ann Brennan:

> Foi com a sua vontade, e somente com ela, que você tirou um corpo físico do ventre da sua mãe, a terra. É também nesse centro que as agentes de cura vão buscar forças bastantes para regenerar o corpo, contanto que plantem a linha hárica bem fundo no ventre da terra, no seu núcleo em fusão.[17]

Três outros centros da Linha do Hara localizam-se entre os chakras primários acima descritos. O corpo causal fica entre o ponto transpessoal e o timo; o chakra do diafragma, entre o timo e o chakra do Hara; e o chakra do períneo, entre o Hara e os chakras dos joelhos. Todos eles são pontos do Ch'i Kung (nenhum é mencionado por Barbara Brennan; Katrina Raphaell menciona apenas o corpo causal). O primeiro deles é o *corpo causal*, que se localiza na base do crânio, onde o pescoço e a parte posterior da cabeça se unem. Este é o chakra que eu tentei eliminar; parece-se com um fio vermelho-escuro enrolado num núcleo dourado.

Katrina Raphaell vê esse centro na cor azul e o define como uma paz silenciosa, como a terra inversa que envolve a semente até que ela germine na primavera. Segundo ela, esse centro é todo potencial (o Não-Vazio) e é o receptor das impressões provenientes do ponto transpessoal ou Estrela da Alma. Desse lugar a energia espiritual parte para os outros centros, "ligando e sintonizando o impessoal com o pensamento humano".[18] O centro tem de estar ativado e equilibrado para poder levar a cabo a sua função de dar sustentação mental ao propósito de vida da pessoa. Será essa ativação da energia vital que faz a cor mudar?

Pessoalmente, concordo com quase tudo o que Katrina Raphaell diz desse chakra. Também vejo o corpo causal como o lugar em que o propósito de vida, tal e qual está contido em toda a Linha do Hara, se manifesta segundo a realidade física do Plano Terrestre. O "pensamento humano", que é todo potencial, é, obviamente, a Mente que, partindo do Vazio, cria a vida e a realidade a partir do Não-Vazio. Esse chakra também é um importante agente de conversão das informações inconscientes em conscientes, como ocorre na mediunidade, na psicografia e no trabalho de cura realizado com guias espirituais. Como tal, é também um centro importantíssimo para as agentes de cura, mas só deve ser ativado em conjunto com todos os outros centros da Linha do Hara. No capítulo seguinte vou apresentar exercícios específicos para esse fim, que também é o objetivo dos exercícios de Ki apresentados no programa do Reiki II.

O *chakra do diafragma* está localizado entre o timo e o chakra do Hara, na altura do músculo do diafragma, logo acima do plexo solar. Sua cor é verde-limão. Ele também é o ponto de acupuntura número 11 do meridiano do Triplo Aquecedor, o centro das glândulas supra-renais. Duane Packer e Sanaya Roman, em seus vídeos *Awakening Your Light Body*, mostram nesse local uma abóbada membranosa de energia que designam pelo som seminal "mumin". A abóbada é um filtro que separa as energias espirituais das materiais, deixando passar apenas as mais sutis. Segundo vi, a ativação desse centro provoca a eliminação e a desintoxicação de todos os bloqueios à consecução do propósito de vida da pessoa. É uma limpeza de toda a Linha do Hara.

Essa depuração foi, no meu caso, muito forte e traumática, e muitas vezes assustadora; foi a purgação de muito lixo astral emocional. Foi como se me arrancassem violentamente vários aspectos do meu eu, sendo o medo a emoção predominante. Dia após dia, durante várias semanas, eu acordava tomada por uma sufocante sensação de medo e pânico, às vezes acompanhada de "imagens" que a explicavam, mas nem sempre. Como a emoção primordial na minha vida até então sempre fora o medo, eu entendi o processo como uma liberação emocional intensa. Quando tudo terminou, a tensão e a ansiedade que de hábito me acompanhavam diminuíram muito, e não voltaram mais.

Conversando com outras pessoas que haviam sofrido essa ativação, constatei que elas chamavam esse centro de "chakra do lixo" ou "chakra do vômito". A melhor maneira que encontrei para sobreviver ao processo — que, em última análise, é positivo, embora a princípio possa não parecê-lo — foi simplesmente deixar que ele acontecesse. Limite-se a observar as sensações e deixá-las ir embora, sem lutar, sem resistir, sem querer modificá-las. Dê as boas-vindas à depuração e aprenda a gostar dela.

O últimos dos chakras maiores da Linha do Hara é o *chakra do períneo*, de um castanho-avermelhado profundo. As estudiosas do Reiki II o conhecem como Hui Yin; para as praticantes indianas de meditação e ioga, é o cadeado da raiz; para a acupuntura e o Ch'i Kung, é o "portal da vida e da morte" (Vaso da Concepção 1). Esse ponto energético está localizado (no corpo emocional, bem entendido) entre os orifícios da vagina e do ânus, onde, no parto, se pratica a episiotomia. Ele é o portal energético pelo qual o Ki (ou Ch'i) da Terra entra no corpo — subindo pelas pernas, passando pela vagina e sendo em seguida armazenado no chakra do Hara, para ser distribuído. É o lugar onde as intenções e propósitos de vida se ativam e ancoram na realidade do plano físico. A posição Hui Yin, na qual a vagina e o ânus se fecham a fim de trancar o chakra do períneo, provoca a ativação e a depuração da energia da Linha do Hara em todo o sistema hárico. No Capítulo 4 você encontrará mais informações a respeito.

De acordo com o que percebi, três pares de chakras menores completam o conjunto de centros da Linha do Hara. São eles: um par de centros prateados atrás dos olhos, chamados *chakras da visão*; um par de centros verdes-folha atrás dos joelhos, chamados chakras do movimento; e um par de centros castanhos nas solas dos pés, chamados *chakras de ancoragem*. O par por trás dos olhos facilita a utilização dos olhos como canhões de *laser* na cura. O par por trás dos joelhos orienta a pessoa nos caminhos da vida. Os chakras de ancoragem, nos pés, enraízam a Linha do Hara no Ki da Terra e estabelecem o propósito da pessoa nos movimentos da manifestação física. O ponto de acupuntura dos chakras dos pés é o Rim-1, a "Fonte Borbulhante". Todos os centros da Linha do Hara são identificados no Ch'i Kung e na acupuntura.

Além dos chakras, a própria Linha do Hara é composta por um fluxo de energia. Um dos canais sobe do chakra do períneo para as costas, passa pelo alto da cabeça e desce pelo rosto até o lábio superior. Na acupuntura e no Ch'i Kung denomina-se esse canal de "Vaso Governador". O segundo fluxo energético começa no lábio inferior, desce pela frente do corpo e termina no períneo. Chama-se "Vaso da Concepção" na acupuntura e no Ch'i Kung. Canais auxiliares conduzem a energia das pernas e dos braços para esses canais principais. Os dois canais são postos em contato quando se coloca a língua no céu da boca e contrai-se o períneo. A movimentação da energia nesse circuito envolve a circulação do Ki (força vital) através dos canais conectados e dos chakras da Linha do Hara. É o que se chama de Órbita Macrocósmica ou Grande e Pequeno Ciclo Celestial, e é a base da disciplina do Ch'i Kung.

O capítulo seguinte trata desse fluxo de energia e também da energia que circula através dos chakras e da Linha da Kundalini. Nele se discutem também outros aspectos da energia que as agentes de cura têm de conhecer e utilizar no seu trabalho.

NOTAS

1. Barbara Marciniak e Tera Thomas, orgs., *Bringers of the Dawn: Teachings from the Pleiadians* (Santa Fé, Bear and Company, 1992), p. 42.

2. *Ibid.*, p. 28.

3. *Ibid.*, p. 55-56; e Barbara Marciniak, *Earth*, p. 34-35.

4. Ajit Mookerjee, *Kundalini: The Arousal of the Inner Energy* (Rochester, Destiny Books, 1982), p. 21.

5. *Ibid.*, p. 71.

6. Esta concepção dos sete chakras sofreu a influência da análise feita por Carolyn Myss. Consulte C. Norman Shealy, MD, e Carolyn M. Myss, MA, *The Creation of Health*, pp. 93-119. [*Medicina Intuitiva*, publicado pela Editora Cultrix, São Paulo, 1997.]

7. Ajit Mookerjee, *Kundalini: The Arousal of the Inner Energy* (Rochester, Destiny Books, 1982), p.11.

8. Barbara Ann Brennan, *Hands of Light: A Guide to Healing Through the Human Energy Field* (Nova York, Bantam Books, 1987), p. 47.

9. *Ibid.*, p. 53. [*Mãos de Luz*, publicado pela Editora Pensamento, São Paulo, 1990.]

10. Barbara Marciniak, *Bringers of the Dawn*, pp. 55-56; e *Earth*, pp. 34-35.

11. Barbara Marciniak, *Bringers of the Dawn: Teachings from the Pleiadians* (Santa Fe, Bear and Company, 1992), pp. 55-56; e Barbara Marciniak, *Earth: Pleiadian Keys to the Living Library* (Santa Fe, Bear and Co., 1995), pp. 34-35.

12. Barbara Ann Brennan, *Light Emerging: The Journey of Personal Healing* (Nova York, Bantam Books, 1993), p. 29. [*Luz Emergente — A Jornada da Cura Pessoal*, publicado pela Editora Cultrix, São Paulo, 1995.]

13. *Ibid.*

14. Katrina Raphaell, *The Crystalline Transmission: A Synthesis of Light* (Santa Fe, Aurora Press, 1990), p. 29. [*Transmissões Cristalinas — Uma Síntese da Luz*, publicado pela Editora Pensamento, São Paulo, 1992.]

15. Barbara Ann Brennan, *Light Emerging*, p. 28.

16. Stephen Levine, *Healing Into Life and Death*, pp. 116-117.

17. Barbara Ann Brennan, *Light Emerging*, p. 29.

18. Katrina Raphaell, *The Crystalline Transmission*, pp. 35-36.

Capítulo 4

A Energia

Curar quer dizer trabalhar de maneira eficiente com a energia, substância original de toda a vida. A energia não pode ser criada nem destruída; ela é utilizada e devolvida à Terra e ao universo. Pode ser usada ou jogada fora, bem aproveitada ou malbaratada, empregada com sabedoria ou mal empregada. Tal como a eletricidade, tanto pode ser usada para fazer o bem como para prejudicar. Este capítulo trata dos fluxos energéticos, da proteção, das cores e da conduta ética das agentes de cura em face de algumas possibilidades de uso da energia para curar bem. A energia é o advento cósmico que une a matéria e o corpo, bem como as moléculas, os corpos não-físicos e o planeta. Toda cultura tem um nome para designá-la. Na Índia o nome é *prana*; no Japão e na China, *Ki* ou *Ch'i*. Barbara Marciniak a chama de "luz". Eu de hábito me limito a chamá-la de energia, a força vital da Deusa. Usá-la mal, conscientemente, é afrontar a Deusa, e usá-la sem eficiência é deixar passar as oportunidades e dádivas que Ela nos oferece.

Uma das primeiras regras do wicca é "não prejudicar ninguém". O segundo dos poucos e simplíssimos postulados éticos do wicca é: "Tudo o que você mandar para fora volta para você multiplicado muitas vezes." Três vezes segundo alguns, dez de acordo com outros, mas o princípio é o mesmo. Essas duas idéias aparentemente simples são a base da Lei Universal da Deusa, da ética da cura e de quase tudo o mais na vida. As regras são simples: ninguém deve ser prejudicado (você própria aí incluída, bem como as outras pessoas, os animais e o planeta) por qualquer coisa que você faça, e a energia volta da mesma forma para quem a enviou. Envie energia (luz, força vital) com sabedoria: dê aquilo que você quer receber.

Que as agentes de cura não devem causar danos parece coisa muito simples, mas tem muitas implicações. O que é ruim e o que é bom? A quem cabe definir ruim e bom? Algumas situações são bastante simples e evidentes — as agentes de cura são bem-intencionadas. Todavia, há situações mais complicadas. Uma manipulação da energia ou da vontade de outra pessoa sem o expresso consentimento dela pode parecer boa (raciocinando-se que vai ajudar a pessoa a curar-se), mas não é. Diz a ética que nenhuma agente de cura pode curar alguém sem a sua permissão. A maneira mais fácil de obter essa permissão é perguntar para a outra pessoa se ela quer ajuda. Se a pergunta não puder ser feita pessoalmente no nível do Plano Terrestre, faça-a pela via astral, em meditação. Para tanto, medite na pessoa e a visualize, depois faça-lhe mentalmente a pergunta. Ela vai lhe dar uma resposta; se essa resposta for "não", terá de ser respeitada. O método também funciona com animais, crianças, bebês e com adultos que perderam a consciência.

Numa situação de cura, se o que você entende como necessário não coincidir com o que a paciente quer que você faça, o que prevalece é a vontade dela. A violação da vontade da paciente põe em ação a lei da reciprocidade, com conseqüências imediatas ou proteladas e um acréscimo de karma para as encarnações futuras. Se aquilo que a paciente quer é algo que à agente de cura parece antiético ou ruim para ambas, a agente de cura tem o direito de recusá-lo. A regra número um na cura é respeitar o livre-arbítrio e não prejudicar ninguém.

Isso quer dizer que todos os envolvidos numa situação de cura devem beneficiar-se com ela ou, pelo menos, não sair prejudicados. Se a situação envolve duas outras pessoas e uma delas lhe pede para fazer a cura, os efeitos dessa cura não podem prejudicar, manipular ou violar o livre-arbítrio de nenhuma delas. Mesmo no caso de uma das pessoas sentir-se prejudicada pela outra, a solução terá de beneficiar a ambas. Por exemplo, se uma mulher precisa ser protegida de alguém que a está ameaçando física ou paranormalmente, o ato de prejudicar de alguma forma o oponente dela será sempre uma violação. É correto usar técnicas de proteção e defesa para deixar a outra pessoa sem ação, mas não o é fazer-lhe mal (veja mais adiante).

Espero que nenhuma das bruxas ou paranormais que são minhas alunas use mal suas capacidades, manipulando, "enfeitiçando" ou prejudicando quem quer que seja. A lei da reciprocidade garante uma retribuição cósmica para quem faz o mal, e é muito clara quanto a isso. Que a Deusa/universo cuide da retribuição — isso não compete aos seres humanos. Tomar para si esse encargo é prender-se à outra pessoa, compartilhar do karma dela e, às vezes, até mesmo assumi-lo. O trabalho da agente de cura não é punir, por essa ou por qualquer outra forma, ou, de alguma maneira, julgar; seu trabalho é curar e, quando necessário, proteger. Qualquer outra coisa configura um mau uso da energia vital que lhe foi confiada.

Quem faz mal a si mesma também viola a Lei da Deusa, que é a lei da energia. Qualquer ato que prejudique alguém, mesmo que seja a própria pessoa, é uma violação. A agente de cura deve proteger-se da possibilidade de vir a ser negativamente afetada pela doença ou pela dor da paciente durante o processo de cura. A paciente não está fazendo mal quando libera energia negativa — é precisamente por isso que veio em busca da cura. Todavia, cabe à agente de cura saber como lidar com a energia liberada, como depurá-la sem ferir a si mesma. Algumas agentes de cura assumem os sintomas alheios, deliberadamente ou não. Fazer o Reiki I é a melhor maneira que eu conheço de proscrever para sempre esse perigo.

Eis algumas outras técnicas: rodear-se de luz antes do início da sessão, fazer fluir a energia ao fim da sessão (ver mais adiante) e/ou fazer, antes de começar, uma escolha consciente, afirmando em voz alta (ou em silêncio): "Fica comigo somente o que é meu." Ao livrar-se, durante a sessão, da energia negativa, dos apegos, do lixo espacial e de outras coisas, visualize uma fogueira ou uma lata de lixo cósmica onde colocá-los para que sejam transformados. Assim, não poderão prejudicar quem quer que seja. Além disso, eu prefiro não mandar direto para a Terra a energia da dor, mas aguardar que esteja depurada. Poluir ainda mais a Terra infringe a lei que manda não prejudicar ninguém. Se você enviar para a Terra a energia da dor, simplesmente a visualize transformando-se em alguma coisa que a Terra possa utilizar positivamente, como, por exemplo, um fertilizante. Antes de dar início a uma cura, coloque uma bolha de luz (energia) protetora à sua volta e também em torno da paciente e dos animais e plantas que estiverem na sala.

Quem se identifica muito com a dor de outra pessoa está chamando essa dor para si. Contudo, as agentes de cura inevitavelmente atraem pessoas cujas doenças e circunstâncias são semelhantes às suas próprias. Uma cura desse tipo pode ensinar a agente de cura a ajudar-se a si mesma, mas uma excessiva identificação com a paciente compromete o trabalho de ambas. Comece toda e qualquer sessão de cura com a proteção da luz e, durante a sessão, entre no estado de meditação e saia do ego. Ponha de lado os seus próprios problemas; mantenha-os longe da cura, por ora. No final da sessão repita a afirmação: "Fica comigo somente o que é meu." Em qualquer cura, coloque a paciente em primeiro lugar.

As mulheres costumam me perguntar: "Se eu curar alguém de uma doença, estarei indo contra o karma dessa pessoa?" Na minha opinião, não, por diversas razões. Em primeiro lugar, a agente de cura cura apenas a si própria. O que acontece numa sessão de cura é um acordo tríplice entre a agente de cura, a paciente e a Deusa (ou os guias espirituais que assistem a agente de cura). As agentes de cura não operam a cura; elas são simples canais, mãos que transmitem a vontade e a energia da Deusa. O que a Deusa opta por fazer pelas mãos da agente de cura é uma bênção e uma decisão Dela. É a vontade Dela que muda ou resgata o karma da pessoa. Muitas pessoas estão sendo resgatadas nesta existência. Quando alguém recebe essa graça, é porque o seu karma previa isso. Caso contrário, a mudança não aconteceria.

A participação da agente de cura nessa bênção também afeta a sua própria saúde e o seu karma. Tal como a energia negativa, também a energia positiva volta para quem a enviou; assim como a pessoa pode acumular um karma negativo, o ato de fazer o bem pode afetar-lhe positivamente o karma:

Nós não podemos ajudar os outros sem, de alguma forma, nos tornarmos unos com eles... o verdadeiro curador de doenças e de outros problemas limpa os canais que ligam a pessoa ao seu Eu Espiritual interior. O resultado é um fluxo de energia que aumenta a força e o bem-estar.[1]

Todas as vezes que, sem violar a ética, nós fazemos a cura de alguém (inclusive dos animais e da Terra), nós nos curamos a nós mesmas e resgatamos as nossas dívidas kármicas.

Toda cura é autocura também. Ninguém pode curar um corpo que não seja o seu. A sabedoria está no corpo, e as agentes de cura canalizam apenas a energia não-física (corpórea). Canalizando e transmitindo essa energia, as agentes de cura ajudam o corpo a curar a si mesmo — ou melhor, ajudam a Deusa e a paciente a curá-lo. O corpo, as emoções, a mente e o espírito da paciente decidem como usar a energia que é enviada. Numa situação de autocura, a agente e a paciente são a mesma pessoa. A mulher pede para receber da Fonte-Deusa a energia de que tem necessidade. Os guias espirituais atuam como intermediários entre a agente de cura e a Deusa, quer se trate de uma autocura ou da cura de outra pessoa. Pela transmissão da energia, eles controlam quase tudo o que acontece durante qualquer sessão de cura. O desejo de cura da mulher é essencial para o bom resultado.

A cura é um ato de cooperação; não é o ato de uma agente de cura que faz um trabalho energético *para* uma outra pessoa, mas *com* ela. Além de consentir expressamente com a cura, é preciso que a paciente coopere e trabalhe com a agente de cura (ou, pelo menos, que não bloqueie a energia) para alcançar algum resultado positivo. Eu aprendi isso pela via difícil. Durante um ano me dediquei, com uma outra agente de cura, a dar sessões semanais de cura para uma mulher que tinha câncer de mama. Quando a vi pela primeira vez, percebi que ela precisava de cuidados médicos; eram três caroços bastante grandes e visíveis, um dos quais quase do tamanho de um limão. Ela pediu a cura e não quis procurar um médico, dizendo que morreria em menos de um ano se o fizesse. De modo que começamos.

Durante as sessões, eu sempre lhe sugeria que fizesse certas coisas: se concentrasse nisso ou naquilo durante a meditação, entrasse em contato e entrasse em acordo com os traumas e emoções do passado, que se esforçasse para fazer a energia percorrer livremente o corpo. Às vezes eu sugeria uma vitamina ou uma planta medicinal, óleo de rícino ou compressas para ajudar, e, muitas vezes, lhe fornecia essas coisas. Toda semana eu lhe pedia que me telefonasse para me contar o que estava acontecendo. Raramente ela fazia alguma coisa que eu pedia e, mesmo, chegou a faltar a algumas sessões sem sequer dar-se ao trabalho de avisar que não viria.

Quando lhe perguntávamos se ela realmente queria se curar, ela respondia invariavelmente que sim. Pelo menos uma vez durante cada uma das sessões, contudo, ela fazia alguma observação do tipo: "Estou cansada de estar aqui", "Estou pronta para ir embora" ou "Na verdade não me importo com o que acontecer". Contrariá-la era inútil. Muitas vezes eu questionava o meu envolvimento nesse processo, mas os caroços no peito dela diminuíam a olhos vistos. Depois de mais ou menos nove meses, eles tinham desaparecido por completo; fizemos então um ritual de encerramento da cura e suspendemos as sessões. Fiquei sem notícias dela durante algum tempo e julguei que tudo estava bem.

Cerca de um mês depois, comunicaram-me que ela estava hospitalizada. Os caroços haviam reaparecido, com novas complicações, e ela tinha afinal decidido procurar um médico. Foi submetida à quimioterapia, à qual reagiu pronta e reiteradamente com crises quase letais. Depois de cada crise ela voltava à quimioterapia. Em menos de um ano estava morta. Embora toda pessoa tenha o direito de decidir se quer viver ou não, penso que a agente de cura também tem o direito de decidir como gastar sua energia. Empenhar tempo e energia no tratamento de uma pessoa que se recusa a cooperar é algo que não aproveita nem à agente de cura nem à paciente.

Uma pergunta que as mulheres me fazem com freqüência é se é lícito cobrar pela cura. Pessoalmente, eu não cobro nada a ninguém, mas entendo que se trata de uma opção individual. Muitas mulheres têm como meio de vida algum tipo de cura — as massoterapeutas, por exemplo, e umas poucas agentes de cura mediúnica. É preciso estar muito atenta às disposições legais, que variam de lugar para lugar. Para garantir o respaldo da lei, talvez seja necessário obter uma licença de massagista ou a permissão geralmente concedida aos religiosos (numa igreja espírita ou wicca, por exemplo). Nunca faça diagnósticos, nunca receite, nunca prometa a "cura" — o sistema médico chama isso de exercício ilegal da medicina e condena os infratores à prisão. Eu não vejo problema em cobrar para curar. As agentes de cura despendem tempo e energia, e o dinheiro também é uma forma de troca energética. A troca pode ser necessária para que a paciente valorize devidamente o que está recebendo.

Todavia, sou absolutamente contra o hábito de cobrar pela cura e pelo ensino preços excessivos e fora do alcance da mulher comum. Os tradicionais 10.000 dólares cobrados pela formação em Reiki III são um exemplo típico. Nós vivemos num mundo de sofrimento em que todos passam necessidade. Negar a cura àquelas que dela necessitam, porque não podem pagar ou porque não têm como arcar com honorários muito elevados, parece-me uma violação explícita e ética da energia curativa. As mulheres já estiveram por muito tempo alijadas dos benefícios sociais, seja por pobreza, seja por preconceito, e seria imperdoável fazer a mesma coisa com a própria energia da Deusa. Ao decidir se você deve ou não cobrar pelos seus serviços de cura, ou ao fixar preços, nunca se esqueça desse fato. Aceitar permutas e oferecer ensinamentos gratuitos são atitudes das mais recomendáveis.

Outro procedimento condizente com a ética da cura é não culpar as outras pessoas pelo que elas sofrem. Na Nova Era tornou-se "moda" fazê-lo, mas a meu ver trata-se de uma verdadeira violação da ética e um mau uso da energia. Essa infração se fundamenta numa simplificação das complexas leis do karma. Ninguém escolhe consciente ou diretamente as suas próprias doenças, como também não pode determinar irrevogavelmente que elas sejam curadas. No caso da mulher que tinha câncer de mama, ela tomou decisões acerca da doença e da cura, como assiste a qualquer ser humano. Contudo, ninguém "escolhe" um câncer de mama. Com certeza não o escolhe essa mulher entre sete que contrai hoje em dia a doença.

As leis do karma determinam que certas lições sejam aprendidas ao longo de uma vida; a alma as aceita antes de encarnar-se e as esquece por ocasião do nascimento. Nisso não vai nenhuma participação consciente da pessoa encarnada; é como uma programação de computador já elaborada mas ainda não impressa. O aprendizado tem de manifestar-se de alguma forma, mas não necessariamente em doenças. Muitas coisas se podem fazer para evitar ou curar uma doença: a mudança deliberada dos padrões emocionais e de pensamento pode garantir que a lição seja aprendida sem ela. Quando doença e dor se manifestam, é porque o programa previamente elaborado foi ativado sem ter ainda sido modificado. Nesse caso, já não há lugar para uma escolha controlada, mas há muitas decisões secretas que podem evitar a manifestação da doença ou, caso não a evitem, podem promover-lhe a cura; trata-se essencialmente da decisão de proceder ao aprendizado de uma outra forma.

A agente de cura que diz à paciente: "Você tem tal ou qual doença porque a escolheu", equivoca-se e, pior que isso, elimina toda e qualquer possibilidade de ajudar a pessoa a curar-se. A paciente a quem se diz uma tal coisa, automaticamente se fecha em si mesma e, com isso, torna-se refratária a qualquer benefício que a agente de cura poderia lhe proporcionar. É assim que procedem, no entanto, muitas agentes de cura ao usar as informações sobre as origens emocionais das doenças contidas nas obras *You Can Heal Your Life* e *Heal Your Body* (Hay House, 1982, 1984), de Louise Hay, e *Who's the Matter With Me?* (ESPress, 1966), de Alice Steadman. Prefira, pelo contrário, transformar essa assertiva em perguntas, e use-as tão-somente para dar à paciente uma indicação das possíveis origens da doença, indicação com a qual ela pode concordar ou não. Aquelas afirmações, no tocante a uma determinada pessoa, tanto podem ser corretas como podem ser falsas. Use-as para informar-se e esclarecer-se, não para julgar e condenar.

Em *Healing Into Life and Death*, Stephen Levine pede que se mude o conceito de responsabilidade *pela* doença para o de responsabilidade *diante* da doença. Ninguém é um fracassado por estar doente ou por não poder curar-se da sua doença. Não fazer mal a ninguém, que também é uma injunção budista, é um juramento de não infligir sofrimentos desnecessariamente. Significa ter compaixão em face do sofrimento, e quem mais do que uma agente de cura deve tê-la? Como diz Levine: "O julgamento gera uma tensão que torna a cura problemática. A bondade e a consciência geram uma sabedoria capaz de encontrar sozinha o caminho da cura."[2]

O hábito de julgar é um uso errôneo da energia de cura e, na minha opinião, o maior pecado em que incorrem as agentes de cura hoje em dia. O julgamento é coisa de ego, enquanto a compaixão é unicidade com a Deusa. Só a compaixão cura. A agente de cura que não consegue sentir compaixão ainda tem muito o que aprender para ser uma verdadeira agente de cura. A prática baseada no ego, no julgamento e na condenação pode causar grandes danos, tanto à agente quanto à paciente.

Há ainda outra questão ética que me preocupa: conclamo as agentes de cura a estar sempre prontas a ajudar-se mutuamente, quando necessário. A cultura patriarcal isola as mulheres umas das outras com o objetivo de alijá-las do poder e mantê-las sob o controle dos homens. Nós, agentes de cura, damos da nossa energia para ajudar os outros, que por vezes são muitos, mas quando se trata de nós mesmas, parece que estamos ainda mais isoladas do que as outras mulheres. Nós somos em número insuficiente, e o nosso campo de trabalho cobre às vezes áreas de considerável extensão. Poucas são as agentes de cura que residem numa única cidade e menos numerosas ainda são as que moram na zona rural. Eu sempre encaro com muita seriedade qualquer pedido de ajuda de uma agente de cura (e de toda e qualquer mulher, na verdade), e muito raramente o recuso.

As agentes de cura precisam de ajuda como qualquer outra pessoa. O fato de curarmos outras pessoas não significa que somos imunes às doenças, às dores, aos abusos passados ou às lições kármicas. A maioria das agentes de cura que procura ajuda procura pessoas de experiência igual ou maior que a sua, e dificilmente encontra na sua vizinhança a pessoa certa. Muitas vezes precisei da ajuda de quem tivesse uma capacidade de cura muito maior do que a minha. Obtive essa ajuda algumas vezes e, muitas vezes, não. Os guias espirituais fazem verdadeiros milagres, mas às vezes têm de trabalhar por meio de mãos humanas. Peço às mulheres que formem uma amistosa irmandade com as outras agentes de cura nos lugares onde moram e se ajudem quando isso lhes for pedido. Quando uma irmã precisar, não se dê ao luxo de estar demasiado ocupada para atendê-la ou de julgar que ela pode arranjar-se por si mesma. Não vai nisto nenhuma sugestão para que as mulheres se aproveitem da boa vontade umas das outras; as agentes de cura têm de esforçar-se ao máximo para fazer por si mesmas o que lhes for possível.

Passemos à idéia de energia como proteção. Nós somos feitas de energia, assim como tudo o mais que existe na Terra e no universo. O pensamento é energia, a energia da criação, e pode ser usado para proteger o campo de energia pessoal de cada indivíduo. Já dei antes alguns exemplos de como isso pode ser feito: rodear-se de luz antes de dar início a uma sessão, recusar-se a tomar sobre si os sintomas alheios e cuidar do destino que se dá à dor da paciente durante a sessão de cura. Apresentarei a seguir alguns exercícios de meditação. À medida que a mulher começa a expandir a sua energia psíquica surgem situações novas que precisam ser compreendidas e resolvidas de maneira ética e eficaz. "Os insetos procuram a luz." Com o crescimento das suas capacidades, é possível que alguma espécie de energia indesejável ponha à prova a sua luz e a sua capacidade de protegê-la.

Entre em meditação, faça a ancoragem e a concentração e relaxe inteiramente o corpo. Imagine-se primeiro envolvida pela luz/energia e, depois, invadida por ela. Essa luz pode ser transparente, dourada ou da cor que você preferir; peça-lhe que assuma a cor que for melhor para a sua proteção. Também é bom visualizar a luz em outras modalidades sensoriais, como a música e o perfume. Brinque mentalmente com a bola ou bolha energética que agora a envolve. Ela é mais larga em alguns pontos do que em outros? Mais brilhante ou espessa? A cor é, de modo geral, forte e brilhante, ou fraca e opaca? Existem rupturas ou falhas na bolha, lugares em que a luz está diluída ou obscurecida?

Agora imagine que uma dose adicional de luz vem encher e reforçar a bolha toda; depois, procure novamente áreas de fraqueza. Trate-as uma a uma; pelo topo da cabeça, absorva mais energia para dentro do seu corpo e projete a energia para curar as áreas danificadas. Projete-a pelos olhos, pelas mãos, pelos dedos ou pelo chakra da terceira visão. Quando o escudo de luz estiver todo brilhante, sem rupturas ou áreas opacas, perceba as sensações que ele está despertando em você. Esse é o seu escudo protetor, que pode ser acionado sempre que você estiver exposta a energias negativas ou ameaçadoras. A energia negativa pode ser percebida como um ataque mediúnico, um sentimento desconfortável quando se está fazendo um passeio, uma onda de fumaça de cigarro ou as reações emocionais violentas de outras pessoas num restaurante ou numa aglomeração. Ative a bolha sempre que você sair de casa para trabalhar ou para qualquer outra finalidade. Use-a antes das sessões de cura para evitar a absorção das dores alheias (não estou pretendendo insinuar que a *mulher* que recebe a cura seja um elemento negativo). Para recriar o escudo quando você não estiver meditando, simplesmente pense nele ou peça-lhe que se forme.

Você também pode programar o escudo para protegê-la permanentemente, coisa que requer cuidadosa consideração. Um escudo não deve ser um muro ou uma barreira. O muro bloquearia por completo a entrada de energia, também daquela energia que você quer e da qual necessita. De mais a mais, em pouco tempo se torna extremamente desagradável viver atrás dele. Num escudo, a energia entra e sai. O escudo ideal não deixa passar nenhuma energia negativa, mas permite a entrada das energia úteis e positivas. Além disso, costumo pedir ao meu escudo que me liberte das energias negativas que eu porventura trouxer comigo. Assim, aquilo que há de danoso e negativo dentro de mim é liberado e depurado. Todo ser humano tem a sua energia negativa própria, todos nós temos dores e sofrimentos.

Conceba muito bem o que você quer que o escudo faça e afirme-o mentalmente, sempre no estado de meditação. Exemplos: "Só o que é positivo pode entrar e tudo o que é negativo tem de sair." "Só o que é meu me afeta. Vá-se tudo o que possa me prejudicar." Visualize o escudo em torno de você e volte ao estado desperto. Essa programação precisa ser reforçada de tempos em tempos; as luas novas são uma boa ocasião para repetir a meditação. Ela pode, além disso, ser alterada de acordo com as suas necessidades de proteção e saúde.

Os escudos dos chakras são uma variante dessa prática. Às vezes as pessoas que sofrem se ligam à energia de alguém; como as agentes de cura têm muita força e com freqüência ajudam a essa gente, elas muitas vezes se tornam alvos desse tipo de parasitas. A pessoa que suga a energia via de regra não tem consciência do que está fazendo, mas muitos indivíduos emocionalmente desequilibrados são "vampiros sutis". Para proteger-se disso, entre primeiro em meditação e procure cordões nos chakras (no Capítulo 6 falo mais a respeito). Remova todos os cordões negativos antes de construir o escudo.

Depois, visualize um escudo, geralmente de energia dourada, formando-se sobre um ou mais de um chakra. Os chakras da barriga, do plexo solar e da garganta são os que mais comumente precisam de proteção. Programe este escudo tal como fez com o primeiro, permitindo a saída da energia negativa que está em você e impedindo a entrada de mais energia desse tipo. Faça com que energia positiva e a sua própria energia transitem livremente. Para tanto, escolha com cuidado as palavras — tenha cuidado com o que você pede. Use as afirmações sugeridas acima ou outras parecidas. Sinta o escudo e veja como a sua própria energia muda estando ele no lugar devido. A pessoa que a está sugando jamais deve ser mencionada, mas é possível que mais tarde ela se zangue com você, porque você já não deixa que ela roube sua energia.

Para assegurar-se de que seus escudos estejam sempre fortes, renove-os de quando em quando. Você também pode erguer escudos em torno da sua casa, do seu corpo e dos seus animais de estimação. Assegure-se de que só as influências negativas sejam banidas e que a sua própria energia possa fluir sem problemas. Minha opinião é a de que uma proteção cuidadosa é essencial para toda agente de cura, porque evita muitas perturbações, a perda excessiva de energia e até mesmo as doenças.

Experimente praticar estes exercícios para depurar e curar os chakras, fazer fluir a energia e ativar a Linha do Hara. Sente-se em meditação, faça a ancoragem e concentração e relaxe totalmente o corpo. É possível que a esta altura você já consiga entrar automaticamente em alfa, dispensando as técnicas preliminares. Comece o exercício da Árvore da Vida, lançando as suas raízes na Terra; mas desta vez, quando a energia estiver subindo pelo tronco da árvore, pare em cada um dos chakras, começando pelo chakra da base.

Veja o chakra da base encher-se da energia dourada da Terra, que se torna vermelha ao entrar nele. A cor é linda, brilhante e nítida e, mesmo quando você já não estiver lhe dando atenção, o chakra continuará "aceso". Se o chakra lhe parecer opaco, encha-o com mais Ki da Terra até que a coloração se torne límpida. Agora faça a energia dourada subir um degrau, até o chakra da barriga, e veja como nesse chakra a cor muda para um alaranjado brilhante. Percorra os sete centros, um por vez, ativando-lhes as respectivas cores e detendo-se em cada um por alguns minutos. O chakra da base é vermelho, o da barriga é alaranjado, o do plexo solar é amarelo, o do coração é verde ou rosa, o da garganta é azul-claro, o da testa é azul-anil ou azul-escuro e o do topo da cabeça é violeta (ou senão branco e dourado).

Ao passar pelo chakra da coroa, imagine a árvore lançando ramos e produzindo flores. Faça voltar à Terra as pétalas que caem: em sua queda, elas criam em torno de você uma bolha de luz protetora. Os chakras vão-se tornando dourados, um a um, à medida que você desce do centro da coroa para o da base. Ancore firmemente a energia nas suas raízes na Terra e no coração do planeta antes de encerrar a meditação. Quando se faz qualquer tipo de prática que envolva a subida da Kundalini, isso é extremamente importante. Traga sempre de volta ao planeta o fluxo energético. A energia necessária para a cura nos níveis do corpo e da aura lá permanecerá; apenas o excesso se escoará. Essa ancoragem previne sintomas negativos como a sensação de estar flutuando ou de estar tomando choques elétricos.[3]

Em outra sessão de meditação, escolha um único chakra para ser meditado durante toda a sessão. Experimente começar pelo da base e, nos dias seguintes, vá passando aos superiores, um a um, em ordem ascendente. Fixe sempre a energia na Terra antes de parar. Durante a sessão, preste atenção à cor do chakra; se ela não estiver brilhante e límpida, encha a área de luz e cor para curá-la. Se o chakra parecer deslocado do eixo central do corpo, coloque-o no lugar correto; se estiver rachado ou com aspecto de quebrado, conserte-o com o auxílio da visualização que lhe parecer mais adequada. Peça para saber se existe alguma emoção a ser curada nesse centro, ou se há acontecimentos passados a serem lembrados e dos quais você deve se desapegar. Observe as situações e emoções e deixe-as ir embora. Ofereça o seu amor a cada situação.

Pergunte se há uma ou mais pessoas presas ou "engasgadas" naquele centro. Desapegue-se delas, uma por vez, e deixe-as ir embora. Se for o caso de perdoá-las e você estiver disposto a tanto, faça-o. Caso contrário, ofereça-lhes o amor universal da Deusa que cura todas as coisas. Perdoe a si mesma e encha-se da energia curativa do amor. Use a visualização da sua preferência para representar essas imagens de perdão, amor e cura, usando qualquer um dos sentidos ou mesmo todos eles. Experimente fazer a meditação da associação de palavras descritas no Capítulo 1; observe e libere as idéias que surgirem. Encha de luz todos os chakras e depois volte ao agora. Na sessão seguinte de meditação, faça o mesmo com o chakra imediatamente superior, até que todos os sete chakras tenham sido explorados. Fazendo isso, você aprenderá muito a seu respeito e avançará muito no caminho da purificação e do desapego libertador. Preste atenção à maneira como você se sente depois de cada sessão e à medida que as sessões vão se sucedendo.

A absorção de luz pelos chakras e pelo canal da Kundalini chama-se "fazer fluir a energia". Isso se faz pela mesma razão por que se toma uma chuveirada diária no plano físico, mas no caso destas meditações a ação se dá na anatomia não-física do duplo etérico. A vida cotidiana nos proporciona uma miríade de encontros com a energia, que pode ser positiva ou negativa. Neste último caso se incluem as preocupações, medos, frustrações, o *stress* e as explosões de emoção das pessoas à sua volta. A energia atrai a energia, e uma parte desse material negativo (seu ou de outras pessoas) pode grudar em você. Imagine-o como a poeira que se acumula sobre uma mesa. A energia também se exaure com o uso e tem de ser reposta; a Árvore da Vida humana precisa ser alimentada e aguada. Essa reposição também ocorre durante o sono. O método de fazer fluir a energia depura a aura dessa coleção de emoções que vêm e vão; refresca e reabastace o duplo etérico e os chakras.

Use a técnica quando você estiver cansada; antes de uma cura, para aumentar os seus níveis de energia; depois dela, para reabastecê-los; use-a também para livrar-se de emoções conflituosas e para não tomar sobre si os sintomas de outras pessoas. A prática diária ajuda a manter o duplo etérico livre dos efeitos do *stress* e das emoções negativas que poderiam resultar em doenças. Colabora, além disso, para purificar os chakras de bloqueios de toda espécie, contribuindo para a melhoria da saúde física. Fazer fluir a energia é um excelente método para reduzir o *stress* e, como os chakras depurados ficam livres para expandir-se e desenvolver-se, o método também é bom para crescer espiritualmente e ganhar em consciência mediúnica. Praticado antes de ir para a cama, o método propicia um sono reparador e sonhos positivos; praticado pela manhã, ajuda a equilibrar as emoções por todo o dia.

A meditação com a bola prateada é uma meditação básica para fazer fluir a energia, tal como a da Árvore da Vida. Repita os exercícios da bola prateada, desta vez visualizando os chakras. Mude a cor da bola e da luz que entra no canal da Kundalini para a cor de cada um dos chakras, um por vez. Faça cada uma das cores percorrer por algum tempo todos os centros, a Linha da Kundalini e a bolha da aura. Atente para as qualidades das cores de cada um dos chakras; cada cor tem o seu uso na cura. Depois faça a mesma coisa com as cores prateada, dourada, preta e branca, uma por vez, e sinta como elas são. O preto é usado para ancoragem e proteção, e cada uma das outras cores tem características próprias. Cada cor parece fixar-se no seu chakra específico, mas também difunde as qualidades por todo o corpo. Terminando o exercício, mude a cor circulante para o prateado e deixe diminuir a luz e o movimento.

As decoradoras de interiores conhecem bem os efeitos da energia da cor sobre as emoções e o bem-estar das pessoas. O uso que se faz das cores na decoração é muitas vezes o mesmo que se faz na cura. Nesta última, há várias formas de usar as cores: fazer fluir a energia com a cor, visualizar a cor preenchendo a aura de outra pessoa ou a sua própria, usar roupas coloridas, adornar-se com pedras da cor escolhida ou, mesmo, colocar lâmpadas coloridas numa sala. Estas costumam ter um efeito depurativo e desintoxicante. Sente-se debaixo das luzes diariamente por vinte minutos, não mais que isso. A cor é uma das formas da energia e da luz curativa.

As cores mais empregadas são as dos chakras. O vermelho é quente, entusiasmante e energizante. Use-o para aquecer, para ativar a circulação e a reprodução dos glóbulos vermelhos do sangue, para facilitar a menstruação, aumentar a vitalidade e a vontade de viver. O alaranjado revigora e melhora a disposição; também é uma cor ativa e quente. Cura os órgãos da reprodução, estimula a libido e o orgasmo; elimina a preguiça e desperta a iniciativa. O amarelo incentiva a determinação, a autoconfiança e a coragem e acelera os processos da digestão, eliminação e desintoxicação. É mais frio que o vermelho e o alaranjado, mas, ainda assim, é quente e ativo. O verde do chakra do coração, neutro no que diz respeito à temperatura e à atividade, é usado para normalizar e suavizar; ele acalma, cura as infecções e equilibra a circulação sangüínea, a respiração e as emoções. O verde é uma cor formidável ao crescimento e à cura em geral.

A outra cor do chakra do coração é o rosa. É uma cor ligeiramente mais quente do que o verde e menos neutra do ponto de vista emocional. Auxilia o coração emocional e o processamento das emoções, estimulando a confiança e o sentimento de ser amada e protegida. Assim como o verde, o azul-claro é uma cor de cura global. É frio, calmo, pacificador e criativo; cura a garganta, diminui o medo de estar entre outras pessoas e incentiva a expressão e a abertura. O azul ajuda quando se faz necessária uma liberação emocional para purificar o ambiente e abrir possibilidades de cura. O azul-escuro da terceira visão é frio, analítico e austero. É usado na cura de infecções, na depuração do sistema linfático e nos processos de restauração do equilíbrio do sistema nervoso. É a energia original da "clara luz da razão".

O violeta ou púrpura é calmante e diminui o *stress*. Induz o sono e o repouso e é muito usado contra a insônia, a inquietação e o nervosismo. É também usado para aumentar o bem-estar espiritual e dar à mulher a consciência de que ela faz parte de um plano e de um propósito maiores; nesse sentido, também é curativo. A luz branca ou natural contém todas as cores naturais e é um bom depurativo da energia; porém, a cura com as cores do espectro é mais eficaz. Nenhuma das lâmpadas fluorescentes ou incandescentes padronizadas fornece de fato uma luz idêntica à natural; já a nova lâmpada de espectro natural é muito melhor. O dourado é uma energia excelente para a desintoxicação, e o prateado também, com a diferença de que o dourado é quente e o prateado é frio.

As cores produzem uma resposta emocionante nas mulheres, de modo que, se o azul significa paz para você, use-o para dar-lhe paz interior quando estiver fazendo fluir a energia. As cores têm alguns significados típicos: o verde significa abundância e o crescimento, o alaranjado simboliza a ação, o rosa representa o amor universal e o vermelho, o amor carnal. A cura pode traduzir-se em verde para algumas pessoas, como pode expressar-se no azul ou no dourado para outras. Experimente as diversas cores e emoções na meditação, inclusive as cores da Linha do Hara. Cada doença ou emoção dolorosa pode exigir uma energia de cor diferente e, por isso, eu sempre deixo que a luz assuma por si mesma a coloração mais adequada quando estou praticando uma cura. A energia sempre assume a cor mais benéfica para a aura da paciente.

As cores astrais do corpo emocional caracterizam os chakras da Linha do Hara. É quase impossível descrevê-las em termos terrestres; não são cores tais como as que conhecemos e nomeamos. Tanto quanto sei, elas não têm nomes, e a tentativa de denominá-las e descrevê-las não reflete senão uma aproximação daquilo que elas são. Trata-se de energias coloridas sobrenaturais e belíssimas. Com freqüência, numa sessão de cura, quando a luz é enviada sem especificação de cor, a energia assume uma dessas cores astrais. É em parte para possibilitar um tal fenômeno que eu não designo uma cor na cura, mas deixo que a energia assuma a cor que é mais necessária na ocasião. As cores da Linha do Hara são: branca ou transparente (no ponto transpessoal); prateada (nos chakras da visão); vermelho-ouro ou azul-prata (no corpo causal); água-marinha (no timo); verde-limão (no diafragma); castanho-alaranjado (no Hara); rubi profundo (no chakra do períneo); verde-folha (nos chakras do movimento); marrom (nos chakras da fixação) e preto (no da Terra).

Pode-se vê-las na meditação, quando se pede para ver a Linha do Hara; e elas podem ser aplicadas (ou podem aparecer) na cura. Outras cores astrais que eu mesma já cheguei a ver são a do vinho *rosé*, que eu chamo de vermelho-violeta, um púrpura profundo e um azul que eu não sei como definir. Talvez haja outras. Cada uma das cores dos chakras do Plano Terrestre tem a sua homóloga astral. Essas cores também aparecem nos chakras dos cães, gatos e cavalos (consulte meus livros *Natural Healing for Dogs and Cats* e *Natural Remedies for Dogs and Cats*).

O trabalho consciente com a Linha do Hara começa a tornar essas cores

104

suscetíveis ao trabalho de cura. A prática que mexe com a energia da Linha do Hara é a disciplina do Ch'i Kung, empregada na Ásia e mais especificamente no taoísmo. No Ocidente denomina-se "Órbita Microcósmica" ou "Grandes e Pequenos Ciclos Celestiais" o circuito básico da energia da Linha do Hara, que lembra muito a subida da Kundalini através dos chakras. Enquanto a energia da Linha da Kundalini sobe para sair pelo chakra da coroa (e precisa, depois, ser conscientemente ancorada de novo na Terra), a energia da Linha do Hara é circular, com uma ancoragem "automática". O circuito completo é imune a problemas e sintomas provocados pela sobrecarga elétrica e pode ser estimulado de forma mais simples e segura. Pode-se gerar rapidamente uma grande quantidade de energia, sem riscos ou desconfortos. É uma outra forma de fazer fluir a energia. O curso em vídeo de Sanaya Roman e Duane Packer, *Awakening Your Light Body*, facilita a criação de uma força fenomenal de cura e autocura mediante o uso da Linha do Hara.

No Ch'i Kung, onde a energia caminha em círculo em vez de simplesmente ascender em linha reta, o objetivo é usar a força vital com eficiência para provocar a cura e prolongar a vida. O despertar espiritual vem depois. Diz-se que a prática diária do circuito de energia é uma cura para praticamente todas as doenças, porque resolve as fraquezas e bloqueios energéticos em todas as partes do corpo e enche de Ki (energia, luz) todos os órgãos. O Ch'i Kung trabalha com o Vaso Governador e o Vaso da Concepção (comparáveis a Ida e Pingala da Linha da Kundalini), e não com o Sushumna central que é trabalhado na Índia. Cada sessão termina com uma ancoragem, em lugar de uma ascensão vigorosa do Ki numa via de mão única que leva aos chakras superiores. Pela movimentação circular da energia, todo e qualquer excesso de energia é liberado ou ancorado com segurança.[4]

A Linha do Hara tem dois canais que a energia pode percorrer. O Vaso ou Canal Governador começa no chakra do períneo, corre pela espinha dorsal e pelas costas, prossegue em linha reta até o topo da cabeça, desce pelo rosto e termina na depressão central do lábio superior. O Vaso da Concepção começa no centro do lábio inferior, passa pela parte da frente do corpo, atravessa o chakra do Hara e termina no períneo. Não se trata ainda de um círculo, mas de suas energias de trajetória retilínea que não estão ligadas entre si. É preciso que sejam ligadas uma à outra para que se ative o fluxo circular que é a base de cura pela Linha do Hara e pelo Ch'i Kung.

Essa ligação é feita na posição chamada no Reiki de Hui Yin e na Ioga de cadeado da raiz. Na posição sentada, pressionando-se a vagina, fecha-se por vias indiretas o chakra do períneo, criando uma postura que na Ioga se denomina Siddhasana, ou seja, postura da realização. Ela é considerada a melhor postura de meditação para o crescimento espiritual e como uma forma de espiritualizar a energia da força vital sexual. A pressão se faz colocando o calcanhar (ou um travesseiro, cristal, bola de tênis ou outro objeto) contra a vagina ou o ânus, ou contra o períneo, entre eles.[5]

Diagrama 9
A Órbita Microcósmica
Pequeno Ciclo Celestial[6]

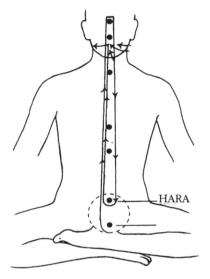

Vista frontal do Pequeno Ciclo Celestial

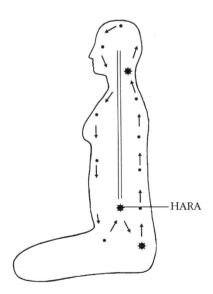

Vista lateral do Pequeno Ciclo Celestial

Diagrama 10
O Circuito do Ki no Corpo[7]

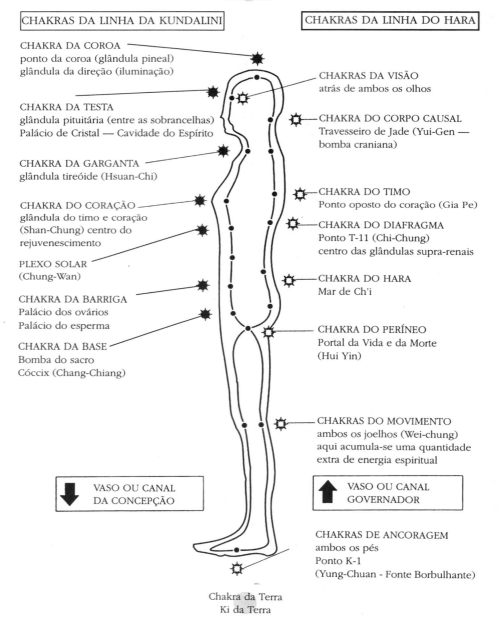

Esse fechamento também pode ser feito retesando-se os músculos da vagina e do ânus e mantendo-os firmemente apertados, o que requer prática para se conseguir por mais do que alguns momentos. Essa contração do Hui Yin (chakra do períneo) faz o Ki da Terra subir para o Hara, ao mesmo tempo que força também o Ki Celestial a descer para lá. Ao se encontrarem, as suas energias geram um calor que primeiro se desloca para a base da espinha (cóccix, chakra da base), liberando depois energia da Linha do Hara para o corpo.

A segunda parte da posição consiste em colocar a língua no céu da boca, atrás dos dentes. Com isso, ligam-se os Vasos da Concepção e Governador no alto do corpo, tal como ocorre na parte de baixo com a contração do períneo. Existem três formas de colocar a língua no palato, mas a mais simples é logo atrás dos dentes, na denominada Posição do Vento. Basta uma ligeira pressão; toque o palato com a ponta da língua e não a deixe sair do lugar.

> Experimente fazer isso na posição de meditação, pressionando a vagina e colocando a língua no céu na boca. (Os homens podem contrair somente o ânus.) Talvez seja mais fácil contrair primeiro a musculatura do ânus; a da vagina virá em seguida. Contraia o ânus como se você quisesse fazer o reto subir pelo corpo. Contraia os músculos da vagina como que para deter o fluxo da urina. Se você já fez os exercícios de Kegel depois do parto, para prevenir a incontinência urinária ou para estimular o orgasmo, já sabe do que se trata. A contração, anatomicamente, ocorre no músculo pubococcígeo. Corretamente contraídas ambas as aberturas, a sensação é a de um vento entrando através do reto. Mantenha-se nessa posição durante todo o tempo que for possível fazê-lo sem desconforto; depois relaxe. Repita o processo diversas vezes.[8] A seguir, contraia de novo os músculos e mantenha-os contraídos, ou senão coloque um objeto contra a vagina para ajudá-la.

O Ki começa imediatamente a subir pelo corpo ao longo da Linha do Hara, de modo que a energia fica impedida de descer e sair pelos pés e pelos órgãos interiores. Estabelece-se uma ligação com a energia da Terra (chakra da Terra, Ki da Terra), que sobe pelas pernas até o chakra do Hara. Mantendo-se a língua no lugar, o circuito da luz se fecha e os Vasos da Concepção e Governador se juntam em ambas as extremidades. Quase imediatamente você vai sentir o Pequeno Ciclo Celestial/Órbita Macrocósmica começando a fluir ao longo da Linha do Hara. Além de fluir do chakra da Terra para cima, o Ki vai circular também do ponto transpessoal (Ki Celestial) para baixo. A Linha do Hara é ativada e a energia corre pelo corpo numa espécie de círculo móvel.

Para praticar a Órbita Microcósmica, que se descreve mais adiante, ligue as duas extremidades dos Vasos da Concepção e Governador para estabelecer esse círculo energético. A posição Hui Yin torna possível a Órbita Microcósmica. No Ch'i Kung, essa órbita é a base de todo o trabalho energético que se faz com a Linha e o chakra do Hara. Para quem quer levar a sério o

108

trabalho com a Órbita Microcósmica, recomendo duas obras de Mantak Chia: *Awaken Healing Energy Through the Tao** (Aurora Press, 1983) e *Awaken Healing Light of the Tao* (Healing Tao Books, 1983), esta última de Mantak e Maneewan Chia. As informações que tenho sobre o Ch'i Kung provêm, na maior parte, dessas duas fontes. A rota da movimentação da energia na Órbita Microcósmica também é o princípio e a base dos exercícios de Ki do Reiki.

A Órbita é feita no estado de meditação, com a energia e a atenção voltadas para dentro. Comece prestando atenção no chakra do Hara. Quando o calor (energia, Ki) começar a aparecer no Hara, mentalmente faça-o descer ao chakra do períneo e depois subir pela espinha dorsal. Pare um instante atrás do Hara (no ponto do rim chamado Ming-Men) e depois prossiga, fazendo a energia subir lentamente pela espinha, passar pelo corpo causal e chegar ao alto da cabeça, ou ao ponto transpessoal. Siga o fluxo da luz/energia sem forçá-lo. Segure a energia no alto da cabeça ou no ponto transpessoal logo acima durante um período de no máximo dez minutos. Depois a direcione para baixo através da testa (chakra dos olhos). Faça a energia descer pela frente do corpo, passando pelos centros do timo e do diafragma, até voltar ao Hara de novo. Segure-a nesse chakra até que ele se aqueça e depois recomece a órbita, mandando a energia para o períneo. Repita o círculo diversas vezes. Vá aumentando aos poucos o número de órbitas até chegar a 36 órbitas por sessão.[9]

Quando estiver bem treinada no exercício exposto acima, comece a praticar o Grande Ciclo Celestial que inclui as pernas e os pontos que fazem a ligação do corpo com a Terra. Direcione o fluxo energético do chakra do Hara para o chakra do períneo (Hui Yin); divida-o em dois canais e mande a energia para os chakras do movimento atrás dos joelhos, passando pelas coxas. Dali ela flui pelas panturrilhas para os chakras de ancoragem, nas solas dos pés. É no ponto de acupuntura nº 1 do meridiano do Rim (K-1), em ambas as solas, que se localizam os chakras dos pés. Esse ponto é chamado de Yung-Chuan, ou Fonte Borbulhante, e constitui a ligação elétrica do corpo com a energia da Terra (chakra da Terra).

Ao aquecerem-se as solas dos pés, desloque o fluxo de energia para os dedos maiores dos pés; depois, passando pela frente das pernas, faça-o chegar aos joelhos, absorvendo a energia do chakra da Terra através dos centros de ancoragem. Prossiga com o fluxo pelo interior das coxas, fazendo-o voltar ao períneo. Depois direcione-o espinha acima e torne a dividi-lo num ponto entre as espáduas, direcionando-o

---

* *A Energia Curativa Através do Tao*, publicado pela Editora Pensamento, São Paulo, 1987.

para os braços. Envie a energia do Ki, pelo lado de dentro de ambos os braços, para o meio das palmas das mãos, que é o lugar de onde sai a energia na cura pelas mãos. Concentre-se nesse sensação; depois, siga o fluxo ao longo do dedo médio, e daí para a parte externa dos braços. Atingindo as costas, o fluxo volta ao circuito principal e segue pela espinha dorsal e pelo pescoço, passa pelo corpo causal e chega ao chakra da coroa/ponto transpessoal. Prossiga com a órbita de energia pelo canal central, voltando mais uma vez ao Hara.[10]

É possível que você sinta o fluxo do Ki pela Linha do Hara; é possível que você o veja, ou apenas o perceba pela sensação de formigamento. No começo, talvez você nem se dê conta desse fluxo. Talvez você veja os pontos e cores da Linha do Hara, talvez não. Com o tempo, à medida que a circulação da luz ativar, depurar e desenvolver a Linha do Hara, você perceberá melhor tudo isso. Na maioria das mulheres os chakras não se abrem todos ao mesmo tempo. A inclusão das pernas e dos braços no Grande Ciclo Celestial é ótima para curar ciática, problemas na parte de baixo das costas e artrite nos joelhos; também ajuda na ancoragem fundamental.

Terminada a movimentação da energia, complete a meditação da Órbita Microcósmica pela ancoragem. É muito importante que você faça isso ao final de todas as sessões, quer tenha feito um único circuito energético, quer tenha feito muitos. Com a energia no chakra do Hara, que é o ponto inicial e final do circuito, coloque levemente o punho sobre a área do umbigo. Esfregue-o em movimentos espiralantes de no máximo 15 centímetros de diâmetro. As mulheres giram o punho 36 vezes no sentido anti-horário e 24 vezes no sentido horário. Os homens fazem o contrário: 36 vezes no sentido horário e depois 24 vezes no sentido anti-horário. Com isto a energia é reunida e ancorada para prevenir uma sobrecarga elétrica e o desconforto.[11] Se a circulação da energia ocasionar sensações desagradáveis na vida do dia-a-dia, diminua o número de órbitas que você está fazendo ou deixe-as de lado durante algumas semanas, até que o seu corpo se adapte a essa energia nova.

Pratique a Órbita Microcósmica na meditação, diariamente, ou duas vezes por dia, logo cedo pela manhã e à noite, logo antes de ir se deitar, começando com períodos de alguns minutos e progredindo até chegar a meia hora (36 órbitas) por sessão. O chakra do períneo (Hui Yin) deve ser contraído e a língua deve ser colocada no céu da boca ao longo de toda a duração do exercício. Praticando-o por períodos mais longos, uma sensação de absoluto bem-estar se tornará uma parte do seu cotidiano e numerosos problemas físicos e emocionais começarão a resolver-se. A prática do exercício libera endorfina no cérebro, causando uma euforia natural. Também elimina os bloqueios energéticos, reduz o *stress*, aguça a percepção espiritual e desenvolve a ligação entre corpo, mente e espírito.

Os praticantes asiáticos do Ch'i Kung consideram essa órbita energética como a fonte de toda cura e atribuem-lhe a capacidade de curar toda e qualquer doença. Ela foi criada por um doente terminal de tuberculose que a empregou para curar-se totalmente. Além disso, a cura que ela promove vai muito além do corpo físico. Para as mulheres que quiserem explorar a Linha e os chakras do Hara, esse é o lugar por onde começar.

Toda cura é, de uma forma ou de outra, um trabalho com energia. O presente capítulo é apenas uma breve introdução à arte de usar a energia na cura e na vida. A ética, a proteção, o trabalho com a Kundalini, a limpeza energética, as cores, a órbita e os chakras da linha do Hara são todas formas de usar a energia para curar. Eu tentei mostrar as melhores maneiras de aproveitar bem essa força vital da Deusa. No capítulo seguinte, procurarei ensinar as mulheres a entrar em contato com Seres não-físicos — guias espirituais — que as ajudem a usar outros recursos não-físicos da cura.

NOTAS

1. Alfred Taylor, "Can We Avoid Karmic Debts?" em V. Hansen, R. Stewart e S. Nicholson, orgs., *Karma: Rhythmic Return to Harmony* (Wheaton, Quest Books, 1975, 1981, 1990), p. 211.

2. Stephen Levine, *Healing Into Life and Death*, p. 267.

3. O livro seguinte contém uma encantadora versão dessa meditação tradicional: Alma Daniel, Timothy Wyllie e Andrew Ramer, *Ask Your Angels*, p. 119-122. [*Pergunte ao Seu Anjo*, publicado pela Editora Pensamento, São Paulo, 1993.]

4. Mantak Chia, *Awaken Healing Energy Through the Tao* (Santa Fé, Aurora Press, 1983), pp. 6-7. [*A Energia Curativa Através do Tao*, publicado pela Editora Pensamento, São Paulo, 1987.]

5. Mantak Chia e Maneewan Chia, *Awaken Healing Light of the Tao* (Huntington, Healing Tao Books, 1993), p. 170.

6. Earlyne Chaney e William L. Messick, *Kundalini and the Third Eye* (Upland, Astara, 1980), pp. 32-33.

7. Dr. Stephen T. Chang, *The Tao of Sexology: The Book of Infinite Wisdom* (S. Francisco, Tao Publishing, 1986), pp. 182-183.

8. Dr. Stephen T. Chang, *The Tao of Sexology: The Book of Infinite Wisdom*, pp. 105-106. Vi estes exercícios em diversas fontes.

9. Mantak Chia, *Awaken Healing Energy Through the Tao*, pp. 73-74; e Dr. Stephen T. Chang, *The Tao of Sexology*, pp. 181-186.

10. Mantak Chia, *Awaken Healing Energy Through the Tao*, pp. 60-61.

11. *Ibid.*, p. 59.

Capítulo 5

Os Guias Espirituais

Talvez a maior alegria que o trabalho de cura me deu tenha sido o fato de ter me levado a me abrir para os guias espirituais e a trabalhar com eles. Eu os descobri ao ler a obra de Laeh Maggie Garfield, *Companions in Spirit* (Celestial Arts, 1984), mas só comecei a trabalhar plenamente com eles depois de receber o Reiki II. O senso de humor, a capacidade de amar e a espantosa proficiência curativa deles fazem de cada sessão de cura um processo de aprendizado e uma renovada maravilha. Eles são amigos e mestres incomparáveis e uma autêntica salvaguarda contra a solidão. São, além disso, um mar de ensinamentos para a estudante que não conseguiu encontrar um instrutor de cura no Plano Terrestre. Quando os guias espirituais se põem à disposição e nos dão a oportunidade de recorrer a eles nas sessões de cura, não há necessidade de nenhum outro professor.

O primeiro guia que eu vi foi Helen, que apareceu na minha primeira meditação sobre guias espirituais, em 1985 ou 1986. Os cabelos dela eram de um ruivo luminoso, os lábios eram pintados de vermelho e o traje negro era típico dos anos 20, rico em franjas e lantejoulas. Nas mãos ela carregava uma piteira de uns trinta centímetros de comprimento, sem cigarro, e que ela manejava com espalhafato para ressaltar certos pontos de seu ensinamento. Ela me disse que tinha sido uma prostituta feliz e que tinha entrado na minha vida para me ensinar sobre o sexo e o amor. De pé atrás dela, ainda sem dizer uma palavra, estavam uma freira, que mais tarde eu conheceria pelo nome de Teresa (e muito mais tarde ficaria sabendo tratar-se de Teresa de Ávila), e uma forma azul-claro que, ainda bem depois, eu viria a conhecer como Vovô. Os dois últimos só passaram a ter um significado maior na minha vida depois da partida de Helen. Quando ela se foi, para reencarnar, senti terrivelmente a falta dela e, durante cerca de um ano me senti muito solitária. Ela fez o que pôde para arranjar-me uma amante, o que deu certo por algum tempo, e essa amante temporária também via Helen. Helen a submetia a interrogatórios minuciosos e escandalosos sobre as suas habilidades nas coisas do amor. Mais tarde, quando ambas me contaram sobre o relacionamento que havia entre elas, eu dei muitas gargalhadas.

Em 1988, Teresa começou a ensinar-me sobre a cura e a autocura. Disseram-me que ela também tinha sido uma das minhas vidas anteriores, mas eu não sabia então quem ela era. Perita em ervas e energia, ela muitas vezes aparecia carregando uma grande cesta com ervas, raízes e cascas de árvores. Em matéria de conselhos ela era a voz do bom senso — eu muito mais ouço do que vejo os meus guias. Ela trajava sempre um hábito bem-alinhado; no rosto enrugado trazia uma expressão de seriedade e determinação; sempre fazia o que tinha de ser feito. Com os meus progressos na cura, ela começou a aparecer nas sessões; eram duas mãos a mais e eu sentia muito nitidamente a presença dela. Algumas mulheres com quem fiz curas conversavam com ela tanto quanto eu. Sempre que era preciso extirpar energias negativas, ou uma entidade se tornava ameaçadora, ou eu ficava sem saber o que fazer, ela aparecia e assumia o comando; eu sempre aprendia alguma coisa. Ela controlava meu corpo quando eu escrevia e fazia curas por mim como eu não encontraria quem fizesse iguais em lugar nenhum. Tinha respostas para tudo, mesmo quando a pergunta parecia irrespondível, embora por vezes eu não entendesse a resposta na hora.

Em 1992, uma aluna minha que estava escrevendo um trabalho sobre Teresa de Ávila para a universidade pediu-me a ajuda direta da santa e eu concordei. Depois de um início em que por intermédio do pêndulo, ela respondia sim ou não ao que eu lhe perguntava, Teresa começou a me passar informações mais substanciais por meio de frases completas e, por fim, começou a falar por meu intermédio; foi a primeira vez que eu lhe servi de médium. Fiquei sabendo de coisas da vida dela que jamais me ocorrera perguntar e que, depois, a minha aluna comprovou em suas pesquisas. Àquela altura eu ainda não havia lido os livros de Teresa de Ávila.

A energia na sala era tão forte que o ar parecia denso e a luz bruxuleava. Meus dois cachorros saíram rapidamente dali, com o pêlo inteiramente arrepiado, embora mais tarde tenham aprendido a gostar da presença dela. Depois dessa sessão de uma hora fiquei com uma tontura que não me deixou caminhar pelo resto da noite. Depois desse episódio, Teresa às vezes falava por meu intermédio durante uma sessão de cura, quando lhe parecia que eu estava lenta demais para ouvir e repetir o que ela dizia. Eu sempre me sentia muito atordoada no final. Ela também falou por meu intermédio em alguns seminários, especialmente os que tratavam de remédios naturais. Disseram-me que ela é chefe de um grupo de guias que se dedica a fornecer informações e ministrar ensinamentos às agentes de cura.

Com o crescimento da minha capacidade de trabalhar com guias espirituais, Vovô se tornou mais visível e mais ativo. Foi ele quem se manifestou por meu intermédio em todos os meus livros, embora eu nem sempre me desse conta disso. Por fim, ele se revelou como um índio norte-americano, xamã da tribo ojibwa. Durante algum tempo, foi-me difícil trabalhar com um guia homem; a energia dele é muito máscula e intensa. Ele não é tão loquaz quanto Teresa, mas esta recuou para um segundo plano quando eu comecei a ter mais contato com Vovô; atualmente, ela quase não me aparece. Vovô desempenha um papel crucial no meu processo de cura e nos meus escritos, mas as curas dele são exclusivamente para mim. Ele ajuda na vinda de outros guias, quando necessário, e tem me ajudado a entrar em contato com equipes de guias espirituais de cura.

Uma dessas equipes denominava-se Bharamus; era um grupo de pelo menos seis entidades, homens e mulheres. Destacava-se uma voz masculina, mas nunca conseguia ver a entidade que falava. Entre os outros integrantes do grupo havia uma mulher de meia-idade, uma mulher idosa, um homem com sotaque irlandês que se dizia advogado e pelo menos um médico. Quando lhes perguntei certa vez para onde eles iam quando me deixavam, disseram-me que moravam numa espaçonave que girava em torno da Terra. Eles apareciam e desapareciam por ocasião das minhas curas e de curas que eu ministrava a outras pessoas. Isso durou quase três anos, e depois eles se foram, tal como Teresa, tão logo eu comecei a trabalhar de uma forma mais consciente com Vovô. De qualquer forma, eles jamais influíram tanto na minha vida nem se mostraram tão claramente para mim quanto Teresa e Vovô.

A outra equipe de cura importante veio até mim por força de informações colhidas no extraordinário livro de Machaelle Small Wright, *MAP: The Co-Creative White Brotherhood Medical Assistance Program* (Perelandra, 1990). O MAP é uma forma de entrar em contato com uma equipe de guias espirituais para atender o indivíduo em suas necessidades de cura pessoal. Seguindo as instruções do livro, não demorei a entrar em contato com a minha equipe, e na mesma hora comecei a interpelá-los sobre quem eram eles e que coisa faziam (e onde tinham estado quando eu havia precisado deles no decorrer de toda a minha vida). Perguntei-lhes, de início, o porquê do nome "Great White Brotherhood" [Grande Fraternidade Branca], que me parecia altamente ofensivo, e eles me disseram que eu poderia trocá-lo por "Sociedade de Inteligências Iluminadas", muito mais simpático. Disseram-me, além disso, que "Grande Fraternidade Branca" era uma tradução equivocada do nome que o grupo tinha na Índia. Fiz ainda outras modificações no processo básico e organizei a minha equipe sob a orientação deles.

O trabalho com o MAP é surpreendente e mudou a minha vida. Trata-se de um grupo totalmente voltado para a autocura, em todos os seus aspectos, desde as cólicas menstruais até as mais profundas mágoas da alma. Eles endireitaram-me as costas e fizeram muito mais por mim no nível físico, mas sempre estão dispostos também a curar emoções, ajudar em situações de dificuldade, afastar entidades malignas, desmanchar apegos, montar escudos de proteção e prestar informações acerca de ervas e essências florais. Um ramo do meu grupo particular cura animais e outras pessoas; um outro colabora comigo no meu próprio trabalho de resgate kármico fazendo o mesmo pelos nossos bichos e pelas pessoas a quem eu mesma curo. Em sua versão atual, o meu grupo do MAP reúne agentes de cura não-físicos de outros planetas, entre os quais uma equipe cirúrgica de Júpiter, donos de um curioso senso de humor, para as minhas sessões de cura e autocura. O trabalho com guias espirituais está se tornando cada vez mais interessante.

Sob certo aspecto, o guia não-físico de quem eu mais gosto não é propriamente um guia espiritual, mas uma Deusa que aparece para muitas mulheres e trabalha ativamente pela cura planetária. Em 1991, num seminário de fim de semana em Omaha, minha amiga Carol trouxe consigo uma fotografia magnífica. Era o retrato de uma jovem encantadora, de olhar profundo, rosto em forma de coração, cabelos ruivos que lhe caía abaixo dos ombros e um corpo que irradiava luz dourada. Ela carregava consigo uma braçada de margaridas amarelas ou girassóis, tinha numa das mãos um objeto semelhante a um chocalho e na outra um comprido colar de contas. Nos cabelos, uma grinalda de rosas. Na hora não consegui despregar os olhos daquela foto. Eu tinha diante de mim uns olhos de mulher viva, repassados de amor e beleza, e comecei a chorar.

Carol, diante da minha reação, disse-me que colocasse a fotografia à minha cabeceira naquela noite. Foi o que fiz, e tão logo comecei a relaxar, entrei em contato meditativo com a pessoa retratada. Como a foto tinha sido tirada em Medjugorje, na Bósnia, onde desde 1982 vinham se registrando visões de Maria, perguntei-lhe se ela era Maria. Ela disse que não. Perguntei-lhe então: "Você é Perséfone?", já que as flores e a juventude dela me lembrava a deusa da primavera. Ela respondeu-me que não, mas que eu tinha chegado perto. "Por ora, chame-me de Donzela." Ela me perguntou se eu queria ser sua sacerdotisa, e me disse que havia mil anos não tinha sacerdotisas. Queria ser invocada em rituais e curas, mas somente participaria quando fosse necessário. Convidei-a para o ritual que se realizou no dia seguinte e ela começou a aparecer-me todas as noites. Carol presenteou-me com a fotografia, que eu trouxe para casa.

Cerca de seis semanas depois, durante uma cura, a Senhora me revelou seu nome. "Sou Breda", disse. Como não ouvi claramente, pedi-lhe que o repetisse. "Breda, Breda. Está decepcionada?" Como poderia estar? Breda (Brigit, Brida, Breta) era e ainda é a Deusa-Mãe da Velha Europa. Em nossas conversas noturnas ela me informou que era uma guardiã do planeta, encarregada de aqui "sanar distanciamentos entre pessoas e nações". O fato de ela aparecer na Bósnia nos mostra o quão difícil é a sua missão.

É ela quem aparece nas supostas visões de Maria que vêm acontecendo por toda parte. Foi vista em Ruanda, na América do Sul, na Espanha, na Inglaterra e em mais de uma dúzia de outros lugares, como também nos Estados do Texas, Geórgia, Colorado, Flórida, Pensilvânia, Califórnia e outros mais. Mulheres de várias outras cidades têm-me mostrado fotografias dela tiradas nos mais variados locais. Muitas mulheres também a têm visto, nos últimos anos, em suas meditações e trabalhos de cura. Uma mulher que tem hoje 30 anos de idade contou-me que, aos 18, teve uma visão de Breda chorando que a fez entrar para o convento. "Pensei que era Maria e que seria no convento que eu a iria encontrar", disse ela, "mas não voltei a vê-la até deixar a Igreja."

Quando Breda se junta a mim numa sessão de cura, a sala se enche de uma poderosa luz verde e, nessa sessão, processam-se mudanças radicais na vida dos participantes. Ela traz consigo uma aura suave de paz absoluta e de amor incondicional, confiança e alegria. Às vezes ela própria precisa de cura, e eu lha dou quando ela me permite. Às vezes ela precisa de carinho e amor. Ela me acompanha e protege em sessões de cura do planeta e dos milhares de pessoas que estão se desencarnando por ocasião dos cataclismos que marcam esta época de mudança da Terra. Prometeu-me também que, quando eu mesma morrer, ela estará comigo para levar-me da Terra com a minha alma gêmea.

Trabalhar com Breda e ser sua sacerdotisa tem sido um dos meus maiores prazeres. Eis uma mensagem para este livro: "Diga-lhes que se amem uns aos outros. Diga-lhes que curem." Se Maria é o espírito da velha era deste planeta, Breda é o espírito da Terra que, curada, está hoje nascendo da dor. Na Europa pré-cristã ela foi a Deusa do nascimento, da inspiração, da cura e do amor, e o seu trabalho prossegue nos dias que correm. Convide-a para suas meditações e curas; ela virá com freqüência. Ela não é um guia espiritual individual, mas um guia de cura para o planeta e para todas quantas queiram trabalhar com ela.

Quando fragmentos de um grande cometa se chocaram com o planeta Júpiter, em 14 de julho de 1994, um novo tesouro de energia de cura começou a chegar à Terra. Ao que me parece, Júpiter é um centro universitário, pertencente a outra dimensão, para a formação de agentes de cura desta e de outras galáxias. A Terra foi posta de quarentena pelos outros planetas desde a guerra entre Órion e as Plêiades e a conseqüente modificação do DNA humano por agentes de Órion, que começou no tempo da Atlântida. O incidente do cometa evidenciou a suspensão parcial dessa quarentena e liberou os agentes de cura interplanetários de Júpiter para nos ajudar na Terra. Eles são agentes de cura, mestres e pioneiros do crescimento e da transformação evolutiva para quem, na Terra, tiver capacitação para aceitá-los e trabalhar com eles. Eles me apareceram, e também a outras pessoas, cerca de uma semana depois do choque do cometa.

Eu estava a bordo de um avião e morrendo de enjôo de estômago quando pela primeira vez vi Aura, que me apareceu como uma pequena bola de luz azul piscante. Ela me perguntou se eu gostaria que ela fosse homem ou mulher, me disse o seu nome e me perguntou o que havia de errado comigo. Ao final de duas horas de vôo, eu me sentia muito bem. Naquele fim de semana desenvolvi um trabalho muito intenso de resgate anímico, algumas das curas mais demoradas e cansativas que já fiz com outras pessoas, e ela me deu uma assistência constante. Participei de um ritual de lua cheia, no qual me pediram que eu conduzisse a meditação; e eu levei as mulheres, num vôo, para conhecerem suas "fadinhas azuis da cura". Todas no grupo encontraram amigas que, numa inocência infantil, chamavam-se a si mesmas por nomes como "te quero", "tô aqui" ou por nomes de flores ou de mulheres. Também a gata da casa desfiou a noite toda uma bola de luz azul, toda orgulhosa de si e da nova amiga.

Esses Seres são dotados de consciência de grupo: o que um deles sabe, todos sabem. No princípio, eles pouco compreendiam da vida na Terra. Na volta para casa, minha mala ficou no aeroporto. Quando perguntei à minha amiga por quê, ela me disse: "Você a entregou àquele homem (das bagagens); por isso eu pensei que você quisesse que a mala ficasse lá." A fadinha azul de uma mulher explodiu o aspirador de pó ao ouvi-la queixar-se amargamente de ter de fazer o trabalho da casa. Contudo, elas estão aprendendo sobre as coisas da Terra e, se a princípio não compreendiam o dia-a-dia deste mundo, em contrapartida fizeram progredir a compreensão que temos do trabalho com a aura e da cura anímica profunda. Coisas que durante anos não se havia conseguido curar subitamente se curaram, fácil e suavemente, para mim e para outras, com a ajuda de Aura e suas amigas. Aura ficou comigo alguns meses e depois foi embora — seu trabalho comigo estava terminado. Outros espíritos de Júpiter estão aqui para fazer um intenso trabalho de cura; a função primordial deles é a de ajudar os agentes de cura. Pergunte, durante a meditação, se alguns deles gostariam de trabalhar com você.

Outra guia espiritual que conheci foi uma acupunturista astral chamada Helena (não Helen, aquele poço de espalhafato que era minha guia). Helena me foi apresentada pela minha amiga Robyn Zimmerman, a quem ela havia ajudado na solução de problemas de menstruação quando Robyn quis ter um segundo filho. Por sugestão de Robyn, tentei entrar em contato com Helena para conseguir ajuda para os meus problemas com a menopausa, mas uma voz me disse: "Ela não atende a domicílio. Você vai ter de descobrir por si mesma como entrar em contato com ela." Acabei pedindo ao MAP que me aproximasse dela e fui atendida.

Vi-me numa grande sala, no meio de um grupo de mulheres que usavam algo como um véu ou hábito oriental. Colocaram-me sobre uma mesa e senti que alguém se debruçou sobre mim. Em seguida senti algo que só poderia ser uma injeção no braço e uma série de agulhas (mais estranhas do que dolorosas) no abdômen e, depois, na porção inferior das costas. Ninguém disse uma única palavra. Aterrissei na minha cama com um solavanco, totalmente acordada, exatas duas horas mais tarde. Durante cerca de dez noites voltei a Helena. Houve vezes em que senti as agulhas e acompanhei conscientemente o processo e houve vezes em que só percebi a injeção inicial. Sempre acordava exatamente duas horas depois e mal conseguia dormir o resto da noite. O desequilíbrio hormonal e uterino de que eu sofria começou a diminuir, assim como uma lesão na coluna que eu havia adquirido cinco anos antes ao mudar-me para a Flórida.

Uma outra amiga serviu de médium para descobrir quem era Helena. Sua história é fascinante. Era natural do Sudoeste da Rússia, tendo nascido no século XIX. Era enfermeira. Quando sua mãe morreu por imperícia médica, ela se deu conta de que havia melhores maneiras de curar as pessoas e quis aprendê-las, mas, na época, não se permitia que as mulheres estudassem medicina. Todavia, o pai dela, compreendendo as necessidades da filha, mandou-a para a China, onde ela se formou em medicina asiática, acupuntura e fitoterapia. Voltando ao seu país, ela começou a tratar de mulheres e crianças enfrentando uma forte oposição do patriarcado, oposição que não faria senão crescer à medida que crescia a demanda por suas curas.

Chegou um momento em que, para salvar a própria pele, ela se viu obrigada a se esconder e se recolheu a um convento. Ali formou outras mulheres e constituiu um centro de cura e um hospital, que logo se converteu num refúgio secreto e muito querido para as mulheres. Helena escreveu livros que tiveram vida curta, mandados queimar pela medicina oficial masculina, que não aceitava a concorrência feminina. É uma das precursoras de quem havíamos perdido notícia. Mas outras mulheres podem procurá-la, como eu fiz; muitas de fato a têm procurado, com excelentes resultados. Sua especialidade são as doenças femininas. Se você precisar de ajuda, peça aos seus guias ou à sua equipe de cura que a levem até ela. Helena não atende a domicílio e anda muito ocupada.

Outros dos meus guias e o mais recente, é Ariel. Nos meios da Nova Era costuma-se falar muito em anjos, mas eu nunca havia dado atenção a esse assunto. Sempre pensava que "anjo" fosse o nome que os cristãos davam aos guias espirituais, e não percebia que eles constituem um grupo independente de Seres. Todavia, uma amiga com quem eu faço trabalhos de cura e que se comunica constantemente com os anjos insistia comigo: "Peça aos seus anjos que a ajudem." E Copper, meu seriíssimo *husky* siberiano que tudo vê, mas se recusa a acreditar no que vê, também se pôs a me falar dessas "coisas aladas que estão sempre por aqui mas não existem".

Eu talvez seja muito corajosa no divulgar informações sobre cura que alguns gostariam de manter secretas para proteger seus interesses financeiros ou de poder. Às vezes sou combatida por isso e não raro sou obrigada a procurar algum tipo de purificação mediúnica ou proteção contra energias negativas (minhas ou alheias). Minha amiga não se cansava de dizer: "Fale com os seus anjos. Você não está aproveitando o que eles podem dar, e eles de fato podem ajudá-la." Quando afinal fiz o que ela me aconselhava, quatro Seres luminosos e gigantescos surgiram no meu quarto de dormir. A princípio não falaram comigo; colocaram um escudo protetor em volta da minha casa, dos meus cães e de mim. Fecharam um portal de energia negativa que fizera da casa onde eu então morava um antro de entidades indesejadas. Depois disso, encontraram para mim um outro lugar — energeticamente melhor — para morar e lá me instalaram em poucos dias, depois de isolá-lo inteiramente. Em seguida, extirparam da minha aura vários ataques psíquicos que lá estavam havia muito tempo e curaram os estragos que esses ataques haviam provocado. Finalmente passei a acreditar em anjos. Copper diz: "Eles têm asas feitas de penas, mas não existem." A diversão dos anjos é provocá-lo.

Certa noite, eu pedi uma cura anímica profunda que eu sabia que era necessária, mas que eu não sabia como fazer. Quando convoquei minha equipe particular do MAP, aproveitei para convocar também os meus anjos. Uma mulher que se deu a conhecer como Ariel veio e fez a cura. Quando lhe perguntei se ela ficaria comigo, ela me respondeu que sim. Todas as informações necessárias para este livro foram comunicadas por ela, e ela fez outros trabalhos de cura para mim, para meus cães e para outras pessoas. Alma Daniel *et al*, em *Ask Your Angels** (Ballantine Books, 1992), diz que Ariel é um anjo da cura. Ela me apresentou também ao Anjo da Ligação que, junto com a equipe cirúrgica de Júpiter, está curando muitos dos meus problemas de visão e distúrbios neurológicos.

Outras energias mirins apareceram a mim e aos meus amigos de estimação, na minha casa. Uma delas dá vida a uma estatueta de porcelana representando uma cadela *collie* com o seu filhote, que eu tenho no consultório. Kali, minha cadelinha (de verdade), desde logo demonstrou por ela um inesperado interesse, dizendo que era a sua mãe. É uma presença muito nervosa e fica muito agitada sempre que eu trabalho no consultório. "Tenho um filhote para criar", diz ela. "Você está perturbando o meu filhote." Quando percebi que palavras não bastavam para acalmá-la, perguntei-lhe se ela queria voltar para a loja de quinquilharias onde eu a tinha encontrado. "Vou ser boazinha", disse ela, "Não me mande de volta." Hoje em dia ela participa das curas de uma forma mais construtiva ou, pelo menos, não atrapalha. Em diversas ocasiões outras pessoas na sala notaram a sua presença.

Outras duas energias desse tipo aproximaram-se de mim há pouco tempo; parecem ser anjos "filhotes". Numa loja de brinquedos, em Solstice, achei dois bichinhos de pelúcia, um gato e um cachorro com cerca de quarenta centímetros de comprimento, brancos, peludos e macios. Ambos vestem pijamas cor-de-rosa, calçam chinelos e carregam, cada um, o seu próprio ursinho de pelúcia. Parecem prontos para ir para cama; são lindos. Não os comprei na hora, mas senti que eles passaram a noite toda ao meu lado, pedindo-me que os comprasse. No dia seguinte fui buscá-los e os coloquei numa cadeira, no meu quarto de dormir. Estava claro que eu não podia separá-los um do outro. Desde o início o gato me pareceu o portador evidente de uma presença, coisa que as pessoas a quem os mostrei perceberam imediatamente. Por fim, comecei a fazer contato mediúnico com am-

---

* *Pergunte ao seu Anjo*, publicado pela Editora Pensamento, São Paulo, 1993.

bos. Eles trazem em si energias protetoras e depuradoras para a minha casa e trabalham pela cura dos meus cães (que os aceitam e não dizem que eles não existem); a mim, eles fazem rir. São inocentes, infantis e muito engraçadinhos — e, provavelmente, muito mais poderosos do que parecem.

Está claro, portanto, que existem muitos tipos de guias espirituais, e a lei universal manda que ninguém venha a esta Terra, ou nela viva, completamente só. Os guias pessoais são uma parte da nossa alma profunda. Todas as pessoas têm um guia de vida que permanece durante a encarnação. Vovô é o meu guia de vida. Os outros guias talvez sejam energias psíquicas que vêm e ficam durante algum tempo, ou até que um determinado nível de aprendizado seja alcançado, e depois se vão. Alguns vêm com uma incumbência específica, que pode também ser temporária. Alguns vêm para uma única cura, ao passo que outros podem permanecer durante anos, décadas ou mesmo para sempre. O guia pode ser uma encarnação passada ou futura, um anjo, uma deusa, um espírito animal, um agente da cura do planeta ou um colaborador extraterrestre. Todas as pessoas têm seus guias e anjos, e alguns podem ser a nossa própria Mente Suprema ou Corpos de Luz.

Nós não estamos sós na Terra, e o correto seria nunca termos perdido o contato com nossos parceiros e coadjuvantes não-físicos. Esta sociedade tecnológica, que separa a mente e o corpo e ignora o espiritual e não-físico, sempre trabalhou para privar as mulheres da força e da ajuda que os guias proporcionam. Contudo, à medida que aumenta a vibração energética da Terra, a capacidade e a abertura mediúnica das mulheres para o contato com os guias cada vez mais se fortalecem. A quarentena da Terra já foi suspensa, ao menos em parte, e a cura começa a entrar neste planeta. Essas mudanças estão fazendo com que as pessoas retomem o contato com o não-físico, com o outro lado do Ser, e estão restaurando a parceria das mulheres com os seus guias espirituais. Os amiguinhos imaginários com quem as crianças vivem brincando e as vozes prestimosas e discretas que nós ouvimos dentro da nossa cabeça existem de fato.

Porém, só as entidades alegres e positivas são guias. Qualquer coisa negativa, prejudicial, infamante ou antiética não é anjo nem guia. Qualquer Ser que tome decisões por você ou lhe diga o que fazer não é um anjo. Eu costumo desafiar todas as novas energias psíquicas: "Se não és da Deusa, sai imediatamente." Se essa entidade que não é um guia e tem características negativas ou críticas disser que é uma parte de você, e você souber que ela está falando a verdade, consulte as informações sobre subpersonalidades no capítulo sobre recuperação da alma. Elas tampouco são guias ou anjos.

Minha reação inicial ao reconhecer em Helen minha primeira guia espiritual foi dizer: "Claro que eu a conheço; você esteve aqui o tempo todo." Quando ouço alguma voz nova, imediatamente lhe pergunto, se já não for óbvio: "Quem é você? Você é da Deusa, é da luz?" Se for, é uma energia confiável. Se não, insista em que ela se retire e, diante de uma recusa, peça ajuda aos seus verdadeiros guias. Os Seres que são realmente guias sempre respeitam o livre-arbítrio. Eles não fazem caso de ser intimados a provar as suas intenções. Se um Ser não for um espírito do bem e você o intimar, ele será obrigado a lhe contar ou mostrar a verdade. Muitos dos que não são do bem simplesmente desaparecem quando interpelados.

Depois de verificar as intenções de uma energia nova, começo a perguntar-lhe quem ela é e o que faz ali. Os guias espirituais sempre vêm para fazer um determinado trabalho, qualquer coisa, desde mantê-la entretida, curar sua raiva ou ajudá-la a escrever um livro. Se você tem uma necessidade específica — encontrar uma nova casa, por exemplo, ou obter uma rede de proteção energética para o seu carro —, peça para ser posta em contato com um guia ou anjo que gostaria de se encarregar da tarefa. Alguns guias são altamente especializados e não fazem nada que esteja fora dos limites que eles mesmos se impõem. Vovô me cura, mas não cura mais ninguém. Helena só cura doenças femininas e atende somente as mulheres que conseguem achar o caminho do seu hospital/convento. Os anjos são protetores poderosos que executam tarefas específicas, sendo alguns deles agentes de cura.

Alguns guias aparecem sob forma não-humana. Os totens animais xamânicos, cada um dos quais representa toda a sua espécie, são guias desse tipo. Muitas mulheres percebem que um cão ou gato de estimação já falecido tornou-se um guia para elas. Apesar de sua aparência peluda, esses Seres podem ser espíritos de alto nível, donos de um grau de consciência superior ao grau humano. Freqüentemente são espíritos humanos que se mostram como animais; às vezes são Seres sencientes altamente evoluídos originários de outros planetas. Vez por outra, um guia espiritual humano se encarna num corpo animal nesta Terra, desde que essa seja a melhor maneira pela qual possa permanecer próximo de um(a) discípulo(a) seu(sua). As bruxas chamam "parentes" a esses animais de estimação, e o relacionamento muitas vezes prossegue mesmo depois da morte do animal. A mulher envolvida em geral sabe, de uma ou de outra maneira, que o seu animal não é apenas um cão ou um gato. Trate esses Seres com grande respeito: eles sacrificaram muito para estar entre nós.

Uma mulher que adora gatos tem como um de seus guias um tigre siberiano, um gato enorme. Outra tem um dragão dourado, que não a deixa trazer para dentro de casa imagens de outros dragões. Como diz Linda Page:

> Uma amiga me disse que eu tinha por amigo um dragão dourado. Pensei com meus botões: Claro, tenho sim. Várias outras pessoas me disseram a mesma coisa. Um dia ele se revelou a mim. Fiquei assustada, porém menos do que ficaria se ninguém me houvesse falado sobre ele. Na verdade, é um cavalheiro e tanto.[1]

Ela chegou às raias da histeria quando o dragão começou a trazer consigo dragõezinhos-bebês. Eles eram indisciplinados e desastrados e as coisas começaram a quebrar-se por toda a casa. Era como um time de elefantes jogando futebol na sala de estar. Por fim, ela foi obrigada a pedir ao amigo dragão que deixasse seus pequenos em casa.

Alguns guias espirituais de aparência não-humana são energias de outros planetas que receberam permissão para nos ajudar na Terra. É uma honra ser considerada suficientemente madura para vê-los em suas formas alienígenas, tanto quanto é uma honra tê-los conosco em nossas sessões. O histórico da Terra em matéria de aceitação da diversidade é bastante pobre e, se não somos capazes de tolerar quem professa uma outra religião ou tem uma cor de pele diferente, como reagiremos em face de um agente de cura que tenha a aparência de um lagarto? Geralmente, esses Seres assumem aos nossos olhos uma aparência humana, mas às vezes se mostram tais quais são para aquelas mulheres que conseguem trabalhar com eles na sua verdadeira forma. Eles não são guias pessoais, mas agentes da cura do planeta. Os membros do meu grupo de cura jupiteriano, ao que parece, têm a cabeça em forma de ovo, os olhos negros, redondos e grandes e as mãos também diferentes das nossas. Eles concebem os seres humanos como campos energéticos e são agentes de cura altamente adiantados, muito superiores ao que chamam "medicina da Terra". Os meios de diagnóstico que eles usam são inteiramente desconhecidos neste planeta.

No entanto, nossos guias espirituais pessoais, esses colegas não-físicos que participam do nosso cotidiano, são quase sempre entidades humanas da Terra. Muitos estiveram encarnados numerosas vezes e, em regra, são membros do grupo da nossa própria Mente Suprema. São, na prática, uma parte da nossa Mente Suprema, um filamento dela, um eu essencial não-encarnado que permanece no outro mundo. São encarregados de nos ajudar a crescer, evoluir e aprender espiritualmente nesta vida. Trabalhando conosco, também, os guias espirituais aprendem, desenvolvem-se, evoluem e crescem. O relacionamento é benéfico para ambos os lados: a criatura humana e o guia dão e recebem.

Cada eu essencial encarna várias vezes e, ao fim e ao cabo, pode chegar a ter centenas de vidas. Os guias-mestres de suas vidas encarnam com ele inúmeras vezes; outros membros da sua família anímica, quando não encarnados, também podem figurar entre os seus guias espirituais. Uma alma só se torna um guia quando atinge um nível espiritual alto o suficiente para capacitá-la a ser uma boa guardiã e mestra. Nem todas as almas evoluídas se tornam guias.

Um espírito muito desenvolvido pode ser um guia de grupo e não um guia pessoal ou individual, e há espíritos que fazem a função de guias para várias pessoas. Foi com alegria que conheci uma mulher na Califórnia que me contou que Vovô também é o seu guia. Foi Joy quem me conheceu primeiro e, ao encontrá-la, eu senti que a conhecia desde sempre. Ela provavelmente pertence à minha família anímica. Teresa, por sua vez, trabalha como guia para vários grupos de pessoas. Ela gosta de trabalhar em seminários, e eu a coloco à disposição de muitas outras agentes de cura. Breda faz curas para o planeta inteiro: muitas mulheres a quem mostrei suas fotos hoje fazem com ela trabalhos de cura, para outros e para si próprias. Todas essas entidades são guias espirituais transindividuais.

Todos têm um guia de vida ao qual vêm se juntar outros guias, pessoais e de grupo, permanentes ou temporários. Mesmo que a mulher não se dê conta deles, ou de alguns deles, nem por isso eles deixam de estar presentes. As mulheres espiritualmente evoluídas têm guias evoluídos. À medida que a mulher cresce, seus guias mudam a fim de adaptar-se ao seu nível de consciência. Os guias espirituais também estão correlacionados aos interesses da pessoa: as agentes de cura têm guias proficientes em cura; uma musicista terá guias capacitados a aconselhá-la em matéria de música. À medida que a sua capacidade de curar (ou habilidade musical) aumentar e modificar-se, novos guias virão para assisti-la nos vários níveis. Os antigos guias podem simplesmente ir embora ou recuar para um segundo plano, passando a fazer contato com menos freqüência.

O objetivo do guia é ajudar a pessoa a completar seu aprendizado e realizar o propósito da sua encarnação, qualquer que seja ele; e auxiliar no processo de crescimento espiritual da alma. Ele evita que a pessoa perca de vista esses objetivos. Orienta, ensina e influencia a pessoa, mas jamais a controla nem lhe dá ordens. O guia não pode decidir por nós; só pode dar conselhos quando isso lhe é pedido, e está proibido, por qualquer forma, de violentar o livre-arbítrio. Os guias espirituais são agentes e mensageiros da Deusa. Servem para supervisionar os nossos processos de aprendizado, proteger-nos, agraciar-nos, ajudar-nos no dia-a-dia e auxiliar-nos em todo e qualquer trabalho feito para o bem do próximo.

Quando faz sessões de cura, a agente de cura sempre tem guias à disposição para ajudá-la; para tanto, basta chamá-los. Também os guias da paciente vão participar, se forem convidados, e a presença de guias faz uma enorme diferença. Já fiz muitas curas em que a sala parecia cheia de gente. Às vezes eu vejo essas entidades, às vezes apenas as sinto. Há ocasiões em que a paciente pensa que as minhas mãos continuam sobre ela, embora eu já as tenha retirado há muito tempo.

Às vezes ela sente vários pares de mãos. Tomar conhecimento da presença dos guias espirituais, convidá-los a participar e agradecer-lhes a ajuda é o começo da colaboração com eles nas curas. Nesse contexto, é certo que aparecerão outros guias além dos guias pessoais.

Muitas vezes os guias me fornecem, durante a cura, informações que eu não teria como obter pela lógica. Quando surge uma informação desse tipo, é porque ela é importante para a sessão. Eu nunca recebi uma informação errada, e toda vez que a mensagem me soa estranha a paciente confirma a sua validade. A maior parte das informações que eu obtenho por meios paranormais me vem da clariaudiência. Eu as ouço em palavras; já que é esse o meu meio de percepção mais aguçado, é assim que elas me são dadas. É como se alguém que sabe muito mais do que eu estivesse ao meu lado, oferecendo-me tudo quanto preciso para ser uma agente de cura eficiente e dando incentivo a mim e à paciente. Quando sinto a presença de um espírito, sei que se trata de uma cura importante. Nessas sessões, diversos problemas emocionais são solucionados, assuntos pendentes de vidas passadas são resolvidos e entidades estranhas são expulsas e exorcizadas.

Para aqueles que nunca trabalharam com guias, o processo de entrar em contato com eles pode acontecer na forma de uma gradual tomada de consciência ou em decorrência de uma meditação dirigida, praticada intencionalmente. É quase inevitável que a agente de cura mediúnica comece a trabalhar com guias desde muito cedo em sua carreira. Quando, numa cura, você ouvir uma voz instruindo-a a aplicar a energia de cor verde ou perguntar à pessoa sobre a irmã dela, será sem dúvida um guia espiritual. Houve tempo em que eu pensava que a voz que eu ouvia era a do meu sentimento de culpa, mas acabei descobrindo que era Teresa. Os guias espirituais fazem da cura uma alegria e uma maravilha. A presença deles opera milagres, tanto nas sessões de cura quanto na vida do dia-a-dia. Os guias espirituais pessoais e os anjos acrescentam à vida uma dimensão de pura alegria.

Para começar a trabalhar com esses mestres não-físicos, aprenda primeiro a perceber a presença deles. Quando você ouvir aquela "voz silenciosa", fique atenta. Quando houver outras mãos operando a cura, agradeça. No início de uma sessão de cura ou de autocura, convide-os a participar. Formule um pedido para que venham "todos os agentes de cura, anjos e guias positivos que queiram ajudar". Uma vez cientes de que você está atenta à presença deles e à procura de um contato melhor, eles começam a ajudá-la a obtê-lo. Quando você começa a demonstrar que está notando a presença deles e a agradecer-lhes, eles se tornam mais fáceis de perceber. Peça que eles lhe mostrem qual é a melhor maneira de trabalhar com eles nas curas. Em meditação, pergunte-lhes com que finalidade eles vieram ter com você. Há mulheres que ouvem informações mediúnicas como eu. Outras podem sentir a presença dos guias e outras ainda têm percepções visuais. Você vai vê-los ou vai ver cores ou formas luminosas na sala. Alguns guias vêm com um aroma de flores ou de incenso; Breda vem com o perfume de rosas. As aparições são sempre motivo de prazer, jamais se destinam a intimidá-la.

Sempre trate esses Seres com respeito. Eles não devem ser adorados, mas vêm da Deusa e têm muito mais conhecimento do que nós, encarnadas. Quando você tiver absoluta certeza de que o seu contato mediúnico é um agente de cura de alto nível, pergunte-lhe qual é a melhor maneira de trabalhar com ela, ou ele. Os guias merecem confiança; sempre fazem o bem, nunca o mal. Contudo, tenha cuidado com o que você pede numa cura; esteja certa de que aquilo que você especificamente lhes pede é de fato o que você quer e necessita. Eles analisarão com você as suas escolhas, se você pedir. Há doenças que têm um fundamento kármico e cuja cura não será autorizada: outras curas só serão autorizadas no futuro, e outras ainda, só quando a paciente de fato aprender a lição que a doença tem a analisar. Peça a seus guias que trabalhem com delicadeza. É possível que eles estejam há muitos séculos sem se encarnar, talvez nunca tenham se encarnado, e podem não se lembrar de como um corpo reage ou de que coisas necessita. Alguns guias estão ainda aprendendo o ofício de orientação espiritual e podem não ser infalíveis. Nunca é errado interpelar os guias, mas faça-o com respeito. Se você gritar com eles ou lhes fizer exigências, eles irão embora.

> Experimente fazer este exercício para travar conhecimento com o seu guia de vida. É coisa extremamente simples e gratificante. Como quase todo trabalho espiritual, é feito em estado de meditação. No começo, requer um relaxamento mais profundo durante a meditação do que a maior parte dos trabalhos de cura e visualização, e um local mais recolhido para meditar. Eu gosto de fazer as meditações desse tipo, ao menos na primeira vez, como num ritual do wicca, traçando um círculo para ter certeza de que só a energia da Deusa vai entrar. Acenda velas e queime incenso, se quiser; o aroma de mirra incandescente atrai espíritos positivos e a luz de vela é um bom suporte de meditação. Fumigue-se e defume o local com salva para purificar a energia.
>
> Assegure-se de que não será perturbada; esta meditação pode ser mais demorada do que as outras. Também pode ser feita ao final de uma sessão, depois de completar algum outro trabalho mediúnico ou de fazer fluir a energia. Trace um círculo simples, invocando a proteção das quatro direções (Norte, Sul, Leste, Oeste) e também do Acima e do Abaixo. Mentalize esta afirmação: "Aqui só entra energia do mais alto nível." Agora faça a ancoragem e a concentração e relaxe inteiramente o corpo, contraindo e descontraindo toda a musculatura, desde os pés até a cabeça. Ao terminar, mesmo que você já se sinta relaxada, repita o procedimento. Se a meditação de contato com os guias começar logo em seguida a alguma outra meditação, talvez você possa dispensar o relaxamento. Ao contrário do que você costuma fazer em outras meditações, que são realizadas na posição sentada, deite-se agora no chão dobrando as pernas, isto é, erguendo os joelhos e mantendo a planta dos pés em contato com a Terra.[2]
>
> Quando você estiver relaxada, faça intimamente esta afirmação: "Estou perfeitamente preparada para o encontro consciente com o meu guia de vida." Mantenha-se tranqüila mas alerta e aberta ao que vier. Procure ouvir aquela presença que sempre esteve ao seu lado; faça-o com cuidado, pois é possível que você esteja tão familiarizada com ela que nem sequer a perceba, se não se conservar completamente aberta. Quando você estabelecer contato (o que pode acontecer por meio do som, da visão, do perfume ou do tato), peça informações. Se você ouvir o seu guia e quiser vê-lo, peça-lhe que se mostre a você. Pergunte-lhe como se chama, o que ele é e a que título está na sua vida. Tente ouvir as respostas; talvez você as ouça, talvez simplesmente as intua. É pos-

sível que muitos guias espirituais estejam presentes; peça-lhes que se mostrem um por vez, não todos ao mesmo tempo. Podem ser necessárias várias sessões de meditação para conhecê-los todos. Antes de terminar, peça aos seus guias que lhe ensinem o modo mais fácil de fazer contato diário com eles.

Quando fiz essa meditação pela primeira vez, fiquei surpresa de ver como era simples e fácil fazer contato com os meus guias. Helen, Teresa e Vovô apareceram-me na primeira noite, ansiosos para falar comigo. Eu ouvi e vi Helen mentalmente de forma muito clara; Teresa só apareceu e não falou; e Vovô veio como uma forma azul muito brilhante. Fiquei encantada. O processo me pareceu totalmente seguro, e o amor era quase palpável. Nas noites que se seguiram à primeira experiência, usei a minha meditação de todas as noites para falar com eles e aprender mais a seu respeito. Ainda hoje faço o mesmo.

No começo, esses guias falaram-me das razões que os tinham trazido para mim e me ensinaram a trabalhar com eles. Aos poucos, eles foram tendo uma participação cada vez maior na minha vida. É um relacionamento baseado na cooperação; nós trabalhamos juntos. Depois de algumas sessões, já não é necessária uma meditação profunda para contatar os guias espirituais. Basta falar com eles e eles aparecem. Trabalho com os meus guias e anjos em todos os aspectos da minha vida cotidiana: curando a mim mesma, escrevendo, ensinando ou curando outras pessoas.

Faça a meditação acima numa outra ocasião, pedindo então para conhecer os seus guias de cura. Se você é formada em Reiki, pelo menos no grau do Reiki II, você tem toda uma equipe de guias Reiki que também podem atuar como a sua equipe de cura. De novo, pergunte-lhes quem são, o que fazem e qual é a melhor maneira de trabalhar com eles na cura. Faça quantas perguntas você quiser. Nas sessões de cura, convide desde o início os guias a participar e não queira determinar a maneira pela qual eles participarão. Tanto a sua vida como o seu trabalho de cura muito se enriquecerão por força desse contato. É uma riqueza que não se pode desperdiçar, uma alegria e uma parte fundamental da atividade da agente de cura.

Em outra meditação sobre guias espirituais, peça para conhecer os seus anjos. Talvez seja mais difícil contatá-los. Relaxe completamente. Os meus se manifestaram a mim visualmente; Copper, porém, já os via muito antes que eles começassem a falar comigo. Eles não entrarão na sua vida nem falarão com você a menos que você os convide, e não farão nada por você se você não lhes fizer pedidos específicos. Foi mais difícil para mim compreender o que os anjos fazem, por que razão os meus permaneciam ao meu lado e que tipo de ajuda eu poderia pedir-lhes. Eles são mais arredios, menos pessoais e mais assustadores do que os guias espirituais, mas fazem muitas das coisas que estes últimos fazem.

Alma Daniel, Timothy Wyllie e Andrew Ramer, no livro *Ask Your Angels*, colaboram com o seguinte conselho:

Peça aos seus anjos que estejam com você o tempo todo. Peça-lhes que acalmem ou dirijam as suas mãos quando você estiver fazendo algo que exija habilidade ou precisão. Peça-lhes que o encaminhem para acomodações confortáveis e bons restaurantes quando estiver numa cidade estranha. Peça-lhes segurança, na ida e na volta, e facilidade para travar conhecimentos quando você, ou alguém a quem você ama, estiver em viagem. Sempre que você quiser ampliar seus conhecimentos ou capacidades, lembre-se de recorrer aos seus anjos.[3]

Eu já venho fazendo trabalhos de cura com anjos, e um anjo está me usando como médium para escrever este livro. Os anjos têm mais poder do que os guias: pode-se pedir-lhes que façam trabalhos de cura em outros lugares. Durante uma recente sessão de cura mediúnica por telefone, pedi-lhes que depurassem a energia e montassem uma rede de proteção em torno de uma mulher e do apartamento onde ela residia. A quase dois mil quilômetros de distância. Pedi-lhes, ainda, que a ensinassem a entrar em contato com os seus espíritos de cura. Em outra oportunidade pedi-lhes que expulsassem uma entidade negativa que vinha atormentando uma amiga, porque eu não me sentia suficientemente bem para fazê-lo com os meus guias. Os anjos têm mais autonomia que os guias espirituais e podem trabalhar sozinhos, coisa que os guias não fazem. Num dos meus primeiros contatos com os anjos, pedi para mudar-me de uma casa que eu odiava mas não tinha como trocar por outra melhor, e isso aconteceu quase imediatamente.

Pergunte aos seus anjos e a cada um dos seus guias qual é o propósito deles na sua vida. Quando são convidados para sessões de cura, a presença deles provoca mudanças e transformações às vezes engraçadas e quase sempre espantosas. Se você precisar de determinada coisa numa cura ou na vida diária, basta pedir. Quem puder fazer o serviço fará, desde que ele seja positivo para você e bom para todos. Quando se tratar de autocura, os anjos e guias tomarão o lugar das mãos de outros seres humanos. Peça específica e claramente o que você quer. Haverá ocasiões, contudo, em que será necessária a intermediação humana. Especialmente nas épocas de crise ou quando parecer que não está havendo progressos, chame outros agentes de cura.

Laura Gifford, professora de Reiki, descreve o trabalho com guias e anjos na cura de outras pessoas.

> Às vezes, eu recebo dos meus guias um tipo de comunicação sem indicações verbais ou visuais; eles simplesmente movem as minhas mãos ou me erguem os braços... Há vezes, particularmente quando estou trabalhando com o corpo emocional de um cliente, em que sinto uma presença às minhas costas. Parece que um anjo se coloca atrás de mim e se liga comigo, segurando-me os braços com as asas estendidas; desse modo, ele (conduz a cura).
>
> Tenho um guia que gosta de me cutucar na área do corpo em que o cliente requer atenção especial. Eu sinto, por exemplo, alguma coisa no joelho, e isso mostra que eu tenho de trabalhar no joelho do cliente.

Tenho também guias que, quando nada mais funciona e eu não lhes presto atenção, "gritam" comigo. Em geral, é algo como: "Não acredito que ela não esteja ouvindo. Nós preparamos tudo para você, você pediu a nossa ajuda e, bem, cá estamos, faça alguma coisa, diga alguma coisa AGORA!"... Eu sinto que estão falando através do meu coração.[4]

Minha equipe cirúrgica da universidade de cura de Júpiter tem um senso de humor semelhante. Numa determinada sessão de cura, nós lhes pedimos que curassem na fonte uma renitente hérnia que atormentava uma paciente. Eles lhe extraíram do peito algo como um pedaço de cortiça embolorada, deixando no local um buraco enorme. Mesmo no nível sutil, a operação parecia primária e inacabada. "Vocês não vão fechar?", perguntei. Eles pregaram por cima um *band-aid* do modelo infantil, com estrelinhas. Para minha surpresa, responderam: "Você disse que queria que nós fechássemos o buraco." Respondi que eu queria o buraco curado, e não simplesmente remendado. Disseram-me que levaria alguns dias. Estou aprendendo que, no mais das vezes, em lugar de pedir apenas que a doença seja curada, o melhor é pedir que seja curada na fonte. Esse pedido é muito mais eficiente para assegurar uma cura duradoura.

Durante essa sessão, meus cães estavam na sala. Os guias de Júpiter quiseram saber: "Que espécie de Seres sensitivos são esses?" Como eles não soubessem o que são cachorros, fiz mais uma tentativa: "São animais; vocês sabem o que é um animal?" Então eles me perguntaram se eu os comia. Copper comentou: "Eles não existem", mas dava mostras de estar gostando das brincadeiras. Eu chamo esse bando de "Grupo Jupiteriano de Cirurgia e Comédia", mas eles não são os únicos guias que gostam de brincar. Breda e Teresa muitas vezes riam de mim por causa da minha impaciência. (Quero isso curado, JÁ!) A despeito das tolices, acontecem coisas muito boas nessas sessões, e não há nenhum desrespeito.

Quando você estiver curando animais, convide os guias deles a comparecer à sessão. Os animais domésticos têm seus guias pessoais, enquanto os selvagens têm os devas naturais como seus espíritos protetores pessoais. Os animais também têm um eu superior e uma Mente Suprema. Existe um Deva de Luz, ou alma superior da espécie, para cada espécie de animal terrestre, pássaro, inseto, peixe e planta. O animal de estimação "parente" de uma bruxa pode ser um espírito humano pertencente ao grupo superanímico da dona e encarnado num corpo animal.

Qualquer deusa que costuma ser associada com determinado tipo de animal pode ser chamada para ajudar na cura. Bast cura os gatos; Hécate ou Diana dos Cães (Ártemis) pode ser de auxílio na cura de cachorros. São Francisco é outro curador de animais, como também Kwan Yin. Convide também para a sessão os anjos que trabalham pela cura da natureza ou dos animais e, ainda, a Mãe Terra ou a própria Mãe Natureza. Recomendo que as mulheres que trabalham freqüentemente com animais aprendam a comunicar-se mediunicamente com eles. Eles poderão então participar da cura deles próprios e, não raro, com muita eficácia, da cura de seres humanos.

Muitos dos incontáveis nomes da Deusa também entrarão nas sessões de cura. Há inúmeras deusas de cura, como Breda/Brigit, Kwan Yin, Ísis, Mulher Búfalo Branco, Maria e Yemaya. Quando alguma coisa antiga ou negativa precisa ser destruída ou liberada, chame Kali Ma, Oya ou Hécate. Malgrado sua reputação de ferocidade, elas são inimigas implacáveis da injustiça e da doença, mas são amáveis com as mulheres. Não devem ser temidas, apenas amadas. Onde for necessária muita sabedoria, chame as Mães Sábias: Hécate, Mulher de Cobre, Velha Mulher, As Avós.

Quando você estiver curando alguém cujas crenças sejam tradicionais, chame para a sessão energias com quem a pessoa possa relacionar-se e nas quais possa confiar. Os anjos geralmente são bem aceitos e existem em quase todas as religiões e culturas. Maria é sempre uma agente de cura, cheia de poder e amor, qualquer que seja situação. Santa Teresa de Ávila é uma grande sábia e é ótima para solucionar problemas. É possível, também, que a paciente tenha predileção por algum santo. Jesus sempre se dispõe a vir para a cura, assim como Meher Baba ou Maheira, sua esposa, cuja energia é análoga à de Kwan Yin. Nenhum destes, nem as deusas, são guias espirituais pessoais, mas agentes de cura planetária e grupal; nenhum deles deixará de atender a um chamado. Eles trazem grande paz para a sessão de cura e, ao fazê-lo, agente e paciente muito podem ganhar em matéria de crescimento e aprendizado. Quando essas energias de alto nível participam, agente de cura e paciente se beneficiam. A agente de cura tende a ficar surpresa com a cura que *ela própria* recebe ao fazer seu trabalho para outras pessoas.

Embora a agente de cura, numa sessão de cura, possa invocar muitos guias, anjos e deusas, dela própria e da paciente, eles jamais se desentendem ou se estorvam mutuamente. Eles agem em colaboração perfeita com a energia mais bem indicada para a realização do trabalho. A maioria dos auxiliares espirituais que não são guias pessoais só virá à sessão se houver necessidade e só intervirá se isso for absolutamente indispensável, como faz Breda. No entanto, os guias de cura da agente e os guias espirituais da paciente quase sempre estão presentes. Os anjos também lá estão, mas só podem participar a convite. Quando se invoca o eu superior de uma mulher, na sessão, é o seu corpo astral energético que aparece.

Os guias espirituais são, obviamente, Seres muito especiais, e o relacionamento que temos com eles é muito especial também. Talvez sejam os relacionamentos mais íntimos da nossa vida, especialmente no caso da mulher que aprende a trabalhar em colaboração com esses guias. O relacionamento é como o que há entre discípulo e mestre, mais como é concebido no Oriente do que no Ocidente. No budismo, o guru, homem ou mulher, é para o discípulo uma manifestação do Buda na Terra e, nesse contexto, o guru é honesto e desempenha seu papel com seriedade. O guru é o "mestre exterior". O "mestre interior" é a natureza búdica que existe na pessoa, a Deusa Interior, representada pelo seu guia secreto ou guia de vida.

Sogyal Rinpoche, em *The Tibetan Book of Living and Dying* (HarperSan-Francisco, 1993), diz:

> Depois de termos orado, ansiado e implorado pela verdade durante muito tempo, ao longo de muitas e muitas vidas, e quando o nosso karma já está suficentemente purificado, acontece uma espécie de milagre. E esse milagre, se soubermos compreendê-lo e usá-lo, pode pôr um fim definitivo à ignorância: o mestre interior, que sempre esteve conosco, manifesta-se na forma do "mestre exterior".[5]

Esse relacionamento de amor perfeito e perfeita confiança é o que dão para a pessoa os guias espirituais, anjos e auxiliares de cura não-físicos, interiores ou exteriores. Eles são os agentes espirituais de cura e mestres da mulher na trilha divina do crescimento e da evolução espiritual. Encarnados ou não, são o amor da Deusa. Quando morrermos e deixarmos para trás o nosso corpo e o mundo terrestre, nossos guias lá estarão para nos encontrar e continuarão a nos ensinar no outro lado. Eles ficam ao nosso lado ao longo de muitas existências, no decorrer de mortes e renascimentos incontáveis, no trauma, na dor, na felicidade, na mudança e na alegria.

O hipnoterapeuta Michael Newton leva seus clientes ao estado de entrevidas e fez um estudo sobre morte, renascimento e reencarnação. Na sua obra *Journey of Souls* (Llewellyn, 1994), ele descreve casos em que guias espirituais de mulheres encarnaram com elas na vida atual. Ele se pergunta por que, dentre todas as almas que são espiritualmente evoluídas e têm o desejo de ensinar, só algumas são escolhidas para ser guias:

> Elas têm de ser bondosas sem serem demasiado indulgentes com você. Não têm o hábito de julgar e não exigem que você faça as coisas à moda delas. Elas não impõem seus próprios valores a vocês e, logo, não a reprimem...
>
> Elas melhoram a sua disposição... e instilam confiança — todos nós sabemos que elas próprias já passaram por maus bocados. Nós somos aceitos pelo que somos como indivíduos, com o direito de cometer nossos próprios erros.
>
> Elas nunca nos abandonam.[6]

Um relacionamento dessa espécie deve ser valorizado e louvado. A descoberta dos meus guias foi provavelmente a conquista mais importante no caminho do meu crescimento como agente de cura. Quando formo outras agentes de cura, digo-lhes que essa é a coisa mais importante que elas podem aprender e a mais necessária para o sucesso na autocura ou na cura de outros pessoas. É também um dos aprendizados mais gostosos e alegres na trilha da espiritualidade. Tendo fornecido as ferramentas para a meditação, a visualização, o trabalho energético e o contato com guias não-físicos, no capítulo seguinte começarei finalmente a descrever uma sessão de cura.

NOTAS

1. Linda Page, correspondência pessoal, 4 de janeiro de 1995.

2. O processo apresentado a seguir é de Laeh Maggie Garfield e Jack Grant, *Companions in Spirit* (Berkeley, Celestial Arts Press, 1984), pp. 38-43.

3. Alma Daniel, Timothy Wyllie e Andrew Ramer, *Ask Your Angels*, p. 254. [*Pergunte ao seu Anjo*, publicado pela Editora Pensamento, São Paulo, 1993.]

4. Laura Ellen Gifford, "How Do I Know? Learning to Trust in Your Reiki Guides", *in Reiki News*, Inverno de 1994, p. 9.

5. Sogyal Rinpoche, *The Tibetan Book of Living and Dying* (S. Francisco, HarperSanFrancisco, 1993), p. 134.

6. Michael Newton, Ph.D., *Journey of Souls: Case Studies of Life Between Lives* (St. Paul, Llewellyn Publications, 1993), p. 112.

Capítulo 6

̃A Cura Pela
Imposição das ̃Mãos

Acho interessante que, embora a cura pela imposição das mãos seja a base de toda cura direta em todas as culturas, quase nada se tem escrito sobre o processo. Talvez isso aconteça porque o trabalho é tão simples que requer pouco ensinamento e porque a pessoa só aprende se fizer ela mesma a cura. Uma vez que se tenha aprendido a trabalhar com guias espirituais, quase nada mais será necessário; são eles que fazem a cura e o trabalho. Talvez a cultura moderna evite tudo o que é profundo e espiritual e que ela não tem como explicar em termos técnicos. Talvez o patriarcado, hoje em dia, não precise ou não queira explicar a cura pela imposição das mãos, num mundo que separa o corpo da mente, das emoções e, especialmente, do espírito.

Essa escuridão desconhecida da qual o patriarcado e a tecnologia se esquivam faz parte do domínio das mulheres, como sempre fez. É por excelência a maneira feminina de curar desde a época do matriarcado da Deusa. Desde a ascensão do patriarcado, o advento da Inquisição na Europa e a conquista dos povos indígenas pelo cristianismo, a cura foi colocada na clandestinidade. Todas as religiões patriarcais tentaram sem êxito usar a cura pela imposição das mãos e a excluíram dos seus dogmas. A idéia de que qualquer um possa fazer curas é ameaçadora demais, feminina demais, holística demais; é uma idéia que acarretaria a partilha do poder entre todos.

A cura é um dos fundamentos do wicca, tanto a cura não-física como a física, feita com ervas e outros remédios naturais. Na visão de mundo da Deusa, corpo, emoções, mente e espírito constituem uma unidade; ela esposa o princípio de que o ser humano é muito mais do que o seu corpo. Ainda assim, o corpo é muito importante como veículo da alma, que é uma parte da Deusa. Toda cura que fazemos é conseqüência do fato de que nós somos espíritos encarnados. Não obstante essa idéia, só uma pequena porcentagem das bruxas (ou das outras mulheres) são agentes de cura. É preciso ser uma pessoa muito especial para ir além da tecnologia moderna e das restrições do patriarcado e rejeitar os dogmas mecanicistas do pensamento atual. Só uma mulher muito especial opta por ajudar os outros.

A filosofia budista vai por outros caminhos. No tempo do Buda, da sua mulher Yasodhara e dos primeiros discípulos, aconteceram muitas curas milagrosas. A pessoa necessitada de tratamento procurava um monge ou monja budista, que geralmente era encontrado meditando à sombra de uma árvore, e lhe pedia ajuda. As curas eram tão numerosas que a reputação dos budistas crescia e se espalhava. O número de pessoas necessitadas era de tal ordem que os monges descuravam do seu trabalho de crescimento espiritual, o que afinal levou os primeiros mestres a sentenciar que a prática da cura era prejudicial à vida espiritual mais elevada e a desaconselhá-la tanto aos que a procuravam quanto aos que a praticavam.

Porém, o reconhecimento de que a criatura humana sofre e a compreensão dos princípios budistas de compaixão e serviço a todos os Seres vivos não lhes permitiam ignorar nem que a cura era necessária, nem que o desenvolvimento espiritual e a paranormalidade de monges e monjas faziam deles excelentes agentes de cura. A vida do Buda fora dedicada a aprender e depois a ensinar a cura da origem de todo sofrimento pela espiritualidade, da idéia budista de que a cura do Ser não-físico é a única solução.

Se todas as pessoas são uma parte da natureza búdica, elas já são perfeitas e já estão curadas. Mostrando-lhes a perfeição delas e ajudando-as a compreendê-la, pode-se conseguir a cura plena (a Iluminação). No nível emocional, essa cura começa ensinando-se as mulheres a libertar-se do que quer que as mantenha presas a emoções dolorosas. No nível mental, isso quer dizer "desembaçar o espelho" a fim de franquear a livre escolha das realidades e resgatar o karma. A cura plena — que é, no budismo, a única cura — decorre da compreensão e extinção das limitações da mente (o ego, a separação, o que embaça o espelho) a fim de obter-se a plena consciência de si mesma como Deusa/Buda.

É isso a Iluminação, que é o conhecimento da unicidade e da forma pela qual o universo opera. Uma vez obtida, já não há necessidade de reencarnar-se num corpo e, pois, de continuar a sofrer. Todavia, só se pode alcançar a Iluminação quando se está encarnado. O corpo é a chave da cura das emoções e da mente e só através do corpo pode o karma ser resgatado. Por meio desse aparente paradoxo a filosofia budista se une ao wicca — o corpo, o templo do espírito, morada da natureza perfeita do Buda ou Deusa Interior, tem de ser honrado e bem cuidado.

A cura pela imposição das mãos começa no corpo, a partir e através do qual alcança os níveis não-físicos: as emoções, a mente e o espírito. Numa sessão de cura pela imposição das mãos (ou de cura direta), a energia ou luz que vem da Deusa flui através da agente para a paciente. A agente de cura é um canal ou receptáculo dessa energia vital, não a sua origem. A energia entra na paciente através do seu corpo físico, mas se desloca através de todos os corpos energéticos a fim de chegar aonde for necessária. A cura pode acontecer em qualquer um dos níveis ou em todos eles, manifestando-se por último no físico. Os guias espirituais são esse fator como que mágico que torna possível que qualquer coisa aconteça numa sessão e que melhora todos os aspectos do trabalho, inclusive os resultados. Os guias usam a energia e as nossas mãos.

A cura não é feita pela agente de cura, mas através dela. Os índios navajos dizem que a agente de cura tem de ser como um "osso oco". A agente de cura não pode prever o que vai acontecer durante a sessão, a não ser o fato de que ela será positiva e não acarretará nenhum prejuízo. Legalmente, ela está impedida de fazer previsões ou diagnósticos e não lhe é permitido oferecer curas, dentro ou fora da sessão, a menos que seja médica diplomada. Pela ética, a agente de cura não pode fazer previsões simplesmente porque não sabe o que vai acontecer. Qualquer coisa pode acontecer numa cura, desde o absolutamente nada até o mais miraculoso. A cura pode vir a combater coisas totalmente diferentes das necessidades iniciais da paciente que determinaram a realização da sessão.

A energia para a cura não vem da agente mas da Deusa através da agente. A agente de cura que se sente exaurida no final de uma sessão precisa aprender a ancorar-se mais firmemente na Terra e a abrir o seu chakra da coroa para fazer a energia fluir em ambos os sentidos. Estabeleça esse fluxo antes de começar e use-o para reabastecer-se no fim de cada sessão. Da mesma forma, a agente de cura que absorve a dor da paciente pode fazer fluir a energia e mandar os sintomas embora, afirmando: "Só o que é meu fica comigo."

As agentes que ficam exauridas numa sessão de cura não estão se ligando com a Deusa e têm de aprender a fazê-lo. Parte do problema vem do ego, cuja idéia fixa é "a minha cura" e não "a cura da Deusa". O desapego dos resultados e a eliminação das expectativas durante as sessões também facilita o caminho para que a pessoa seja um canal desobstruído e se coloque de lado para que a Deusa possa passar. O melhor remédio para a agente de cura que tem o problema de sentir-se exaurida ou tomar sobre si sintomas alheios é aprender a técnica do Reiki. Essas coisas foram um empecilho para mim até que eu recebi o Reiki I, a partir do que tudo se corrigiu prontamente. Do mesmo modo, pela harmonização conferida pelo Reiki I, dezenas de mulheres formadas por mim ficaram livres de problemas desse tipo. Enquanto essa solução não lhe for possível, vá fazendo fluir a energia e acostumando-se com a idéia de que você é apenas as mãos da Deusa, um osso oco para o espírito.

A energia vital que possibilita a cura entra na agente através do topo da cabeça e lhe sai pelas mãos quando ela as coloca sobre alguém, ou sobre si própria, com o intuito de curar. É necessário um estado de meditação ligeira para que se estabeleça a ligação entre a Deusa e a paciente e o fluxo possa começar. Quanto mais profundo for o estado de meditação que a agente de cura puder alcançar, tanto mais profunda será a cura, pois na meditação profunda é maior a transmissão da luz/energia e a ligação com a Origem. Quanto mais proficiente em meditação, visualização e limpeza energética for a agente de cura, tanto maior será a quantidade de força elétrica que o seu corpo terá capacidade para suportar e veicular. A energia da força vital é ilimitada; está na capacidade dos circuitos energéticos da agente de cura — sua Kundalini e sua Linha do Hara. É impossível à agente de cura tomar para si uma carga energética maior do que o nível seguro para a sua capacidade. Quanto maior for o desenvolvimento espiritual e parapsicológico da agente de cura, tanto maior será a energia que ela é capaz de administrar, e mais íntimo o seu vínculo com os guias e com a Deusa. Por isso, os resultados possíveis do seu trabalho serão mais profundos.

Quanto mais profundo for o estado de meditação em que a agente de cura puder se manter numa sessão de energia, tanto maior será o seu acesso aos Seres não-físicos — aos guias espirituais, aos anjos, às equipes espirituais etc. São estes os verdadeiros agentes de cura, e quanto mais profundo o estado de meditação, tanto mais elevado o nível dos guias e tanto maior a capacidade deles de trabalhar através de você para efetuar a cura. Estabelecendo um vínculo profundo com os guias e fazendo um esforço de colaboração, basta que a agente de cura posicione as mãos e os guias se encarregarão do resto. Eis como aprender a fazer o trabalho em regime de colaboração: peça que isso aconteça, evite intrometer-se no caminho dos guias e auxiliares e adquira bastante experiência no trato com eles.

A colaboração tem de incluir também a paciente. Ela tem de estar disposta a aceitar a energia e querer curar-se. Tem de se dispor a empreender a obra da mudança interior, desapegando-se das emoções caducas, reformulando as suas crenças e largando mão de tudo o que a estiver entravando. Tem de correr o risco de fazer mudanças na sua vida exterior e estar disposta — e ao menos em parte capacitada — a confiar em si mesma, nos guias, na Deusa, na agente de cura e em todo o processo. Uma agente e uma paciente que não confiarem uma na outra jamais lograrão êxito juntas.

Uma paciente que não se disponha a participar e a colaborar não vai mudar nem curar-se, por mais experiente e capacitada que seja a agente de cura. Se a paciente tiver decidido que não quer ou não pode curar-se, não haverá cura. Se estiver se submetendo aos procedimentos apenas para dar uma satisfação a pessoas queridas, ou porque pensa que é um dever submeter-se, sem fazê-lo por vontade própria ou por sua escolha, tampouco irá curar-se. A cooperação entre a agente de cura, a paciente e a Deusa (com seus guias espirituais) é essencial. A Deusa e os guias estão sempre prontos para fazer o bem, mas o que acontece numa sessão de cura depende em larga medida da postura da agente e da paciente.

Cura é coisa séria, mas não tem de ser lúgubre. É sempre amorosa e suave, por mais problemáticas ou difíceis que sejam as questões ou doenças que pretende resolver. O respeito é essencial: respeito da agente de cura para com a paciente, sua moléstia e sua opção de vida; respeito da paciente pelos esforços curativos da agente e pelas capacitações e qualificações desta. Também é preciso que haja respeito pela energia de força vital presente à sessão e para com a Deusa e os guias que lá estão. A cura é um acontecimento sagrado, mas é preciso lembrar que o sagrado e o alegre caminham de mãos dadas. Como dizem os *Estatutos da Deusa*: "Todos os atos de amor e prazer são rituais da Deusa." A cura é um ato de amor.

É também um ato em que a compaixão é o catalisador da transformação. Sem compaixão nada se cura, tudo caminha para o mal. A primeira lei da Deusa é não prejudicar ninguém. Numa situação de cura, os traumas e dores de diversas vidas muitas vezes afloram para ser liberados e mudados. As histórias que uma agente de cura é obrigada a ouvir podem ser muito perturbadoras. A cura é um lugar seguro, inteiramente seguro, no qual essas histórias perturbadoras podem ser trazidas à luz e solucionadas. A paciente precisa de um local seguro onde possa expressar-se. O julgamento e a condenação ofendem esse preceito da segurança e não se encaixam em nenhuma situação de cura. A função da agente de cura é ouvir e demonstrar compaixão, jamais julgar. Tem de confortar a paciente e incentivá-la a exprimir, expor e resolver sua dor com a maior segurança possível. Qualquer coisa a menos não é cura, mas malefício.

A cura também é um lugar seguro no qual a paciente pode chorar ou manifestar raiva, extravasando emoções que talvez jamais se tenha permitido sentir antes. Também neste caso, a função da agente de cura é ouvir, manter a mais completa isenção e encorajar a paciente a trazer à luz tudo o que precisar pôr para fora. Se você lhe disser: "Não chore" ou "Não se sinta assim", estará impedindo que venha à tona algo que precisa ser liberado. Enquanto a liberação acontece, a agente de cura dá prosseguimento à imposição das mãos, sem alarde para não interferir com o processo de limpeza emocional. Ao final da sessão, em geral dez ou quinze minutos depois, a liberação estará feita. Quando algo desse tipo acontecer numa sessão, a cura e a mudança terão sido profundas. A paciente terá aberto para si um novo caminho de crescimento, e as dores antigas que lhe atrapalhavam a vida terão desaparecido.

O sigilo também é essencial, e é uma norma ética da cura. O que quer que aconteça numa sessão de cura fica entre a agente, a paciente e a Deusa e seus guias. Não sai da sala a não ser mediante a permissão expressa da paciente. Violar o sigilo é violar uma confiança profunda, e sem confiança não há cura de espécie alguma. Na cultura patriarcal, as mulheres são reiteradamente violentadas e ultrajadas; é absolutamente necessário que a cura não seja assim. As mulheres, vida após vida, sempre foram martirizadas no corpo, nas emoções, na mente e no espírito. A falta de confiança, compaixão ou a discrição numa situação de cura é uma violência espiritual. Ensinando e escrevendo, eu muitas vezes menciono, a título de exemplo, curas que eu mesma testemunhei; sempre troco os nomes e as características mais marcantes das mulheres, a menos que elas me dêem permissão para fazer o contrário.

Ao trabalhar, numa sessão, com guias espirituais, a agente de cura pode receber grande quantidade de informações. As mulheres com freqüência me perguntam o quanto devem contar à paciente. Na minha opinião, a paciente tem o direito de saber tudo o que não a atemorize ou prejudique, e tudo o que tem condições de compreender. Provavelmente, eu nada contaria — e vai aqui, como exemplo, um caso extremo — a um desconfiada cristã recém-convertida sobre suas vidas passadas. À mulher aberta a todo tipo de conhecimento, porém, eu diria tudo o que estivesse vendo. Entendo que a informação mediúnica é dada com um propósito determinado, qual seja, direcionar o trabalho da agente de cura ou dar à paciente aquilo de que ela precisa para resolver sua moléstia ou sua dor. Quando não estou segura se devo ou não transmitir uma informação, sempre consulto os guias antes de dizer qualquer coisa.

Há situações em que me parece inadequado passar as informações. Se um guia me diz que uma mulher sofre de um problema sério que lhe põe a vida em risco, e se essa mulher não me deu nenhuma indicação de que está a par disso, eu de hábito não lhe conto. Contudo, posso sugerir-lhe que procure um médico e "descubra o que está realmente acontecendo". Fazer diagnósticos é ilegal e pode também ser uma conduta irresponsável. Pode provocar temores e males desnecessários, por mais que o diagnóstico esteja correto. Numa tal situação, continue a aplicar a cura, qualquer que seja o diagnóstico que você intua. Eu já vi muito tumor maligno transformar-se em benigno ou desaparecer no primeiro *check-up* médico a que a pessoa se submete.

Às vezes, percebo que uma pessoa está morrendo; como no caso anterior, se ela não me der indicação de que tem consciência disso, eu nada lhe digo. Já vi mulheres à beira da morte voltarem à vida. É uma experiência pela qual eu mesma já passei várias vezes. Uma mulher que aparentemente está morrendo pode, de fato, estar caminhando para a morte física; por outro lado, pode também estar morrendo para um velho modo de vida e atravessando um período de reflexão antes de renascer para alguma coisa nova. Nós deparamos com esses ritos de passagem, essas iniciações, muitas vezes durante uma existência. A mulher que, a julgar pelas informações que eu recebo numa sessão de cura, parecer estar morrendo, poderá já ter superado o problema na sessão seguinte ou em outra sessão ainda por acontecer. A possibilidade de reencarnar sem deixar o corpo é muito real nestes tempos de mudanças na Terra.

A Autocura

Toda cura é autocura. Conquanto a técnica da imposição das mãos seja de hábito empregada com outras pessoas, pode também ser usada, em si mesma, pela própria pessoa. A meditação com visualização é um poderosíssimo instrumento de cura quando se está trabalhando para si mesma, e eu tratarei disso num dos capítulos seguintes.

> Suas mãos são uma poderosa força de cura. Há diversas maneiras de usar a técnica, mais simples ou mais estruturadas. Eis um método bem simples: vá para o seu local de meditação, acenda uma vela, ancore-se, concentre-se e relaxe profundamente. Ponha à sua volta um círculo de luz e peça aos seus guias e anjos que se aproximem. Fale com eles um instante, dizendo-lhes qual é o problema e o que você precisa. Não é necessário falar em voz alta. Depois deite-se de costas, sem cruzar os braços e as pernas, e coloque sobre o corpo ambas as mãos, as palmas voltadas para baixo. Deixe que sua intuição e seus guias determinem aonde deve ir cada uma das mãos. É muito possível que uma delas pare sobre o coração e a outra sobre o abdômen, ou então ambas parem sobre uma área dolorida. Use sempre as duas mãos abertas, as palmas voltadas para baixo. Com a mente alerta e tranqüila, deixe que a energia e a cura fluam para dentro e através de você. Quando o fluxo de luz ou as sensações cessarem, agradeça aos seus guias; a cura estará terminada.

Recomendo que você faça isso pouco antes de ir para a cama, porque muitas vezes os guias continuam curando enquanto você dorme. Tome uma chuveirada antes de começar e use roupas folgadas — ou nenhuma roupa — na sessão, mas tenha por perto um cobertor. A temperatura do seu corpo pode cair à medida que você se aprofundar na meditação. Talvez você saia do corpo, talvez sinta frio. Se possível, não durma antes de a cura terminar. Pode ser que os guias a façam dormir a fim de poder trabalhar melhor com você.

Outra forma de fazer a autocura pela imposição das mãos é usar as posições do Reiki I. Terminada a seqüência, você terá enchido todos os chakras da Kundalini e do Hara, bem como todos os órgãos do corpo físico, de luz (Ki, energia) e cura. A sessão, na frente e nas costas, vai durar em torno de uma hora se forem usadas todas as posições. Você pode ficar sentada ou deitar-se. Se optar pela cama, isso quer dizer que você provavelmente vai adormecer antes de acabar. Não há problema nisso, mas veja que as velas não fiquem acesas; será melhor não acender velas nessa cura.

Se você é formada em Reiki, esse método lhe será muito fácil; mas, mesmo que não tenha recebido as harmonizações, as posições serão úteis e eficazes. Elas são a base para quase todos os tipos de trabalho de cura pelas mãos. Se não lhe for possível colocar-se confortavelmente em alguma das posições a seguir explicadas, deixe-a de lado e faça apenas as mais fáceis. Se você só se der bem com as posições frontais, tampouco haverá problema.

Não existe maneira certa nem maneira errada de colocar as mãos, quaisquer que sejam o problema e o tratamento; a diretriz básica é colocar as mãos onde o seu corpo dói, ou o mais próximo possível desse local.

Este é um processo de cura para todo o seu corpo. Fique na posição sentada ou deitada de costas; não cruze os braços nem as pernas, para que a energia flua livremente através de você. Acalme-se, concentre-se e invoque seus guias antes de começar. Se você estiver deitada, coloque sobre o seu corpo um cobertor e movimente as mãos debaixo desse cobertor. Se precisar de travesseiros sob a cabeça e/ou debaixo dos joelhos, coloque-os antes de começar. Pessoalmente, gosto de fazer esse tipo de autocura inteiramente despida, mas, se você preferir estar vestida, use roupas leves e folgadas, como um agasalho esportivo ou uma camisola. Caso fique deitada, procure não adormecer.

As ilustrações mostram a posição das mãos para a autocura estampadas no meu livro *Essential Reiki*. Para facilitar, numerei-as. A sessão começa na cabeça e vai, pela parte da frente do corpo, até os pés, depois, prossegue de novo da cabeça até os pés, mas pela parte de trás do corpo. As primeiras três posições são para a cabeça. Na primeira, deixe as mãos ligeiramente em concha e coloque-as suavemente sobre os olhos (sem pressioná-los). Mantenha-as assim até que cessem as sensações de calor, formigamento ou presença de energia. Isso pode levar até cinco minutos; portanto, não se apresse. A primeira posição equilibra os hemisférios esquerdo e direito do cérebro e é muito indicada para combater dores de cabeça e tensões do globo ocular. Ela trata o chakra da terceira visão.

A seguir (posições 2 e 2a), coloque as mãos nas maçãs do rosto. Os polegares descansam logo abaixo das orelhas e as palmas cobrem as laterais do rosto. Novamente, espere que se complete o ciclo da energia. Essa é uma maneira quase instintiva de colocar as mãos, e muito confortável. Na terceira posição para a cabeça (3-3a), coloque as mãos na parte posterior da cabeça, empalmando a sobressaliência occipital. Essa posição abrange o chakra da coroa, o da terceira visão pela parte de trás e também o do corpo causal. Dê tempo para que a energia flua completamente.

Passe agora ao chakra da garganta (4-4a). Se o ato de pôr as mãos sobre a garganta provocar uma reação de pânico — o que é menos provável quando se está usando as próprias mãos —, coloque-as sobre as clavículas. A quinta posição (5-5a) cura o coração. Coloque as mãos sobre o osso esterno ou mesmo sobre os seios, se neles houver algo a ser curado. A seguir vem o plexo solar (posição 6). Coloque as mãos à altura das costelas inferiores, logo abaixo dos seios, uma em oposição à outra. Do ponto de vista anatômico, sua mão direita se posiciona sobre o fígado e a vesícula biliar e a esquerda sobre o pâncreas, o baço e o estômago. Nessa posição, talvez você ouça os ruídos que os órgãos fazem, mas se sentirá muito relaxada com o processo.

Diagrama 11
Posições das Mãos no Reiki I
Autocura

Parte Anterior do Corpo — Posições para a Cabeça

1. Ambas as mãos sobre os olhos.

2. Mãos sobre as maçãs do rosto, polegar logo abaixo das orelhas.

2a. Posição 2ª alternativa.

3. Parte posterior da cabeça, sobre a sobressaliência occipital.

3a. Posição 3ª alternativa.

Diagrama 11 (continuação)
Posições das Mãos no Reiki I — Autocura

4. Sobre a garganta.

4a. Posição alternativa para a garganta.

5. Sobre o coração — esterno
(só em si mesma).

5a. Posição 5ª alternativa
(só em si mesma).

6. Sobre as costelas inferiores, abaixo dos seios.

Diagrama 11 (continuação)
Posições das Mãos no Reiki I — Autocura

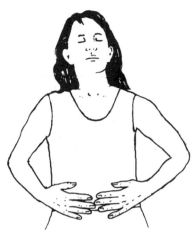

7. Sobre o médio abdômen.

8. Sobre os ossos pélvicos — baixo abdômen.

9. Mãos no centro do corpo, acima do osso púbico (sem tocar a área genital).

9a. Posição 9ª alternativa — acima da região púbica (só em si mesma).

Diagrama 11 (continuação)
Posições das Mãos no Reiki I   Autocura

Parte Anterior do Corpo — Joelhos, Tornozelos e Pés

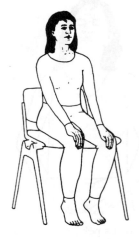

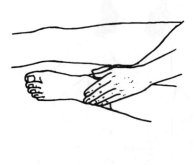

10. À frente de ambos os joelhos.   11. À frente de ambos os tornozelos.

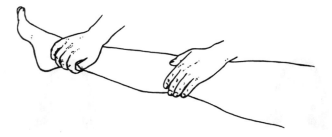

10a-11a. Joelho e tornozelo simultaneamente.

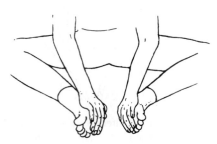

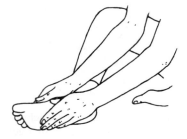

12. Sola de ambos os pés —
ou 12a. Sola de um pé;
depois, do outro.

12a.

Diagrama 11 (continuação)
Posições das Mãos no Reiki I — Autocura

Parte Posterior do Corpo

13. Parte posterior da cabeça — uma mão na sobressaliência occipital e a outra sobre a coroa.

13a. Posição alternativa da cabeça na parte posterior.

14. Parte posterior do pescoço acima dos músculos dos ombros.

Diagrama 11 (continuação)
Posições das Mãos no Reiki I — Autocura

Parte Posterior do Corpo

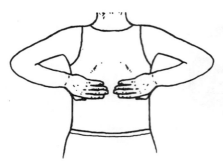

15. Sobre as costelas, abaixo da vesícula biliar, atrás do coração.

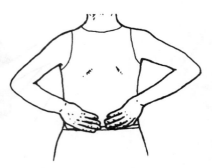

16. Região média posterior.

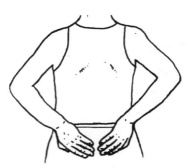

17. Região ínfero-posterior sobre o sacro.

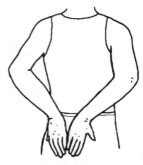

17a. Posição alternativa ou adicional ínfero-posterior.

18. Atrás dos joelhos (como na figura 10, mas na parte posterior).

19. Atrás dos joelhos (como na figura 11, mas na parte posterior).

19a. Segure a parte posterior do joelho e o calcanhar simultaneamente da mesma perna. Repita em ambas as pernas.

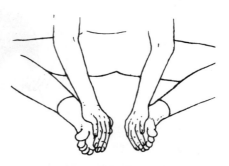

20. Sola dos pés.

Com as mãos na mesma posição relativa, passe para o médio abdômen, na altura da cintura ou pouco abaixo (posição 7), e daí para a área dos ossos pélvicos, ainda mais abaixo (posição 8). Nessa posição, a energia alcança os intestinos e o chakra da barriga. A última das posições do tronco se faz tocando-se as mãos, uma acima da outra, na área central do baixo abdômen, pouco acima do osso púbico (9-9a). Se estiver aplicando a energia em você mesma, você pode cobrir a área genital, se quiser. Essa posição trata o chakra da base e cobre o útero, os ovários, a bexiga e a vagina, nas mulheres, e a bexiga e os testículos nos homens.

Passe a seguir para os joelhos, tornozelos e pés. A imposição das mãos serve aqui para equilibrá-la e ancorá-la, restabelecendo sua ligação com a Mãe Terra, como também para integrar e consolidar a energia da cura. Se você vai dormir depois da sessão, essas posições não têm tanta importância. Para os joelhos e tornozelos (10-10a,11-11a), primeiro coloque as mãos sobre os dois joelhos enquanto a energia flui, depois faça o mesmo com ambos os tornozelos. Talvez você precise se sentar em outra posição para conseguir tocar os tornozelos. Uma opção é colocar ao mesmo tempo uma das mãos sobre o joelho e a outra sobre o tornozelo de uma das pernas (qualquer uma, direita ou esquerda), e depois fazer o mesmo com a outra perna. Por último, passe aos pés, dobrando as pernas e colocando as mãos nas plantas do pés, na região dos chakras de ancoragem. Ponha uma das mãos em cada pé (posição 12) ou ambas as mãos no mesmo pé, passando depois ao outro pé (12a). Novamente, mantenha as mãos na posição enquanto durar a sensação de fluxo de energia.

Passe então às costas. Existe apenas uma posição para a cabeça (posição 13); mas como você já terá feito as três posições antes indicadas, esta fica sendo opcional. Coloque uma das mãos no chakra da coroa e a outra mais abaixo, no chakra do corpo causal. Senão, você pode colocar ambas as mãos no topo da cabeça (13a). Em seguida, coloque as mãos na nuca ou logo acima dos músculos trapézios, na junção do pescoço com os ombros (posição 14). Esses músculos são focos de tensão em muitas mulheres. Eles constituem a parte posterior do chakra da garganta, mas são menos sensíveis do que a garganta propriamente dita, que constitui a parte da frente do mesmo chakra.

Depois, se você estiver sentada, prepare-se para voltar os braços para trás; se você estiver deitada, vire-se de bruços. Coloque as mãos nas costas, logo abaixo das omoplatas (posição 15), cobrindo a parte de trás do coração, os dedos de uma apontando para os da outra, como na posição 6. A seguir, mantendo a mesma posição relativa das mãos, baixe-as até a área central das costas (posição 16); depois, cubra uma área ainda mais abaixo (posição 17). Estas posições tratam os chakras do plexo solar e da barriga. A título de posição alternativa ou adicional, pode-se cobrir a porção inferior das costas (17a), as mãos direcionadas para o chakra da base.

Sentada ou deitada de lado, repita as posições para os joelhos e tornozelos, porém colocando agora as mãos na parte de trás das pernas (18-19-19a). Para terminar, energize de novo as solas de ambos os pés (20).

A cura completa do corpo exige algum tempo, mas é um regalo e uma dádiva maravilhosa que você pode dar a si mesma. Preste atenção nas emoções e pensamentos que você tiver e nas mensagens que os guias lhe mandarem. Mantenha a mente limpa para ouvi-las bem e siga a orientação dos seus guias espirituais e anjos. Se você não for para a cama imediatamente, tome um copo cheio d'água. Ao terminar a sessão, não faça nada muito rápido; é possível que você se sinta como que aérea durante algum tempo, talvez até o dia seguinte. As mesmas posições podem ser usadas para fazer a cura de corpo inteiro em outras pessoas, mas sempre lhes respeitando a intimidade corpórea.

A Cura de Outras Pessoas

Quando se faz a cura pela imposição das mãos para outras pessoas, a importância do local onde se realiza a sessão é tão grande quanto na autocura. O local onde você faz meditação é um bom lugar para começar, mas talvez não seja suficientemente espaçoso para duas pessoas, e a agente de cura sempre precisa de espaço para movimentar-se. É necessário que ambas as pessoas se sintam fisicamente confortáveis, pois cada sessão dura uma hora ou mais. O ideal é uma mesa para massagens com um bom espaço vago em torno dela e uma cadeira giratória para a agente de cura. Um piso acarpetado também é bom. Coloque um cobertor e travesseiros sob a paciente; a agente de cura vai precisar de uma almofada onde sentar-se.

Uma cama pode até ser confortável para a paciente, mas dificulta a ação da agente de cura, embora às vezes seja preciso trabalhar nessas condições. Nesse caso, o mais fácil é colocar a paciente diagonalmente na cama com a cabeça junto da agente de cura que fica sentada numa cadeira aos pés da cama. É possível que a agente de cura tenha de pôr-se em pé ou ajoelhada na cama para fazer determinadas posições.

Mesmo que não aconteça num local para meditação, toda e qualquer cura tem de ser feita com tranqüilidade e sem interrupções. Algumas agentes de cura gostam de tocar música suave, mas eu acho que isso nos desconcentra. Não pode haver telefones tocando nem crianças ou animais entrando e saindo. Só a agente e a paciente devem estar no local. É preciso que este esteja quente e passe uma sensação de segurança. Durante a cura, a paciente entra no mesmo estado de meditação que a agente e talvez ambas sintam frio, embora o ambiente pareça aquecido. Tenha à mão um cobertor extra, lenços de papel para o caso de um episódio de liberação emocional e copos d'água pura (não da torneira) para serem bebidos, se necessário, no final.

Geralmente, tanto a agente quanto a paciente usam roupas folgadas e confortáveis. Peça à paciente que descalce os sapatos e tire o cinto e os óculos; as lentes de contato não costumam causar problemas. Há quem prefira que agente e paciente tirem todas as jóias e bijuterias, mas eu não acho que isso seja necessário. Ponha a paciente inteiramente à vontade. Ela fica deitada de costas sobre a mesa de massagens, o chão ou a cama e, no caso da cura de corpo inteiro, depois se colocará de bruços. Coloque um travesseiro sob a cabeça dela e, caso ela precise, outro debaixo dos joelhos. O toque da agente de cura é sempre muito suave; ela mal encosta no corpo da paciente. Coloque um círculo de luz protetora em torno das duas participantes.

A sessão de cura pela imposição das mãos feita para outras pessoas é igual à da autocura, com duas diferenças importantes. Primeiro, como as mãos têm de ser colocadas sobre outra pessoa e não sobre a própria agente de cura é claro que as pessoas não serão exatamente iguais. A agente precisa assumir posições tais que o seu corpo fique totalmente relaxado; caso contrário, pode ter de forçar demasiadamente os braços. Não cruze os braços ou as pernas nem deixe que a paciente o faça, para que não seja bloqueado o fluxo da energia. Em segundo lugar, tenha o máximo respeito pela intimidade corporal. Tocar os órgãos genitais ou seios de uma pessoa é um ato invasivo e ofensivo, a menos que se trate de você mesma ou da(o) sua(seu) namorada(o). O mesmo se aplica também às crianças. Nos Estados Unidos, uma em cada três mulheres já foi estuprada e, provavelmente, de 50 a 75 por cento da população feminina já foram vítimas de incesto ou algum outro tipo de violação. As sessões de cura têm de ser um lugar seguro para as mulheres.

Uma vez acomodada confortavelmente a paciente, a agente deve ter alguns momentos para fazer a ancoragem e a concentração e entrar em meditação. Crie uma rede protetora e comece a fazer fluir a energia. Invoque a presença da Deusa e dos guias e anjos das duas participantes e peça que o trabalho seja feito para o bem de todos. As posições para esta seqüência são, de novo, as usadas no Reiki I e inseridas no meu livro *Essential Reiki*. A cura é feita em silêncio, com um mínimo de conversa, a menos ou até que a paciente e/ou a agente tenham necessidade de falar sobre o que está acontecendo no processo.

Para começar a cura, faça as posições para a cabeça; para tanto fique de pé ou sentada atrás da paciente. Você vai ficar nesse lugar para fazer as três posições da cabeça, a da garganta e, provavelmente, a do coração. Também aqui a colocação das mãos será ilustrada e numerada. Sempre ponha ambas as mãos sobre o corpo da paciente ao mesmo tempo, as palmas viradas para baixo. Comece colocando delicadamente sobre os olhos da paciente suas mãos em concha. Não faça pressão sobre eles (posição 1). Sinta a energia manifestar-se e, quando as sensa-

Diagrama 12
Posições das Mãos no Reiki I Para Curar Outras Pessoas

Frente — A agente se coloca atrás da paciente.

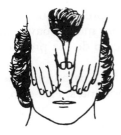

1. Mãos suavemente sobre os olhos.

2. Sobre as maçãs do rosto, dedos mínimos ligeiramente sobre as orelhas.

3. Mãos sob a cabeça — o curador levanta a cabeça.

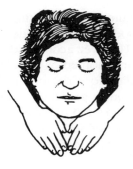

4. Mãos descansam ligeiramente sobre a clavícula — ligeiramente abaixo da garganta.

Diagrama 12 (continuação)

Frente
A agente se coloca ao lado da paciente.

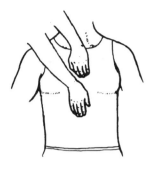 

5. Entre os seios — posição opcional. Use com respeito, sem violar a privacidade do corpo feminino.

5a. Quinta posição alternativa.

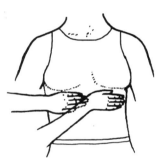

6. Abaixo dos seios, sobre as costelas inferiores.

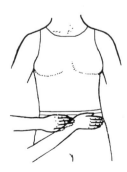 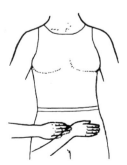

7. Abaixo da cintura.

8. Através da região pélvica acima do osso púbico.

Diagrama 12 (continuação)

Frente — A agente fica ao lado da parte inferior do corpo da paciente.

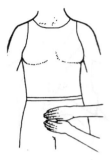

9. Ambas as mãos sobre o baixo-ventre acima do osso púbico.

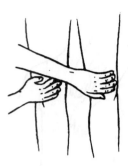

10. Na frente de ambos os joelhos.

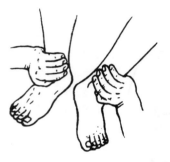

11. Na frente de ambos os tornozelos.

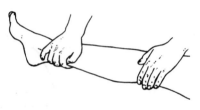

11a. Tornozelo e joelho ao mesmo tempo. Fazer o mesmo em ambas as pernas. Posição preferida — combinar a 10 e a 11.

Frente — O curador se desloca para a parte inferior, de frente para os pés da pessoa que está recebendo a cura.

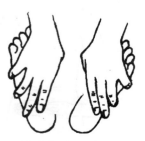

12. Sola dos pés.

12a.-12b. Décima segunda posição alternativa. Solas de ambos os pés; um de cada vez.

Diagrama 12 (continuação)
Para Curar Outras Pessoas

Costas — A agente volta à cabeça da paciente.

13. Posição de cabeça opcional. Uma mão no coração e outra na parte posterior da cabeça (o occipício). A pessoa que está recebendo a cura terá sua cabeça voltada para um dos lados.

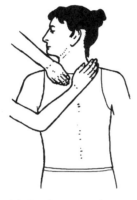

14. Região posterior do pescoço. (O curador se desloca para a lateral da pessoa.)

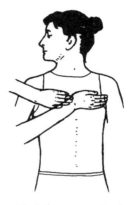

15. Sobre as escápulas.

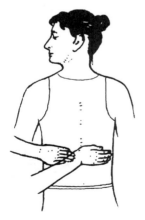

16. Região média das costas.

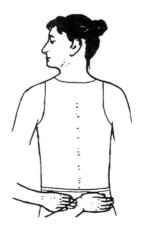

17. Região inferior abaixo da cintura — sobre o sacro.

Diagrama 12 (continuação)
Posições das Mãos no Reiki I — Para Curar Outras Pessoas

Costas

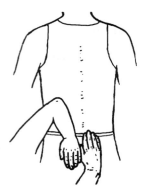

18. Sobre o cóccix — posição opcional.

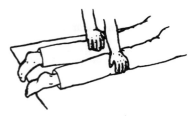

19. Parte posterior dos joelhos.

20. Parte posterior dos tornozelos.

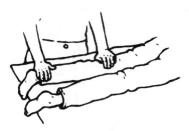

20a. Segure a parte posterior do joelho e do tornozelo simultaneamente.
Faça em ambas as pernas.

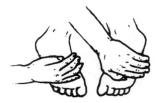

21. Sola dos pés.

Diagrama 12 (continuação)
Posições das Mãos no Reiki I   Para Curar Outras Pessoas
Colocação Opcional das Mãos

Colocação opcional das mãos para o torso e as costas. Coloque as mãos lado a lado em vez de em fila. Substitua as posições 6, 7, 8 e 9 de torso e 15, 16, 17 e 18 das costas.

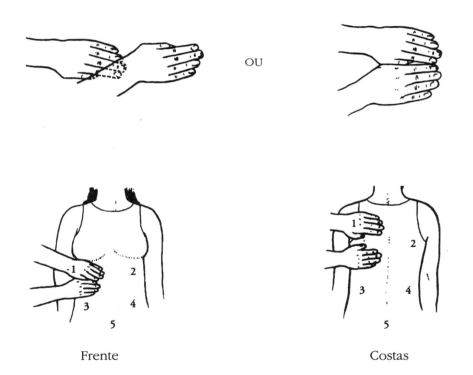

Frente   Costas

ções cessarem, passe à posição seguinte. Essa primeira posição equilibra os hemisférios esquerdo e direito do cérebro. A paciente pode ficar agitada, mas quando você passar à posição seguinte ela se acalmará.

A segunda posição (2) é sobre as maçãs do rosto, ficando os seus dedos mínimos ligeiramente sobre as orelhas da paciente. Enquanto a posição 1 cobria os chakras da testa e da visão, a posição 2 alcança o chakra da coroa e da terceira visão. A paciente, com esta posição, via de regra se aquieta e pode parecer adormecida ou mesmo fora do corpo. Para fazer a posição seguinte (3), a agente de cura ergue a cabeça da paciente (que, em geral, ajuda) e desliza as mãos por baixo dela. Coloque as duas mãos abaixo da curva da parte posterior da cabeça, a sobressaliência occipital. Você reconhecerá facilmente o local porque suas mãos se sentirão confortáveis ali. Estarão cobertos os chakras do topo da cabeça, da testa, da visão e do corpo causal. As posições para a cabeça tratam o crânio, o cérebro, os olhos, os ouvidos e o sistema nervoso central.

Trate agora o chakra da garganta (posição 4). Como um número incrível de mulheres entra em pânico quando se colocam as mãos na sua garganta, eu jamais coloco as minhas diretamente ali. É melhor pôr as mãos abaixo da garganta, sobre as clavículas. Você pode também deixar as mãos suspensas sobre a garganta, sem tocar nela, mas isso seria demasiado cansativo para você. Em existências anteriores, muitas das agentes de cura de hoje morreram na fogueira, em geral estranguladas antes de serem atingidas pelas chamas; daí a fobia.

Estenda ainda mais os braços ou vá para o lado (esquerdo ou direito, indiferentemente) da paciente para alcançar o coração e o timo (5-5a). Jamais coloque as mãos nos seios de uma mulher com quem não tenha intimidade, a menos que ela a autorize. (Se a mulher tiver displasia mamária ou nódulos nos seios, peça-lhe a autorização.) De modo geral, contudo, posicione as mãos acima dos seios, ou entre eles, se houver espaço, ou simplesmente desista da posição. A energia de cura chega onde precisa chegar e nada se perde se não se fizer essa posição. Como sempre, espere que a energia se acentue e depois diminua, o que acontece num período de até cinco minutos; depois desloque as mãos para a posição seguinte. Agora você precisa estar ao lado da paciente e não atrás dela. O plexo solar (posição 6) localiza-se logo abaixo dos seios e cobre os órgãos superiores da digestão (fígado, vesícula biliar, estômago e pâncreas); essa posição também trata o chakra do diafragma.

Para as posições do tronco, você pode escolher entre duas formas diferentes de colocar as mãos. Pode mantê-las na horizontal, pegando os dois lados do corpo da paciente, os dedos de uma mão quase tocando a outra no pulso. Senão, pode colocá-las lado a lado (os polegares quase se tocando). Para encontrar as posições correspondentes a esta última forma, imagine o tronco da paciente dividido em quatro quadrantes e coloque as duas mãos, uma ao lado da outra, sobre cada um desses quadrantes. Consulte a ilustração. Comece pelo quadrante superior direito, siga com o superior esquerdo, passe ao quadrante inferior direito e depois ao quadrante inferior esquerdo. Por fim, traga ambas as mãos para a área central do baixo-ventre da paciente. Pode começar por qualquer um dos lados, isso pouco importa. Faça também o mesmo nas costas, se quiser.

Para continuar com o tronco, na posição 7 as mãos se colocam logo abaixo da cintura e cobrem o chakra da barriga e o Hara: na posição seguinte (posição 8), ficam acima da área púbica e sobre a região pélvica. Coloque as mãos horizontalmente ou lado a lado. Depois, traga-as para o centro do baixo-ventre da paciente (posição 9), logo acima do osso púbico (chakra da base e períneo). As mãos ficam uma logo acima da outra. Essas posições cobrem todos os órgãos da região abdominal.

As posições para os joelhos, tornozelos e pés são mais importantes aqui do que na autocura. Durante a última meia hora, ou mais, a paciente terá permanecido tranqüila (a menos que tenha ocorrido um episódio de liberação emocional). Pode parecer até que ela esteja dormindo ou tenha "viajado para um lugar qualquer", fora do corpo. A imposição das mãos sobre as pernas e os pés se encarregará de fazer com que ela volte à Terra.

Para fazer isso, a agente de cura terá de reposicionar-se. Para as posições sobre o tronco, ela ficou em pé ou sentada ao lado da paciente. Não há necessidade de deslocar-se de um lado para outro; basta que você estenda os braços até o outro lado do corpo da paciente. Agora vá um pouco mais para baixo, até a altura das pernas. Faça as posições para os joelhos (posição 10) e depois para a parte de cima dos tornozelos (posição 11). Senão, coloque uma das mãos sobre o joelho e a outra sobre o tornozelo da mesma perna (posição 11a). Esta posição é melhor. Para completar essas posições, espere outra vez que a sensação de energia desapareça. Termine a cura na sola de ambos os pés (posição 12). Faça um pé por vez (12a-12b) ou os dois simultaneamente, o que é preferível. Se você for continuar a sessão trabalhando as costas, pode optar por deixar as posições dos pés para o final. Peça agora à paciente que se vire e volte para perto da cabeça dela.

Estando ela com a cabeça virada para o lado, faça, se quiser, a posição opcional para a parte de trás dessa área (posição 13). Uma das mãos é colocada sobre o chakra da coroa e a outra sobre a sobressaliência occipital, no chakra do corpo causal. A posição seguinte é a da parte de trás do pescoço (posição 14). Nunca encontrei ninguém que fosse hipersensível à colocação das mãos nessa posição. Existe, porém, a alternativa de pôr as mãos sobre os grandes músculos trapezoidais, na junção dos ombros com o pescoço.

Vá de novo para o lado da paciente e faça as três posições para as costas (posições 15, 16 e 17). Tal como na parte frontal do tronco, as mãos podem ser colocadas horizontalmente ou lado a lado. Essas posições cobrem os chakras do coração, do timo, do plexo solar, do diafragma e da barriga/Hara. Alcançam também os rins e são excelentes para aliviar a tensão, o *stress* e dores nas costas. Se as costas da pessoa forem muito compridas ou se ela sentir dor na parte mais baixa, onde começam as nádegas (chakra da raiz/períneo), execute uma nova posição nessa região. Você pode, se quiser, adotar a posição opcional nº 18, com as mãos apontando em direções diferentes.

Passe a seguir para as pernas e os pés. Desta vez, é de fundamental importância que você faça todas as posições. Elas ajudam a paciente a ancorar-se — ela que esteve "ausente" por bastante tempo. Coloque as mãos na barriga das pernas, na parte de trás dos chakras do movimento (posição 19), e na parte de trás de ambos os tornozelos (posição 20). A maneira mais aconselhável de fazê-lo é com uma das mãos na barriga da perna e a outra na parte de trás do tornozelo da mesma perna (posição 20a). Espere que a energia flua completamente e repita o procedimento na outra perna. Não se esqueça de que o trabalho tem de ser feito em ambas as pernas.

A última posição da cura é a da sola dos pés (posição 21). Quer você trabalhe na parte da frente do corpo, quer na parte de trás, o lugar dos pés onde você deve aplicar a energia é sempre a sola, que é onde se localizam os chakras de ancoragem. Você sentirá fluírem torrentes de energia nos pés, fluxo esse que talvez se prolongue durante vários minutos. Essa posição integra a energia e completa a cura. A paciente ainda estará longe de ancorar-se plenamente na realidade ao erguer-se da mesa de massagens, mas terá condições de comportar-se normalmente. Sem as posições para os pés, estaria demasiadamente "aérea".

Quando a cura houver terminado, muita coisa terá acontecido. Agradeça aos seus guias e agentes de cura não-físicos e deixe a paciente sossegada pelo tempo que for preciso. É possível que os guias e os anjos ainda estejam trabalhando, e a paciente poderá precisar de mais alguns minutos, talvez até meia hora, para assimilar plenamente a sessão e conseguir sentar-se. Se ela tiver adormecido durante a cura, diga-lhe apenas que você já acabou e dê-lhe tempo para acordar. Durante algum tempo, ela talvez se sinta demasiado aérea ou relaxada para mexer-se. Se necessário, ajude-a a sentar-se. Dê-lhe um copo de água pura (mineral ou filtrada, não da torneira, cheia de produtos químicos). Também a agente de cura precisa de um bom copo d'água. Não deixe a paciente ir embora — e, muito menos, dirigir — enquanto ela não estiver inteiramente reintegrada e ancorada na realidade.

Depois da sessão, a paciente talvez se sinta exageradamente relaxada ou avoada durante alguns dias. Talvez ela passe por um processo de desintoxicação, com sintomas como diarréia, diurese freqüente, defluxo, sudorese, odores corporais estranhos ou sede. Talvez ela queira jejuar. Diga-lhe que descanse, que dê ao corpo aquilo de bom que ele desejar e que beba muita água, com ou sem suco de limão. Diga-lhe que não interrompa o processo de desintoxicação com remédios de qualquer tipo. A agente de cura pode sentir fome ou necessidade de ingerir proteínas ou carboidratos complexos; pode sentir vontade de comer doces ou chocolate. Pessoalmente, eu gosto de ricota e iogurte; flocos de milho e bolachas também são uma boa ajuda. A agente pode ter de fazer fluir a energia durante algum tempo e talvez se sinta pouco ancorada; mas, de modo geral, sentir-se-á bem.

As posições para as mãos aqui usadas são as prescritas pelo Reiki I para uma cura de corpo inteiro. O local onde você de fato vai pôr as mãos durante a sessão depende de vários fatores, mas as posições e a seqüência acima descritas já foram testadas e comprovadas inúmeras vezes. Se a sua intuição pessoal ou os seus guias lhe disserem para desprezar uma determinada posição, fazer alguma coisa fora de ordem ou colocar as mãos em outras áreas — que não agridam a intimidade —, obedeça. Nessas sessões, a presença e a participação dos guias podem ser bastante evidentes, com diversos pares de mãos trabalhando o corpo e a aura da paciente. Muitas vezes a sala dará a impressão de estar cheia de gente.

Os guias podem sugerir que você se mantenha numa determinada posição, como também pode ocorrer que as suas mãos fiquem como que imobilizadas nessa posição durante algum tempo. Às vezes os guias mudam o posicionamento das nossas mãos ou mesmo as afastam inteiramente por algum tempo para poderem trabalhar à vontade. Saia do caminho deles e faça o que eles lhe mandam, ainda que pareça estranho ou difícil de compreender. A equipe de Júpiter sempre faz isso comigo e, em geral, sem nenhuma sutileza — mas, invariavelmente, realizam um ótimo trabalho.

Depois de colocadas as mãos numa determinada posição, você perceberá quando o fluxo de energia cessou e quando é tempo de retirá-las. As agentes de cura formadas em Reiki captam um ciclo de sensações muito específico; aquelas que não receberam o Reiki podem até captar esse mesmo ciclo, mas as sensações serão bem menos nítidas ou virão misturadas com outras sensações. De qualquer maneira, você saberá quando for o momento de mudar de posição. No Reiki, tudo começa com uma simples sensação de calor. Daí em diante podem acontecer variados fenômenos: sensações de frio ou calor, efeitos ondulatórios, cores inusitadas e, mesmo, sensações desagradáveis como entorpecimento ou dores nos dedos das mãos. Na maior parte dos casos, são sensações antes discretas do que ruidosas, mas não deixam de estar presentes. Quando elas se reduzem à simples impressão do calor do corpo, é hora de pôr as mãos em outra posição. No Reiki, gastam-se em média cinco minutos para cada posição.

Quando a agente de cura não é formada em Reiki, essas coisas podem acontecer ou não. Mesmo que ela nada sinta, é possível que perceba claramente o momento em que deve mudar de posição. Talvez suas mãos sejam subitamente afastadas da paciente ou então puxadas para o alto pelos guias. Talvez os guias lhe digam quando reposicionar as mãos; talvez ela própria lhe peça que a avisem. A paciente também pode sentir sensações estranhas; do mesmo modo, pode não sentir nada. As sensações dela podem ser idênticas às da agente de cura, mas podem também ser diferentes. É possível que à medida que as posições mudem, mudem também as sensações que sentem ambas as mulheres.

As informações fornecidas pelos guias e anjos são sempre aquelas mesmas que se necessita para a sessão em andamento. Pode ser que ambas, agente e paciente, captem ou recebam as mesmas instruções, como também pode ser que apenas uma delas as capte ou receba. São coisas que se podem manifestar na forma de palavras, emoções ou imagens respectivamente ouvidas, sentidas ou vistas por uma ou ambas as mulheres, mostrando tudo o que os guias estão fazendo ou informando o que a mulher precisa saber. As comunicações podem vir na forma de cores ou sensações, como também podem os guias trabalhar sem comunicar-se. As imagens podem retratar acontecimentos anteriores, desta ou de outras vidas, especialmente se, durante a cura, a terapeuta pedir que a doença seja resolvida ou eliminada na fonte.

A paciente pode reagir de diversas maneiras. Pode ficar quieta e até mesmo dormir, ou, pelo contrário, pode ficar muito excitada. Talvez descreva o que está vendo, talvez não. Eu tenho por norma pedir que ela me conte o que está vendo. Talvez ela se ponha a chorar ou sinta a necessidade de falar; liberar a dor, revivendo-a por algum tempo, é um ato positivo e purificante. Assegure à paciente que ela poderá fazê-lo com toda segurança e proveito. A agente de cura fica assustada nas primeiras vezes que passa pela experiência de uma liberação emocional, mas basta que ela colabore e deixe que a paciente faça a sua parte. Prossiga com a cura sem desviar a atenção da paciente do trabalho de liberação. No final da sessão, a paciente estará calma e tranqüila; sentir-se-á bem e, às vezes, muitos anos de sofrimento terão terminado.

Nem toda cura é aquela seqüência ideal que se descreveu. Às vezes, devido a limitações de tempo e espaço, o processo tem de ser acelerado, ficando a paciente impedida até mesmo de deitar-se. Nesse caso, mande-a sentar-se numa cadeira e faça o que for possível. Talvez não dê para fazer nada além de colocar as mãos sobre a cabeça ou os ombros dela e energizar uma única posição. Se você puder impor as mãos sobre a área dolorida, isso será muito útil.

Antes de começar, acalme-se, concentre-se e convoque a presença dos seus guias e anjos, mesmo que a cura esteja acontecendo num restaurante ou num reunião social. Não será possível entrar em meditação profunda, mas a essa altura você já será capaz de entrar à vontade num estado de transe ligeiro, que já é suficiente. Faça fluir a energia, se puder. As liberações emocionais quase nunca acontecem diante de outras pessoas e, em regra, não devem ser induzidas quando não se dispõe de um local sossegado para fazer uma sessão mais completa. Até mesmo em curas expressas como essas, os resultados podem ser surpreendentemente positivos.

Pode-se também fazer sessões de cura pela imposição das mãos com crianças pequenas e animais, com algumas diferenças em relação à terapia dos seres humanos adultos. Em primeiro lugar, as mãos podem cobrir diversas posições ao mesmo tempo num corpo pequeno, de modo que a colocação delas não precisa seguir tantas regras formais. No caso dos animais de estimação tente colocar as mãos sobre o topo ou as laterais da cabeça, na porção superior das costas ou na região das espáduas, na parte das costas em que se insere a cauda e na barriga. Mesmo isso pode ser mais do que o necessário. Se for preciso, você pode simplesmente colocar as mãos numa parte do corpo em que o animal se deixe tocar sem problemas.

O mesmo vale para crianças das mais variadas idades. Para bebês, experimente uma posição que cubra as laterais da cabeça e outra que cubra o centro do abdômen. Use um toque suave e não faça pressão alguma. Para crianças de mais idade, acrescente outras posições. O bebê pode ficar nos braços da mãe ou sobre o corpo dela para que fique quieto enquanto está sendo tocado. Tanto as crianças quanto os animais absorvem a energia muito rapidamente e mesmo esses posicionamentos básicos podem não demorar muito. Seus guias trabalharão com rapidez e provavelmente continuarão em ação depois de você haver retirado as mãos. Os animais levantam-se e se vão embora e as crianças em geral ficam inquietas quando sentem que já receberam energia suficiente. A atenção deles só pode ser direcionada por um período bastante curto; não os obrigue a ficar parados quando eles não estiverem dispostos a tanto. Os animais que estão precisando de ajuda virão pedir que você lhes aplique energia, voltando para esfregar-se nas suas mãos. Aplique-lhes a energia quando eles a pedirem. Faça o mesmo com as crianças, submetendo-as a sessões curtas (ou até curtíssimas) várias vezes ao dia.

Em se tratando do corpo inteiro para adultos, uma única sessão pode ser suficiente para curar doenças sem gravidade. Para moléstias crônicas (entre elas os sofrimentos emocionais), recomenda-se uma sessão por semana quando se quer um trabalho intensivo ou, quando não há pressa, uma ou duas sessões mensais. As sessões de cura podem pôr à mostra muitas emoções e provocar fortes processos de desintoxicação; a mulher que tenha muito o que purificar em si mesma pode preferir que tudo isso se faça mais lentamente. Quando se trata de doenças graves ou críticas, a cura pode ser feita diariamente ou até com freqüência maior, nos períodos de crise. Isto tudo vale para a cura de corpo inteiro com outras pessoas. Para a autocura, siga a sua intuição, mas não será demais fazer uma sessão por noite. Na autocura, a quantidade de energia que você recebe é exatamente aquela que o seu corpo é capaz de administrar com folga. Na cura de outras pessoas, é possível que a energia transmitida pela terapeuta seja mais forte que a energia habitual da paciente.

Expus aqui os rudimentos da técnica de cura pela imposição das mãos. A única forma de tornar-se uma especialista neste ou em qualquer outro tipo de cura é fazer sessões com freqüência. É fazendo que se aprende realmente. É a experiência que faz de você, dos seus guias e dos seus anjos uma equipe de trabalho capaz de realizar em conjunto um trabalho construtivo. A realização de muitas sessões de cura coloca a terapeuta em contato com diferentes situações, doenças, mulheres e suas idiossincrasias, coisas que lhe dão uma base sólida a partir da qual e com a qual ela pode trabalhar. Cura não se aprende em livro; a única maneira é fazê-la para si e para as outras pessoas. O capítulo seguinte trata dos métodos desenvolvidos para trazer à luz e liberar as emoções dolorosas, de si mesma e dos outros.

NOTAS

1. Diane Stein, *Essential Reiki: A Complete Guide to an Ancient Healing Art* (Freedom, The Crossing Press, 1995), pp. 36-39. [*Reiki Essencial: Manual Completo sobre uma Antiga Arte de Cura*, publicado pela Editora Pensamento, São Paulo, 1998.]

2. *Ibid.*, pp. 44-46.

Capítulo 7

A LIBERAÇÃO EMOCIONAL

Este capítulo trata da cura das emoções pelo poder da mente. Cada um dos muitos traumas da vida permanecem na aura até serem curados e liberados. Eles afetam a vida da pessoa em todos os níveis, inclusive na saúde do corpo físico. As emoções fazem a ponte entre o corpo físico e o poder omnicriativo da mente. Os traumas da vida são o fator principal a determinar o embaçamento do espelho da mente; esse "embaçamento" impede que a mulher saiba que ela mesma é a Deusa. É pela liberação dessas emoções obscuras que a natureza divina da mulher se revela e a separação se converte em unicidade.

Da perfeição da Deusa/Vazio a mente extrai a matéria, a mudança, a saúde e a transformação. Ela busca sempre criar a saúde, pois os corpos femininos foram programados para conhecer a saúde e buscá-la. As formas negativas de pensamento impedem que a mente transmita a boa saúde: a pessoa é o que ela pensa que é. Da mesma forma, as emoções negativas retidas no corpo emocional, na Linha do Hara e no chakra da barriga impedem que a boa saúde se manifeste no nível físico. A técnica da liberação emocional busca usar a mente consciente e positiva para resolver esses traumas passados e transmutar as emoções e os reflexos negativos que estas causam na vida das mulheres.

O corpo emocional é um arquivo de sensações e sentimentos, um armazém do passado. As emoções, os sentimentos, as imagens e as impressões da vida atual entram no corpo através do chakra da barriga e aí ficam presos até que sejam liberados. Os que perduram durante muito tempo deslocam-se para a aura do corpo emocional, onde ficam contidos e retidos mesmo que os acontecimentos que lhes deram origem já tenham desaparecido. Uma situação nova pode evocar uma emoção antiga, muito embora a razão determinante dessa relembrança não seja imediata ou facilmente perceptível. Sempre que uma emoção negativa é reforçada, o trauma que a ocasionou, grande ou pequeno, assenta essa emoção mais fundo na camada áurica emocional e ainda além dela.

As emoções mais profundamente arraigadas no corpo emocional viram problemas a serem resolvidos nesta vida; se não o forem, integram-se no karma e são carregadas para a encarnação seguinte. Esse processo prossegue, de encarnação em encarnação, até que elas sejam liberadas. Assim é que boa parte do karma das mulheres é constituída de emoções de existências anteriores que ainda não foram resolvidas. Essas emoções provenientes do passado têm de ser revividas para que se curem. Para que isso aconteça, a mulher depara nesta vida com situações traumáticas que podem reproduzir aquelas situações que, numa vida anterior, provocaram as emoções em questão. Esse modelo kármico fica retido na aura, especificamente na Linha do Hara, que é onde reside o propósito de vida das pessoas na presente encarnação. Enfim, a cura dessas emoções conflituosas e modelos kármicos é um tema tão importante que passa a fazer parte do propósito de vida das pessoas.

Tudo isso tem implicações profundas, em especial para questões com que as mulheres se defrontam nos dias atuais. Nos últimos anos as mulheres vêm trazendo à tona e procurando resolver assuntos como o estupro, o incesto, os maus-tratos cometidos contra crianças, o alcoolismo e o hábito do espancamento em casa. Elas querem "romper a corrente" a fim de que essas coisas não aconteçam mais com elas nem se tornem modelos que, através delas, sejam transmitidos aos seus filhos. Todavia, a "corrente" de que se trata muitas sutilezas e ramificações e a cura têm um significado muito mais profundo do que supõe a maioria das mulheres. Em geral a cura desses traumas na vida das mulheres implica a cura de modelos kármicos provenientes de encarnações anteriores e, uma vez concretizada, modifica as existências futuras dessas mulheres e até mesmo de outras pessoas.

Vou dar um exemplo tirado da minha própria vida. Quando criança, fui muito maltratada tanto física quanto emocionalmente, do que me resultaram grandes danos no sistema nervoso, na vista e na coluna. Quando dei início a um processo ativo de cura, meu comportamento emocional e físico era típico de uma mulher vítima de incesto. Contudo, ao longo de muitos anos de curas, terapias e transes hipnóticos, o abuso sexual não veio à tona, muito embora eu o esperasse, o quisesse e ainda me considerasse preparada para lembrar-me dele.

Quando comecei a saber algo sobre as minhas vidas anteriores, os traumas afloraram. Nesta vida, eu nasci em 1948, e a minha vida anterior terminara poucos anos antes. Nela eu morri no campo de concentração de Buchenwald, na Alemanha. Fui uma mulher, uma judia lésbica que morreu em conseqüência das experiências na área da reprodução para as quais as mulheres ali serviram de cobaias. Não cheguei a completar 20 anos. Fui também alvo de espancamentos, maus-tratos e estupros, o que só fez com que minha teimosia e resistência se agravassem. Antes de ter ido parar no campo de concentração, eu já tinha sido sexualmente ofendida pelo meu avô durante muitos anos.

Conhecendo, afinal, a origem do trauma, fui capaz de curar-me dos seus efeitos. Eu havia pesquisado todas as emoções e traumas desta vida até o ventre da minha mãe e passara por inumeráveis curas emocionais. Não obstante, o modelo só desapareceu quando foi eliminado do nível kármico; isto é, da Linha do Hara e dos corpo áuricos exteriores. Não foi possível eliminá-lo dos níveis superiores senão depois de terminado o trabalho com os traumas da vida presente. Alcançada afinal essa compreensão, a cura agora está se completando nas minhas emoções e no meu corpo. Muitas mudanças aconteceram em todos os níveis e agora sei que não vou sofrer novos abusos, seja nesta vida, seja em vidas vindouras.

Este capítulo discute o modo de curar a dor emocional e suas conseqüências nesta vida. A reprogramação e resolução kármicas para a cura das encarnações passadas serão discutidas num capítulo posterior; é um trabalho mais avançado. A reprogramação kármica só pode ser feita quando a pessoa ao menos já iniciou o trabalho com as emoções da vida presente. Da mesma forma, para completar o trabalho de liberação emocional dos traumas desta vida, a mulher antes tem de saber o que foi que os ocasionou. Se já não souber o que aconteceu, ela pode descobri-lo na meditação ou em sessões de cura.

Uma importantíssima vantagem advém de usar a cura psíquica para curar as emoções dolorosas e traumas desta vida. As mulheres que para tanto buscaram terapias ortodoxas, grupos de apoio, o sistema médico institucionalizado e outras coisas do gênero descobriram o quão longo e ineficaz pode ser esse processo. Eu própria tentei e, ao cabo de três anos, já conhecedora de todos os problemas e mazelas da vida, eu era vítima de uma depressão profunda, vivia com raiva de tudo e de todos e não tinha a menor idéia do que fazer. Quando perguntei isso à minha Gestalt-terapeuta — que àquela altura já decidira não me aceitar mais como paciente —, ela me respondeu: "Quando você estiver com raiva, rasgue a lista telefônica. Aos poucos, a raiva vai diminuindo." Mas não diminuiu. A essa altura, minha autoconfiança estava a zero e eu mal conseguia cumprir as mínimas obrigações cotidianas.

Foi com a cura psíquica, feita por mim mesma e por outras agentes de cura, que eu fiquei sabendo o que fazer. A cada sessão eu me sentia muito mais aliviada e liberada do que na terapia e, com isso, comecei a encontrar as respostas que procurava. Assim que eu decifrei o processo e as técnicas, a cura aconteceu rapidamente, às vezes com mais rapidez do que a minha capacidade de assimilação. (Breda e Teresa dizem que eu sou impaciente, e com razão.) As coisa começaram a encaixar-se, embora nem sempre com suavidade, e aconteceram curas que antes pareciam impossíveis. Minha vida é hoje muito diferente do que era há cinco anos, ou em qualquer outra época, e as técnicas se têm mostrado igualmente eficazes no trabalho de cura para outras pessoas. A cura psíquica elimina a dor a um grau jamais sonhado pelas terapias ortodoxas, e a liberação ocorre em níveis muito mais profundos. Os métodos, que serão adiante explicados, são na verdade a base de todas as técnicas contidas neste livro. A cura não aconteceu enquanto eu não entrei no caminho espiritual e não procurei por ela nesse contexto.

A idéia de que a doença física é causada por emoções negativas não é nova. Eu emprego aqui, indiferentemente, os termos negativo e doloroso; o fato de sentir emoções negativas não significa que a *mulher* que as sente seja negativa. Todas nós somos sobreviventes, por sermos mulheres e estarmos encarnadas agora neste mundo. No budismo, as emoções não-resolvidas são concebidas como força por excelência que prende as pessoas à Roda da Encarnação. Como as emoções conflituosas reencarnam com a pessoa e só podem ser curadas durante a existência corpórea, elas obrigam a mulher a reencarnar repetidamente. Cada encarnação, contudo, acrescenta novos laços emocionais, dando seqüência ao processo.

Usando-se a mente para curar e liberar as emoções, o círculo termina. A emoção é um dos componentes do ego, ou ilusão de separação; o desapego emocional, portanto, conduz à natureza búdica, à Deusa, à compreensão de que você é uma partícula da unidade da vida. A cura das emoções desanuvia o espelho, permitindo à pessoa ver a realidade que a mente criou. A Iluminação é o fim da escravidão emocional das limitações da mente. Tendo essa compreensão a mulher não precisa mais reencarnar.

A idéia de que a dor emocional causa doenças já era conhecida dos antigos gregos. Paracelso, que foi discípulo de mulheres sábias e é tido como o pai da medicina, escreveu sobre o assunto há dois mil anos. Também o fez Hildegarda de Bingen há oitocentos anos. Os conhecimentos femininos acerca da cura, embora de longa data renegados pela medicina oficial, permanecem vivos. O médium de transe Edgar Cayce, famoso por suas curas a distância por meio de remédios caseiros, da alimentação e da naturoterapia, também fala da relação entre as emoções e as doenças. Ele sempre soube que o *stress*, o karma e a atitude, conquanto ignorados pela medicina da sua época, eram fatores importantes. A ele costuma-se creditar a reabilitação de muitos conceitos femininos que estavam esquecidos no mundo ocidental e a elaboração da Nova Era. Todas essas coisas ele fez antes de falecer, em 1945. Muitas das proscritas agentes de cura/parteiras que moravam no interior dos Estados Unidos ou vieram como imigrantes teriam decerto contribuído para ampliar a obra dele, se porventura tivessem sido consultadas ou ouvidas.

Disse Cayce:

> A ira gera dores de cabeça ou indigestão; a depressão resulta em cansaço; a turbulência emocional desencadeia problemas de asma e assim por diante. Disse ele: "Ninguém pode se dar ao luxo de odiar o próximo sem adoecer do estômago ou do fígado", e "Não se pode sentir ciúme ou raiva sem ter complicações digestivas e cardíacas".[1]

Alice Steadman, com o livro *Who's the Matter With Me*, escrito em 1966, foi provavelmente a primeira mulher contemporânea a codificar essa doutrina num sistema de cura. Ela dedica seu livro "aos doentes e cansados que estão doentes e cansados de tanto estar doentes e cansados". Nele, ela concebe as pessoas como Seres espirituais que têm um propósito definido para estar neste planeta. E afirma a necessidade de haver amor e respeito entre elas. Os pensamentos e os receios geram doenças no corpo; pela análise e modificação desses negativos emocionais-mentais, recupera-se a saúde. A doença é uma conseqüência do atrito entre o corpo e a alma, da condição de quem não tem consciência de si como Deusa, não respeita o propósito para o qual encarnou nesta vida ou nega a própria espiritualidade.

> As partes do seu corpo, por dentro ou por fora, que sistematicamente se mostram muito sensíveis, estão querendo adverti-lo de que você está na contramão do seu propósito de vida. Assim como a mãe dá uma palmada na mão do filho que procura na compoteira o doce proibido, assim também a nossa alma nos castiga, impondo dor à parte do corpo que simboliza o pensamento ou ação errada.

> Temos de parar de reagir cegamente aos estímulos; temos de tomar consciência das associações entre as emoções e as reações do corpo.[2]

Segundo Alice, os problemas na porção inferior das costas manifestam o desequilíbrio de poder entre os membros de um casal que deveriam viver em pé de igualdade, e os cânceres de mama e de útero das mulheres expressam o desejo de alcançar o amor e construir um lar. As dores de estômago e úlceras são uma carência de amor e segurança. Os resfriados resultam do desamparo e da raiva reprimida, ou da íntima lamentação de alguma coisa que não se pode mudar ou remediar. Os coágulos sangüíneos e ataques de paralisia mostram a repressão dos sentimentos de amor e afeição, e um ataque cardíaco é um apelo à volta para a sinceridade e para a ternura.

Talvez os livros mais conhecidos que tratam das formas-pensamento e emoções doentias sejam os de Louise Hay, *You Can Heal Your Life* e *Heal Your Body*. As idéias dela são semelhantes às de Alice Steadman (embora pareçam mais agressivas), e as definições são bastante análogas. Ela entende as emoções e as crenças como o cerne das doenças e considera a resolução dos pensamentos e emoções negativos como essencial à saúde. A autodepreciação é uma fonte de doenças de capital importância, juntamente com os hábitos de condenar-se e castigar-se. Ela qualifica o ressentimento, a censura, o medo, a culpa e o hábito de condenar como padrões de comportamento que provocam nos outros reações idênticas e que, no final, manifestam-se no organismo sob a forma de doenças. O ressentimento pode transformar-se em câncer, a censura em artrite, a culpa em dor física e o medo em qualquer coisa, desde as úlceras até a queda de cabelos.[3]

Diz ela que o livrar-se de traumas passados, pensamentos e emoções negativas é algo que se resume numa só atitude: perdoar. Toda doença se manifesta quando falta o perdão, e toda cura provém do perdão que se dá aos outros (a todos) e a si própria. Perdoar não quer dizer fechar os olhos aos abusos, mas ter a disposição de deixar para trás todos os abusos, todo passado e tudo o que nos faz sofrer. É um processo de auto-estima positiva capaz de curar qualquer coisa.

> É preciso decidir deixar o passado para trás e perdoar a todos, nós mesmos inclusive. Talvez você não saiba como perdoar e talvez não queira perdoar, mas o simples fato de dizer que está disposto a perdoar dá início ao processo de cura. É indispensável à nossa própria cura que *nós* deixemos o passado para trás e perdoemos a todos.

> "Eu te perdôo por não seres como eu queria que fosses. Eu te perdôo e te liberto." Eis uma afirmação que *nos* liberta.

> A aprovação e a aceitação de si mesmo no momento presente são as principais chaves das mudanças positivas em todas as áreas da nossa vida.[4]

Acho que essas análises são válidas e concordo com muitas das definições da origem das doenças. O que não me satisfaz é a forma pela qual as pessoas reagem a essas idéias. Muitas vezes, elas são usadas para culpar as mulheres por suas doenças e sofrimentos. Minha opinião é a de que essas definições não vão suficientemente fundo nos traumas da vida da mulher, tanto da vida presente quanto das anteriores. Além disso, esses trabalhos são absolutamente desprovidos de consciência política.

Eu gosto de usar as definições de doença como fonte de informação. Elas podem fornecer à mulher pistas que a conduzam à origem da dor. Nas sessões de cura, eu as uso como perguntas: "É possível que as suas dores nas costas provenham da falta de apoio no seu relacionamento?" A mulher vai responder sim ou não. Se ela disser que sim, eu lhe pergunto o que é preciso para resolver o problema. Ela sempre sabe, e eu lhe dou todo o carinho e incentivo que for possível. Se a resposta for não, eu lhe pergunto qual é, na opinião dela, a origem. Se ela me disser que a doença não tem origem emocional, esqueço o assunto. Quando ela estiver pronta para procurar a origem, a idéia estará lançada.

Eu também acredito na força do perdão, mas penso que, para a maioria das mulheres, muitos estragos têm de ser reparados antes que o perdão se torne possível. Ao fazer os primeiros exercícios de meditação propostos neste livro, as mulheres que trabalhavam com emoções difíceis talvez ainda não estivessem preparadas ou não fossem capazes de liberá-las. No princípio, isso não tem importância; fazer a meditação já é uma forma de preparo. Agora, talvez a mulher ainda não esteja pronta para oferecer amor ou perdoar, mas, como no caso anterior, praticar a meditação é um bom começo. Perdoar-se a si mesma é sempre o mais difícil.

> Faça novamente este exercício. Vá para o seu local de meditação, faça a ancoragem e a concentração, relaxe completamente o corpo, faça fluir a energia e convoque seus anjos e guias. Peça para ver as barreiras emocionais que estorvam o seu fluxo energético ou ver os bloqueios que existem em cada um dos chakras. Tome a primeira dessas barreiras e

pergunte qual foi a emoção, o trauma ou a pessoa que lhe deu origem. Medite nas respostas. Primeiro, ofereça amor à emoção ou à situação; depois, ofereça amor a si mesma. Encha-se de amor e deixe que ele percorra todo o seu corpo. Tente, a seguir, oferecer o perdão para a emoção, para o trauma e para você mesma. Faça fluir a energia do perdão através de você e através de todas as pessoas que você for capaz de perdoar no momento. A energia pode ser visualizada sob qualquer forma: luz, cor, som, sensação, aroma.

Olhe agora para a pessoa envolvida. Se você não for capaz de oferecer-lhe o *seu* amor, ofereça-lhe o amor universal da Deusa. Se não for capaz de perdoá-la, perdoe-se a si mesma, quer pense que você precisa de perdão, quer pense que não. Volte à emoção, se ela ainda estiver lá. Peça ao seu guia espiritual, ao seu anjo ou à Deusa que leve embora a emoção dolorosa e a substitua por alguma coisa positiva para o seu crescimento. Deixe que a emoção vá embora, abra mão dela. A seguir, faça o mesmo com o trauma ou a situação e fique atenta ao que aparece no lugar deles. Peça para ser capaz de se desapegar de todas as influências negativas e dos efeitos prejudiciais deixados na vida por essa pessoa, substituindo-os também por alguma coisa positiva. Peça para se desapegar da pessoa envolvida, se você se sentir pronta para isso. Depois, de novo, encha-se de perdão — aos outros e a si mesma — ou de amor. Agradeça aos seus guias e volte ao momento presente.

Repita a meditação uma vez por semana. Se uma determinada emoção, pessoa ou situação se recusar a deixar você em paz, experimente uma outra e volte àquela mais tarde. Faça a cura lentamente. Se você não for capaz de perdoar a pessoa, ou a situação, ofereça o perdão a si mesma; se não for capaz de se perdoar, ofereça-se o seu amor. As emoções mudarão à medida que a cura for progredindo. Peça ajuda aos seus guias, aos seus anjos e à Deusa. Nos três dias seguintes a uma cura emocional importante, você poderá deparar com a "ressurreição" de outras emoções e recordações antigas na vida do dia-a-dia. Encare-as como uma dor da qual você está se desapegando e que está indo embora. Olhe-as como se fossem um filme e deixe que se vão.

Se as emoções forem muito fortes, ponha-se em condições de chorar, enraivecer-se ou, de alguma outra forma, senti-las plenamente. Não as rejeite nem reprima; deixe que elas venham, sinta-as e veja-as ir embora. No banho, esfregue sal marinho sobre os seus chakras (menos sobre os olhos e a vagina), depois enxágüe. Repita-o três vezes durante o banho para depurar rapidamente a sua aura das toxinas que estão sendo liberadas. Quando tudo estiver liberado, borrife vinagre de cidra sobre os seus chakras depois do banho e deixe secar. Sua aura ficará protegida e a sensação é muito agradável; o cheiro do vinagre desaparece quando ele seca. A liberação de emoções dolorosas pode levar tempo; não tente fazer tudo de uma só vez. Durante o processo dirija a si mesma elogios por estar curando tanta coisa. Você perceberá as mudanças na sua vida e na sua saúde.

Como diz Stephen Levine em *Healing Into Life and Death*:

> Libertar-se do sofrimento será o trabalho mais difícil da sua vida. Será também aquele que dará mais frutos. Curar significa conhecer a si mesmo de uma outra maneira — na novidade de cada momento, em que tudo é possível e nada fica limitado ao que é velho; em que abrimos mão dos nossos apegos sem condená-los nem nos surpreendermos com eles. É a vastidão do nosso ser acolhendo de coração cada momento, quer seja de prazer, quer seja de dor. A cura vai então mais fundo do que poderíamos imaginar, mais fundo do que poderíamos sonhar.[5]

Enquanto o perdão normalmente exige bastante tempo e disposição, a eliminação das várias influências negativas que envolvem atualmente a nossa vida pode ser muito mais fácil. É uma faxina dos chakras que eu gosto de fazer de quando em quando. Nela, a gente se desliga da energia de quem quer que nos esteja sugando ou, de alguma forma, atrapalhando. Fazendo-se com cuidado o exercício, pode-se liberar muitas emoções arraigadas e profundas, mas não só; libera-se também inúmeras pequenas perturbações causadas por pessoas que não têm nenhuma importância na nossa vida. Se alguém está vampirizando a sua energia, esse processo extingue a influência dessa pessoa; além disso, revela possíveis agressões sutis, conscientes ou não. Embora outras pessoas estejam envolvidas, o que aqui importa é liberar a energia e desligar-se dessas pessoas. Ninguém se prejudica, mas a pessoa que está vampirizando você poderá zangar-se por ver-se afastada.

O processo chama-se "corte das cordas" ou "desligamento". É uma técnica tradicional de limpeza energética, usada pelas paranormais e bruxas, que eu levo aos níveis mais profundos e considero extremamente eficaz para a liberação emocional e a cura. Por meio delas, as pessoas às quais estamos ligadas por emoções negativas — ou aquelas que se ligam conosco de maneira negativa — podem ser separadas da nossa aura e do nosso sistema energético. Talvez você se surpreenda ao descobrir quem são essas pessoas. Um processo forte de desintoxicação pode seguir-se a essa meditação; tenha à mão o sal marinho e o vinagre de cidra.

Tome cuidado para não exagerar na rapidez e na intensidade desse processo de desintoxicação. Pegue um chakra por vez para um trabalho em profundidade, ou então faça uma depuração mais leve de vários chakras numa mesma sessão. Talvez sejam necessários diversos desatamentos feitos em noites sucessivas para limpar todos os seus chakras da Kundalini. Mesmo assim, ao fazer de novo o exercício depois de algum tempo, você encontrará mais cordas energéticas a serem cortadas. Quando a técnica é usada para curar trauma emocional, como eu faço, o processo pode durar meses. No decorrer da liberação, suas emoções ou reações de desintoxicação podem tornar-se intensas ou incômodas. Se assim for, aumente os intervalos entre uma sessão e outra. Cada nível que se depura e cada corda que se corta representa um avanço no rumo da cura, mas respeite sempre o ritmo que lhe convém.

Entre no estado de meditação, faça a ancoragem e a concentração, relaxe completamente o corpo e invoque seus guias espirituais, seus anjos e a Deusa. Erga uma proteção à sua volta; é importante fazer isso em cada sessão. Olhe para dentro de si e peça aos seus guias que lhe mostrem a primeira camada de cordas *negativas* a serem cortadas. Examine primeiro o plexo solar. Você verá que a esse centro se prendem uma ou mais cordas que se parecem com fios elétricos. Elas vão ter um aspecto feio, escuro ou bolorento e serão de tamanho e espessura variados.

Escolha uma e pergunte a quem está ligada. Você vai ver, sentir ou simplesmente saber quem é a pessoa. Se isso lhe parecer bem, peça para cortar a corda. Se isso não lhe parece correto, deixe para outra vez; haverá outra oportunidade. O corte da corda de nenhum modo prejudica a outra pessoa; apenas desvincula a sua energia dessa pessoa. Para cortar a corda visualize o trabalho sendo feito com uma tesoura ou com a luz; senão, peça aos seus guias que a cortem ou desliguem como um fio da tomada. A corda voltará bruscamente para a pessoa de onde veio; se não voltar ou se deixar em você alguma raiz, peça aos seus guias que a removam. Ofereça luz para a pessoa que foi desligada, se você conseguir, e depois se encha de luz curadora no ponto do qual a corda se desprendeu. Isso vai curar o chakra.

Passe à corda seguinte, peça aos seus guias que a mostrem a você. Repita o procedimento até cortar ou desligar todas as cordas negativas. Se houver alguma que você não sabe se quer desligar ou não, fique tranqüila; mais tarde poderá visualizá-la de novo. Porém, se você souber que a corda é negativa para você, aconselho-a a cortá-la desde já. Você só pediu para ver as cordas negativas. Pense seriamente antes de deixar que algumas delas permaneçam. Algumas das pessoas ligadas com elas serão uma surpresa para você. Podem ser pessoas que você não vê há anos, pessoas que você mal conhece; pode ser até a balconista de loja com quem você teve uma discussão recentemente. A primeira camada é, em geral, superficial, mas é um começo e lhe ensina o processo.

Repita-o com todos os chakras. Depois do plexo solar, trabalhe os centros acima e abaixo dele. Talvez você precise de mais de uma sessão de meditação. Não se esqueça da terceira visão e do topo da cabeça; esses chakras podem ter, e na prática sempre têm, ligações negativas. Depois de limpar a primeira camada, peça para ir mais fundo na seguinte e cada vez mais fundo nas outras. Prossiga até que todos os chakras da Linha da Kundalini estejam totalmente purificados em todos os níveis e camadas. Isso pode levar várias semanas. À medida que as camadas se forem tornando mais profundas, mais significativas serão as pessoas. Talvez você tenha de oferecer-lhes o perdão ou o amor universal para desvincular-se delas e das cordas respectivas. As cordas ligadas ao chakra da coroa são especialmente arraigadas e podem representar assuntos cruciais da sua vida. Você também tem a alternativa de pedir para ver e cortar as cordas negativas (ou ganchos, inclusive os da Linha do Hara, mais tarde) provenientes de uma determinada pessoa.

Quando você tiver feito o suficiente para uma sessão, pare e faça fluir energia de cura através de todos os seus chakras. Peça aos seus guias que reparem quaisquer danos e removam quaisquer toxinas que eventualmente tenham sido deixadas pelas cordas ou pessoas. De novo, estabeleça uma rede de proteção à sua volta, agradeça aos seus guias e anjos e volte ao momento presente. Movimente-se com vagar até ficar inteiramente desperta. Tome um banho com sal marinho para ajudar a completar a liberação, que poderá continuar por alguns dias ainda, com a lembrança de imagens antigas. Terminada a liberação, complete o processo borrifando todos os seus chakras com vinagre de cidra para vedar de novo a aura, e curta a sensação energética que isso dá. Ao cabo de uma sessão profunda ou difícil, talvez você precise de uns dias de tranqüilidade, de alimentar-se melhor ou de dormir mais para curar-se. Você sentirá a sua vida mudar à medida que essas curas reorganizarem a sua aura e curarem o seu corpo emocional; também os males físicos irão melhorar senão sarar. Isso é cura emocional das mais profundas.

Quando você perceber que todos os seus chakras foram depurados de todas as cordas negativas nos níveis mais profundos, pergunte, em outra meditação, se há neles algum gancho negativo. Os ganchos se parecem com as cordas, mas vão muito mais fundo. Visualmente, os meus se pareciam com anzóis, alguns com fisga dupla e pontas farpadas. Eles provêm de pessoas com quem nos ligamos pelo karma em existências passadas e que voltaram à Terra junto conosco. Você não verá nenhum gancho de pessoa que não conheceu nesta vida. São importantes questões emocionais e de relacionamento que precisam ser liberadas e curadas: nelas estarão provavelmente envolvidos aqueles que a estupraram, espancaram ou forçaram ao incesto. É raro haver mais um gancho no mesmo chakra, mas pode acontecer.

Não se esqueça de erguer um muro de proteção à sua volta; depois peça aos seus guias e anjos que removam esses ganchos. Não tente arrancá-los à força; eu fiz isso e fiquei doente por uma semana. Pelo contrário, depois de ver o gancho e identificar a origem dele, você deve pedir aos seus guias que o removam da maneira mais fácil e suave possível. Eles podem rodeá-lo de luz e fazer com que saia por bem, como também podem dissolvê-lo ou removê-lo como se fosse um anzol, cortando-lhe a extremidade farpada e puxando-o por trás. Deixe que eles o façam; apenas lhes peça que o façam com delicadeza. Veja ou sinta o que acontece. Peça-lhes que reparem todos os estragos e removam todas as toxinas de todos os níveis da aura. Faça fluir a energia e reforce a sua proteção no final de cada sessão; lembre-se de configurar o escudo de modo que a dor possa ser facilmente liberada. Repita a meditação até que não reste nenhum gancho; talvez sejam necessárias várias sessões com bons intervalos entre elas. Trabalhe sem pressa.

Descanse durante uma semana ou um mês, e olhe novamente. Peça para ver se há outras cordas negativas nos chakras; provavelmente, haverá. Elimine-as. Peça para ver se há outros ganchos e elimine-os também. Haverá muito menos ganchos, mas é provável que alguns bastante profundos restem por eliminar. Repita o processo depois de uma semana. Peça que sejam reparados todos os danos remanescentes em todos os níveis áuricos. Encha-se de luz e faça fluir a energia. Lembre-se de agradecer aos seus guias.

É provável que, de tempos em tempos, você constate a presença de novas cordas e ganchos nos níveis profundos, pois você estará forte e suficientemente preparada para eliminá-los. As novas cordas superficiais vêm do cotidiano. Quando você lança mão de proteções como a bolha energética e os escudos dos chakras, as cordas são reduzidas ou eliminadas, sendo impedidas de entrar e prenderem-se à sua energia. Quando você não constatar mais a presença de nenhuma corda ou gancho, passe aos chakras da Linha do Hara. Não haverá ali cordas negativas, mas sim ganchos negativos que, nesse nível, provêm de pessoas cuja influência obstaculiza o seu propósito de vida (ou que obstaculizaram no passado). Trata-se sempre de relacionamentos kármicos; alguns deles poderão ter sido responsáveis também por algumas das cordas e ganchos profundos da Linha da Kundalini.

Elimine-os um por vez, tal como fez com os outros ganchos, limitando-se sempre a um por sessão. Agora eles parecerão maiores, lembrando ganchos de construção e não anzóis. Proceda com vagar, pois as reações de desintoxicação que acompanham a remoção deles podem ser muito fortes. Finalmente você estará chegando ao cerne do processo. Soltando os ganchos, você talvez entre num período de grande suscetibilidade emocional que poderá durar até um mês. Você poderá ver todo um fluxo de velhas imagens que remontam à infância ou mesmo a vidas passadas. Sentirá raiva, medo, dor ou, talvez, apenas um grande alívio. Assista ao filme; sinta as emoções e deixe-as ir embora. Talvez você perceba, durante um bom tempo, que da sua aura se desprende uma energia altamente tóxica. Os três primeiros dias são os piores. Encha-se continuamente de luz e peça aos seus guias que a purifiquem e reparem os danos. Lembre-se do sal e do vinagre. Use um colar cor de âmbar, se tiver. Ele serve para proteger e vedar a aura, mas é importante que o âmbar seja freqüentemente limpo.

Quando esse processo — que pode durar muitos meses — tiver terminado e você tiver passado pela iniciação que dele resulta, você terá mudado a sua vida. Você sem dúvida se sentirá mais leve sob todos os aspectos e quase todas as coisas que entravavam o seu crescimento e se opunham à sua cura terão desaparecido. Talvez você note que algumas das pessoas que costumavam estar por perto estarão se afastando de você e que outras estarão se aproximando. Isso se deve ao fato de que o seu nível de energia estará vibrando em outra freqüência. Os efeitos maléficos que os traumas e abusos passados deixaram em sua vida emocional serão liberados, transformados e curados em sua maior parte, quando não desaparecem por completo.

Suas emoções serão mais livres e positivas e suas formas-pensamento, mais saudáveis. Durante algum tempo você vai se sentir vulnerável, mas também, uma vez terminado o processo e consolidada a cura, vai sentir-se mais forte do que nunca. Faça o trabalho com vagar e tranqüilidade; cuide bem de si mesma e aprecie o seu próprio crescimento e transformação. Reúna perto de si todas as pessoas que estiverem dispostas a lhe dar um apoio amoroso, mas fuja, enquanto não terminar de cortar as cordas, daquelas pessoas que não vêem o processo com bons olhos. O "desligamento" em níveis profundos é um dos caminhos mais curtos para a cura profunda — emocional e física — e a mudança de vida. Eu já passei por todas as fases desse processo e posso garantir que ele funciona. É um trabalho que, em geral, se faz em meditação solitária, mas pode também ser orientado por outra agente de cura, se você preferir. Ela terá, porém, de estar plenamente disposta a aceitar e atender as suas necessidades.

Os exercícios que se seguem, destinados a curar as feridas da criança interior e a reprogramar os traumas, também podem ser feitos só por você, mas eu recomendo que você recorra à ajuda de uma outra agente de cura. Às vezes é extremamente difícil ser ao mesmo tempo agente e paciente nesses processos. A meu ver, antes de começar, é muito importante ter uma idéia bastante clara do trauma a ser liberado. Isso é essencial para a posterior reprogramação e liberação kármica, pois o dia em que a mulher desvenda o drama do seu incesto sempre vem cedo demais. Essas curas dão melhor resultado para as mulheres que já examinaram a sua situação, sentiram e exploraram sua mágoa e a sua revolta, compreenderam o mal que lhes foi feito e agora estão preparadas para deixar que o trauma vá embora de vez. O trabalho preliminar de desligamento é um bom começo.

A cura da criança interior pode ser feita a qualquer tempo, até mesmo no início do processo de cura. Contudo, no meu caso particular foi o aspecto mais difícil de todo o processo e só foi feito no final. Eu me sentia apavorada diante da criança que fora o meu primeiro eu. Durante muito tempo fugi dela e de todas as crianças (a quem sempre amei). Eu não conseguia falar ao meu eu criança nem segurá-la no colo, e muito menos a qualquer outra criança. Achei até mais fácil perdoar a pessoa que abusou sexualmente de mim. Os exercícios que apresento neste capítulo estão na ordem em que eu mesma os pratiquei. Você talvez seja diferente; siga a ordem que for melhor para você.

> Quando houver duas participantes, a agente de cura aplica o método de cura pela imposição das mãos e só começa a conduzir a paciente à sua criança interior quando chega ao chakra do coração. Faça isso numa sessão muito tranqüila, na qual não tenha havido tensão ou emoção em excesso. As mãos da agente de cura posicionam-se suavemente no coração, no plexo solar e, especialmente, no chakra da barriga, à medida

que o trabalho se desenvolve. Se você for aplicar o processo em si mesma, entre em meditação como de hábito, relaxe completamente e faça fluir a energia do amor antes de começar. Num ou noutro caso, invoque os seus guias, os anjos e a Deusa e erga desde o começo um escudo protetor. Não faça o desligamento, o perdão, nem nenhum outro processo nessa sessão de cura. Se você ou a agente de cura é formada em Reiki II, usem os símbolos Sei-He-Ki e Hon-Sha-Ze-Sho-Nen. Eles curam as emoções e transcendem o tempo e o karma.

Quando você estiver pronta, a agente de cura pedirá para visualizar-se quando criança, pouco antes da ocorrência do seu incesto ou trauma. Depois, na qualidade do seu eu adulto, dirija-se à criança. Tome nos braços a sua criança interior, faça-lhe um carinho e diga-lhe que você estará presente sempre que ela precisar de você. Dê um presente à criança: um cristal, um colar, uma chave mágica ou uma corneta de ouro que ela poderá usar para chamá-la quando precisar de você. Ensine-lhe a usá-la. A agente de cura conduz a paciente ao longo da visualização, enquanto a paciente adulta faz amizade com a criança interior.

Agora, avance um pouco no tempo e encontre o seu eu criança logo depois do primeiro incesto ou trauma. Não há ninguém ali a não ser a criança, e ela usou o seu presente para pedir ajuda. A mulher adulta dirige-se à criança interior para protegê-la, curá-la e alimentá-la. Ofereça-lhe todo o seu carinho e amor. Diga-lhe que ela sobreviverá, forte e íntegra. Pergunte-lhe do que ela precisa, como adulta, e dê isso a ela, empregando a visualização e uma linguagem metafórica. Lembre a criança dos presentes que lhe foram dados e assegure-lhe de que você está pronta a acompanhá-la, na dor e na cura. Peça-lhe um presente; tanto pode ser um objeto como um abraço. Cure-a tanto quanto possível, tanto quanto ela concordar em aceitar. Reconforte-a, prometa-lhe que ela estará bem, diga-lhe que ela é boa, que é amada e que não ficará sozinha. A agente de cura orienta a volta da paciente ao agora, dá prosseguimento à sessão e a completa.

Em geral, isso é mais que suficiente para uma sessão de cura. A paciente terá recordações e sentirá determinadas emoções. Talvez tenha agora uma visão nova de quem ela era quando os traumas aconteceram. Essas coisas poderão perdurar durante algum tempo ainda, mas com a recordação vem uma sensação de cura e paz. A paciente, quer tenha feito a sessão sozinha, quer com a ajuda de outra pessoa, pode precisar de alguns dias de tranqüilidade para terminar sozinha o processo e a liberação. Talvez precise dormir muito durante esse tempo. A agente de cura deve fiscalizá-la e apoiá-la durante esse período. A paciente tem de saber que é amada, que não está só e que, sempre que quiser, terá alguém com quem conversar. Sempre que quiser, ela pode voltar a conversar com o seu eu criança.

Eis uma variante, ou sessão adicional, para as mulheres cujos pais se portaram de forma negativa. Novamente, a adulta vai ver o seu eu criança, mas desta vez vai na qualidade de Fada Madrinha, com vara de condão e tudo. Você pode ir fantasiada de Glenda, a Boa Bruxa, de Fada Madrinha da Cinderela ou de Grande Mãe. Esse eu adulto mágico pede à criança interior que descreva o seu ideal de pais, substituindo os pais verdadeiros por pais perfeitos. À medida que a criança for acrescentando detalhes, o eu adulto os irá incorporando, um a um, para formar na sala uma imagem positiva. Use todos os sentidos na visualização, se você conseguir. Se a criança quiser que seus pais tenham um aspecto diferente, deixe que ela os procure em livros de histórias infantis. Quando ela tiver terminando de "projetar" a sua nova família, o eu adulto, na qualidade de Deusa, dá vida às novas imagens. A criança interior encontra os pais, conhece-os. Mude o que ela quiser que seja mudado e ajude a criança e seus pais a se conhecerem melhor. A criança encontra nesses novos pais tudo o que ela queria. Ensine agora a eles o que as crianças precisam e como criar uma criança com bondade, respeito e amor. Pergunte aos novos pais e à criança se falta alguma coisa. Dê-lhes o que for preciso. Veja a criança crescer no meio da nova família até tornar-se adulta. Veja de que maneira ela é diferente da paciente que está sendo curada. Traga a criança curada e seus pais perfeitos para dentro do coração do adulto mágico. Peça que a criança interior curada venha para sua vida adulta e cure o seu eu adulto. Traga a cura para o momento presente e desperte a paciente para o agora. Termine a sessão de cura.

Depois que a paciente tiver dado por terminada as duas curas precedentes, passada pelo menos uma semana, retome o processo. As agentes de cura formadas em Reiki usam novamente o Sei-He-Ki e o Hon-Sha-Ze-Sho-Nen. Agente e paciente começam a sessão tal como fizeram anteriormente. Não se esqueçam de convocar os guias e anjos, tanto os da agente de cura quanto os da paciente. Comece com a paciente visualizando-se quando criança, pouco antes de sofrer o incesto ou o trauma. A criança estará melhor agora, em virtude das sessões anteriores, e terá mais forças para enfrentar o que estiver por vir. O adulto também estará mais forte, porque se beneficiou com a experiência e cresceu. O tempo não existe na cura sutil, e a regressão etária para curar o passado cura todo o Ser em todos os momentos da sua vida. Essa é a idéia central para esta sessão.

A paciente, na condição de seu eu infantil anterior ao trauma, descreve sua vida de forma positiva. Ela pode, por exemplo, mostrar à agente de cura e ao seu eu adulto o seu quarto, o que ela faz na escola, seu vestido novo e o que está acontecendo neste exato momento. Mantenha um clima positivo. Invente, se for preciso. Suponha que o incesto estava para ocorrer aquela noite; mas agora, numa versão diferente da realidade, ele não acontece. Faça com que a criança conte como foi essa noite segundo a forma nova, sem o trauma ou o incesto. Como antes, dê ao quadro tonalidades positivas e normais. Se a paciente/criança não for capaz de saber como teria sido aquela noite, peça-lhe que imagine como foi, que invente.

A paciente/criança descreve uma noite como outra qualquer, na qual fez a lição de casa, assistiu à televisão, tomou um banho e foi dormir. Ela tem consigo sua boneca predileta ou o ursinho de pelúcia e vai dormir e sonhar com toda tranqüilidade e segurança. A agente de cura orienta a paciente a passar para o dia seguinte e lhe pergunta: "Visto que o incesto não aconteceu, como isso mudou a sua vida?" Faça com que ela descreva resumidamente o dia seguinte, sem inventar nada de extraordinário. Ao longo de toda essa cura por meio da visualização, é de capital importância que todas as imagens sejam inteiramente positivas. Lembre-se de que aquilo que você pensa você cria e de que a visualização durante o estado de meditação é extremamente poderosa. A paciente/criança descreve em poucas palavras o seu dia: a escola, o *playground*, o sorvete, depois a volta para casa, seu prato preferido, a tevê. Peça-lhe que diga como se sente.

Agora, a agente leva a paciente/criança até o seu próximo aniversário e pede que ela lhe descreva a vida que teve desde que o incesto não aconteceu. Pergunte-lhe o que mudou nela com essa mudança na sua vida. Deste ponto em diante, faça com que as descrições sejam sucintas; a idéia principal é que sejam positivas. A seguir, a agente leva a paciente até um outro aniversário, cinco anos mais tarde, e lhe pede para contar de novo o quanto a vida dela mudou. Avance mais dez anos e repita o procedimento. A criança terá crescido e já será adulta, ou quase. Ela fala de uma vida que não foi maculada pelo incesto ou pelo trauma e cria um contexto positivo e otimista.

A agente de cura deixa que a paciente fique visualizando as novas imagens por algum tempo e depois pede que ela traga essa nova realidade, uma realidade íntegra, para o momento presente. Pergunte-lhe o quanto a vida dela mudou para melhor. Conduza-a então de volta ao agora, trazendo consigo as mudanças. Diga-lhe que leve a cura ao corpo, às emoções, à mente e ao espírito, em cada um dos níveis. Encerre o tratamento de imposição das mãos e deixe-a descansar e reintegrar-se. Ela talvez precise de um tempo maior do que o habitual e talvez permaneça avoada por bastante tempo depois da sessão. É uma sensação que pode perdurar por alguns dias.

É possível que a esta altura a paciente objete: "Mas aconteceu, e eu não posso fingir que não aconteceu." É claro que aconteceu, e nada pode mudar esse fato. Pergunte-lhe, no entanto: "Que história de vida você prefere para você agora e no futuro?" Ela vai optar pela versão positiva. Diga-lhe que traga a cura para o momento presente e que, com ela, aceite a nova realidade e as novas recordações. A aceitação dela tornará real a nova visão. O objetivo de tudo isso não é negar o antigo sofrimento da mulher. É uma maneira de reprogramar-lhe a mente para curar os efeitos danosos do passado.

A mente que cria a nossa idéia de realidade facilmente se confunde. Ela aceita uma visão ou uma forma de pensamento como se fosse um acontecimento real. Uma vez que a mente não conhece a diferença entre realidade e imaginação, dê-lhe a possibilidade positiva de optar por uma nova, cuidadosamente criada. Nela, todas as imagens têm de ser positivas. Dessa maneira, a mente fica sem saber qual é o verdadeiro conjunto de imagens. Mesmo que a pessoa saiba com certeza que o trauma é real, as novas recordações confundem a mente o suficiente para diluir as antigas formas-pensamento. Isso libera e repara os danos retidos nos corpos mental e emocional. Quando a mulher consulta as suas recordações, os acontecimentos reais permanecem entre elas, mas as emoções são difusas. Essa técnica é usada na hipnose e na programação neurolingüística (PNL) e pode ser tremendamente eficaz.

Ao longo de um período de sete a dez dias, a paciente perceberá que a energia do seu corpo está mudando e se realinhando. No meu caso, eu me sentia como se as minhas moléculas estivessem se reagrupando e eu estivesse me livrando de um grande peso. Meu rosto mudou e se abrandou com o relaxamento da musculatura e minhas costas começaram a endireitar-se. Minha pele e meus olhos pareceram ficar mais claros e radiantes. Eu me sentia calma. Minha depressão desapareceu e eu comecei a sentir um gosto, antes desconhecido, por estar nesta planeta. Senti a necessidade de dormir os três dias seguintes praticamente a fio e, quando acordei, sentia-me bem, mas demasiado aérea para fazer muita coisa. As sensações, no todo, eram muito agradáveis. A cura causou mudanças na minha vida que eu jamais supusera possíveis.

Essa reprogramação é o último passo de um longo processo. Antes de fazê-la, a mulher tem de ter pleno conhecimento do seu passado e tem de ter trabalhado e curado as suas emoções, passando inclusive pelo período da raiva. Tem de estar preparada para, ao menos, perdoar-se a si mesma. O perdão vem depois, e a reprogramação exige da mulher uma predisposição quase absoluta. Se ela não era capaz de perdoar antes da reprogramação, é provável que o seja depois dela. É preciso que ela consiga converter-se na sua criança interior e imaginar uma vida melhor. O processo de desligamento é uma preparação crucial, assim como as curas da criança interior descritas antes da reprogramação. Para a mulher que a empreende bem predisposta, a cura pode acarretar uma transformação completa. A técnica também pode ser usada para vidas passadas.

A chave de toda cura pela liberação emocional é a disposição de desapegar-se. O perdão pode até vir depois, mas não é o fator mais importante; o desapego é a chave. É algo muito difícil para a mulher que nunca exerceu controle sobre a própria vida e luta por fortalecer-se. Mas, quando ela aprende a confiar na Deusa e na sua própria competência para lidar com as coisas desta vida, subitamente tudo se torna mais fácil. Quando a dor for grande demais, admita que você não é capaz de controlá-la — admita que ela não pode ser controlada. Entregue-a à Deusa, aos seus guias espirituais e anjos ou à Mãe Terra. Desista dela; desapegue-se dela. Deixe que o Espírito cuide dela. Deixe que a Deusa a leve embora e a transforme em alguma coisa positiva e útil, alguma coisa que não precisa de cura, porque já está curada.

O desapego não exige luta e resistência; exige, isto sim, aceitação e disposição de continuar. Não exige que a pessoa perca o controle sobre a própria vida, mas que repudie a necessidade de controlá-la. Não há necessidades; nada é necessário. A memória ou emoção que não desencadeia resistência não tem poder algum:

> Em cada instante de desapego, nascemos de novo e suavizamos a morte.
>
> Em cada instante que as coisas sejam tais quais são, sem forçar nada nem precisar mudar...
>
> Em cada instante de desapego a cura visita a mente/corpo.[6]

Depois de anos de luta, o desapego me encheu de uma súbita sensação de paz e foi uma descoberta incrível; (por que não fiz isso antes?). Foi preciso um longo período de impotente desespero para me deixar à beira da entrega total e para me fazer aceitá-la; esse desespero é desnecessário. Toda cura começa no momento em que se renuncia ao controle. Toda cura começa e termina com o desapego.

As mulheres empenhadas no trabalho de liberação emocional profunda também precisam saber sobre as cicatrizes dos chakras. Estas nascem do constante abuso de confiança, das traições, dos medos, das agressões ou da ausência de amor. Assim como uma criança traumatizada pode manter enterrada a sua memória consciente até que tenha idade e força suficientes para administrá-la, assim também pode guardar profundas feridas emocionais na sua aura. Estas sempre se ligam a um trauma, uma situação ou um incidente específicos e, na maioria das vezes, ficam retidas nos chakras da barriga ou do coração. Os traumas reprimidos não são curados e afetam a vida emocional da mulher adulta, ainda que esta não tenha recordação consciente dos incidentes; além disso, as feridas ganham dimensões kármicas quando não são curadas nesta existência.

Quando a mulher começa um trabalho profundo de cura das memórias e emoções negativas, as cicatrizes dos chakras vêm à tona para serem purificadas e sanadas. Em última análise isso é muito positivo, embora possa não parecer a princípio. Via de regra, depois que uma velha recordação ou emoção dolorosa é trazida à consciência e liberada a cicatriz se reabre, geralmente com uma força explosiva. Quando a ferida se localiza no chakra da barriga, sua abertura provoca uma intensa e agonizante enxurrada de recordações, acessos de raiva e medo, ressentimentos e ódio de si mesma. A simples força dessas emoções pode — sobretudo quando a mulher se julga em condições de ignorá-las — torná-las extremamente debilitantes e perturbadoras. O sofrimento pode ser intenso, mas a cura também é rápida; em regra, demora menos de uma hora.

Quando a cicatriz se localiza no chakra do coração ocorre uma coisa parecida. No meu caso, a abertura das cicatrizes provocou uma dor emocional devastadora e uma dor física que se espalhou por todo o meu corpo, embora tivesse como foco o coração. Eu percebia claramente que a origem era emocional. Tive crises de desespero, dor e vontade de morrer. A intensidade da liberação se traduzia literalmente numa agonia asfixiante. Essas manifestações geralmente aconteciam quando eu acordava e sempre vinham nos dias em que eu não precisava me levantar de imediato e podia esperar que elas passassem. Dentro de mais ou menos uma hora, desapareciam. Meu chakra do coração parecia como que despedaçado e eu passava o resto do dia trêmula e fraca, mas a dor intensa já não estava presente. Seguiam-se sempre importantes modificações no meu perfil emocional, acompanhadas por uma sensação de realização e grande alívio.

A recorrência do fenômeno me deixou com medo, embora eu o compreendesse. Não o descrevo aqui para assustá-la, mas para lhe dizer que você pode passar por ele sem medo. É doloroso e muito forte mas, no final das contas, rápido e positivo. Às vezes é precedido por um ou dois dias de desconforto e ansiedade. A melhor maneira de lidar com o processo é deixar que ele aconteça e vá embora. Contemple as imagens na sua mente sem se prender a elas e sem lhes opor resistência, e elas passarão rapidamente. Sinta as emoções sem medo nem apego; deixe que vão embora. Quando o cerco se levantar, vá para o chuveiro e use o sal marinho para completar a limpeza. Mais tarde, quando tudo tiver terminado, use vinagre de cidra, borrifando-o nos seus chakras para vedar e curar a aura. Descanse e se alimente bem durante alguns dias.

O processo de liberação emocional quase nunca é fácil, mas pode ser feito com rapidez e eficácia, passo a passo. Apresentei-o dividido em estágios, segundo a fórmula que funcionou para mim e para as pessoas a quem o ensinei. Você pode fazê-lo sozinha, como aconteceu comigo, mas recomendo muito que, se possível, ele seja feito com outra agente de cura. Quando a coisa se complica é bom contar com o apoio e a orientação de uma amiga. A agente de cura tem de ter desenvolvido plenamente a sua compaixão para poder auxiliar nesse tipo de trabalho. Não se esqueça de pedir orientação aos seus guias em todas as etapas.

Para as mulheres a cura *é* a liberação emocional. Ela é a única técnica que de fato funciona para depurar, curar e acabar com a dor e seguir em frente depois de um abuso sexual ou de um abuso de outra natureza. Essa é a iniciação e a prova de fogo das mulheres. Além de curar a sua vida atual e suas vidas futuras, ela servirá para transformar você numa agente de cura capaz de ajudar outras mulheres ao longo do processo. As mudanças na Terra estão acontecendo no corpo das mulheres, e a liberação emocional é o coração da cura. Curando-nos a nós mesmas, curamos a Deusa e a Terra.

No capítulo seguinte falarei dos cristais e das pedras preciosas como instrumentos para o uso das agentes de cura e para a cura das mulheres.

NOTAS

1. C. Norman Shealy, MD, Ph.D., e Carolyn M. Myss, MA, *The Creation of Health*, pp. 66-67. [*Medicina Intuitiva*, publicado pela Editora Cultrix, São Paulo, 1997.]

2. Alice Steadman, *Who's the Matter With Me* (Washington, ESPress, 1966), pp. 9 e 15.

3. Louise Hay, *You Can Heal Your Life* (Santa Monica, Hay House, 1984), pp. 12-13.

4. *Ibid.*, pp. 14-15.

5. Stephen Levine, *Healing Into Life and Death*, p. 55.

6. *Ibid.*, p. 216.

Capítulo 8

A Cura Pelos Cristais

Eu adoro pedras preciosas e cristais. Meus bolsos estão sempre cheios dessas coisas e as mulheres brincam comigo, dizendo que reconhecem a minha chegada pelo tilintar das pedras. Uso sempre vários colares, anéis e brincos de pedras. Segundo algumas das minhas amigas, as gemas são a única coisa que me prende à Terra. Há quem se negue a ir às compras comigo; meu pêndulo confere tudo, desde os pepinos até as roupas e outros cristais (às vezes ele me manda comprar tudo e, outras vezes, não aprova nada). Contudo, essa loucura tem suas regras: todas as energias das pedras preciosas ou semipreciosas são cuidadosamente escolhidas em função das minhas necessidades nas curas e têm de harmonizar-se energeticamente umas com as outras.

Eu uso pedras e cristais praticamente em todas as curas e para tudo na vida. Eles me curam e curam as outras pessoas. Quando não os estou usando diretamente sobre os chakras de alguém, estou usando o pêndulo para obter informações mediúnicas ou usando as pedras que tenho nas mãos ou sobre o corpo para me ajudar a fazer contato com os guias e transmitir a freqüência dos cristais. Quando os meus sentidos de visão e audição se apagam, o pêndulo, manobrado por um guia espiritual, me diz aquilo que eu ou a paciente precisamos saber. Com eles também faço "sessões" mediúnicas, para mim mesma e para outras pessoas.

Quando são usados diretamente numa sessão de cura, quer debaixo da mesa de massagens, quer colocados nas mãos da paciente, sobre os seus centros de energia ou sobre uma área bloqueada, os resultados são sempre positivos. Os cristais concentram a energia da sessão naquilo que a paciente precisa realizar no momento. Os cristais e pedras preciosas espalhados pela sala também são eficazes para a cura. Eles propiciam proteção e limpeza, afastam a energia negativa e restabelecem os fluxos de energia. Eu os uso para aliviar as dores dos chakras e corpos áuricos, para reparar danos às energias do chakra e da aura e até mesmo para fazer cirurgias mediúnicas. Eles são de muita utilidade na cura e reprogramação emocional. Embora os cristais e pedras preciosas não sejam elementos essenciais da cura sutil, eles são instrumentos belos e poderosos que aumentam a eficácia das curas sob todos os aspectos. Além disso, enchem de beleza a vida e o trabalho da agente de cura.

Uma terça parte da Terra é composta de cristais de quartzo, e a sílica e a água de que os cristais são feitos também são importantes componentes do corpo físico. O quartzo é água fossilizada, e o nosso corpo é 98% água. Os efeitos piezoelétricos dos cristais, seus campos energéticos, combinam-se com a energia e a freqüência elétrica humana. O campo magnético da Terra é feito da energia vibratória dos cristais, como também o campo magnético da aura humana. Um cristal limpo e sintonizado limpa e sintoniza a energia humana. Harmoniza a energia das mulheres com a freqüência vibratória do planeta, curando-a. Um cristal purificado, assim como o conjunto do planeta, é sintonizado (programado) para vibrar na freqüência da boa saúde e realizá-la em todos os níveis.

Uma rede de energia cristalina abrange a Terra inteira. No nível do solo essa rede são as linhas *ley*, o mapa da acupuntura planetária. Além do corpo da Terra, e refletindo-se na aura do corpo mental humano, existe a rede universal. Ela é formada pela energia cristalina que se irradia do planeta e da galáxia e se incorpora também à energia humana. Diz um ditado wicca: "Como acima, assim embaixo." A rede contém as mentes individuais e a Mente coletiva da sociedade e tem acesso à Mente Universal da Deusa, ou vazio. É ela quem faz a comunicação entre a nossa aura e as auras da Terra e do universo. A rede cristalina é a transmissora da energia do Não-vazio e o meio pelo qual a mente cria a matéria a partir do Vazio.

Ligando as linhas *ley* à rede energética da aura mental da Terra, existe uma série de cristais sintonizadores gigantes, a maior parte dos quais estão debaixo da terra ou debaixo d'água. Eles existem fisicamente no planeta, espalhados pelo globo em lugares-chave. Muitos estão em locais sagrados para os nativos que ainda seguem as práticas antigas. Alguns desses cristais ou são desconhecidos ou estão esquecidos, pois estiveram adormecidos, ou quase adormecidos, durante milhares de anos. Foram desativados na ocasião em que o DNA humano foi desligado, como parte principal que são da rede de informações a que por natureza teríamos direito.

Assim como a energia humana, também essa rede de cristais transmissora agora está despertando. Eu mesma vi o despertar dos cristais. Em 1992, minha amiga Jill fez uma viagem aos lugares sagrados do México com um grupo da Nova Era. Lá eles fizeram um ritual para ativar um cristal que se sabia estar no oceano, ao largo da costa mexicana. Quando, mais tarde, eu examinei o cristal, pela visão psíquica, vi que ele realmente estava se abrindo, mas vi também que precisava muito de purificação. Com meus guias e outros agentes não-físicos e com a ajuda de duas amigas humanas, tratei de purificá-lo, pois sentia que, do jeito que estava, ele faria mais mal do que bem. Na ocasião, os guias me mostraram toda a rede dos cristais ou, pelo menos, o tanto que os agentes de cura planetários entendiam que eu deveria conhecer naquela época.

Ocorreu-me então — ou foram os guias que me deram a idéia — que se esse primeiro cristal pudesse ser purificado e sintonizado, poderia também ser programado para despertar, purificar e sintonizar o resto da rede. Obtive a aprovação dos meus guias de cura da Terra e também a do deva do cristal gigante. Os cristais são agentes de cura e querem trabalhar. O cristal concordou em abrir e purificar o transmissor seguinte, programando-o para fazer o mesmo com o próximo na linha. À medida que cada um dos cristais se abria, purificava e curava, ativava também o mesmo processo no cristal. Despertada toda a rede, a tarefa seguinte foi operar a cura dos cristais menores existentes no planeta, programando-os para abrir os cristais ainda menores.

O objetivo final era despertar, purificar e curar todos os cristais da Terra, desde os gigantes da rede energética até os cristais pequeninos que estão nos *chips* de computadores e nos enfeites ornamentais, passando pelos cristais intermediários. Quando todos os cristais estivessem curados, a própria freqüência energética do planeta estaria curada. Com a cura da energia cristalina da Terra inteira, toda energia humana também é ativada, sintonizada, ampliada e curada. Na época, a idéia de fazer esse trabalho por meio da cura sutil nos pareceu muito simples, e as suas implicações só nos foram reveladas muito mais tarde. Tudo quanto eu e minhas duas amigas sabíamos então é que estávamos dando polimento a alguns cristais de grande porte que precisavam de purificação. Todas as noites, meditando, eu via os cristais gigantes despertando, ganhando brilho e purificando-se. A cada noite, um número de pedras se faziam visíveis e vinham se juntar à rede. Os guias me mostraram um mapa do planeta, com luzes novas e brilhantes marcando a localização de cada pedra.

O despertar dos primeiros gigantes demorou coisa de um mês, e foram necessários mais seis meses para que eles se tornassem inteiramente límpidos. Vi ao todo 13. Durante algum tempo, a energia da Terra ficou muito pesada com a energia que eles liberavam, tendo-se formado em volta do planeta uma densa nuvem que ainda não se dissipou completamente até hoje. A energia das pessoas está se purificando do mesmo modo, e os outros cristais da Terra ainda estão se abrindo. Sinto que a purificação dos cristais e o fato de eles terem sido programados para curar a Terra e as pessoas são fatores primordiais das mudanças na Terra. Até os cristais e pedras pequenos tornaram-se mais poderosos para a cura. Nem todos os cristais gigantes da rede são de quartzo transparente, mas muitos são. Vi também, entre os cristais gigantes, de ametista, quartzo enfumaçado, turmalina rosa e água marinha, e estou certa de que havia ainda outras espécies de cristais.

Os cristais são um determinante importantíssimo da cura das mulheres e da Terra. Quando eles se abrem e curam, suas freqüências devidamente harmonizadas também curam as pessoas, abrindo, sintonizando e programando as auras humanas. Os gigantes são um elo de ligação entre o sistema das linhas *ley* e a rede universal. A ativação deles também liga a aura humana a essa rede, bem como aos nossos próprios Corpos de Luz. Nós, seres humanos, somos peças inalienáveis do plano universal da Deusa; nossas mentes são partes da Mente. A energia galáctica e do sistema solar pode agora alcançar-nos através da rede, somada à ajuda de agente de cura de outros planetas.

A extensão da rede, que foi ligada também com os indivíduos, possibilitou à equipe de Júpiter, aos agentes de cura das Plêiades e a outros protetores do planeta intervir para ajudar as pessoas e a própria Terra. Pela primeira vez, as agentes de cura estão recebendo ajuda e cura; já não estamos sozinhas. Esses cristaizinhos e pedras coloridas que levamos nos bolsos nos ajudam mais do que podemos imaginar, e a energia deles tende a crescer com o tempo.

Meu instrumento de cura predileto é o pêndulo, que eu construo em casa e uso em primeiro lugar para me comunicar com os guias espirituais. Nos últimos tempos, tenho tentado ouvir diretamente as comunicações, em lugar de usar o instrumento, mas ainda uso o pêndulo para várias finalidades, entre as quais escrever e curar. O pêndulo pode ser feito de qualquer material que possa ser pendurado na ponta de um barbante ou de uma corrente fina, mas eu prefiro que seja feito, numa das pontas, de um cristal de quartzo tão transparente quanto possível e, na outra, que se segura na mão, de uma pedra qualquer, preciosa ou semipreciosa. A corrente que liga uma ponta à outra, se for de metal, deve ser de um metal puro (prata, cobre ou ouro), pois as ligas metálicas bloqueiam a transmissão de energia e diminuem a precisão. Use pedras de dimensões e peso convenientes e uma corrente cujo comprimento facilite a sua manipulação pela mulher. As correntes dos meus pêndulos têm de doze a vinte centímetros de comprimento, mais ou menos, e as pedras têm o tamanho aproximado do das bolinhas de gude.

Acho que a principal condição para que o pêndulo funcione bem é que a energia dele esteja sempre totalmente limpa. As pedras atraem e retêm a energia negativa e a liberam depois de purificá-la. Todavia, estando em uso, elas podem absorvê-la depressa demais, não sendo capazes de purificá-la numa velocidade equivalente. O excesso de uso também gera uma sobrecarga da freqüência que as pedras recolhem e retêm. Essa sobrecarga é uma forma de eletricidade estática que, tal como nos rádios, pode interferir com a nitidez da transmissão. O pêndulo usado para canalizar a energia espiritual — ou, como de hábito o usam as agentes de cura mais adiantadas, para extrapolar a mente consciente e chegar à rede da Mente Universal — tem de estar absolutamente limpo de toda e qualquer energia negativa e eletricidade estática. Caso contrário, a informação/luz que por ele corre fica distorcida e não pode revelar a verdade.

Na metafísica, os pêndulos em geral são usados para extrapolar a mente consciente e alcançar a mente intuitiva ou mente superior. As informações obtidas por esse meio ampliam muito a vida do dia-a-dia, mas não são ainda a energia da Deusa ou energia universal. Vinculando as suas capacidades paranormais ao cristal e programando-o para entrar em contato com a rede, você terá acesso a uma massa muito maior de informações. Programando o pêndulo para trabalhar com um guia espiritual que se mostrou disposto a falar por meio dele, pode-se obter informações de nível ainda mais elevado e mais úteis às curas. O instrumento propriamente dito — as pedras do pêndulo — tem de estar sempre energeticamente puro, e é preciso tomar todas as precauções para que através dele só possam operar a energia positiva do mais alto nível e os guias espirituais.

Os cristais e as pedras podem ser purificados de várias maneiras para serem usados nos pêndulos ou para outras finalidades. O sal marinho ou a água com sal marinho são os meios que as mulheres usam mais comumente. Deixar as pedras de molho durante uma noite, ou mais, é um método extremamente eficaz. Todavia, o sal mancha as armações de prata e corrói o fio em que as contas são enfiadas. A água corrente limpa, e mesmo a água de torneira também pode ser usada, mas não serve para limpar pedras muito carregadas. Há quem faça uma defumação com folhas de salva ou de cedro, que é um método muito eficiente; você pode defumar-se a si mesma e à sua casa, também, para purificar-se. Outro método que funciona é deixar as pedras debaixo de uma pirâmide durante uma noite ou mais. Esse é o método que eu uso. Mesmo uma pirâmide feita de papelão serve, desde que as dimensões dela sejam corretas. Contudo, uma pirâmide pequena às vezes não consegue limpar uma grande quantidade de cristais e pedras sobrecarregados.

Se você é formada em Reiki, os símbolos do Reiki I e II prestam-se magnificamente para purificar e programar pedras preciosas. Eu costumo segurar a pedra numa das mãos ou colocar ambas as mãos sobre uma pedra maior; depois, visualizo a pedra sendo penetrada pelos símbolos. Faça primeiro o Dai-Ko-Myo a fim de abrir a aura da pedra e, depois, o Sei-He-Ki para purificá-la. A seguir, use o Cho-Ku-Rei, afirmando silenciosamente o propósito para o qual quer dedicar a pedra: "Dedico este(a) cristal/pedra/pêndulo à Deusa para que cure a mim e às outras pessoas." Para pedras de cura, eu acrescento o Hon-Sha-Ze-Sho-Nen e depois termino usando de novo o Dai-Ko-Myo, pedindo à pedra que purifique a si mesma. A verdade é que dessa maneira o cristal recebe uma harmonização de Reiki, e, embora ainda precise ser purificado, isso poderá ser feito a intervalos muito maiores do que os habituais.

Você também pode pedir aos seus guias e anjos que limpem e programem ou sintonizem as suas pedras para você. Segure a pedra numa das mãos e convoque os seus guias e o deva dessa pedra ou cristal. Primeiro peça-lhes que limpem a pedra; depois, faça uma dedicatória à Deusa ou ao objetivo (cura, proteção etc.). Sintonize-a com a energia da pessoa que vai usá-la, dizendo o nome dessa pessoa. Assim que a pedra estiver limpa, e antes de programá-la, pergunte ao deva da pedra se ele concorda com o seu desejo. Se o deva tiver outro desígnio para aquela pedra específica, ele lhe dirá. Os cristais funcionam com pessoas e finalidades determinadas, ao passo que as energias das pedras preciosas são mais universais. Faça essa limpeza e programação com todas as pedras novas e purifique-as freqüentemente a partir de então. Por mais que os seus guias trabalhem com você para purificar suas pedras, use também métodos físicos, como o sal marinho e as pirâmides. As pedras e cristais só precisarão ser reprogramados se você decidir mudar a finalidade deles.

Ao usar o pêndulo, peça-lhe que entre em sintonia com a rede universal; senão, programe-o apenas para receber "a mais pura verdade e as mais elevadas informações". Pergunte depois se algum dos seus guias ou anjos está disposto a operar o pêndulo para você, a fim de que ele se torne um instrumento de cura de grande precisão. Se você fizer isso, o seu pêndulo será muito mais eficiente e você evitará muitas frustrações. Trata-se de um cuidado que eu mesma levei alguns anos para aprender. Se nenhum dos seus guias quiser fazer o trabalho, pergunte se algum guia ou anjo "lá de fora" gostaria de fazê-lo. Deixe claro que só serão aceitas as energias da verdade, da sabedoria, da luz e da Deusa.

Em seguida, aprenda a trabalhar com o seu pêndulo e com o respectivo guia. Segure frouxamente a pedra entre o polegar e o indicador da mão direita. Peça ao guia do pêndulo que venha juntar-se a você. Depois peça que o pêndulo lhe mostre a oscilação que quer dizer "sim". É muito possível que essa oscilação seja diferente da que quer dizer "sim" para outras pessoas. Concentre a mente, pensando no "sim" ou no "mostre-me um sim", olhando sempre para o cristal. Os chakras da visão da Linha do Hara fazem funcionar os pêndulos sintonizados com a rede. Observe a resposta e peça diversas vezes para ver um "sim". Depois faça o mesmo, mas pedindo a oscilação que quer dizer "não"; observe o pêndulo e concentre a mente no "não". É algo muito parecido com o exercício de mexer a chama de uma vela ou deslocar uma conta pendurada de um fio, já mencionado neste livro. Peça para ver a oscilação que significa "talvez" ou "resposta indeterminada".

Quando estiver familiarizada com as reações do pêndulo, faça algumas perguntas cujas respostas você já conhece. Mantenha neutra a sua mente; não pense nem sim nem não, mas concentre-se na ponta oscilante do pêndulo. As únicas respostas que o pêndulo poderá lhe dar são "sim", "não" ou "talvez/resposta indeterminada", de modo que é preciso formular as perguntas com cuidado. Se você se chama Patrícia e a pergunta for feita nesta forma: "O meu nome é Patrícia ou Sandra?", você não obterá uma resposta razoável ou precisa. Faça, isto sim, duas perguntas: "O meu nome é Patrícia?" e "O meu nome é Sandra?" Quanto mais simples for a pergunta tanto mais certa será a resposta. Por isso, é possível que, para obter uma informação completa, você tenha de fazer certo número de perguntas. De início, faça perguntas cujas respostas você já conhece, para ficar sabendo o que o pêndulo pode e o que ele não pode fazer. É preciso que você aprenda a trabalhar em colaboração com o guia espiritual do seu pêndulo.

Para mim, os pêndulos são instrumentos preciosos no trabalho de cura. São eles que escolhem uma vitamina ou um produto homeopático para mim ou para outras pessoas e determinam a dosagem e a freqüência com que devem ser tomados. Pergunte: "Vinte e cinco miligramas bastam?" (não); "bastam setenta e cinco?" (sim); "setenta e cinco é demais?" (não). A dose é de setenta e cinco miligramas. "Setenta e cinco miligramas, uma vez por dia, bastam?" (não); bastam duas vezes? (não); "três vezes ao dia?" (sim). Pergunte qual é o chakra ou emoção que precisa ser trabalhado para curar uma doença. "É o chakra da barriga?" (sim); "do plexo solar?" (não); "do coração?" (sim). A energia está bloqueada nos chakras da barriga e do coração. Faça uma consulta a respeito de cada um dos chakras. "A emoção problemática é a tristeza/a ira/o medo/o hábito de condenar?" Pergunte se existem cordas a serem cortadas em cada um dos chakras. "Quantas? Já eliminei todas? Existem ganchos?" Cada uma das partes é uma pergunta independente cuja resposta só pode ser "sim" ou "não". As possibilidades são ilimitadas.

Quanto mais você trabalhar com o pêndulo, tanto mais ficará conhecendo as suas vantagens, usos e limites. É verdade que ele não é infalível, mas a precisão de um pêndulo purificado e sintonizado, nas mãos de um usuário experiente e capaz de entrar em contato com a rede e com os guias, pode ser da ordem de 90% ou mais. O usuário precisa ter uma base de informações a partir da qual o pêndulo possa trabalhar, escolhendo sempre entre duas respostas igualmente plausíveis. Quando as perguntas têm um peso emocional para o usuário do pêndulo, a precisão não é tão grande, pois a mente consciente e desejos do usuário influenciam as reações e podem atropelar a orientação dos espíritos. Se você *quiser* que a resposta seja "sim", sua vontade será respeitada. Mantenha sua mente na maior neutralidade possível e, para que os resultados sejam os melhores, proponha as perguntas de uma forma totalmente neutra do ponto de vista emocional

O pêndulo cuja energia não é purificada periodicamente é incapaz de dar respostas precisas. Ele começa, por exemplo, a responder "não" a tudo ou a descrever círculos aleatórios, que nada significam. Eu fiz para meu uso diversos pêndulos e, quando estou trabalhando com um, deixo os demais debaixo da pirâmide para purificarem-se. Costumo revezá-los e aprendi a sentir, pelo peso e pela lentidão, quando um pêndulo está ficando muito "carregado".

As jóias feitas de pedras preciosas e cristais e as pedras que carregamos nos bolsos têm de ser purificadas todas as noites, e as pedras usadas na cura têm de ser completamente purificadas antes e depois de cada sessão. As pedras não purificadas podem até causar doença na paciente que, durante a cura, recebe a energia delas. Do mesmo modo, os cristais gigantes não-purificados refletiam a doença da Terra, e a purificação deles livrou o planeta dessas doenças.

O uso de cristais e pedras preciosas e semipreciosas sobre o corpo da paciente chama-se cura pela imposição das pedras. É um poderoso método para a liberação de energias negativas, para a purificação e o equilíbrio dos chakras, para catalisar a liberação emocional e para encher de luz e cura todos os corpos áuricos. As pedras purificadas e sintonizadas colocam as vibrações da paciente em equilíbrio com o planeta e com a rede universal. Em decorrência disso, a força vital energética passa a fluir livremente nos chakras e na aura, o Corpo de Luz se cura e a energia negativa ou doente se converte em saúde. A afinação da energia da paciente com a rede aumenta a sua capacidade mental de desembaçar o espelho das emoções e aceitar as mudanças positivas e o crescimento. A imposição das pedras também afeta os chakras, tanto no nível da Kundalini como no da Linha do Hara.

Você pode aplicar essa técnica em você mesma ou, durante uma sessão de cura pela imposição das mãos, em outra pessoa. Nela, você pode empregar só cristais de quartzo transparente, ou só pedras coloridas, ou uma combinação de ambos. Eu prefiro usar a imposição das pedras como parte de uma sessão de Reiki ou imposição das mãos, usando simultaneamente cristais e pedras preciosas. Já houve sessões em que eu só usei cristais, outras em que eu só usei pedras preciosas e outras ainda em que eu usei um único tipo de pedra adequada às necessidades da paciente. Todas essas variantes são úteis e positivas.

Nesse tipo de cura pelos cristais, a energia tem de deslocar-se num único sentido através do corpo, ou da Terra para o céu ou do céu para a Terra. Escolha no início um sentido e não o altere; é algo que o pêndulo pode descobrir. Se a energia for da Terra para o céu, todos os cristais e gemas pontudos devem ser colocados com as pontas voltadas para o topo da cabeça da paciente. Se o sentido for do céu para a Terra, faz-se o contrário, os cristais apontando para os pés dela. Embora a cura pela imposição das mãos comece na cabeça e desça para os pés, no caso das pedras faz-se o contrário. Comece colocando-as sobre ou abaixo dos pés da paciente e suba pelo corpo dela até chegar acima do topo da cabeça.

O sentido do céu para a Terra numa disposição de pedras é usado para ancorar a paciente e trazê-la para dentro do seu corpo. Nele, a força vital energética da Deusa e da espiritualidade entra pelo topo da cabeça e sai pelos pés, fixando a paciente à Terra. É indicado para a pessoa que foi vítima de violência ou abuso sexual e precisa estabelecer um contato mais íntimo com o próprio corpo físico. É bom também para mulheres que passam tempo demais em trabalhos espirituais, que se sentem avoadas e desligadas da terra ou têm dificuldade para agir adequadamente no Plano Terrestre. A colocação das pedras no sentido da Terra para o céu faz com que a energia da Mãe Terra entre na mulher e atravesse-lhe o corpo, aumentando a vibração da energia da paciente ou elevando-a a um nível mais espiritual. Ela põe a paciente que é muito presa à Terra em contato com suas capacidades paranormais e espirituais. É empregada com freqüência naquelas sessões em que se necessitam de informações sutis ou espirituais para resolver uma moléstia física. Ela abre o acesso à rede e estabelece contato com guias galácticos e intergalácticos.

Quando se combina a cura pelas mãos com a cura pelas pedras, primeiro se colocam as pedras sobre o corpo da paciente, dos pés para a cabeça. Depois a agente começa a imposição das mãos como de hábito, começando pela cabeça e descendo para os pés. Para fazer as posições prescritas, ela coloca as mãos em cima dos cristais e das pedras, sempre que necessário. Quase toda cura com pedras é feita apenas na parte frontal do corpo. Se a agente de cura quiser continuar nas costas da paciente, tudo bem, mas deve retirar as pedras antes que ela se vire. Se quiser colocar outras pedras ou cristais sobre as costas da paciente, também pode. Tal como em outras formas de cura, deixe que os seus guias e a sua intuição dirijam a sessão.

A sessão de cura pela imposição das pedras pode ter efeitos bastante fortes. Com o uso dos minerais, a ocorrência de episódios de liberação emocional, relembrança de traumas desta e de outras vidas e acontecimentos extraordinários é muito mais freqüente do que seria sem ele. Isso acontece tanto com pedras colocadas em todo o corpo como com um número pequeno de pedras, desde que essas poucas pedras sejam cuidadosamente escolhidas. Uma disposição feita só de quarto rosa ou kunzita, ou uma combinação de pedras cor-de-rosa, pode curar profundamente cicatrizes no coração. As mudanças continuarão acontecendo num período de três a sete dias depois da sessão. Uma disposição de cristais pode ocasionar uma forte desintoxicação física e emocional, que prosseguirá por até uma semana. As mudanças são sempre positivas e, em geral, suaves.

Há uma série de modelos que podem ser usados na colocação de gemas e cristais sobre o corpo. A disposição das pedras ao longo da linha dos canais centrais é básica e é suficiente para a grande maioria dos casos. Quando você usar pedras de cores diferentes, coloque em cada chakra aquela que tem a cor desse chakra. Use as cores e pedras da Linha da Kundalini ou as da Linha do Hara, ou uma coisa e outra. Pode haver algumas alternativas em matéria de cor, como, por exemplo, o vermelho ou o preto para o chakra da base. Pode ser usada uma única pedra para cada chakra e cor, ou muitas. Quando se usam várias pedras pouco importa que elas sejam artisticamente dispostas ou não. As pedras preciosas são sempre lindas.

Quando se usa uma disposição de cristais de quartzo transparente, novamente se deve acompanhar a linha dos canais centrais. Coloque um cristal abaixo dos pés ou entre eles, e mais um em cada chakra da Kundalini; por fim, coloque mais um acima do topo da cabeça. Eu também gosto de colocar um cristal maior em cada uma das mãos da paciente. Na cura pela imposição das pedras, a maior parte dos cristais deve ser relativamente grande, com no mínimo oito centímetros de comprimento, para que se obtenha o resultado ideal. Os mais límpidos são sempre os melhores, tanto para o trabalho de cura quanto para os pêndulos; sempre que possível, eles não devem ter pontas quebradas.

As pedras coloridas usadas na cura podem ter qualquer formato — podem ser lapidadas e facetadas, brutas com ou sem a matriz, ovais, cabochões, engastadas em jóias, enfiadas em colares ou laminadas. Não é necessário que todas as pedras usadas tenham o mesmo formato; use o que você tiver. Em viagem, eu costumo usar um jogo de pequenas pedras de no máximo dois centímetros. Elas funcionam de modo excelente nas curas, mas extraviam-se com facilidade e a todo instante as perco. Por isso, eu prefiro pedras de três a oito centímetros. Uso também colares de pedras. Numa sessão de cura, as pedras correm de um lado para outro e caem do corpo da paciente. Quando estiver fazendo uma cura ao ar livre, coloque a paciente no meio de uma acolchoado bem largo, caso contrário as pedras vão desaparecer na grama.

Quando uso cristais e pedras conjuntamente, gosto de colocar as pedras sobre os chakras. Coloco cristais transparentes nas mãos da paciente, acima da cabeça, abaixo dos pés e num círculo em torno do corpo, a poucos centímetros de distância. Coloque as pontas voltadas para a Terra ou para o céu, tomando como determinante da vertical a linha do canal central dos chakras. Os cristais em torno do corpo apontam para a paciente. Também se pode colocar cristais transparentes em cada um dos chakras, rodeados pelas pedras coloridas. Eles podem ser dispostos, enfim, entre os chakras da Kundalini; desse modo, eles estarão sobre os chakras do Hara e ativarão a Linha do Hara.

Comece a sessão de cura pelas pedras como você começa uma sessão de cura pelas mãos. A paciente fica deitada de costas sobre um chão acolchoado ou sobre uma mesa de massagem, com travesseiros debaixo da cabeça e das pernas, para comodidade. A agente de cura pode usar uma cadeira ou ficar em pé ao lado da mesa de massagens, mas é preciso que tenha liberdade de movimentos. O local deve ser tranqüilo, confortável, quente e íntimo. Como as pedras têm de ser purificadas antes do uso, providencie isso antes que a paciente chegue ou defume as pedras, a paciente, a sala e você mesma antes do início da sessão. Antes de fazer isso, pergunte à paciente se ela não tem problemas com a fumaça. Arranje um lugar seguro para pôr o defumador depois de usá-lo. Nesse tipo de sessão, eu só uso as pedras que foram especificamente dedicadas à Deusa e programadas para a cura. Convide para a sessão tanto os seus guias e anjos quanto os da paciente; de hábito, eu também convido todos os agentes de cura não-físicos de alto nível que queiram participar.

Comece colocando os cristais abaixo dos pés, nas mãos e acima da cabeça da paciente. Depois vá de chakra em chakra, de baixo para cima. Espalhe as pedras de modo que fiquem ao seu alcance e escolha a que vai em cada chakra. Há pedras que você não vai usar com determinadas pessoas, e pedras que serão atraídas por chakras com os quais elas teoricamente não combinariam. Deixe-se guiar; na verdade não existem regras precisas. Uma pedra cuja energia não é necessária para a sessão ou não combina com a energia da paciente vai logo rolar para fora da mesa ou para um lugar onde a energia dela será mais bem utilizada.

Não interfira. Se você "esquece" de colocar uma pedra é porque a energia dela não serve para aquela pessoa ou para aquela cura. Se a paciente disser que uma pedra a incomoda, tire-a; a energia não serve às necessidades dela.

Quando as pedras estiverem todos nos seus lugares, a agente de cura terá duas opções. Por um lado, ela pode colocar-se atrás da cabeça da paciente e dar início à rotina de cura pelas mãos. Deve impor as mãos com cuidado para que as pedras não se espalhem. Por outro lado, pode sentar-se tranqüilamente ao lado da paciente e se limitar a esperar, deixando a cura aos cuidados das pedras e dos guias. À medida que os chakras e a aura da paciente absorvem as energias dos cristais e das pedras e se equilibram, os minerais começam a cair, um por um. A essa altura, a paciente talvez diga que alguma coisa a incomoda ou não parece mais necessária; retire essa pedra do corpo dela. Às vezes todas as pedras parecem despregar-se a um só tempo, ainda que a paciente esteja perfeitamente imóvel. É engraçado e até assustador quando isso acontece. Não as ponha de novo no lugar.

Quando todas as pedras tiverem caído, ou você e/ou a paciente se sentirem satisfeitas, embora ainda restem algumas pedras, a cura estará terminada. Deixe que a paciente descanse um pouco, sem as pedras. Enquanto ela faz isso, a agente pode recolher da mesa e do chão as pedras e purificá-las novamente antes de guardá-las. (Eu guardo as minhas numa bolsinha que as protege). Durante as curas com pedras preciosas, é comum acontecer uma importante alteração de energia ou uma liberação emocional.

É mais difícil, porém possível, fazer uma cura de corpo inteiro para você mesma com pedras preciosas. Disponha sobre o chão o perímetro protetor de cristais e deite-se no espaço central. Separe, por cores, as pedras para cada chakra, deixando-as ao seu lado; antes, use um pêndulo para saber quais as pedras que você deve usar. Não complique; use poucas pedras. Na autocura, o mais fácil é usar só cristais. Antes de começar convide os seus guias a participar da sessão. Use somente cristais purificados. Com as pedras devidamente colocadas sobre o corpo, entre em meditação, repouse na energia e sinta seus guias e terapeutas não-físicos a trabalhar para a sua cura por intermédio das pedras.

Uma forma ainda mais simples de autocura com pedras é segurar duas pedras, uma em cada mão, durante o sono. Escolha as duas pedras de acordo com a energia de que você mais precisa. Embora você não vá conseguir, no princípio, passar a noite inteira com elas na mão, o fato é que elas vão ficar suficientemente perto de você para agir e curá-la. Depois de algum tempo você vai se habituar a segurá-las e vai acordar ainda com elas nas mãos. Você pode também pegar uma pedra ou cristal em cada mão e, deitada de costas na cama, colocar uma sobre o coração e a outra onde você achar necessário. Ao terminar, retire as pedras, ou durma com elas. Neste último caso, deixe que elas rolem naturalmente do seu corpo quando a energia de cura tiver terminado o seu trabalho.

A maioria das mulheres que trabalha com pedras preciosas as aplicam sobre os chakras e canais da Kundalini. Existem muitos livros sobre o uso delas com essa finalidade. Vou fazer agora uma breve exposição sobre algumas pedras que, embora não tenham sido muito mencionadas nos escritos específicos, me parecem ser particularmente eficazes para a cura. Todas as pessoas que trabalham com pedras preciosas têm as suas prediletas, que nem sempre são conhecidas pelas demais agentes de cura. Eu costumo comprar quase todas as minhas pedras nas feiras que se realizam anualmente perto de minha casa. Ali os preços são mais baixos. Aprendo a usá-las dormindo com elas e pedindo aos meus guias que me mostrem o que elas fazem. Vou relacionar algumas pedras pouco conhecidas que influenciam os chakras da Kundalini e depois vou descrever as pedras que ativam os centros energéticos da Linha do Hara.

A primeira das pedras para o chakra da base da Kundalini é a *turmalina negra*. Na maior parte dos casos, ao tratar esse chakra, eu uso a energia negra de ancoragem, embora a cor básica do chakra seja o vermelho. Eu gosto de todas as turmalinas, pois elas têm a capacidade de projetar uma aura de proteção. Essa turmalina, de modo especial, absorve e transmuda a energia e as formas-pensamento negativas que se alojam em nós e nas outras pessoas. Ela cura o medo e o pânico e proporciona uma sensação de segurança e proteção. Além disso, ativa e fortalece a nossa capacidade de ancoragem e concentração e nos dá a sensação de que estamos bem integradas e acolhidas no Plano Terrestre. É de grande ajuda para aquelas que não se conformam com o fato de estar neste corpo.

A *tektita* é outra pedra negra que influencia o chakra da base. Ela não é originária deste planeta, mas de meteoritos. A pedra ajuda a usuária a purificar, equilibrar e expandir todos os chakras e todo o canal da Kundalini. É excelente protetor energético e ancora a paciente na realidade e na segurança da Terra, conduzindo-a ao mesmo tempo à plenitude da galáxia. Por fim, ela atrai a ajuda de fontes extraterrestres.[1] A tektita é tida como a mais poderosa, mas é rara e cara. Nas feiras de pedras pode-se encontrar a tektita norte-americana a preços mais acessíveis.

Para o chakra da barriga há duas energias minerais especialmente úteis: o quartzo fantasma vermelho e o quartzo de Pecos, de cor alaranjada. O "fantasma" é um cristal transparente que parece conter dentro de si outro cristal. No *fantasma vermelho*, a pedra interior tem uma coloração vermelho-alaranjada; dá a impressão de que um polegar foi incrustado na pedra transparente. As "fantasmas" nos fazem recuperar antigas memórias, sentimentos e imagens e liberam as emoções negativas desta existência. Elas são de especial utilidade quando colocadas no chakra da barriga para curar a ira, pois reavivam lembranças das origens dessa ira. Receba essa energia em pequenas doses, retirando a pedra antes que haja um excesso de sensações para assimilar.

O *quartzo de Pecos* é uma pedra não-translúcida de cor laranja-escura. Tal como o quartzo fantasma vermelho, ela é vendida na forma de pequenos cristais, geralmente com dois ou três centímetros de comprimento. É uma pedra que, em vez de simplesmente trazer a ira à tona, muda-a em outra coisa; a ira acumulada nesta vida e em vidas passadas transforma-se em compreensão, compaixão e perdão. A pedra também dá proteção às agentes de cura clarividentes que absorvem a dor alheia ou confundem as suas próprias experiências dolorosas com as da paciente, pela liberação da dor por meio da compaixão. O quartzo de Pecos é indicado para eliminar os abusos sexuais, estupros e espancamentos; é bom também para limpar a aura de todos os modelos kármicos de abuso sexual. É uma pedra menos intensa que o quartzo fantasma vermelho e pode ser usada num colar ou trazida sempre no bolso. Não há perigo de sobrecarga.

As duas pedras seguintes são bastante conhecidas como boas para o plexo solar. A primeira é a *citrina natural*, pela qual se costuma impingir a ametista que, tratada pelo calor, assume uma coloração dourada para então ser vendida como se fosse citrina. A citrina é vendida em cristais amarelos claros ou em agregados. Na modalidade natural, trabalha pela depuração de toda a Linha da Kundalini, a regeneração dos tecidos e o equilíbrio da espinha; além disso, ajuda a purificar, sintonizar e expandir a energia dos corpos áuricos. A citrina é muito indicada para as mulheres que sofrem de cistite (infecção da bexiga) ou de outros males urinários, nefréticos ou digestivos.

O *topázio* dourado (ou champanha) é menos lembrado do que deveria ser. Ele concentra uma energia que tem grande influência sobre o plexo solar. É utilizado, antes de mais nada, para facilitar e estabilizar as mudanças de vida no período que vai do nascimento até a morte, para curar o duplo etérico e para equilibrar o sistema nervoso central. Ela calibra as energias do corpo, a mente e as emoções em todos os níveis e purifica e cura o Corpo de Luz. Para as mulheres que reencarnam no próprio corpo, para qualquer cura, liberação ou desintoxicação intensa, essa pedra constitui-se num excelente fator de proteção e estabilização do processo.[2]

Vem a seguir o chakra do coração, com duas pedras da minha predileção: a kunzita (rosa) e o dioptásio (verde). A *kunzita* proporciona uma sensação de calma, equilíbrio, estabilidade, autoconfiança, paz e compaixão. Ajuda tanto na abertura quanto na proteção. Sua energia é semelhante à da turmalina rósea. A kunzita cura a negatividade que vem da própria pessoa e dos outros, ocasionada pelo medo e pela insegurança. Essa doce energia de Kwan Yin purifica e entreliga o coração, a garganta, a terceira visão e o topo da cabeça; colabora para o desenvolvimento da intuição paranormal e torna mais fácil o trabalho de cura e autocura com os guias.

O *dioptásio* cura a criança interior e libera os traumas desta vida e de vidas passadas. Acalma e alivia a dor; a experiência me diz que o seu uso é a maneira mais branda de expor e curar as cicatrizes do coração. A energia dessa pedra preciosa é de alegria, contentamento e inocência. Ela cura o corpo físico curando o coração, eliminando os efeitos danosos dos abusos passados e promovendo a compreensão kármica. Essa pedra coruscante, de cor verde-escura, é cara e frágil e é capaz de se auto-sacrificar numa cura. Uma vez usei um pequeno pingente de dioptásio durante um trabalho de cura do coração e vi a pedra desintegrar-se ao longo do processo.

A angelita e a cianita são energias azul-claras que influenciam o chakra da garganta. A *angelita* é um estabilizador e calmante emocional e físico. Considero-a tão útil que assim como a kunzita, tenho por hábito carregá-la no bolso. Ela aumenta a criatividade e a capacidade de falar, especialmente quando essas qualidades se associam com a mediunidade. É uma pedra azul-suave que facilita a percepção dos guias espirituais e anjos e a comunicação com eles. Atrai a proteção dos anjos para a pessoa e para a sua casa. Melody, em *Love Is in The Earth* (Earth-Love Publishing, 1991), também atribui à angelita a faculdade de facilitar a telepatia, a empatia, as viagens astrais, o renascimento e a dissipação da ira.[3]

A *cianita* é uma pedra cinza-azulada que entreliga as energias dos chakras e canais da Kundalini e da Linha do Hara e, além disso, equilibra, sintoniza, abre, expande e cura as energias de ambos os sistemas. É também uma pedra específica para a terceira visão e, na Linha do Hara, para os chakras do timo e do corpo causal. Sua energia elimina e cura bloqueios e resíduos de todos os corpo áuricos. A cianita cura qualquer moléstia da garganta, facilita a comunicação (também paranormal) com os guias e animais e acalma e estabiliza o sistema imunológico. Considero-a como uma das pedras mais importantes para todos os tipos de cura.

Para o chakra da terceira visão, escolhi a aventurina azul e a azurita, ambas pedras azul-escuras. A *azurita* está para a terceira visão como o dioptásio para o chakra do coração, e a sua forma se parece com a dele. Propicia uma intensa energia de transformação e transcendência. Só pode ser usada em pequenas doses, e provavelmente a manterá acordada se você levá-la consigo para casa. Eu a emprego na cura sempre que o processo me parece travado e eu sinto a necessidade de ir para o "outro lado" em busca de novos ensinamentos. Ela liga ativamente a usuária ao seu Corpo de Luz e à rede mental universal, ao Não-Vazio, aos guias espirituais e à Deusa. É essencial às mulheres que fazem a cura da Terra ou praticam a meditação profunda. Ao comprar essa pedra, escolha uma de cor intensa e de boa qualidade, com facetas cristalinas brilhantes e forte energia elétrica.

A *aventurina azul* é outra pedra preciosa azul-escura dotada de propriedades elétricas. Essa pedra, ao contrário da azurita, está mais ligada ao aprendizado e à regeneração. Ela retira do chakra da barriga a criança interior ferida e a leva curada para o coração. Use-a para o trabalho com a criança interior e para todas e quaisquer curas — emocionais ou mentais/paranormais. A aventurina azul cura as emoções através da mente e da Mente universal da Deusa e abre ainda outra via de acesso à Deusa Interior, ao Corpo de Luz e à rede terrestre. Ela propicia o acesso aos guias, para que ministrem ensinamentos e ajudem na cura, e ajuda a livrar os chakras e corpos áuricos do lixo espacial e de entidades negativas.

As pedras do chakra da coroa são, entre outras, a ametista rutilante, a sugilita e a turmalina violeta. A *ametista rutilante* é uma ametista que contém fios ou filamentos metálicos. Ela tem as qualidades comuns a todas as ametistas, mas num nível mais elevado. Não cura apenas o chakra da coroa, mas sintoniza e fortalece a energia de todo o canal da Kundalini. Purifica a energia e desfaz os bloqueios emocionais de Ida, Pingala e Sushumna, e não apenas dos chakras individuais. Equilibra e depura o fluxo de Ki para o cérebro, para os sistemas nervosos central e autônomo, para os canais linfáticos e para os meridianos da acupuntura. A ametista rutilante também ajuda a compreender e curar o karma pessoal.

A *sugilita* é outra energia ligada ao chakra da coroa que abre e equilibra todo o canal da Kundalini, abrangendo também todos os chakras tomados individualmente. Segundo Melody, ela liga a mente e o corpo para a cura das doenças de ambos. Ajuda a usuária a viver no presente, suaviza a dureza da vida no Plano Terrestre e cura e elimina o desespero, a hostilidade e o desânimo.[4] A sugilita afina a energia da pessoa com a vibração da Terra e a rede universal, com a Deusa Interior e o Não-vazio, e equilibra os hemisférios esquerdo e direito do cérebro. É útil em moléstias como a dislexia e os ataques de paralisia.

A *turmalina violeta* veicula a proteção das energias espirituais. Ela previne e afasta as ligações espirituais nefastas, as entidades negativas, os espíritos de baixo nível e as interferências negativas de origem extraterrestre. Não se trata aqui da turmalina rósea — ou rubelita — do chakra do corpo causal (ver mais adiante), mas de uma turmalina violeta ou púrpura que eu encontrei por preço baixo numa feira de pedras. É uma pedra que purifica o sistema energético humano, os níveis áuricos mentais e emocionais e o Corpo de Luz de violações sofridas nesta vida; mas não faz o mesmo no tocante a vidas passadas. Ela infunde luz e pureza nos canais da Kundalini e nos fluxos de energia Ki.

Entre as pedras que me parecem benéficas para a Linha do Hara incluem-se algumas velhas conhecidas e outras energias minerais que só há pouco tempo atraíram a atenção das agentes de cura. Nas informações que os guias me passaram a respeito da relação entre as pedras e a Linha do Hara, as cores dos minerais e as dos chakras não coincidem tanto quanto, em regra, ocorre nos centros da Kundalini. As turmalinas de todas as cores parecem importantes tanto para o crescimento da Kundalini quanto para o da Linha do Hara. Vou começar pelo chakra da Terra e subir até o ponto transpessoal.

As pedras que mais influenciam o chakra da Terra (negro) são a turmalina veludo negro e as pedras boji. A *turmalina veludo negro*, embora brilhante, tem uma textura grossa, que lembra a de um tecido, e uma energia vibrante característica que é preciso sentir para crer. Eu a uso em conjunto com um quartzo fantasma branco (não transparente) de aspecto muito parecido com o dela. Coloco a turmalina abaixo dos pés (chakra da Terra — negro) e o quartzo acima do topo da cabeça (ponto transpessoal — branco), para ativar e equilibrar imediatamente toda a Linha do Hara por meios elétricos. Esse par de pedras liga a energia individual ao Ki da Terra e ao Ki Celeste, enchendo de luz transformadora os canais e chakras intermediários da Linha do Hara. Embora cada uma dessas pedras não tenha mais que dois centímetros de comprimento, elas são uma porta que se abre diretamente para o Vazio e o Não-Vazio. Acho interessante que os guias me tenham orientado a usar pedras negras tanto para o chakra da Terra quanto para o chakra da base da Kundalini; este último é geralmente relacionado à cor vermelha.

Para que as tendências celestiais se enraízem firmemente numa encarnação terrestre consciente, experimente usar as *pedras boji*. Assim como as tektitas, elas são energias extraterrestres que purificam e estabilizam todo o sistema da aura, mas agora no nível hárico do corpo emocional. Elas libertam o corpo emocional de sentimentos negativos, modelos emocionais arraigados e dores antigas, traduzindo as mudanças em cura no nível físico. As bojis, usadas sozinhas, curam as dores crônicas em todos os níveis; aos pares, elas abrem a aura e eliminam bloqueios do sistema elétrico humano e dos meridianos de acupuntura. O ideal é ter sempre uma no bolso e limpá-la durante a noite, porque as bojis trabalham muito lentamente e absorvem aquilo que fazem sair do nosso organismo.

O *quartzo celeste* é uma pedra para os chakras de ancoragem da Linha do Hara, nas solas dos pés (marrom). A energia dessa pedra é de transformação. Surpreendeu-me que os guias espirituais a tenham colocado nessa posição. Aparentemente, a liberação profunda e as mudanças de vida que essas pedra catalisa visam firmar as mulheres nos seus caminhos de vida. Se você dormir com essas pedras por algumas noites, terá uma visão completamente nova da vida e saberá para onde está caminhando. A energia delas pode manifestar-se de forma rápida e drástica.

Para os chakras verde-folha do movimento, atrás dos joelhos, a pedra indicada é a *moldavita*. Ainda uma vez, para mim foi surpresa encontrar essa pedra nessa posição. A moldavita é outra energia extraterrestre. Para mim, seu emprego mais importante é o de fazer contato com os pleiadianos para efeito de proteção, cura e autocura. Esse trabalho está ligado à remoção de implantes negativos de vidas passadas e de obsessões espirituais. A pedra também dá à pessoa a sensação de ser livre para viajar por várias dimensões e galáxias sem abrir mão da segurança de viver na Terra. É indicadíssima para ativar e desenvolver a capacidade paranormal, sendo dotada de uma vibração muito forte, porém agradável.

Foi difícil descobrir as pedras ligadas ao chakra castanho-avermelhado do períneo. A rubelita me parecia ser a mais indicada, mas os meus guias não a aceitaram e deram preferência ao *espinélio* vermelho. Gurudas é de opinião que essa pedra é um desintoxicante de suma importância que também coordena os corpos etérico e emocional,[5] purificando e ligando, com isso, os canais do Hara e da Kundalini. Melody a chama de "pedra da imortalidade" em razão de seus efeitos rejuvenescedores. Ela repõe a energia exaurida, aumenta a vitalidade física e encoraja a pessoa nas empreitadas difíceis.[6] Essas qualidades se coadunam com a noção asiática de que o chakra do períneo é o "portal da vida e da morte", a bomba que aciona o sistema de chakras da Linha do Hara. A continuação e o fechamento dos músculos físicos do períneo também põem em contato os fluxos energéticos do Hara e da Kundalini.

O *âmbar* é a energia indicada para o chakra do Hara, de coloração havana, embora ele, como resina fossilizada que é, nem sequer seja uma pedra do ponto de vista técnico. O âmbar estabiliza todo o sistema do Hara; propicia uma certeza tranqüila quanto ao caminho que trilhamos e as decisões que tomamos; força mental e emocional, purificação e equilíbrio energético e cura da aura inteira. Quando a aura for dilacerada por uma liberação emocional demasiado rápida, pela liberação kármica, pela expulsão de uma entidade obsessora, por anestésicos ou outros agentes negativos, o âmbar cura, supre, protege e repara os danos. É também um escudo que isola a pessoa da dor alheia durante o trabalho de cura e protege contra a intrusão de energias, contra agressões sutis e contra a vampirização.

Duas pedras excelentes para a desintoxicação do chakra verde-claro do diafragma são a turmalina verde e a esmeralda. A *turmalina verde* abre esse chakra, drena as toxinas dele e depura de emoções negativas o propósito de vida das pessoas. A energia dessa pedra nunca me pareceu branda, mas nada é brando no chakra do diafragma. Assim como outras turmalinas, a verde ergue uma aura de proteção em torno da usuária, permitindo-lhe enfrentar o processo de purgação do diafragma com segurança e confiança na Deusa e nos resultados. A pedra se desincumbe do seu papel o mais rápido possível e sempre com resultado final positivo.

Uma vez aberto e purificado o diafragma, a *esmeralda* cura e repara os danos e reprograma esse chakra e a Linha do Hara/corpo emocional. Ela desintoxica e transforma a energia emocional negativa em positiva, além de ser estabilizadora e profundamente calmante. Cria uma sensação de segurança, harmonia e proximidade com a Deusa-Fonte; liga a pessoa com a Deusa Interior e dá à pessoa uma visão de si mesma e do seu propósito de vida em relação à Terra e ao plano universal. Diz Melody acerca da esmeralda:

> Ela pode ser usada para eliminar da vida da pessoa a negatividade e estimula as ações positivas indispensáveis para ajudá-la a não se alhear das coisas práticas da vida.[7]

A turmalina azul e a água-marinha são pedras próprias para o chakra do timo da Linha do Hara. Também neste caso a turmalina é transformadora e a água-marinha (que é uma esmeralda de outra cor), regeneradora. A *turmalina azul* abre e purifica o chakra do timo e liga a Linha do Hara, do corpo emocional ao canal da Kundalini do duplo etérico. Ela depura e estabiliza a Linha e os chakras do Hara. É uma pedra que transforma a cura emocional em cura das doenças físicas e põe a energia e o propósito espiritual a serviço da Terra e de todas as pessoas. A turmalina azul desenvolve na pessoa um sentimento de amor e dedicação ao seu propósito de vida e a protege na consecução desse propósito.

A *água-marinha* enche a Linha do Hara de uma luz curativa que extravasa para a Kundalini através do timo. Ela acalma e apóia o indivíduo nos períodos de intensa liberação e depuração física, emocional ou kármica e propicia uma vida de serviço ao próximo. É uma pedra protetora e, como representante da energia do oceano, nos lembra da presença e do amor permanente da Deusa na nossa vida e propósito de vida. A água-marinha incentiva a comunicação com os seus guias espirituais e anjos, a percepção espiritual e paranormal e a ligação com a Mente Suprema. É uma energia mineral suave mas suficientemente poderosa para operar curas profundas em todos os níveis.

Há duas pedras que influenciam especialmente o místico corpo causal: safira azul e a turmalina rósea. A *safira* é uma energia elétrica de transformação que irradia luz espiritual e energia vital através de toda a Linha do Hara. Ela acelera a comunicação e a ligação da pessoa com os guias, com os anjos, com o Corpo de Luz, com a Mente Suprema, com a rede da mente universal e com a Deusa. A safira ajuda a pessoa a ativar e a manifestar com êxito seu propósito de vida e integrá-lo no quadro geral de consciência e ação do Plano Terrestre. A safira é uma energia que irradia alegria, prosperidade, paz e beleza. Embora tida como pedra preciosa, pode, no estado bruto, ser encontrada por bom preço, e apenas um fragmento é suficiente para veicular essa poderosa energia.

A *turmalina rósea*, ou rubelita, é a outra pedra do corpo causal; sua cor é a do vinho *rosé*. Essa pedra proporciona à paciente uma reconfortante energia de amor que abre e cura todo o corpo emocional, irradiando os seus efeitos a partir desse chakra. Ela inscreve o propósito de vida da pessoa em todos os chakras da Linha do Hara e o integra no modo de consciência próprio do Plano Terrestre, propiciando uma vida dedicada à caridade e à compaixão.

A rubelita equilibra os fluxos energéticos da Linha do Hara, da Linha da Kundalini e de todos os chakras em ambos os níveis. Ela transforma e elimina os bloqueios e a negatividade no Ser inteiro, e enche os chakras e canais energéticos de luz, paz, alegria e amor universal.

Entre as pedras preciosas indicadas para os chakras prateados da visão, contam-se a danburita e a labradorita. A *danburita* é uma pedra branco-prateada que intensifica e purifica — sempre de forma suave — qualquer outra energia junto com a qual é usada. Ela abre os novos chakras galácticos de que fala Barbara Marciniak e desperta o indivíduo para a realidade de outros mundos e dimensões. É uma energia revigorante que adapta sua força de transformação aos ritmos da usuária, sem forçá-la ou pressioná-la excessivamente. A danburita facilita o contato entre a mulher e os seus anjos e aumenta a criatividade, a capacidade paranormal e a perspicácia mental.[8] Costumo usá-la para fortalecer minhas essências florais caseiras. Ela também aprofunda o processo de sintonização do Reiki.

A *labradorita*, de coloração prateada iridescente, liga os corpos mental e emocional da pessoa à sua finalidade e atividade física. Também protege intensamente a aura, elimina bloqueios e ativa a Linha do Hara. Além disso, abre os chakras da visão para que possam ser usados como *lasers* na cura e para o trabalho com pêndulos. Melody atribui à labradorita o poder de conscientizar a pessoa do seu propósito de vida e de promover o seu contato com seres interplanetários e níveis galácticos de cura. Segundo ela, a pedra é de origem extraterrestre.[9]

O ponto transpessoal relaciona-se com pedras transparentes, entre as quais podemos citar os diamantes de Herkimer e a fenacita. A *fenacita* figura há relativamente pouco tempo na galeria das pedras preciosas e semi-preciosas, mas custa tão caro que eu jamais tive dinheiro para adquirir uma; o conhecimento que eu tenho delas vem do fato de segurá-las na mão em lojas de produtos esotéricos. A energia dela ativa a Linha do Hara, fazendo entrar a energia da Deusa ou Ki Celestial nos chakras do Hara e da Kundalini em todos os canais e meridianos. A energia da fenacita é ágil, suave, depuradora, reconfortante e estabilizadora. O ato de segurar nas mãos uma dessas pedras aguça a percepção de que somos uma parte de um plano divino maior, tanto para a Terra como para o universo.

Os diamantes de Herkimer também estão entre as pedras da minha predileção, embora eu só considere interessantes os mais transparentes e de maior porte. Eles são caros, mas eu consegui alguns pechinchando, escambando e graças à sorte que a Deusa me deu. A energia dessas pedras é suave e transformadora a um só tempo; elas são puro amor e pura luz/informação. Encerram a vibração da harmonia, do equilíbrio, da expansão, da abundância e de realização — em suma, a arte de viver em paz no momento presente. Elas ligam as outras dimensões e estrelas com a Terra e com o propósito de vida das pessoas e vinculam essa mesma pessoa à rede universal, ao Corpo de Luz e à Mente Suprema.

Essas são apenas algumas entre as centenas de energias minerais que podem ser usadas na cura. Eu me limitei a mencionar umas poucas de que eu gosto bastante. Toda agente de cura que trabalha com pedras tem as suas prediletas, umas facilmente encontráveis, outras nem tanto. Você pode encontrar pedras raras na loja Heaven and Earth (RR1, Box 25, Marshfield, VT 05658, telefone 1-800-942-9423). A revista *Heaven and Earth Network News* traz valiosas informações sobre pedras de cura e como obtê-las, tanto as antigas quanto as recentemente conhecidas.

Há uma outra pedra que precisa ser citada neste capítulo, muito embora não seja natural, mas um produto manufaturado. É a conta energética Tachyon, um cabochão diminuto e branco-iridescente que lembra uma opala. Criada por físicos japoneses, é feita de sílica de alta ressonância (silica ceramic Optimum Resonant Materials) e tem a propriedade de aumentar o fluxo energético através do corpo físico e dos corpos áuricos. Segundo a empresa que a produz, ela é antientrópica (combate a desintegração e o desgaste), melhora a circulação do sangue, aumenta a resistência do corpo e o nível de Ki e cria a ordem a partir do caos.

Meus guias espirituais asseveram que essas contas Tachyon atuam de forma positiva no nível do Hara, abrindo, depurando e expandindo a energia da Linha e dos chakras do Hara. Elas aumentam a capacidade corporal de recuperação e cura, de gerar energia sem exaustão e de repor rapidamente a energia perdida. Uma mulher me disse que, para ela, essas pedras aumentam a energia positiva em todos os níveis; para outras, elas estimulam as energias positivas de transformação. Ainda outra afirmou que resolveu, no espaço de três semanas, um problema de desvio da coluna usando uma cinta Tachyon.

Em princípio, eu não me deixo seduzir por pedras de fabricação humana; mas quando deparei com essas pedras Tachyon num catálogo de produtos da Nova Era, meus guias espirituais não me deram sossego enquanto não decidi experimentá-las. Encomendei apenas duas pedras pequenas, porque são muito caras, mas eram tão minúsculas que eu as perdi mal as tinha recebido. Os guias insistiram então que eu encomendasse um pingente Tachyon, que vem na forma de um castelo de prata oco com dez pedras dentro dele. Concordei, afinal e, de início, senti que a vibração me provocava náuseas. Orientaram-me a fazer amizade com o pingente e a dedicá-lo à Deusa. Tão logo obedeci, ele pareceu acalmar-se e hoje me sinto maravilhosamente bem com ele. Algumas mulheres me dizem que gostam de segurá-lo na mão porque ele parece estar vivo. Afirmam que a energia dele as perturba e as faz sentirem-se "estranhas". Parece que as pedras entraram em sintonia com a minha energia áurica específica.

Com seis meses de uso, sinto que o pingente está expandindo a minha energia hárica, e abrindo os chakras da Linha do Hara à minha percepção e compreensão. Ele estimulou também um processo de desintoxicação e liberação intenso, quase irresistível, em todos os níveis dos chakras e da aura, estendendo-se também aos corpos de energia mais elevada e ao paradigma etérico. Minha capacidade mediúnica de descobrir os significados e empregos das flores nas essências florais e das pedras na cura aumentou significativamente. Também recebi uma grande ajuda no que se refere ao contato com os anjos e outros Seres alterdimensionais positivos.

As contas são fornecidas por unidade, mas na verdade são demasiado pequenas para manusear; são também fornecidas em pingentes, pulseiras, diademas, cintas, águas energéticas e loções para o corpo. Pode-se consegui-las na loja Pacific Spirit (Pacific Avenue, 1334, Forest Grove, OR 97119, telefone 1-800-634-9057). Embora bastante caras, têm grande utilidade como ferramenta de cura para as mulheres que se sentem atraídas por elas. Podem também ser usadas com finalidades terapêuticas na cura de outras pessoas pelo método de imposição das pedras.

A cura pelos cristais é uma arte complexa que eu apenas esbocei neste capítulo. No capítulo seguinte vou tratar da cura a distância, geralmente conhecida como cura sutil ou cura pela mente.

NOTAS

1. "Tibetan Tektites", in *The Heaven and Earth Network News*, nº 9, inverno, 1993-1994, pp. 5-6; e "Tibetan Tektite Update", nº 10, primavera-verão, 1994, pp. 9-10.

2. Gurudas, *Gem Elixers and Vibrational Healing*, Vol. I, (Boulder, Cassandra Press, 1985), pp. 145-146 e 164.

3. Melody, *Love Is In the Earth: A Kaleidoscope of Crystals*, (Richland, Earth-Love Publishing House, 1991), pp. 54-55.

4. *Ibid.*, pp. 418-419.

5. Gurudas, *Gem Elixers and Vibrational Healing*, Vol. I, pp. 161-162.

6. Melody, *Love Is In the Earth*, pp. 409-410.

7. *Ibid.*, p. 153.

8. "Danburite", in *The Heaven and Earth Network News*, nº 10, primavera-verão, 1994, pp. 8-9.

9. Melody, *Love Is In the Earth*, p. 232.

Capítulo 9

Ã Cura a Distância

Quando se fala de cura psíquica, a maioria das pessoas nos Estados Unidos entende que se trata de cura a distância. A cura é uma técnica que transporta a cura através do tempo e do espaço, para as vidas passadas e futuras e pelos períodos de entrevida que se seguem à morte. Essa modalidade de cura também é usada na cura pela imposição das mãos e na autocura a fim de possibilitar o acesso aos níveis mais profundos. É uma cura praticamente ilimitada em termos de alcance. A cura psíquica ou cura a distância pode operar na pessoa que a pratica, em outras pessoas, em animais, em nações, na própria Terra e até mesmo em outros planetas e galáxias. Não é preciso que a agente de cura conheça aqueles a quem vai ajudar. Esse tipo de cura atua em todos os corpos áuricos e no corpo físico, chegando até aos níveis do corpo anímico; opera nos canais e chakras da Kundalini e da Linha do Hara, chega ao Corpo de Luz e à rede universal e penetra nos níveis do Vazio/Deusa.

A cura a distância é um processo em que se usam a mente e a Mente da Deusa para provocar, a partir da fonte ilimitada do Vazio, as mudanças, criações e transformações do Não-Vazio. A mente é a força todo-criadora que faz e transforma realidades. Usada de forma consciente durante a meditação, tem a capacidade de direcionar e alterar realidades de todos os tipos e em todos os níveis. Sobretudo depois que as emoções negativas que embaçam o espelho da mente são eliminadas, a mente consciente tem o poder de escolher, criar e manifestar transformações positivas. Ela é capaz de transformar das mais variadas maneiras a doença em saúde.

Todos os instrumentos de cura mencionados nesta obra são uma preparação para viabilizar o uso paranormal da mente nas curas. A cura a distância é feita basicamente por meio da visualização no estado de meditação. Nele se requer uma profundidade de transe ou de meditação maior do que a exigida na cura pela imposição das mãos. Por isso se exige, antes de tudo, proficiência na meditação. Para que se produzam mudanças profundas e permanentes e, de modo especial, para que se alcancem as camadas áuricas que estão ainda além do corpo, do duplo etérico e das emoções, é necessário um estado de consciência profundamente alterado, podendo chegar ao nível teta. São indispensáveis a concentração e o controle da mente.

A visualização é o meio pelo qual a mente, ou corpo mental, efetua mudanças. Só o nível consciente do corpo mental é capaz de aceitar a informação/energia/luz formulada em palavras. As palavras (o nível tecnológico) são o único método que a ciência moderna aprendeu a acessar e o único método de informação que hoje em dia se costuma ensinar. A medicina moderna (tecnologia), portanto, está prisioneira do nível físico denso da mente consciente, e nem mesmo nesse nível mostra-se de grande eficácia. Nenhum outro nível do corpo áurico aceita as palavras — elas não têm o poder de alcançá-los ou afetá-los. A visualização pelos sentidos é a linguagem que os corpos áuricos energéticos são capazes de perceber e ao qual reagem. Quanto mais plena e claramente a agente de cura aprende a usar as visões e outras imagens sensoriais, tanto maior é o seu domínio, alcance e possibilidade de efetuar mudanças benéficas em todos os níveis.

As imagens, símbolos, sentimentos, sons, emoções e, em menor medida, os perfumes, são os meios adequados para criar e direcionar mudanças em todos os níveis, menos o da mente racional tecnológica. Poucas são as mudanças que a mente pode levar a efeito usando palavras, mas numerosas são aquelas que pode promover valendo-se dos outros sentidos. A mente criativa pode usar uma imagem sensorial do que é preciso que aconteça no corpo para provocar esse acontecimento. Do mesmo modo, se a pessoa perceber suas emoções negativas e tirá-las do corpo emocional depois de senti-las e aceitá-las plenamente, as barreiras à sua clareza mental serão suprimidas. A eliminação das imagens negativas juntamente com as emoções que as acompanham — antigas visões de obscuros sofrimentos — também facilita a supressão dessas barreiras. A mente pura e criativa, esse límpido espelho do Buda, alcança-se através da visualização. Pode-se reprogramá-la a seguir para criar uma nova realidade, uma realidade curada, pelas visões positivas.

Lado a lado com a meditação profunda, com a visualização servindo de "leme" e com a liberação emocional como meio de descobrir a verdade, o trabalho com guias espirituais é essencial à cura sutil. Ele é o fator primordial, mas só pode ser posto em ação quando se tem pleno domínio das demais capacidades. Ao passo que a visualização e a liberação emocional nos dão acesso ao Não-Vazio, a meditação e a orientação dos espíritos nos conduzem à grande Mente da Deusa e à Deusa Interior, o Vazio.

Todos os Seres são partes da unicidade da Deusa, mas o fato de o espelho estar embaçado não permite que eles saibam disso e gera a separação entre o eu e a Origem. A Deusa Interior (ou natureza búdica) é intrinsecamente perfeita; ela não precisa mudar, crescer nem ser curada. Todavia, esse é um fato que os bloqueios, as ilusões, as falsas percepções e as dores provindas da separação egóica nos ocultam. A cura a distância, auxiliada pelos Seres espirituais que conhecem o nosso verdadeiro eu divino, ajuda a revelar a Deusa Interior que não discernimos de imediato. Os guias espirituais são percebidos pela mente e fazem a ponte entre a mente individual e a Mente Universal do Vazio/Deusa.

O trabalho com guias espirituais, anjos e agentes de cura não-físicos é o elemento central da cura sutil. São eles que infundem na sessão de cura a perspectiva da Morte Divina. Esses guias compreendem e expõem a sabedoria da Deusa Interior, tanto da agente de cura quanto da paciente. Durante a sessão, a agente de cura recebe informações às quais não teria acesso por outros meios e a paciente é curada num nível habitualmente inacessível tanto para ela quanto para a agente de cura. Na cura pela imposição das mãos, os guias espirituais trabalham por meio das mãos da agente de cura. Na cura a distância, trabalham por meio da mente superior dela.

A cura sutil a distância é feita no nível dos corpos espirituais e trazida para a consciência e a manifestação física através dos chakras da garganta, da testa, do topo da cabeça e do coração (que são os chakras da mente superior). A garganta é o centro energético do primeiro nível áurico do corpo espiritual, o nível da matriz elétrica. É o mais complexo dos sete chakras que dão acesso ao corpo físico e pode ser usado para a criação da realidade. É o centro da empatia e da telepatia (isto é, da recepção e emissão de pensamentos), da comunicação e da expressão nos níveis físico e sutil, da emissão de sons sutis e da audição paranormal e, por fim, da criação da realidade exterior e interior no Plano Terrestre e ainda além dele.

O chakra da garganta, o quinto centro, dá acesso à primeira das três camadas áuricas do corpo espiritual. Segundo Barbara Ann Brennan, é nesse nível que está contida a matriz ou modelo de vida que conforma o primeiro chakra (da base), isto é, a aura do corpo físico e do duplo etérico. Segundo ela, o chakra da garganta é o nível da vontade divina por meio do qual o indivíduo é conduzido à unicidade com o Todo:

> A vontade divina é o modelo, o padrão do grande plano de evolução da humanidade e do universo. É um modelo vivo e pulsante, que se desdobra sem cessar. Seu poder de determinação é quase inexorável. Percebê-lo é perceber a ordem perfeita. É um mundo de precisão, um nível de tonalidades precisas. É o nível dos símbolos.[1]

No que diz respeito especificamente à cura, o chakra da garganta é a energia espiritual reduzida do primeiro nível de criação do campo elétrico humano. É ele que dá acesso ao nível da matriz etérica/espiritual do Vazio para produzir modificações e manifestá-las no corpo denso. É o lugar onde o ego individual se descobre uno com a sua Deusa Interior ou natureza búdica. Para os médiuns que conseguem vê-la, essa camada áurica tem estruturas internas que lembram negativos fotográficos, em que os claros e os escuros se apresentam invertidos. As agentes de cura que examinaram o meu próprio chakra da garganta e matriz etérica disseram que eles são constituídos de numerosos compartimentos dotados de portas que se abrem e fecham.

Diagrama 13
Os Níveis do Corpo Áurico[2]

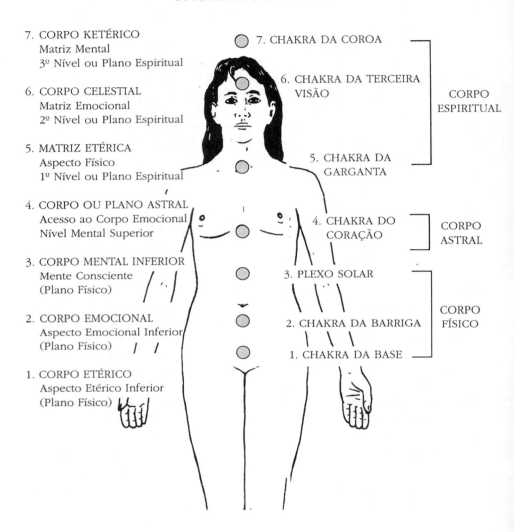

A cura e a percepção psíquica nesse nível são particularmente sensíveis ao som. Dizem os budistas que o som do Om (Om Mani Padme Hum) é a vibração que criou o universo. É nesse nível que as agentes de cura ouvem a voz dos guias e recebem informações de cura através de símbolos; é aí também que elas se comunicam e falam com os guias, é esse o centro da mediunidade. Barbara Ann Brennan descreve a garganta e o nível da matriz etérica como algo "vivo e pulsante, que se desdobra sem cessar". É ali que se manifestam a vontade da Deusa e, no ser humano, a consciência de que a vida de cada mulher tem uma razão de ser espiritual.

O nível seguinte da aura do corpo espiritual que é usado na cura psíquica é o corpo celestial, cuja energia já reduzida é ancorada na terceira visão ou chakra da testa, o sexto chakra. Esse é o nível da consciência e do conhecimento sutil puramente analítico e mental. Contudo, contém o modelo matricial energético do corpo emocional e do chakra da barriga. É no nível da terceira visão ou aura celestial que nós percebemos e podemos criar um número infinito de realidades e verdades. É ele o espelho cristalino da mente da Deusa Interior, depois da eliminação das emoções negativas. Enquanto o nível anterior continha a vontade divina, este consubstancia o amor divino e o reflete em todos os demais níveis e chakras.

Barbara Ann Brennan descreve visualmente o nível do corpo celestial como um emissor de raios luminosos que têm todas as cores do arco-íris. Eis como ela o define:

> Esse é o nível dos sentimentos no mundo do espírito; é o nível do amor divino... nós o sentimos como amor espiritual, como alegria, elevação e bem-aventurança. Esse nível é alcançado quando silenciamos a mente ruidosa e escutamos. Nós o alcançamos por meio da meditação... do canto e do devaneio. Comungamos... com todos os seres dos mundos espirituais, dos vários paraísos, bem como com a humanidade, com as plantas e animais desta Terra.[3]

A capacidade de trabalhar com os guias espirituais e seguir-lhes a orientação aloja-se na camada energética da terceira visão, ou matriz celestial. É nessa luz que os guias, anjos e outros agentes de cura não-físicos descem até nós vindos de um lugar onde reina o grande amor, para nos ajudar. Alcança-se a ajuda deles por meio de uma mente desanuviada e iluminada, livre de distrações e emoções negativas e capaz de concentrar-se num único ponto durante a meditação. Tal como o chakra da garganta, esse nível nos dá acesso ao Vazio, mas a um ponto mais profundo dele. A cura que cria e forma realidades mais saudáveis é enviada da matriz celestial, ao nível intermediário do corpo espiritual, por meio da clarividência (percepção clara, visão sutil) do terceiro olho.

O terceiro nível do corpo espiritual, ligado ao sistema da Kundalini pelo chakra da coroa (sétimo chakra), denomina-se corpo áurico ketérico. Ele contém a matriz energética do plexo solar, o corpo mental inferior ou mente racional, tecnológica e consciente. No nível da aura, é essa a mente divina, a Deusa, o vazio budista, a origem de toda a criação. Barbara Ann Brennan descreve esse nível como uma rede dourada cujos fios entrelaçados formam todos os atributos de que é dotado o corpo físico humano. Essa rede rodeada por um ovo dourado de luz que a protege, é o portal que leva ao Corpo de Luz, à rede universal da mente coletiva e à rede da Mente Divina universal.

O chakra da coroa, que é o lugar onde a energia reduzida do corpo áurico ketérico entra em contato com o duplo etérico, é a sede da espiritualidade. É o lótus das mil pétalas — as miríades de vidas e possibilidades de vida, o universo — em cujo centro brilha a jóia. Uma imagem freqüente de jóia central é o Buda ou a deusa/bodhisattva Kwan Yin. Esse centro de todos os planos da realidade, da mente e da existência é a Iluminação, a mente liberta da ilusão, a Deusa/Deusa Interior ou natureza búdica. A coroa é o ponto onde as mulheres tomam consciência de que elas próprias são a perfeição da Deusa, o ponto de unicidade total, onde elas compreendem que a vida delas, com todas as suas atividades, é parte inalienável do grande plano divino. O pensamento é a natureza e a origem formatriz de toda realidade, inclusive da realidade física, e é dessa Mente Divina, através da mente da pessoa, que advém toda cura.

Barbara Ann Brennan se manifesta sobre esse nível:

> As meadas de luz dourada do sétimo nível também existem em todas as coisas e em torno delas — existem nas células de um órgão, num corpo, num grupo de pessoas, no mundo inteiro...

> Nós percebemos dentro de nós a mente divina e entramos no mundo do campo universal dessa mente... Nele conhecemos a perfeição interior das nossas imperfeições.[4]

Mas talvez o chakra e nível áurico mais importante para a cura a distância seja o do coração. Esse quarto chakra é a manifestação do nível mais elevado do corpo mental no plano físico e faz a ligação deste com o corpo astral e a Linha do Hara. O coração e a mente superior são a sede da compaixão e da sensibilidade para consigo e para com os outros. Toda cura nasce nesse lugar em que o amor é dado e recebido, lugar que preenche o corpo emocional de uma energia criativa vinda dos níveis espirituais (os chakras e as camadas do corpo espiritual). Antes de alcançar o duplo etérico e o corpo físico, a energia da mente tem de atravessar a camada astral/emocional do corpo. Em outras palavras, para que a cura seja eficaz é preciso que seja transmitida com amor.

O corpo áurico mental superior no chakra do coração é o local que dá acesso ao plano astral. É para lá que vamos quando saímos do corpo para um grau de consciência extraterreno. É lá que os nossos guias nos encontram para trabalhar junto conosco quando os convidamos a participar de uma sessão de cura ou meditação. O plano astral que, numa cura a distância, nos permite chegar a uma paciente que não se encontra fisicamente presente. É o corpo astral/emocional da paciente (ou da própria agente de cura, no caso da autocura) que aceita a energia da cura sutil feita a distância.

É assim que Barbara Brennan descreve a cura ou qualquer outro tipo de inter-relacionamento entre duas pessoas:

> Sempre que duas pessoas interagem, aberta ou veladamente, de cada uma delas emanam grandes torrentes de bioplasma fluido colorido que alcançam o campo da outra. A natureza da interação corresponde à natureza da consciência energética dessas torrentes de energia.[5]

É esse inter-relacionamento entre as auras da agente e da paciente que transmitem a cura, seja na imposição das mãos, seja no tratamento psíquico a distância. Ela funciona a qualquer distância, através do plano astral. A ajuda dos guias, anjos e agentes de cura não-físicos numa sessão de cura entra na aura da agente através do seu corpo espiritual. Em seguida, é transmitida à paciente através do coração — ou corpo mental superior, ou ainda corpo astral — da agente de cura. A mesma energia é absorvida pelo corpo astral da paciente e a seguir distribuída aos chakras e ao corpo físico.

Lembrando-se de todos esses pontos teóricos e valendo-se da sua capacidade de meditar, visualizar e fazer contato com os guias espirituais, comece uma cura psíquica simples.

Para iniciar, vá para o seu local de meditação, faça a ancoragem e a concentração e relaxe completamente o corpo. Convoque os seus guias e anjos. A esta altura você talvez já seja capaz de entrar em meditação automaticamente. Uma agente experiente em cura psíquica aprende com facilidade e é capaz de fazer a cura a distância a qualquer tempo e praticamente em qualquer lugar. Sua capacidade de concentrar-se num único ponto se torna completa, ou quase. Não se deve usá-la à direção de um veículo, contudo, ou quando for indispensável dedicar toda a atenção às coisas da terra. Esse tipo de concentração é incompatível com qualquer atividade exterior. Uma permanência aparente de poucos segundos no estado astral de cura pode significar, no Plano Terrestre, muito mais do que um simples momento; pode até mesmo estender-se por mais de uma hora. O tempo não existe nesse nível, mas na Terra ele corre.

Uma vez no seu local de meditação, lembre-se do exercício de visualização de uma rosa ou outra flor, que você já deve ter feito. Desta vez dê à rosa o seu nome e peça-lhe que reflita o seu atual estado de vitalidade. Se você estiver viva e saudável, a rosa se mostrará viva e saudável. Se você estiver cansada, as folhas dela vão murchar; se estiver muito cansada, a própria flor poderá murchar. Se você estiver bem ancorada na Terra, bem enraizada, a rosa o demonstrará, talvez se mostrando plantada num belo jardim. Não crie a expectativa de que a rosa tenha um determinado aspecto nem tente criá-la com esse aspecto; limite-se a dar-lhe o seu nome e pedir-lhe que reflita a sua saúde. A rosa pode aparecer com qualquer coloração. Lembre-se de que a cor é simbólica. Contemple a imagem e faça um avaliação da sua própria energia.

Agora, ofereça à rosa sua energia e cura.[6] Mande-a primeiro na forma de uma luz curativa sem coloração específica; a cor será aquela de que você precisa. Envie a energia de cura na forma de som, pedindo, mais uma vez, o som que mais lhe convier no momento. Como a rosa reage à luz e ao som? Faça o mesmo com diversas emoções positivas, pedindo novamente as que você mais necessita. A emoção pode ser de alegria, amor, realização, bem-estar, admiração. Veja qual(quais) é(são) a(s) emoção(ões) de que você precisa. Crie uma imagem de sol iluminando a rosa, a luz solar enchendo-a de cura e bem-estar com seus raios dourados. A cada passo preste atenção às reações da rosa e àquilo que o seu corpo sente.

Agora dissolva a rosa e, no lugar dela, visualize uma imagem de si própria. Provavelmente, a imagem ou retrato não será das mais claras ou detalhadas. Talvez não passe de um vulto obscuro ou indefinido, ou de um borrão colorido. Pouco importa; peça para ver o seu estado de saúde. Envie as mesmas imagens a essa imagem de você própria, tal como fez com a rosa. Mande-as uma a uma, sempre prestando atenção à forma que os guias dão à energia. Note como cada qual das formas de energia que você envia altera a sua própria imagem. As formas são iguais àquelas que você mandou para a rosa? Perceba, uma a uma, as sensações no seu corpo; perceba as cores e emoções. Pergunte se há algo mais que os seus guias e anjos querem que você faça, veja, envie ou perceba. Crie ainda uma outra imagem, esta de você própria cheia de saúde, vitalidade e alegria; faça dela aquilo que você deseja ser. Não é preciso se apressar; não tenha medo de demorar bastante. Agradeça aos seus guias e volte ao agora.

Volte lentamente ao momento presente e preste atenção ao que se passa no seu corpo, nas suas emoções e na sua mente. O que foi que você aprendeu acerca de você mesma e das suas necessidades nessa cura? Você recebeu alguma instrução dos seus guias ou anjos sobre o que deve fazer no Plano Terrestre. Talvez eles lhe tenham dito para descansar mais, beber água, ir para a praia ou fazer um passeio num bosque. Até que ponto a cura que você enviou à rosa foi exatamente o que você precisava?

Em outra sessão, imagine uma rosa, dando-lhe desta vez o nome de uma pessoa que você sabe que está precisando de cura e disposta a aceitá-la de você. Deve ser alguém que lhe tenha dado uma permissão expressa para a cura (a forma pela qual se pode pedir essa permissão pelo plano astral será descrita adiante). Faça com essa rosa o mesmo que você fez no seu caso. Qual a diferença entre essa rosa e a sua? Em que são diferentes as visualizações energéticas que os seus guias lhe mandam enviar à flor? Estão presentes nessa cura anjos ou guias que não haviam aparecido antes? Eles lhe informam o que fazer ou que tipo de energia enviar? Pedem-lhe que você diga isto ou aquilo à outra pessoa? Observe as reações da rosa e note, em especial, quais são as imagens energéticas a que ela reage mais rapidamente.

Como na sessão precedente, dissolva a rosa e veja à sua frente a pessoa que ela representava. Ainda uma vez, é possível que a imagem não seja clara e não passe de um sinal longínquo da pessoa em questão. Se você não reconhecer o que está vendo, pergunte mentalmente à mulher: "Você é...?" De alguma forma, você receberá uma resposta. A mulher talvez diga "sim", sorria, acene ou se mostre de forma mais clara. A visualização de si mesma e das outras pessoas, na cura sutil, torna-se progressivamente mais clara com a prática. É uma capacidade que funciona como a musculatura humana: desenvolve-se com o uso.

Pergunte à sua paciente de que outra coisa ela precisa — ou se ela quer continuar recebendo algo que você já lhe deu — para curar-se. Você já lhe terá enviado uma boa dose de energia curativa quando usou a imagem da rosa; é possível que a paciente precise de algo mais, mas é possível que não precise. Deixe que ela, os guias dela ou os seus guias lhe mostrem aquilo de que ela precisa; visualize a forma energética e ofereça a ela. Tal como na meditação anterior, veja a mulher curada, feliz e saudável antes de dissolver a imagem e voltar ao momento presente. Não se esqueça de agradecer aos seus guias.

Se você se sentir disposta a discutir essa cura com a paciente, faça-o. Como ela lhe deu sua permissão expressa para curá-la, provavelmente estará aberta a ouvir suas impressões. É possível, ainda, que tenha as próprias percepções e confirmações para relatar. O fato de você ouvi-las vai aumentar a sua autoconfiança, especialmente se você estiver apenas se iniciando na arte da cura psíquica. Quando eu comecei a praticar a cura a distância, tudo me parecia tão fácil que eu chegava a pensar que estava imaginando coisas, em especial porque, na época, eu ainda não conseguia entrar em transe profundo. Ninguém se surpreendeu mais do que eu quando uma mulher que morava a mais de trezentos quilômetros de distância perguntou se na terça-feira, por volta de dez horas da noite, eu lhe enviara luz dourada. Era verdade. Ela me havia pedido por carta que lhe mandasse energia.

Quando você já se considerar perita em imaginar as rosas e depois transformá-las em pessoas, esqueça as rosas e trate de visualizar desde logo as pessoas. À medida que você for ganhando experiência, passará a receber maior quantidade de informações. Peça que os guias lhe mostrem a área em que a paciente sente dor e envie a energia curativa diretamente para essa área, na forma de luz, cor, som ou símbolo. Não são necessários todos esses meios para a maior parte das curas — um ou dois em geral são suficientes. Algumas agentes de cura preferem enviar luz, enquanto outras dão preferência ao som.

Às vezes a doença não é o que parece ser. A área em que a doença aparece talvez não corresponda ao que a paciente lhe disse antes da cura. Contudo, em regra, a paciente depois confirma aquilo que você viu. A dor de cabeça de uma mulher pode aparecer como uma dor no baixo ventre; mas, como muitas dores de cabeça têm origem nos intestinos, isso faz sentido. Se a dor de estômago de uma mulher se deve a um sentimento de medo represado na garganta, a dor poderá ser vista em qualquer um dos dois locais. Às vezes podem aparecer dores inesperadas. Pergunte à paciente o que está acontecendo nesse chakra ou parte específica do corpo.

Uma outra forma de fazer a cura psíquica consiste em pedir para ver os chakras da paciente. As áreas onde houver bloqueio de energia terão um aspecto diferente e menos agradável que o das áreas sãs. Um chakra saudável tem cor brilhante e uniforme, sem manchas escuras, rachaduras ou pontos menos nítidos; fica alinhado numa mesma vertical com todos os demais chakras. Envie a cor normal do chakra saudável às áreas necessitadas de limpeza, a fim de curá-las. Envie azul-claro a um ponto vermelho no chakra da garganta, por exemplo, ou verde (ou rosa) para o chakra do coração que apareça fosco ou embaçado. Como sempre, você pode usar imagens sonoras ou de outra natureza, se preferir.

Provavelmente, existem tantas maneiras de fazer a cura a distância quantas são as mulheres que dela se ocupam. Um outro método — que chamo de Cura da Funileira — consiste simplesmente em entrar no corpo sutil da paciente e remendar a área dolorida, assim que ela aparecer. É útil ter algum conhecimento de anatomia e daquilo que é necessário para que a cura se produza, mas existem outras formas de alcançar esse objetivo. A mente pode trabalhar com símbolos e metáforas. Para cicatrizar um osso quebrado ou uma ferida, use a Fita Adesiva da Deusa. Para aliviar uma garganta irritada, experimente passar tinta azul ou verde da Deusa com um pincel ou rolo; senão, visualize a garganta sendo anestesiada pela ação do gelo. Onde houver um corte ou orifício a ser fechado, use linha e agulha da Deusa. Se houver febre, faça-a ceder com a mangueira de incêndio da Deusa e água fria ou, novamente, visualize gelo no local da dor. Peça a orientação dos guias espirituais e sempre, no final da sessão, visualize a paciente cheia de alegria e saúde.

Sendo formada em Reiki, eu incorporo os símbolos do Reiki II e III a todas as curas, sejam estas feitas pela imposição das mãos ou a distância. Tenho, além disso, plena consciência de que a cura só deve ser feita mediante a permissão da paciente. Uma vez que nem todas as que precisam de cura pedem expressamente por ela — é comum mulheres me pedirem para fazer a cura de outra pessoa ou de um animal de estimação —, eu uso, nesses casos, o método abaixo para obter telepaticamente a permissão no nível astral. Segue-se a prática básica que costumo adotar, embora no decorrer do tempo eu venha recebendo cada vez mais informações e sugestões dos guias espirituais acerca de como proceder nas minhas curas.

Comece entrando no estado de meditação, como sempre, e convide seus guias e anjos a ficar a seu lado. Concentre-se, respirando profundamente algumas vezes, e depois visualize/imagine a pessoa que você quer ajudar. Em geral, eu a vejo com clareza suficiente para reconhecê-la. Em seguida pergunte-lhe: "Você quer que eu a cure?" ou "Posso oferecer-lhe uma cura?" Você obterá algum tipo de resposta. Talvez seja a voz dela a dizer-lhe "sim" ou "não", ou talvez ela se vire de frente para você (sim) ou lhe dê as costas (não). Em todo caso, você saberá o que ela prefere e, por uma questão de ética, estará obrigada a respeitar-lhe a decisão. Muitas vezes alguém que se recusa, ou que você pensa que poderá recusar-se se essa cura lhe foi oferecida no nível físico, recebe de bom grado a cura que lhe é oferecida no plano astral. Use esse método com quem está em coma e também com animais e crianças pequenas, nenhum dos quais têm condições de dar sua permissão no nível físico. Se a paciente estiver de acordo com a sua oferta, prossiga. Caso contrário, retire-se calmamente, com amor, e encerre a sessão.

Se você estiver em dúvida quanto à resposta, envie a energia curativa, mas declare explicitamente que a paciente terá a liberdade de aceitá-la ou não. Se a pessoa não quiser a energia, esta poderá ser usada para curar a Terra, a Bósnia, o conflito entre os Árabes e Israelenses ou alguém que a queira. A energia de cura recusada pode ser, desse modo, reciclada e reaproveitada de forma positiva sem violar o livre-arbítrio de quem quer que seja. Impingir a uma pessoa uma cura indesejada é prática totalmente contrária à ética das agentes de cura. Tanto as pessoas quanto os animais têm o direito de continuar doentes se assim o quiserem, e às vezes não aceitam ser curados.

Se você receber permissão para continuar com a cura, envie luz à mulher. Não determine nenhuma cor; deixe que a luz assuma a coloração necessária. Todas as cores são positivas, desde que sejam brilhantes e belas. O negro é positivo na cura — o veludoso negro de uma noite estrelada ou o negro do solo fértil da Mãe Terra. Quando o negro for sinal de alguma realidade negativa, você o saberá. Há várias razões pelas quais a paciente pode precisar da cor negra, e o negro enviado com amor e intenção de cura é reconfortante e repousante. A cor, ou não-cor, que menos se deve usar é o branco. É muito melhor e mais eficaz enviar uma cor apropriada às necessidades da paciente do que enviar uma luz branca com a pretensão de que servirá para tudo.

Muitas das cores que surgem na cura a distância não são deste mundo. É difícil descrevê-las em palavras e, que eu saiba, elas não têm nomes, embora sejam inacreditavelmente belas e positivas. São as já mencionadas cores astrais da Linha do Hara, que completam cada uma das cores básicas dos chakras da Kundalini ou do duplo etérico. Elas aparecem na cura a distância com grande freqüência e são a principal razão pela qual não se devem escolher cores quando se está enviando luz. O fato de designar pelo nome as cores da Terra limita o que pode aparecer, e pode inclusive impedir o surgimento dos complementos astrais. Se você não especificar nenhuma cor, você possibilitará que a paciente da cura, o eu superior dela, os guias dela ou os seus próprios guias de cura escolham as mais bem indicadas para o caso pessoal dela.

Deixe que as cores encham a aura da paciente e depois, se você for formada em Reiki, envie-lhe os símbolos do Reiki. Em vez de desenhá-los, envie-os em modo simultâneo, direcionando a sua vontade, para fazê-los aparecer. Eles parecem voar pelo espaço para inscrever-se em toda a extensão do corpo da paciente. Comece pelo Dai-Ko-Myo para abrir a aura. O Hon-Sha-Ze-Sho-Nen é o símbolo que transmite o Reiki através do espaço e do tempo; use-o em todas as curas a distância. O

Cho-Ku-Rei aumenta o poder da energia de cura e o Sei-He-Ki trata dos componentes emocionais da doença. Na maior parte das curas de pessoas ausentes eu uso todos os símbolos e, no final, encerro repetindo o Dai-Ko-Myo. Os símbolos também adquirem coloração, revestindo-se com freqüência das cores astrais da Linha do Hara e assumindo a melhor forma energética para a cura em questão.

Uma vez enviados os símbolos, talvez você ouça os seus guias ou a própria paciente sugerindo que você faça algo mais. "Encha a aura dela de luz dourada" — eis uma sugestão típica. As mensagens de orientação são sempre positivas e vivificantes; não aceite nada que seja diferente disso. Quando você tiver terminado, visualize a mulher recuperada e bem de saúde, ocupada com seus afazeres cotidianos. Talvez ela lhe diga que tudo está bem. Depois saia da meditação (dissolva a rosa), agradeça aos seus guias e anjos e volte ao momento presente. O processo de cura a distância demora poucos segundos, muito menos tempo do que se gasta para explicá-lo.

Pedir permissão é tão importante que eu a peço antes de começar qualquer meditação de cura, mesmo que eu já tenha recebido permissão no nível físico. É tão importante pedir permissão às crianças, grandes ou pequenas, aos animais e a todos que carecem de condições para dá-la quanto o é aos adultos acordados e em sã consciência. Os animais e os bebês sabem exatamente o que querem e necessitam, e lho dirão durante a meditação. Pergunte-lhes também o que há de errado com eles e o que você pode fazer para ajudá-los. Com freqüência lhe darão informações que você não poderia obter de outra forma.

Você pode fazer uma cura a distância sentada ao lado ou perto da paciente ou do animal, quando a cura pela imposição das mãos não se afigurar adequada ou não houver tempo suficiente para uma sessão completa. Use-a quando o toque for doloroso, como no caso de uma paciente queimada, ou quando houver risco de infecção para a agente ou para a paciente. Use-a em hospitais em que o toque não é permitido ou não puder ser ministrado com sossego. Use-a com animais que estejam dormindo, naqueles casos em que, em estado desperto, o animal se recusar a cooperar com o seu trabalho manual, mas ainda assim dá sinais de que quer ajuda. O mesmo se aplica às criancinhas. Esse é um método que se pode usar proveitosamente com animais selvagens e ariscos e com o gado. As mesmas técnicas também podem ser usadas na autocura; em lugar de visualizar outra pessoa, visualize-se a si mesma na meditação, tal como fez quando usou a rosa.

Uma aluna pediu-me certa vez que eu fizesse uma cura a distância para a mãe dela. Para ver se conseguia a permissão dessa mãe (coisa que a minha aluna não conseguia), eu a visualizei e ofereci-lhe a energia de cura. A resposta foi a mesma que ela sempre dera à minha aluna: "Não, querida, deixe-me ir embora; minha hora chegou." Quando garanti a ela, no plano astral, que a cura não seria empecilho se ela optasse por morrer, mas serviria para facilitar ainda mais o processo, ela aceitou de bom grado. Eu lhe disse que usasse a cura para aliviar as dores e para qualquer outra finalidade que desejasse. Ela pediu que a cura a ajudasse a morrer em paz. Minha aluna continuou a fazer como a mãe queria, dando-lhe liberdade de escolha. Ela morreu serenamente durante o sono, algumas semanas depois, com um sorriso nos lábios.

Nunca trabalhe para evitar uma morte se não for da vontade da paciente ou para o bem dela. Às vezes, a morte é a única cura possível. Envie a energia de modo que a paciente possa fazer dela o uso que quiser. Peça aos seus guias que ajudem você a descobrir o que a paciente está precisando. Quando eu envio a luz curativa, envio-a à pessoa toda, não apenas à sua doença. Envio a luz junto com a afirmação: "Para ser usada de acordo com a sua vontade."

Esse processo simples de imaginar uma pessoa ou concentrar-se nela, mandando-lhe luz e/ou símbolos do Reiki, visualizando-a em bom estado e depois voltando ao agora, produz profundos efeitos. A cura feita dessa forma pode dar resultados melhores que a imposição das mãos e, em vez de durar uma hora ou mais, não requer mais do que alguns segundos. Quanto mais ágil você se tornar no trabalho com os guias, tanto mais complexas serão as curas que você poderá operar, no que diz respeito à qualidade das suas percepções e das atividades energéticas sugeridas pelos guias. Você aprenderá a trabalhar no âmbito do campo energético da força vital da paciente, nos seus chakras — tanto os da Kundalini quanto os da Linha do Hara — e nos seus corpos áuricos. Eu já operei curas em minha própria aura alcançando até a rede da mente e do Corpo de Luz, e fiz curas para outros que penetraram a matriz etérica e foram ainda mais longe. Use as técnicas de cura sutil também quando estiver fazendo a cura pela imposição das mãos, para que os resultados sejam os melhores possíveis.

A pessoa ausente que estiver sendo curada, quer tenha consciência do que está se passando, quer não, provavelmente perceberá o acontecimento. Se ela for muito receptiva à energia e muito desenvolvida no que diz respeito à paranormalidade, provavelmente saberá exatamente o que você fez e quando fez. Talvez ela não tenha plena consciência, mas pense em você durante a cura. É possível que de súbito desenvolva uma sensação de paz, comece a sentir-se bem ou adquira uma nova percepção das cores. Durante a cura, a dor (física, emocional ou mental) pode parar para não voltar mais. As agentes de cura, em sua maioria, julgam estar "imaginando coisas" ou "inventando tudo" quando começam a praticar a cura a distância. Foi isso o que aconteceu comigo. Todavia, algumas confirmações por parte das pacientes serão suficientes para que as agentes de cura dissipem suas dúvidas e, com isso, passem a professar um grande respeito pelo processo.

Terminada uma meditação de cura, volte novamente ao momento presente e esqueça o assunto. Demorar-se na cura faz com que a energia permaneça na agente em vez de viajar pelo plano astral rumo à paciente. Assim como nas sessões de cura pela imposição das mãos, estabeleça a freqüência com que fará a cura sutil em função da gravidade do caso específico. Para coisas simples, como uma dor de cabeça ou cãibras menstruais, uma única meditação de cura em geral basta. Para moléstias mais graves, repita a cura a intervalos curtos, que podem chegar até a poucos minutos, mas, entre uma sessão e outra, desapegue-se totalmente da energia enviada. Uma ou duas vezes por dia, via de regra, são suficientes quando o estado da paciente não for crítico. Quando os guias espirituais e anjos se envolvem, talvez uma só sessão baste para solucionar os problemas de maior gravidade. Antes de repetir a cura a distância eu sempre pergunto aos meus guias se mais alguma coisa deve ser feita e quando deve ser feita.

O tempo não existe nos níveis não-físicos, e esse fato pode ser utilizado com grande proveito na cura psíquica. Eu já disse como um adulto pode curar seu eu criança; trata-se de uma cura psíquica. Em caso de trauma emocional, busque as origens do trauma para curá-lo. Peça aos seus guias que lhe mostrem a paciente na hora e no lugar em que o trauma aconteceu. Feita a cura nas origens, peça aos guias que a tragam, juntamente com a paciente, para o dia de hoje. Não se surpreenda se a fonte original estiver na primeira infância ou em vidas passadas; limite-se a avaliar a situação e fazer a cura com a ajuda dos seus guias. (No capítulo seguinte você encontrará mais informações acerca do karma e de vidas passadas.)

As agentes de cura formadas em Reiki II aprendem a usar o símbolo Hon-Sha-Ze-Sho-Nen quando a cura se faz fora do tempo. Pode-se usá-lo para programar a repetição da cura a intervalos determinados (de hora em hora, duas vezes ao dia etc.) enquanto isso for necessário. Fixe sempre um limite para essas restrições — de modo geral, "tantas quantas as necessidades da paciente exigirem" — para que não reste nenhuma energia pairando inutilizada pelo plano astral. No caso das agentes de cura não saberem o Reiki, o processo ainda funciona, porém com menos eficácia; será preciso repetir as sessões de cura ao menos uma vez por dia, talvez mais.

Existem quatro técnicas usadas no Reiki para a cura a distância, métodos de concentração que sempre dão bom resultado, qualquer que seja a linha seguida pela agente de cura. Eis os quatro métodos:

1. Imagine-se ao lado da paciente, fazendo uma sessão de imposição das mãos.

2. Imagine que a pessoa foi encolhida e segure-a na sua mão para curá-la.

3. Use o seu joelho e coxa esquerda para representar a parte da frente do corpo da paciente; e o seu joelho e coxa direita para a parte de trás. Faça uma sessão de cura pela imposição das mãos.

4. Use um ursinho de pelúcia, um travesseiro, uma boneca ou uma fotografia como paciente-substituto; dê ao ursinho, à boneca ou ao travesseiro o nome da paciente.

No método número um, imagine-se junto da paciente, fazendo uma sessão de cura pela imposição das mãos. Parece muito simples, mas, na verdade, é o mais difícil dos quatro métodos. É preciso muito tempo para fazer todas as posições das mãos, razão pela qual a agente precisa manter longamente a meditação e a visualização. Quase todas as curas a distância são coisa de segundos e, a menos que você tenha grande experiência, uma visualização assim demorada será muito difícil de fazer. Contudo, ela constitui um excelente exercício de concentração e atenção específica. Uma opção viável será imaginar-se dotada de um par suplementar de braços, como uma estátua de Kwan Yin ou da deusa Tara. Com isso o tempo se reduz sensivelmente, mas o esforço será sempre muito grande. No entanto, sempre que fiz curas sutis por esse método, as experiências que tive foram encantadoras e de altíssima eficácia.

O segundo método consiste em imaginar a pessoa, o animal, ou mesmo o planeta inteiro, miniaturizados. Segure esse míni-objeto-de-cura entre as mãos em concha. A cura sutil pode ser oferecida à Terra, coisa que eu faço com freqüência, como, por exemplo, no trabalho com a rede cristalina descrito no capítulo precedente. A Terra precisa de toda a energia curativa que lhe pudermos dar. Uma outra forma de fazer a cura da Terra é tomar um pequeno globo, como uma bola de gude ou um daqueles que vêm nos chaveiros, e segurá-lo entre as mãos, visualizando nele a Terra e lhe enviando luz. Com a imagem ou a visualização entre as mãos, infunda-lhe a cor, a luz, o som ou os símbolos de cura. Este talvez seja o mais fácil dos quatro métodos.

As duas técnicas seguintes não envolvem a visualização, mas a concentração num objeto. Na primeira, sente-se numa cadeira de espaldar reto e imagine que o seu joelho e a parte superior da sua perna são o corpo da paciente. O redondo do joelho será a cabeça; a coxa, o tronco dela; e o quadril representará as pernas e os pés. Faça a cura como se as suas mãos estivessem realmente sobre o corpo da pessoa, retendo mentalmente a imagem dela ao mesmo tempo em que efetua uma imaginária sessão de imposição das mãos. Use o joelho esquerdo para representar a parte da frente da mulher e o direito para as costas.

O quarto método é o meu preferido. Use um ursinho de pelúcia, uma boneca, um travesseiro ou uma fotografia da mulher como objeto de concentração. A bola de gude usada para a cura da Terra é um exemplo. Faça a cura para o urso e depois imagine-se presenteando o urso já curado à verdadeira paciente do tratamento a distância. Diga-lhe que tire do urso aquilo que ela puder usar. Esse é um método particularmente indicado quando a resposta ao pedido de permissão é "não estou certa" ou "o que você quer fazer?" Mostre à paciente a cura que você fez para o urso e depois, sempre no plano astral, dê-o a ela. Durante a sessão, dê ao ursinho o nome da paciente.

Tudo isso é feito no estado de meditação e com a assistência dos guias espirituais e anjos. Lembre-se de convocá-los no início de toda e qualquer sessão, pois eles não podem trabalhar com você se não forem convidados. Lembre-se também de lhes agradecer no final da sessão. Trabalhe sempre em colaboração com os guias em todas as etapas do processo; eles lhe mostrarão o que e como fazer.

Uma das mais gratificantes e árduas tarefas de cura sutil é a cura da Terra e, embora ela nunca deixe de ser um desafio, eu costumo pedir às agentes de cura que façam do trabalho com a Terra uma prática terapêutica habitual. Pode-se fazê-lo de forma muito simples, visualizando o planeta em si mesmo ou miniaturizado entre as suas mãos e mandando-lhe luz e energia, como se você estivesse curando uma pessoa. Visualize a Terra radiosa, curada e saudável. Existem também outras formas, mais complexas, de fazer essa cura. Seus guias espirituais a conduzirão nesse trabalho se você estiver disposta a empreendê-lo como uma obra de caridade em favor da Terra.

Eis algumas possibilidades: peça aos guias que lhe mostrem um lugar do planeta em que o seu amor e a sua energia poderão ser úteis. Esse lugar pode ser uma falha geológica propensa a terremotos, uma espécie em extinção, uma bacia hidrográfica poluída, uma área florestal devastada ou alguma região em que haja vazamento radioativo (hoje em dia são muitas as áreas nessas condições). Peça orientação aos seus guias em todos os passos da cura. Se você estiver em dúvida, envie luz e amor sem visar nem visualizar a alteração do que quer que seja. Todavia, os seus guias e anjos de hábito lhe dirão muito claramente o que deve fazer. Ao empreender qualquer tipo de cura planetária, é extremamente importante rodear-se de total proteção e, no final, fazer fluir uma energia de reabastecimento. Se for preciso fazer algo que lhe pareça perigoso, peça aos seus guias e anjos que o façam por você ou lhe dêem proteção. Tome o máximo cuidado para só trabalhar por períodos muito curtos; talvez você se surpreenda com o quanto pode ser intenso e cansativo o trabalho de cura da Terra.

Há cerca de um ano, durante uma sessão mediúnica, uma entidade disse a mim e a uma amiga minha que as usinas nucleares russas estão vazando radiação suficiente para provocar câncer e danos à Terra durante centenas de anos ainda. O governo russo ou não está organizado e tecnologicamente equipado para pôr fim a esse estado de coisas ou não tem consciência do que isso pode causar. Como nós duas trabalhamos pela cura da Terra, fomos ambas chamadas a ajudar. Durante algumas semanas, cada uma das duas pediu, nas meditações, para ir aonde a nossa ajuda era mais necessária. Comparamos depois nossas impressões e constatamos que as visões que tínhamos tido eram incrivelmente semelhantes.

Quando fiz a primeira meditação para essa finalidade, vi algo que se parecia com um imenso fogaréu vermelho e bruxuleante, que, ao que me disseram, estava ardendo no sul da Rússia ou num dos países-satélites. Os guias me mostraram um mapa, eu não tenho suficientes conhecimentos de

Geografia para identificar o lugar. Perguntei o que fazer e eles me mostraram uma caixa preta, provavelmente blindada de chumbo, que tinha de ser colocada sobre o fogo e a seguir fechada por baixo, sob o solo. Tentei fazer o que eles diziam, mas, mesmo depois de colocar no lugar a caixa, o fogo vermelho ainda parecia atravessá-la e eu não conseguia fechá-la. A visualização não deve ter durado mais do que dois ou três minutos, mas no dia seguinte e durante toda a semana eu me senti muito mal. Minha amiga Jane, meditando em sua casa, conseguiu fechar a caixa, mas ainda assim nós continuamos a ver o fogo como que a filtrar-se através dela. Jane também se sentiu bastante mal.

Foi só depois de alguns dias que pudemos fazer uma nova tentativa; dessa vez trabalhamos em dupla, comunicando-nos paranormalmente pelo telefone. Nossos guias pediram que uma segunda caixa blindada fosse colocada sobre a primeira. Quando procurávamos colocá-la no lugar, eu perguntei se dessa vez eles poderiam fazer com que nós não nos sentíssemos tão mal. Eles depuseram a caixa no solo e começaram a confabular; depois nos mandaram voltar atrás e olhar. Surgiu um pelotão de anjos que apanharam a caixa, colocaram-na no lugar certo e a fecharam.

Nós fomos levadas ainda uma vez para o mesmo local para a colocação de outra caixa blindada; fomos depois a outros locais, cuidando de uma usina a cada duas sessões, mais ou menos. Sempre pedíamos aos anjos que fizessem o que os guias nos diziam que precisava ser feito. Eu não voltei a ficar doente, mas, depois de cada sessão, sentia-me invariavelmente muito cansada. Os anjos e guias afirmaram que eram imunes à radiação, mas que nós não éramos. Visitamos um total de nove usinas. Mas, embora a cura tenha sido bastante profunda durante as semanas em que trabalhamos nelas, resta muito por fazer. Existem sítios contaminados como esses em várias partes do mundo. Proceda com muito cuidado para não causar prejuízo a si própria e aos outros. Erga uma ampla rede de proteção em torno de todos os participantes e trabalhe bem pouco a cada sessão.

Eu perguntei aos guias e aos anjos por que eles precisavam de paranormais humanos para esse trabalho se, na verdade, nós não somos suficientemente fortes para fazê-lo. Eles disseram que a Terra é um planeta humano físico e que a ajuda não-física ou não-humana só pode vir quando se pede por ela. Como o planeta é nosso, nós temos de nos unir a eles no trabalho e na intenção. Os guias espirituais e anjos nada podem fazer enquanto não recebem um pedido; e não adianta pedir-lhes que "curem tudo o que precisa ser curado"; pois eles não têm autorização para tanto. O pedido tem de ser específico e preciso, e os Seres da Terra têm de ver e orientar o que precisa ser feito. Mesmo quando eles nos dão informações acerca das áreas de risco, depois nós temos de pedir ajuda e participar do trabalho de cura. Obviamente, a demanda de agentes de cura dispostos a curar a Terra é urgente e enorme.

Às vezes acontece que as agentes de cura sabem o que tem de ser feito mas não recebem permissão para intervir. O furacão Andrew foi um desses casos. Assim que eu senti que algo muito ruim estava para acontecer à Flórida, tentei, como de hábito, desviar o furacão da região e das pessoas. É o que muitas vezes acontece, o furacão passando ao largo da região ou diminuindo de intensidade. Muitas agentes de cura fazem esse tipo de trabalho na costa leste norte-americana. Com relação a esse furacão, contudo, a mensagem que eu recebi foi: "Não toque nele, porque este tem de acontecer." Algumas outras terapeutas da Terra com que eu mantive contato durante e depois da passagem do furacão me disseram que haviam recebido idêntica mensagem. A mesma coisa me foi dita a propósito do massacre em Ruanda. Quando eu quis fazer a cura da Bósnia, os guias me disseram que aquele trabalho não era para mim; que havia outras pessoas que se ocupavam dele. Todas nós somos partes de um plano mais amplo, e algumas das mudanças que estão acontecendo na Terra não podem ser amenizadas. Todavia, sempre é benéfico oferecer a cura, em caráter coletivo ou individual, às pessoas atingidas pelas calamidades.

Quando um petroleiro derramou petróleo bem perto de onde eu moro, na baía de Tampa, três agentes de cura, eu inclusive, se juntaram para desviar a mancha para o Golfo do México a fim de que ela não poluísse a baía e suas praias. Visualizamos o petróleo a deslocar-se rumo ao oceano segundo a forma que, de acordo com as previsões dos cientistas, seria a menos danosa. Outras agentes de cura estavam fazendo o mesmo ao longo da costa do Golfo da Flórida, tenho certeza. A cura caminhou tão bem que, com o afastamento do petróleo, nós deixamos de acompanhar a evolução dos acontecimentos. Porém, paramos cedo demais. Uma seqüência de tempestades fez com que o óleo, alguns dias mais tarde, voltasse para o ponto de partida e atingisse, por fim, as praias.

Ficamos abismadas e vexadas. Passamos a fazer sessões de cura sutil orientada pelos guias para ajudar na limpeza e, tanto quanto possível, prevenir estragos. O vazamento potencialmente mais prejudicial, que consistia em pegajosas manchas e alcatrão que as ondas arremessariam nas areias alvas das praias, foi neutralizado em apenas dois dias. A despeito de tudo haver acontecido no meio da semana, mais de seiscentos voluntários conseguiram limpar a costa e outros tantos socorreram, alimentaram e lavaram as aves marinhas afetadas.

Quando você sentir a disposição de curar conflitos internacionais e nações em guerra, não faça nada até obter a permissão dos guias espirituais. Muitas situações desse tipo são, na verdade, um desenlace kármico final para possibilitar as mudanças na Terra depois de centenas ou até milhares de anos de lutas. Por pior que seja o que está acontecendo, o fato mesmo de acontecer agora pode esgotar o karma de uma vez por todas, evitando guerras contínuas no futuro. Se os seus guias espirituais e anjos lhe permitirem, faça o trabalho, mas só aja em estreita colaboração com eles e não faça senão o que eles mandarem. Se eles disserem "não" a alguma coisa que você pretendia fazer, não deixe de ouvir e obedecer. Nesses casos, a desobediência pode acarretar graves conseqüências kármicas para a agente de cura, para o planeta e para a própria calamidade que está se desenvolvendo. Lembre-se sempre de que cada uma de nós é parte de um plano maior da Deusa.

As possibilidades da cura a distância para os seres humanos e para a Terra são tantas que não há como descrevê-las todas. Os únicos limites são a sua capacidade de entrar em transe profundo e de captar informações por vias paranormais, em geral por meio da visualização e da orientação espiritual. O tempo e a distância se dissolvem na cura psíquica e deixam de ser obstáculos. Aquilo que é impossível no Plano Terrestre acontece rapidamente numa sessão de cura a distância, e a cura é capaz de mudar o corpo físico das pessoas e do planeta.

Toda a realidade é criada pela mente e pelos pensamentos, que a tiram do Vazio Original através do Não-Vazio. O pensamento é uma força de energia que produz alterações na matéria; toda matéria, inclusive a Terra e o corpo humano, é criada a partir dessa energia. A energia é a substância de que sempre fomos e de que sempre seremos feitos; a energia é a Deusa, que não pode ser criada nem destruída. A cura a distância usa a energia do pensamento para criar e transformar a realidade em todos os níveis, desde o corpo humano até a própria Terra. É a própria força vivificante da Deusa, e o fato de ser aplicada por nós, agentes de cura, nos cumula de grandes dádivas e responsabilidades ainda maiores.

Nesta época de mudanças na Terra, as pessoas, os animais e o planeta precisam de cura. Uma das formas de propiciá-la é a cura a distância e, hoje em dia mais do que nunca, é grande a demanda por agentes de cura. Para as mulheres comprometidas com o caminho do bodhisattvas e da Deusa, a cura dos Seres e a cura da Terra são uma forma de agir com bondade nestes nossos tempos de sofrimento. Use suas capacidades com sabedoria, respeito, reverência, compaixão e amor.

NOTAS

1. Barbara Ann Brennan, *Light Emerging: The Journey of Personal Healing Through the Human Energy Field* (Nova York, Bantam Books, 1993), p. 24. [*Luz Emergente*, publicado pela Editora Cultrix, São Paulo, 1995.]

2. Barbara Ann Brennan, *Hands of Light: A Guide to Healing Through the Human Energy Field* (Bantan Books, 1987), p. 47. [*Mãos de Luz*, publicado pela Editora Pensamento, São Paulo, 1990.]

3. Barbara Ann Brennan, *Light Emerging*, p. 25 [*Luz Emergente*, publicado pela Editora Cultrix, São Paulo, 1995.]

4. *Ibid.*, p. 26.

5. *Ibid.*, p. 23.

6. Baseada num exercício proposto por Amy Wallace e Bill Henkin in *The Psychic Healing Book* (Berkeley, The Wingbow Press, 1978), pp. 99-101.

Capítulo 10

O KARMA

Grande parte do nosso Ser nesta vida e no crescimento espiritual desse Ser decorre do que nós fomos em vidas pretéritas neste e em outros planetas. Nós simplesmente não ficamos aqui por tempo suficiente, numa única vida, para aprender o que somos no plano universal da Deusa. Do ponto de vista cósmico, tão numerosas são as nossas voltas que cada encarnação é como um só dia na escola. Alguns dias parecem mais difíceis ou mais fáceis do que outros e, embora a lei universal nos obrigue a esquecer os detalhes de cada encarnação, o aprendizado todo se unifica na totalidade daquilo que somos essencialmente. Se é verdade que ninguém vem a este mundo sozinho, também é verdade que as nossas vindas são muitas. As provas nesse sentido são incontáveis.

As bruxas aceitam um grande número de idéias sobre a Realidade da Deusa, mas são duas as crenças centrais: uma é na própria Deusa como um Ser imanente e a outra é no sentido de karma e reencarnação. A imanência da Deusa significa que Ela é parte de tudo que vive e existe em cada Ser. Árvore, cão, pássaro, cristal, onda do mar — tudo é Deusa, bem como o é cada ser humano e tudo o que esse ser cria. A Deusa é uma parte de nós e nós somos parte Dela. Tudo o que vive é uno.

A outra crença central do wicca é a idéia de reencarnação. Nós já estivemos aqui antes e aqui estaremos novamente; a vida, ou as vidas, não têm início nem fim. Muitas mulheres buscaram comprovar esse fato em sua experiência pessoal e o conseguiram sem muita dificuldade. Basta que você o peça durante a meditação. As agentes de cura repetidamente constatam quando, nos trabalhos de cura, pedem para ver a causa de uma doença ou de um problema e acabam se vendo em outro lugar, num outro tempo. Esse lugar pode nem ser a Terra e o tempo pode ser muito mais adiantado do que o atual no que diz respeito à tecnologia ou mesmo aos valores humanos.

Todas as religiões, entre elas o judaísmo, o cristianismo e o islamismo, professaram um dia a crença na reencarnação. As religiões ocidentais abandonaram o conceito por volta do século quinto para poder exercer um controle maior sobre os seus adeptos. Postulando que a vida presente é a única vida e inventando um sistema de recompensas e castigos para a vida eterna, as religiões ocidentais colocaram seus adeptos na dependência do seu deus, fazendo deste um poder ao mesmo tempo político e religioso. Cada um dos Seres individuais se tornou isolado, solitário e indigno. O poder político cresceu para pessoas, países e continentes. No Leste, onde a reencarnação é unanimemente aceita, a religião e o crescimento espiritual nascem no interior do eu. São pessoas que vivem em liberdade espiritual.

O budismo define a reencarnação como a Roda do Renascimento, que é inexorável, mas quando uma pessoa alcança a Iluminação, essa roda pára de girar. A fé budista exige a aceitação de duas idéias: compaixão por todos os Seres e aceitação de que a vida é uma. A realidade do Plano Terrestre tem de ser compreendida como uma ilusão criada pela mente; tudo o que parece ser real, como, por exemplo, a própria vida das pessoas, não passa de uma criação da mente. A verdadeira realidade é a vacuidade do vazio, que é ao mesmo tempo bem-aventurança e é atingida livrando-se a mente da separação, da ilusão e das criações negativas que nos obrigam a reencarnar.

O budismo mahayana e o budismo tântrico (vajrayana) afirmam que se pode alcançar a Iluminação nesta vida pela prática espiritual, pelo exercício da bondade e pela percepção da verdade da mente. Todos podem iluminar-se e libertar-se. Na visão budista, o mundo, a existência (vida) é tida como intrinsecamente infeliz e cheia de sofrimentos. O sofrimento é decorrência do egoísmo (separação, ego) e do desejo (ânsia), insaciável pela sua própria natureza. Envolvendo-se em ligações emocionais, apegando-se a coisas, lugares e pessoas no Plano Terrestre, os Seres se condenam a voltar à vida em diferentes corpos. Ao morrerem, suas almas são atraídas de volta à encarnação por esses compromissos e vínculos emocionais. Repudiando o egoísmo insaciável e aceitando a verdade de que o ego é uma ilusão e a vida é uma, o espírito, na morte, liberta-se da necessidade de voltar e sofrer novamente. Compreender plenamente esses conceitos é saber como o universo funciona e como acabar com as encarnações e sofrimentos de todos os Seres.

O budismo embasa seu conceito de renascimento na continuidade da mente/consciência. A citação que se segue é de Sua Santidade, o Dalai Lama:

> Cremos que é possível identificar a origem comum de todos os elementos do nosso atual universo, um ponto inicial no qual tudo no mundo material, até mesmo no nível microscópico, está condensado no que tecnicamente se conhece como "partículas espaciais". Essas partículas, por sua vez, são o estado resultante da desintegração de um universo anterior. Há, porém, um ciclo constante no qual o universo evolui, desintegra-se e depois volta a existir.
>
> Com a mente se dá coisa bastante parecida... se remontarmos às origens da nossa mente ou consciência atual, constataremos estar remontando às origens da continuidade da mente até ao infinito tal como com o universo material; ver-se-á que há algo que não tem começo.

Por isso, tem de haver uma seqüência de renascimentos que assegure o *continuum* da mente.[1]

Também neste caso, a linguagem da física moderna se põe em dia com a sabedoria antiga. O mecanismo que transforma o desejo e o apego em renascimento é o karma. O karma é definido simplesmente como a ação da mente. No wicca, o conceito análogo é o de que "aquilo que você faz, você recebe de volta". A toda ação corresponde uma reação. Uma vida de ações negativas que exigem reparação para serem neutralizadas faz com que a alma seja forçada a renascer. Todavia, a dita "ação negativa" não significa necessariamente cometer um crime, por exemplo. Também o apego à vida resulta em karma e renascimento. O karma é determinado por emoções e acontecimentos retidos na aura que não foram curados ou eliminados antes da morte em determinada existência.

Para dar um exemplo, o estuprador gera um karma negativo em razão do crime que cometeu contra uma mulher. Suponha que esse ato de separação, esse ato do ego, não seja curado na existência em que foi perpetrado. É preciso que, de alguma forma, o estuprador repare seu ato, talvez por meio de uma vida de serviço às mulheres ou no corpo de uma mulher que se torna vítima de estupro ou abuso. Além disso, ele tem também uma dívida kármica para com a mulher que estuprou. Aprendendo a ser bondoso com as mulheres, compreendendo o mal que fez e, talvez, fazendo o bem à sua vítima em outras vidas, ele se livra desse vínculo kármico.

A mulher estuprada também contrai um karma, mesmo não sendo culpada pelo acontecimento. No seu caso, é com os danos infligidos à sua mente e às suas emoções que ela tem de reencarnar a fim de curá-los. A partir do momento em que a cura acontecer, ela não terá mais em sua aura aquele padrão emocional ou mental negativo para carregar para vidas futuras. Esses padrões kármicos repetem-se até que sejam sanados, desligados e liberados da aura e do karma da mulher, ainda que sejam necessárias muitas vidas para que isso aconteça. O objetivo supremo de fato consiste em livrar-se da Roda da Encarnação, mas o karma resulta de um ato do corpo e somente no corpo pode ser resgatado. Tanto no wicca quando no budismo o corpo humano é visto como um dom precioso, pois o resgate do karma (tanto por parte da mulher quanto do seu estuprador) só pode ser feito durante uma encarnação.

Da mesma forma, qualquer ato ou relacionamento cria emoções a que a pessoa fica presa, dando origem ao karma e ao renascimento. Quando você ama alguém, mas se apega a essa pessoa com egoísmo, sem um sentimento de unicidade e sem desprendimento, terá forçosamente de reencarnar-se várias vezes a fim de estar com a pessoa até que o relacionamento se torne saudável e compassivo. Quando isso acontecer, vocês ainda poderão optar por permanecer juntas, sem precisar resolver outras coisas. Se no relacionamento há erros por reparar, surgem os modelos kármicos que obrigam as duas partes a fazê-lo. Se uma mulher sente ciúmes do parceiro, por exemplo, o quadro se reproduz de várias maneiras até que o ciúme se cure e deixe de ser um problema. Em virtude das mesmas leis universais, as ações e relacionamentos positivos resgatam o karma, trazendo benefícios e dádivas à vida, e encaminham as almas de ambas as partes rumo à libertação da Roda dos Renascimentos.

O karma não é um castigo, mas um processo de aprendizado dirigido ao crescimento espiritual e ao desenvolvimento da alma. Sua complexidade é grandiosa e ele representa a expressão última do livre-arbítrio. Nós somos o que somos em razão das nossas ações e do modo como tratamos as outras pessoas. Quando tivermos aprendido as lições de bondade, boa conduta, pureza de pensamento, desprendimento e disposição de fazer o bem, estaremos livres do renascer e sofrer:

> Segundo essa doutrina, nós próprios somos responsáveis pela nossa vida, pela nossa situação, pelos nossos sofrimentos e alegrias, nossas oportunidades e limitações — e até mesmo pelo nosso caráter, nossos talentos, neuroses e bloqueios de personalidade...

> Todos os pensamentos, idéias e emoções que geramos no passado formam o complexo de tendências que fazem de nós o que somos hoje.[2]

O karma no indivíduo pode ser visto como um programa de estudo independente. As lições se destinam a suprir as necessidades específicas da pessoa, aquilo que ela, no período de entrevidas, escolheu para trabalhar na sua existência atual. Haverá lições prazerosas e lições duras, mas a dureza só vem quando a mulher se recusar a aprendê-las pela via mais amena. Haverá dons e capacidades positivas — como, por exemplo, a habilidade para pintar ou para lidar com máquinas — e também coisas mais difíceis de aprender. Todos vêm a este mundo com um propósito de vida e um conjunto de conhecimentos a adquirir. Haverá também um grupo de pessoas importantes com as quais se fará o aprendizado. Todos os relacionamentos significativos, e provavelmente também vários dentre os menos significativos, são relacionamentos kármicos. O karma individual inclui os membros da família e amantes ao lado de quem a mulher encarnou várias vezes. Integra e inclui, do mesmo modo, o karma do planeta, do país, do sexo e da raça dela.

Já tomei conhecimento de vidas passadas minhas em que fui um soldado homossexual; um bruxo, ferreiro e curandeiro de animais que morreu na fogueira na Inglaterra do século XVI; uma bruxa que morreu afogada na grande marcha das mulheres italianas rumo ao mar; uma outra bruxa afogada de novo na Nova Inglaterra. Fui uma sacerdotisa e agente de cura na Creta antiga, uma parteira e xamã em Mesa Verde (Novo México) e uma tecelã que trabalhou nas tapeçarias de Bayeux (França). Em outra existência, fui um comerciante nova-iorquino que migrou para a Califórnia com uma caravana. Fui, além disso, uma lésbica judia que morreu em Buchenwald por volta de 1940. É muito possível que, além dessas encarnações, tenham havido outras das quais eu nem sequer tenha notícia.

Estou ciente de que a mulher por quem tenho hoje um grande amor esteve comigo, como parceira, em muitas dessas vidas. Vivemos várias vezes como um casal, sendo eu o homem e ela a mulher ou vice-versa; além disso, fomos *gays* e lésbicas que conviveram em muitos e diferentes países. Numa determinada vida, em outro planeta, ela foi meu irmão e ambos éramos homens. Tenho consciência de haver conhecido diversos amigos de hoje em outras vidas, mesmo sem saber claramente como eram os relacionamentos passados. Nesta vida, quando encontro pela primeira vez uma pessoa que eu já conheci antes, o relacionamento rapidamente se torna íntimo e basta que eu procure a razão para descobrir que está em relacionamentos mais antigos.

As almas vivem em famílias no período de entrevidas e reencarnam juntas. Uma Mente Suprema compõe-se de vários eus ou almas essenciais. A Mente Suprema permite que até quatro eus essenciais encarnem ao mesmo tempo, embora os eus essenciais raramente se encontrem quando assumem um corpo físico. Todavia, cada eu essencial divide-se em inumeráveis encarnações ou vidas individuais. Cada alma ou eu essencial pertence a uma família de outros eus essenciais saídos de diversas Mentes Supremas. Esses eus encarnam ao mesmo tempo muitas e muitas vezes e voltam a encontrar-se nos períodos de entrevidas. O conglomerado do círculo interno, constituído de até 25 almas, reencarna junto por toda a eternidade e é indispensável ao crescimento e aprendizado de cada um dos seus membros. À medida que os círculos se distanciam do grupo anímico do círculo interno, os relacionamentos se tornam menos intensos.[3]

As vidas passadas são importantes para a cura da vida presente. Nestes tempos de mudanças na Terra, muitas das curas de vidas passadas e desta vida funcionam também como curas kármicas. Nas épocas de renovação do mundo, ou milênios, o karma que a alma acumulou durante a era passada é resgatado em bloco antes do advento da Nova Era. Nós estamos vivendo exatamente num desses períodos de oportunidade. A cura kármica de situações originadas em vidas passadas, no tocante a pessoas, emoções e doenças, está acontecendo em ritmo acelerado nesta vida. Modelos emocionais, mentais e comportamentais do passado estão vindo à tona para serem finalmente depurados e extintos. Vínculos negativos que, durante muitas vidas, ficaram retidos na aura, estão enfim sendo desfeitos. Quando tivermos deixado esta encarnação teremos evoluído e crescido sob todos os aspectos.

Esse tipo de cura exige que a pessoa passe a conhecer quem ela é enquanto alma e leia o que de mais importante está contido nos seus Registros Akáshicos. O Registo Akáshico é o livro ou o histórico das muitas encarnações de cada alma e dos acontecimentos de maior relevância em cada existência. Geralmente, só nos é permitido conhecer aquelas situações passadas que são importantes para a solução de algum problema da vida atual ou para a consecução do nosso propósito nesta encarnação. Nos processos de cura, as vidas passadas freqüentemente se revelam como a origem

Diagrama 14
As Reencarnações[4]

A Superalma libera, para reencarnar-se ao mesmo tempo, até quatro filamentos, que se denominam Eus Essenciais. Cada Eu Essencial (Ser encarnado) tem múltiplas vidas ou reencarnações. Os Eus Essenciais raramente se encontram quando estão em corpos físicos.

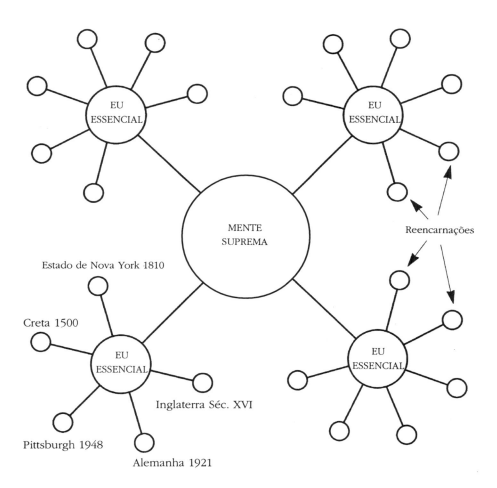

de alguma circunstância ou modelo negativo encontrado hoje, especialmente daqueles que não parecem ter enraizamento lógico nesta vida.

Quando a informação akáshica nos é fornecida, é sinal de que a dificuldade já pode ser solucionada. Às vezes, o simples conhecimento do que aconteceu numa vida passada já possibilita essa solução. Às vezes, esse conhecimento desata uma torrente de emoções que, uma vez sentidas, são liberadas. Numa das minhas experiências, o simples fato de ter tomado conhecimento de um erro cometido numa encarnação passada fez com que um padrão negativo da presente existência se resolvesse.

O karma, como toda a realidade, é uma construção da mente, e a mente sempre pode ser reprogramada. A cura do incesto pela regressão etária, descrita no capítulo sobre a liberação emocional, é altamente eficaz para reprogramar o karma de uma vida passada. Uma vez conhecida, a situação pode em geral ser curada, e o conhecimento basta para que os Senhores e Curadores do karma autorizem a cura, desde que a paciente se mostre receptiva a ela. A capacidade da agente de cura de extrapolar o tempo é um fator primordial nesse tipo de trabalho. O budismo e a física entendem o tempo, o espaço e até o karma como ilusões criadas e dirigidas pela mente. A compreensão de que esses limites são criados pela própria pessoa é suficiente para que ela os transcenda, elimine e modifique.

Experimente fazer a meditação seguinte para descobrir uma das suas vidas passadas. Há para isso algumas meditações bastante formais, mas eu as considero desnecessárias. Uma meditação excelente encontra-se na obra de Brian Weiss, *Through Time Into Healing* (Fireside Books, 1992), e numerosas outras fontes trazem também meditações eficazes. Os hipnoterapeutas e psicoterapeutas que usam a regressão etária para curar fobias e hábitos negativos sempre deparam com os seus clientes descrevendo situações de outras vidas. Quando isso acontece, as fobias ou situações que eles põem a nu são em geral rapidamente resolvidas. As agentes de cura também vêem esse fenômeno com freqüência e podem usá-lo na autocura. Na primeira meditação apresentada abaixo, peça para ver apenas uma vida passada sua, familiarizando-se assim com o processo antes de dirigi-lo para uma cura específica. Para a maior parte das mulheres, a primeira visão das vidas passadas acontece de forma espontânea, na meditação ou quando elas pedem a cura de uma doença, sem que a agente de cura ou a paciente o peçam especificamente.

Entre em meditação num momento e num local que assegurem que você não será perturbada. Comece com a ancoragem e a concentração, faça duas vezes o relaxamento total do corpo e depois faça fluir a energia, enchendo de luz os seus chakras e corpos áuricos. Faça tudo, mesmo que você não precise dessas coisas para entrar em meditação pois neste caso se requer um estado de transe mais profundo. Erga em torno de si uma bolha protetora e peça aos seus guias e anjos que compareçam à sessão. Diga-lhes que você gostaria de ver uma vida passada que fosse importante para a sua vida atual e peça que eles a levem àquela vida.

Veja-se dentro de um túnel escuro, descendo uma escadaria ou atravessando uma ponte ou um rio. Siga a luz ao fundo ou ao final, passe através de uma porta brilhante e entre num outro tempo. Olhe para os seus pés; são de homem ou de mulher? Qual é a cor da sua pele e que tipo de sapatos você está usando, se é que está calçada? Examine as suas roupas e depois o ambiente à sua volta. Onde está você, e em que época? Peça aos seus guias que lhe dêem as respostas que você não for capaz de descobrir por si mesma. Quem é você? O que está acontecendo nesse tempo? Há mais alguém envolvido na situação em que você está? Nessa vida, qual é a relação que você tem com essa pessoa? Você a conhece na vida atual? Observe o desenrolar da cena. Se ela perder a nitidez, peça para ver uma outra cena daquela vida.

Se a cena envolver algum sofrimento ou um trauma, peça para assistir a ela "como se fosse um filme", sem que ela a afete e sem que você sinta dor ou medo. Faça o mesmo se tiver de ver-se morrendo, nascendo ou dando à luz. Depois que os seus guias espirituais lhe houverem mostrado o que você precisava ver e as imagens começarem a enfraquecer, pergunte-lhes como e em que medida aquela vida passada é importante para a sua vida atual. Talvez você já saiba. Quando você sentir que as imagens e as informações terminaram, volte ao agora.

Você pode fazer essa meditação durante algum tempo para adquirir uma compreensão maior de quem você é. Muitas vezes, o simples fato de ver alguma coisa do passado que é relevante para o presente resolve uma dificuldade atual. Às vezes é necessário um trabalho mais aprofundado ou mais específico. Às vezes é preciso acumular uma quantidade muito maior de conhecimento para que todo o padrão seja esclarecido e a cura possa acontecer. Quando determinada situação, ou uma existência inteira, tiver sido particularmente traumática, é possível que durante algum tempo as informações lhe sejam dadas em pequenas doses.

Também pode ser necessário enfrentar de novo as mesmas situações negativas e dolorosas para curá-las. É possível que ela pareçam estar acontecendo neste exato momento e sejam muito intensas. Depois das sessões de meditação sobre vidas passadas, você talvez comece a ter visões retrospectivas de cenas que testemunhou nessas antigas existências. Assista passivamente a essas cenas. Desapegue-se delas; não resista nem se prenda às informações e ao sofrimento.

Agora, faça de novo a mesma meditação, mas desta vez peça para ver, numa vida passada, a *origem* de um padrão de comportamento, situação, relacionamento ou trauma da vida atual que você esteja disposta a curar. Para alcançar melhores resultados, tome como tema uma situação para a qual você já tenha realizado, na vida presente, o trabalho emocional. Talvez você encontre uma origem mais profunda em outra encarnação, sobretudo se o trabalho realizado nesta vida não tiver solucionado o problema. Ao ver a origem numa vida passada, pergunte aos seus guias se há ainda outras existências nas quais o problema tenha se manifestado. Há casos em que o que determina um padrão kármico é um conjunto de diversas vidas. Tente identificar qual das vidas é a origem primordial do problema. Por enquanto, não tente mudar nada. Primeiro será preciso fazer um exame completo.

Se a situação envolver outra pessoa ou outras pessoas, haverá aspectos éticos a considerar, especialmente se você souber quem elas são na vida presente. Antes de tudo, o indivíduo que lhe fez mal no passado, mesmo que tenha sido um grande mal, não é um criminoso nesta vida. O essencial neste casos é curar, não partir para a vingança; deixe a retribuição kármica para os registros akáshicos da própria pessoa, para os guias espirituais dela e para a Deusa. Se você violar esse princípio, poderá sofrer grandes conseqüências. Sua única responsabilidade — que não exige nem o sentimento de culpa nem a condenação de outras pessoas — é resolver sua própria situação. Quando você estiver curada, a outra pessoa também poderá ser curada. Tome cuidado para não manipular de modo algum o karma de nenhuma outra pessoa, a menos que ela concorde e participe do processo com você.

Em segundo lugar, todos viveram inúmeros tipos de vidas. De propósito ou sem querer, outros lhe fizeram mal e você fez mal aos outros. A questão é dar uma solução para o problema, no presente e no futuro. Todos fizeram coisas erradas em outras vidas e também na vida presente. Se você se vir fazendo mal a alguém, sua obrigação será envergonhar-se e aprender plenamente a lição para não reincidir no erro. Peça aos seus guias que a ajudem nisso. Se alguém lhe fez coisas dessa natureza, agora não é hora de interpelar essas pessoas por isso. É coisa que não tem sentido. Lembre-se de que você não está a salvo de ser interpelada por sua vez. Julgue os relacionamentos desta vida pelo que são agora. Cure o dia de hoje, desligando-se do passado. O ato de culpar aos outros ou a você mesma não vai curar ninguém, nem eles nem você. Essa condenação é ditada pelo ego. Mantenha-se num território neutro, compreensiva para consigo mesma e para com todos os envolvidos.

Também neste caso, conhecer bem a situação talvez baste para resolvê-la e eliminar desta vida a doença e a dor. Dê tempo às informações para que fixem raízes em você. Você as compreenderá melhor se deixar para pensar nelas mais tarde. É muito possível que nos dias seguintes você tenha várias lembranças que a esclarecerão bastante com novas informações. Dê tempo para que o processo se desenrole; não precipite nem retarde nada. Deixe que as emoções surjam e se filtrem através de você. Isso acontece, em regra, pouco antes do adormecer ou logo depois do despertar, quando você está relaxada ao máximo. Reveja e compreenda inteiramente a situação antes de ir adiante. Se houver uma sucessão de vidas passadas envolvidas em determinada situação, será preciso que você as conheça todas ou, pelo menos, aquelas que os seus guias espirituais quiserem lhe mostrar. Se você esquecer algumas informações já recebidas, elas lhe serão novamente fornecidas no momento em que você precisar delas. Não se prenda a nada; olhe, observe, sempre com total desapego.

Faça o passo seguinte, que é uma regressão a vidas passadas para resolver de uma vez por todas as situações ou o padrão kármico. Entre em meditação, relaxando completamente o corpo, fazendo fluir a energia e erguendo uma proteção à sua volta. Peça aos seus guias espirituais que a conduzam à vida em que o problema começou, à origem mesma da doença ou do karma. Peça aos seus guias que reprogramem e curem essa origem. Desta vez, ao chegar à vida onde está a origem, mude o roteiro do filme. Antes de chegar o momento crucial, reescreva a história a fim de que nada de ruim aconteça e o problema se resolva de maneira positiva.

Se alguém a estuprou ou assassinou naquela vida, na nova versão ela vai faltar a esse encontro fatal. Se a falência de um negócio a levou ao suicídio, como aconteceu numa regressão que eu fiz com uma paciente, faça aparecer um monte de dinheiro (nem que seja por um passe de mágica) e o suicídio deixará de acontecer. Se algum tipo de desentendimento passado estiver dificultando um relacionamento atual, resolva esse desentendimento mediante a concessão de um perdão incondicional. Pouco importa quem estava com a razão; perdoe a outra pessoa. Crie soluções que sejam positivas para todos, mas as mudanças terão de acontecer dentro de você. Lembre-se de que não há mal que o amor não vença.

Resolvida a situação, peça para ver como ficou aquela sua vida no dia seguinte ao da correção do trauma. Proceda como na liberação emocional no caso da cura do incesto. Passe depois ao ano seguinte e veja como está a sua vida depois da mudança do karma negativo. Avance mais cinco, mais dez anos; depois observe — sem nenhuma dor ou desconforto — como foi que você morreu naquela existência. A cada etapa, pergunte aos seus guias o que mais é necessário. Depois da morte, peça-lhes que façam a cura transbordar para todas as vidas e níveis áuricos para mudar para melhor a vida atual e as vidas futuras. Agradeça aos seus guias e anjos e volte ao agora.

Você talvez precise de uma semana tranqüila, comendo bem e dormindo bastante, para assimilar as mudanças provocadas por essa cura. Exija de si o menos possível. Beba muita água pura. Se você ficar doente ou começar a liberar muitas toxinas, apanhe um pouco de sal marinho, esfregue-o nos seus chakras e depois enxágue-se debaixo do chuveiro. Se você se sentir como um "peixe destripado" com a aura exposta, dilacerada e perdendo energia, esfregue vinagre de cidra nos seus chakras depois do banho ou então coloque uma xícara desse vinagre numa banheira cheia d'água e mergulhe nela durante vinte ou trinta minutos. O uso do âmbar neste caso ajuda a proteger e a curar a aura.

Quando os sentimentos se acumularem e você se sentir forte novamente, faça mais uma meditação. Desta vez, quando pedir para ver novamente sua vida passada, você se surpreenderá com as mudanças. O trauma, a situação original, terá desaparecido. Peça depois para ver outra das vidas passadas — a seguinte — que integraram o modelo traumático. Mude-o como fez para a outra vida; ele se resolverá rapidamente. Prossiga da mesma forma até que todas as existências que fazem parte do modelo kármico negativo estejam curadas. Quando seus guias disserem que não têm mais nada a lhe mostrar porque a situação já está totalmente sanada, peça-lhes que façam a cura transbordar para a vida atual e para todas as vidas que virão depois, em todos os níveis. Agradeça-lhes e volte ao agora. Talvez sejam necessários mais alguns dias para a plena integração das mudanças, mas o modelo estará curado e o karma terá sido totalmente resgatado. Como a mente é capaz de criar novas realidades, você terá reescrito seu Registro Akáshico no capítulo em que apareceu aquela situação ou trauma e o modelo kármico terá sido definitivamente alterado.

Eu recomendo esse processo, a título de complementação da cura, a todas as mulheres que tenham sido vítimas de incesto ou abuso sexual. Todo o trabalho relativo a esta vida deve estar terminado antes de você ir buscar a fonte da vida passada. O método também é útil nas relações pessoais conturbadas para compreender e corrigir o padrão e a origem do conflito. As relações mais importantes podem estar envolvidas em muitos laços kármicos, ao passo que as de menor importância podem resolver-se muito mais rapidamente. Se o problema estiver localizado unicamente nesta encarnação, isso lhe será comunicado. Ao solucionar problemas da vida presente que envolvam outras pessoas, lembre-se de que as mudanças só podem acontecer em você. Pergunte aos seus guias, em todos os passos do caminho, quais são as soluções que podem ou não ser recomendáveis ou aceitáveis. O objetivo é o bem maior de todos. Seja imparcial nas suas avaliações. Use de compaixão e amor e não se arrogue o posto de juíza. Nunca se esqueça de que essas curas acarretam grandes mudanças de vida. Encare-as com seriedade e responsabilidade.

A técnica também pode ser usada com muita eficácia na cura de outras pessoas. A agente conduz a paciente através do processo, orientada pelas descrições que a paciente faz daquilo que está vendo. A agente pode, alternativamente, ligar-se psiquicamente à paciente e ver também o que acontece. Se você for formada em Reiki, o símbolo a usar é o Hon-Sha-Ze-Sho-Nen, do princípio ao fim, seja na autocura, seja na cura de outra pessoa.

Se você conhecer outra agente de cura que trabalhe bem com você, peça a ajuda dela em vez de tentar fazer a reprogramação kármica sozinha. Com alguém a orientá-la, você poderá ir mais fundo numa determinada vida e também na meditação. Quando você não está obrigada a prestar atenção ao processo propriamente dito e ao mesmo tempo a não se esquecer de qual é a etapa seguinte, o trabalho é mais fácil. Sozinha ou acompanhada, você sofrerá mudanças profundas. Se você ainda não estiver preparada ou a reprogramação não for permitida, os guias a avisarão. Talvez tudo só aconteça mais tarde, depois que você fizer outras curas ou receber maior número de informações.

Eu já fiz reprogramações kármicas sozinha e com outras mulheres. Num desses casos, duas mulheres tinham um relacionamento obsessivo que uma delas queria resolver. Uma outra agente de cura trabalhou comigo. Na meditação, eu via a paciente sendo assassinada pela outra mulher, que naquela vida passada tinha sido um homem. A paciente, que era uma jovem obesa e trajava um vestido branco, aguardava à sombra de uma árvore. Um homem alto e magro surgiu de dentro do bosque e se pôs a esfaqueá-la violentamente até que, tendo perdido grande quantidade de sangue, ela morreu. Reconheci nesse homem a outra mulher, embora os dois fossem fisicamente muito diferentes. A outra agente de cura viu formas de energia e não o acontecimento propriamente dito: descreveu uma luz clara repentinamente obscurecida por uma mancha negra que se espalhava. A paciente contou-me mais tarde que sempre sonhava que estava morrendo no colo da outra mulher. A verdade, porém, é que esse tipo de violência é muito raro nessas sessões.

Existe um outro processo de cura kármica que eu só uso em casos de extrema gravidade. É coisa que não pode ser tratada levianamente. Eu o descrevi a uma mulher que, espantada, disse que era como "pedir a Deus que mudasse os dez mandamentos". Costumo adotá-lo nos casos de doenças que representam grande risco para a vida e nas situações que acarretam conseqüências graves. Antes de sequer cogitar nele, faça a cura emocional desta vida, todas as meditações kármicas e a reprogramação; só o use se nada do que você fez tiver dado resultado.

O processo a que me refiro chama-se liberação kármica e envolve dois grupos de cura não-físicos, os Senhores do Karma e os Curadores do Karma. Os Senhores do Karma — que parecem ser homens, como mostra essa denominação que eles mesmos me deram — são os Seres com quem a pessoa determina, no estado de pré-vida, os ensinamentos a serem aprendidos durante a próxima encarnação. Eles são os redatores e guardiães dos Registros Akáshicos e os administradores do karma pessoal e grupal. Nas poucas informações que consegui colher acerca desses Seres, descobri que são também chamados de Lipika, uma palavra hindu, ou de Anjos Registradores:

> Verificamos na religião hindu que os Lipika (Senhores do Karma) tornaram-se administradores do karma pessoal assim como Jeová, o Deus dos judeus, gentios e muçulmanos, foi personificado como um Deus justo porém severo.[5]

e

> Segundo uma certa traição, existem entidades chamadas de Lipika ou Anjos Registradores. Eles não se limitam a escriturar nossos atos. Ininterruptamente, colhem nova informações que, acrescidas àquilo que eles mantêm armazenado numa espécie de "memória", vão reprocessando o que já está escrito, daí resultando, a cada instante, novas alterações. A conseqüência é o contínuo renovar de um perfeito equilíbrio dinâmico. Existe uma justiça perfeita em todo o universo.[6]

Diversas vezes procurei os Senhores do Karma para me curar. A cura, uma vez concedida, dá início a um processo grandioso de depuração e liberação, que causa transformações intensas. Repito: só empreenda o processo se todos os outros meios tiverem sido esgotados. Aproxime-se desses Seres com grande seriedade, respeito e reverência. Não os desagrade nem provoque. Se o seu pedido for negado, deixe que tudo fique como está. Você com certeza não quer que a sua vida seguinte seja ainda mais difícil do que a atual!

Entre em meditação profunda e peça para falar com os Senhores do Karma. É preciso que os seus guias e anjos estejam com você. Você verá, ouvirá ou sentirá muito fortemente a presença daqueles Seres. Eles são positivos e amorosos, embora assustadores e severos. Explique a sua situação e peça para conhecer os detalhes do contrato kármico. Uma vez sabendo e compreendendo *por que* existe a situação que a incomoda, talvez você entenda a necessidade de deixá-la tal como está.

Se você ainda estiver disposta a mudá-la, pergunte se isso é permitido ou mesmo possível. Eles poderão responder-lhe "sim" ou "não", ou lhe perguntar como você está pensando em proceder às mudanças. Formule os termos do contrato com o máximo cuidado, depois de deliberar com os seus guias espirituais e anjos. Cuidado com o que pede, pois você terá de arcar com as conseqüências, nesta vida e mesmo em vidas futuras. Provavelmente não lhe serão permitidas novas alterações na mesma cláusula. Se você quiser a cura de uma doença, declare que a quer completa em todos os níveis e que quer a sua vida presente livre de todas e quaisquer doenças. Em princípio, você não receberá autorização para ir além desta encarnação, mas as mudanças nesta vida repercutirão nas vidas futuras. Também é possível libertar-se de uma doença grave pela morte; por isso, tome a precaução de explicitar *que tipo* de libertação você quer, sem determinar, contudo, o mecanismo de cura pelo qual pretende consegui-la. Estabeleça um momento específico para a cura começar. Seria péssimo se ela só começasse *depois* desta vida. Não deixe brechas para interpretações errôneas. Seja totalmente clara. Nada de ambigüidades.

Quando você tiver escolhido o que pedir especificamente e os seus guias estiverem concordes quanto ao fraseado, repita-o para os Senhores do Karma. Peça-lhes também que aprovem as suas formulações. Pergunte-lhes se eles poderão atendê-la agora ou o que você precisa ainda saber para que isso seja possível. Você ouvirá um "não" ou um "concedido" e eles irão embora imediatamente. A resposta não será explicada. No máximo, talvez eles lhe mostrem um episódio de uma vida passada que tenha de ser resolvido antes de ser aprovado. Pergunte-lhes se eles concordam em que aquela situação original seja curada. Se eles concordarem e você o quiser, peça que isso aconteça. Quer você perceba mudanças na cena contemplada, quer não, ainda uma vez você ouvirá um "não" ou um "concedido". Às vezes é preciso fazer uma reprogramação kármica para essa situação. Agradeça-lhes, e a meditação estará terminada. Talvez não tenha durado mais do que alguns segundos.

A partir do instante em que você ouvir a palavra "concedido", tudo na sua vida mudará radicalmente. Talvez você fique alterada por alguns dias, tenha visões (também de vidas passadas) e veja luzes e arco-íris das mais inimagináveis tonalidades. Talvez viva um período de intensa liberação emocional ou física, que pode durar até um mês. Você poderá sentir-se muito doente, avoada ou descontrolada. Estará sofrendo uma transformação radical e cumpre que, em respeito ao processo, não apenas se sinta grata, mas também se acalme, repouse e se alimente bem. Confie na Deusa e nas mudanças.

Mais tarde, se precisar de ajuda para reintegrar-se ou para assimilar e implementar na sua vida as mudanças, há um segundo grupo de curadores a quem pode recorrer. São os Curadores do Karma (não os Senhores do Karma). Eles são menos severos, mas só um pouquinho mais afáveis no trato com as pessoas. Eles a acompanharão ao longo das mudanças de vida que se seguem à liberação kármica. Você também pode chamá-los se o processo lhe parecer encalhado ou incompleto. Todavia, espere algum tempo antes de apelar para os Curadores do Karma. Você pode chamá-los para curar o Karma dos animais também. Em muitos casos de liberação kármica, você será encaminhada diretamente para eles, sem passar pelos Lipika ou Senhores do Karma. Peça aos seus guias e anjos que a orientem.

Eu pedi aos Senhores do Karma que curassem o medo constante e, às vezes, insuportável que sempre me acompanhou nesta encarnação. Convivi com o medo durante toda a minha infância, mas depois fiz inúmeros trabalhos de cura desta e de vidas passadas para tentar curá-lo. Contudo, o medo persistia, não raro ressurgindo sem explicação possível e, quando tinha uma razão plausível, com uma força muito maior do que seria de supor. Como esse sentimento me prejudicara tantas vezes e de tantas maneiras diferentes na vida, decidi buscar ajuda junto aos Senhores do Karma.

Quando pela primeira vez lhes pedi que me livrassem daquele medo injustificável, eles me negaram. Quando perguntei aos meus guias e anjos o que fazer, eles me sugeriram que fosse às vidas passadas. Ao pedir para conhecer a origem do meu medo asfixiante, levaram-me ao campo de concentração. Mas, mesmo sabendo que ali estava a origem, a sensação de medo não desapareceu. Alguns dias depois ocorreu-me outra idéia e eu voltei aos Senhores do Karma. Desta vez perguntei se eles permitiriam que fossem eliminados e curados em todos os níveis da alma essencial e dos corpos áuricos os danos que me haviam sido infligidos naquela existência que terminou no campo de concentração. O pedido me foi concedido.

Mas as coisas não terminaram aí. Tão logo a liberação foi concedida, eu me enchi de uma sensação incrível de alegria, amor, paz, calma e alívio. Depois, uma súbita sensação de dor começou a escorrer do meu corpo para a Terra. Era como água sendo derramada por todo o meu corpo e através dele; uma delícia. Todavia, no dia seguinte eu me senti muito mal e o corrimento sutil saía dos meus chakras da garganta e do coração. Parecia que uma fumaça pesada, escura e tóxica me saía da garganta. Senti palpitações e uma fraqueza tão grande que quase não conseguia caminhar. O mal-estar e a fraqueza continuaram. Passei mais uma semana de terror intenso a me perguntar o que os guias teriam feito e por que razão não podiam ou não queriam reparar os estragos. Pensei, a sério, que estava morrendo. Breda esteve comigo todas as noites ao pé da minha cama — eu também não conseguia dormir — e conversamos, mas, ao que parece, ela nada podia fazer.

Depois que o medo diminuiu, continuei doente e muito fraca durante ainda um mês. A partir daí, todo o meu medo desapareceu e muitas das doenças que eu tinha por irreversíveis curaram-se por completo. Eram problemas do intestino, do útero, dos olhos e dos nervos. Depois de dois meses de intensa desintoxicação, apareceu uma agente de cura que me ajudou. Parece que eu fui submetida pela segunda vez aos horrores do campo de concentração, de forma condensada, e isso me livrou deles de uma vez por todas. Sinto-me agradecida por não ter tido nenhuma visão daqueles acontecimentos, mas apenas sensações e emoções. Foi uma cura da qual eu estava muito necessitada, mas, ao mesmo tempo, o processo mais penoso pelo qual eu já passei. De qualquer forma, o karma daquela vida não vai mais me frustrar, quer no presente, quer no futuro. Ele já foi completamente eliminado da minha aura, da minha vida e da minha alma.

Essa não é uma forma de cura que se deva encarar com leviandade, mas, usada como último recurso, pode ser extremamente transformadora e positiva. Eu a apliquei a uma mulher que não teve nenhuma das reações apavorantes que me aconteceram. Era uma pós-graduada com uma doença sangüínea do baço que lhe prejudicava gravemente o sistema imunológico. Reuni para ela informações sobre proteção imunológica e naturoterapia, sugeri um poderoso desintoxicante e uma dieta de baixo teor fosfórico. Para terminar fiz uma cura pela imposição das mãos.

Quando pedi a liberação kármica para ela, os Senhores do Karma primeiro lhe mostraram um episódio de uma vida passada. Ela era um menino que tinha sido preso por haver apedrejado um dos cavalos do exército que invadira a sua cidade. Ela reconheceu no homem que a havia prendido o seu pai na vida atual. O relacionamento entre eles era difícil. Perguntei-lhe se ela era capaz de perdoá-lo agora e naquela vida. Foi o que ela fez. Nenhum veredito dos Senhores do Karma nos foi comunicado com clareza e não vimos mais nada, mas a saúde da mulher, segundo mostraram os exames médicos, melhorou consideravelmente.

Num outro caso, uma mulher com câncer de mama não chegou a formular um verdadeiro pedido aos Senhores do Karma e tudo quanto obteve foram visões do seu corpo flutuando sobre um desfiladeiro no deserto. Eu fiz em nome dela um pedido aos Senhores do Karma, mas era necessário que ela própria decidisse libertar-se, e não decidiu. Os agentes não-físicos, mesmo aqueles nos níveis mais elevados (e especialmente eles), não violam o livre-arbítrio. Para ser curada por eles, você tem de trabalhar com eles e assumir responsabilidades. Trata-se de um processo baseado na colaboração, e nem todos optam por curar-se.

Durante uma dessas sessões, na qual fui ajudada por uma outra agente de cura, obtivemos a liberação kármica para a paciente, mas fomos obrigadas a ensinar a ela o que pedir. Como muitas outras mulheres, ela não conhecia as implicações do ato de pedir uma mudança de vida nem sabia o que poderia pedir para atrair novidades positivas para esta vida. Tivemos de estimulá-la: "Você quer alegria na vida? Um bom relacionamento? Quer saúde? Quer curar-se do diabetes? Quer fartura?"

Nós, as agentes, começamos até a exagerar nas coisas boas que desejávamos para a mulher e acabamos as três rindo à vontade. Ela aceitou tudo quanto sugerimos, mas não foi capaz de pensar em coisa alguma por si própria. Acabou, no fim, dizendo o que queria e o que não queria para a sua nova vida, e os Senhores do Karma aceitaram o pedido. As mudanças estão começando a se manifestar, embora não isentas de contratempos. O organismo da mulher, que não foi o principal objeto da sessão, está melhorando a olhos vistos e ela já não precisa das mesmas quantidades de insulina. O lado emocional, que era tema principal do tratamento, está sendo progressivamente resolvido. Trata-se da mesma mulher que me havia procurado para curar-se de um relacionamento obsessivo, e também nessa área as mudanças vêm acontecendo.

Acredito que a liberação kármica, esse tipo de cura, não seria possível há trinta anos, talvez nem mesmo há cinco ou dez anos. A tensão e os sofrimentos decorrentes de termos decidido trabalhar como agentes de cura neste mundo, nesta época de mudanças na Terra, estão sendo recompensados. Nossa abertura psíquica cada vez maior e o fato de estarmos aprendendo cada vez mais a usar nossas capacidades para curar também colaboram para nos propiciar esses benefícios. A esta altura eu já não considero irremediável nenhuma situação, por pior que ela possa parecer de início. Já vi acontecer tantas curas aparentemente impossíveis que comecei a achar que qualquer coisa pode mudar, se for para o bem da paciente e ela pedir que isso aconteça.

No entanto, eu me aborreço cada vez mais quando ouço que algumas agentes de cura usam o karma como pretexto para responsabilizar outras pessoas pelo que essas mesmas pessoas estão sofrendo, ou emitem juízos de valor sobre o karma e o encaram sem compaixão. Todos já passaram por situações, emoções e relacionamentos negativos e também os provocaram. Todas nós tentamos fazer o melhor possível com os conhecimentos de que dispomos a cada momento. Temos de nos comprometer pessoalmente a aprender com o passado, a fim de poder curá-lo. Isto é válido tanto para a vida presente quanto para encarnações passadas. Ninguém escapa à morte e ninguém escapa ao karma.

Diz a filosofia budista que a única forma de eliminar o karma é trilhar o

Caminho da Iluminação e atingi-la não com vistas a si próprio, mas aos outros. Se conseguir tomar consciência de que a mente cria a realidade e de que toda realidade é uma ilusão, você não precisará renascer. Todo o karma se esgotará. No entanto, é uma grande alegria estar encarnada num planeta tão belo como a Terra. O renascimento, na verdade, não é coisa tão ruim assim.

Muitas agentes de cura estão aqui no caminho de compaixão do bodhisattva, saindo da própria Iluminação para ensinar aos outros o caminho. Para isso, elas reencarnam voluntariamente. O budismo mahayana diz que quando sairmos da Roda da Encarnação, iremos todos juntos, de modo que ninguém terá de voltar a reencarnar-se. Talvez, a partir de então, no corpo físico ou como Seres de Luz, não haverá mais sofrimento, mas somente o amor que é um direito hereditário de todos nós, como almas que são partes da Deusa.

NOTAS

1. Sogyal Rinpoche, *The Tibetan Book of Living and Dying* (San Francisco, HarperSanFrancisco, 1993), pp. 89-90.

2. Shirley Nicholson, "Karma As Organic Process", in V. Hanṣen, R. Stewart e S. Nicholson, *Karma: Rhythmic Return to Harmony* (Wheaton, Quest Books, 1975, 1990), p. 24.

3. Michael Newton, Ph.D., *Journey of Souls*, p. 88.

4. Laeh Maggie Garfield, *How the Universe Works: Pathways to Enlightenment* (Berkeley, Celestial Arts Press, 1991), p. 28.

5. Clarence R. Pedersen, "The Source of Becauses", in V. Hansen, R. Stewart e S. Nicholson, *Karma: Rhythmic Return to Harmony*, p. 54.

6. Laurence J. Bendit, "Karma and Cosmos", in V. Hansen, R. Stewart e S. Nicholson, *Karma: Rhythmic Return to Harmony*, p. 281.

Capítulo 11

O RESGATE ANÍMICO

O resgate anímico é uma técnica tradicionalmente associada ao xamanismo, mas eu a uso no contexto da cura sutil. O xamanismo se originou na Europa, na Austrália, no Tibete, entre os índios da América do Norte e na África; é uma forma de cura sutil conhecida pelas populações tribais de todas as partes do mundo. A forma de resgate anímico que eu mesma aplico não foi tirada de nenhuma tradição específica, mas baseia-se no espírito comum de todas as tradições. Costumo avaliar qualquer técnica de cura em função dos seus resultados, da sua eficácia, da facilidade de aplicação e do quanto ela ajuda a curar. Em geral, eu combino, sintetizo e reformulo os métodos de cura; foi isso que fiz com este método em particular. Nas minhas mãos, o resgate anímico é um método eficaz para reparar os danos infligidos à alma nuclear e a ajudar as mulheres a encontrar uma nova integridade. Já vi esse método produzir resultados espetaculares, para mim e para outras pessoas.

O valor primordial do resgate anímico está na sua capacidade de curar através dos planos da existência. É diferente de trabalhar por meio dos chakras e dos níveis do corpo áurico, na medida em que curar os planos de existência significa curar a alma nuclear ou eu essencial. Chegamos aos diversos planos de existência através dos corpos áuricos astral, mental e espiritual; há também um plano do corpo físico. Veja o diagrama no Capítulo 9.

O plano físico é o nível dos chakras da base, da barriga e do plexo solar, e das faixas da aura que lhes transmitem energia. Essas coisas fazem parte da existência física, mas não do eu essencial ou alma nuclear. O plano astral é contatado através do chakra do coração e do respectivo corpo áurico. Ele é o gêmeo espiritual (eu superior) do corpo emocional e é também o mundo em que transcorrem as viagens fora do corpo, o mundo dos espíritos. Chegando-se ao plano mental, pode-se passar daí ao Corpo de Luz através da rede da mente; o Corpo de Luz está no ponto de contato entre a mente da pessoa e a mente universal da Deusa Terra, e, além disso, no ponto de contato entre a Terra, os outros planetas e a galáxia. Chega-se a esse plano através dos níveis áuricos ligados aos chakras da garganta e da terceira visão; o plano propriamente dito, porém, vai além dos corpos áuricos desses chakras.

Chega-se ao plano espiritual através do chakra da coroa e passando pelos níveis áuricos a ele ligados. Esse plano abrange a matriz etérica, os corpos celestial e ketérico e, além deles, o Corpo de Luz e a Mente Suprema. A alma nuclear compõe-se dos planos astral, mental e espiritual e dos níveis além deles, e é o eu essencial em todas as suas inúmeras encarnações. Não inclui, porém, o plano físico.

Kenneth Meadows, em *Shamanic Experience* (Element Books, 1991), define esses planos segundo a terminologia do xamanismo contemporâneo. O Corpo Energético e o Eu Oculto mencionados a seguir são o plano astral; o Eu Humano é o plano mental e o Eu Superior é o plano espiritual da existência.

> O pensamento fornece o modelo a partir do qual o corpo físico toma forma. O Corpo Energético, que circunda e interpenetra o corpo físico, é uma parte do casulo áurico do ser humano e nasce da forma de pensamento inicial do eterno Eu Superior. Depois, esse Corpo Energético é afetado e modificado pelos pensamentos, atitudes e crenças do Eu Humano que são subconscientemente projetados nele. O Corpo Energético é primordialmente o veículo do Eu Oculto e se compõe de tons e matizes de som e cor que se altera constantemente à medida que ele absorve os pensamentos e sentimentos do Eu Humano. O Eu Corporal opera basicamente através do corpo físico; o Eu Oculto, através do Corpo Energético e Emocional; o Eu Humano, através do Corpo Mental; e o Eu Superior, através do Corpo Anímico.[1]

A cura nesses níveis é um trabalho avançado, com força suficiente para expandir, curar e restaurar o eu essencial ou alma nuclear. Mas por que o eu essencial precisa de cura? E como podemos fazê-la nós, que estamos encarnados e representamos o mais baixo nível energético da cadeia? O eu essencial/alma nuclear está sujeito ao desgaste provocado por suas inúmeras encarnações. Embora a energia seja indestrutível, o eu essencial pode não ser, apesar de imortal e dotado de uma espantosa capacidade de recuperação e autocura. A Mente Suprema é indestrutível e imortal e é uma parte ativa e importante da consciência da Deusa. Uma longa seqüência de existências cheias de grandes sofrimentos não remediados pode, em tese, destruir um eu essencial, mas é pouco provável que isso seja permitido. Nada pode destruir a alma superior.[2]

O fato, porém, é que o eu essencial pode ser danificado ou mesmo fragmentado em decorrência de uma sucessão de vidas de extremo sofrimento. Nesse caso, haverá doenças no nível físico, bem como nos corpos emocional/astral, mental e espiritual. O gêmeo astral, ou eu superior, pode separar-se do corpo físico que ele sustenta se o cordão prateado que liga um e outro estiver demasiado frouxo para mantê-los devidamente unidos. Assim como uma gota faz transbordar a taça, assim também traumas aparentemente pequenos na reencarnação da alma podem resultar em danos e quebras, se o eu essencial já se houver encarnado em más condições.

Os xamãs chamam a esses danos que se manifestam na encarnação de "perda anímica". Dizem eles que essa perda sempre decorre de um trauma evidente, mas eu acho que esse trauma evidente não é senão a ponta de um enorme *iceberg*. O trauma desta vida é a última de muitas gotas.

> A "perda" da alma resulta geralmente de uma situação traumática. Por exemplo, notícias horríveis ou um choque muito forte podem fazer com que aquela que os recebe se aliene da realidade consciente durante algum tempo... Ela pode sentir-se "morta para o mundo" ou "fora de si". Um acidente pode deixar uma pessoa "fora de si" por alguns dias e uma doença grave ou uma cirurgia podem, às vezes, provocar na pessoa a sensação de estar "dissociada" do corpo físico – um sentimento incômodo e confuso. A perda de um ente querido, a separação ou divórcio, a perda do emprego, a aposentadoria compulsória, um estupro, incesto ou espancamento – essas coisas podem causar uma sensação de prolongado entorpecimento, o estranho sentimento de que uma parte da gente "está faltando". E, na verdade, é exatamente isso que acontece.[2]

As mulheres se reconhecerão na passagem citada acima, especialmente as que foram vítimas de traumas violentos como incesto, estupro, espancamento ou maus-tratos na infância. Essas mulheres traumatizadas têm muita dificuldade de permanecer no próprio plano astral. Eu sei do que estou falando, porque sou uma delas. Quando as mulheres que foram traumatizadas nesta vida começam a olhar para suas vidas passadas, elas reconhecem um padrão kármico de sofrimento, trauma e abuso. Esse padrão persiste na vida presente, não a título de castigo, mas porque o eu essencial ou alma nuclear está lesado. O padrão se repete porque o eu essencial clama, desesperado, por algo que lhe dê a cura.

Lembre-se de que o karma só pode ser resgatado quando a alma tem um corpo pelo qual operar. Ao que parece, isso vale também para a cura dos danos sofridos pela alma nuclear, que são uma manifestação extrema dos efeitos da lei do karma. Os traumas e sofrimentos não curados são transmitidos à encarnação seguinte. Nessa nova encarnação eles se repetem com o intuito de dar à alma a oportunidade de curá-los. Se também a nova tentativa for infrutífera, o trauma se transmitirá à vida subseqüente. Repetidas vezes e sem cura, essas vidas geram um padrão ou modelo kármico que pode danificar a alma nuclear e, ao fim e ao cabo, estilhaçá-la.

É por isso, e desse modo, que essas coisas podem ser curadas durante a encarnação no corpo físico. Só nele pode haver a cura. Esse conceito explica grande parte do sofrimento das mulheres; explica por que pessoas que são boas e inofensivas podem, às vezes, sofrer tanto. Depois da morte a alma é curada da encarnação precedente, mas os traumas, modelos kármicos e danos anímicos reencarnam novamente com ela. Os danos ocorridos num período de encarnação têm de ser reparados num período de encarnação.

Todos os métodos de cura descritos até agora nesta obra visam a reparação desses danos, começando pelo plano físico e alcançando as sucessivas camadas da aura. A cura da alma nuclear começa com a liberação kármica (Eu Mental ou Humano) e prossegue com a cura do Eu Superior e do plano espiritual, mediante a reintegração das subpersonalidades e o resgate anímico. Ela inclui, além disso, a regularização do relacionamento entre o gêmeo astral e o corpo físico, de modo que o primeiro controle o segundo da forma mais propícia à saúde.

Os danos sofridos pela alma nuclear nem sempre se limitam a uma crônica sensação de alheamento e distanciamento do corpo físico. Ao fim e ao cabo, certas partes da psique da pessoa podem começar a criticar, obstaculizar e mesmo sabotar o crescimento dela, chegando até a provocar repetidos "acidentes". O estilhaçamento do eu essencial pode dar origem a uma multiplicidade de subpersonalidades na pessoa. A alma nuclear danificada pode acarretar, para a mulher, uma vida inteira de sofrimentos em todos os níveis da aura; pode impedi-la de conseguir realizar até as menores tarefas exigidas pela vida terrena; pode fazer com que ela jamais chegue a identificar-se plenamente com o planeta em que vive ou até com o próprio corpo.

Neste livro, a apresentação da arte da cura começou com a meditação, a visualização e a técnica de fazer fluir a energia; a partir daí, avançou passo a passo por todos os demais níveis. A mulher que tiver lido todos os capítulos e usado as informações e meditações contidas em cada um deles para a cura de si própria (quer sozinha, quer com a assistência de outras agentes de cura) terá palmilhado todos esses níveis e planos. Eu sei perfeitamente que a matéria aqui traçada está crescendo em complexidade. Embora tenha procurado tornar maximamente simples a sua compreensão e assimilação, reconheço que o assunto é complicado por sua própria natureza. Cada mulher terá de acompanhá-lo no seu próprio ritmo. Se você veio comigo até aqui, então já está apta a curar o seu eu superior e a sua alma e reparar os danos sofridos pelo seu eu essencial ao longo de inúmeras encarnações. E é extremamente necessário que você o faça.

O xamanismo só aceita duas causas básicas para todas as doenças: uma é a presença, no campo energético da pessoa, de alguma coisa que não deveria estar lá. Essas intrusões, que eu chamo de ataques espirituais, serão discutidas no capítulo seguinte. O processo de eliminação deles, que os xamãs denominam "extração", também será discutido. A outra fonte de doenças é a falta de alguma coisa que deveria fazer parte do campo energético. Essa condição, que os xamãs chamam de "abstração" resulta numa perda da força vital energética e da vitalidade. A abstração se cura pelo processo do resgate anímico,[3] ao qual eu dou início curando o eu superior e as subpersonalidades. Essas técnicas curam todos os elementos ausentes, danificados ou estilhaçados e fazem com que eles sejam devidamente recolocados nos seus lugares, em pleno funcionamento, segundo a disposição da aura e dos planos de existência. O resultado é a integração e a cura do eu essencial danificado e de todas as suas encarnações.

Vou dar o exemplo das minhas próprias experiências, desta vida e das vidas passadas. A primeira lembrança de que tenho conhecimento, em matéria de maus-tratos intoleráveis, é ter sido queimada como bruxa num povoado da Bretanha. Na época, eu era um ferreiro e curador de animais; minha mulher e alma gêmea curava as pessoas, e éramos sacerdote e sacerdotisa de uma conceituada irmandade local. Quando os inquisitores chegaram, ela foi várias vezes estuprada e fomos ambos torturados, espancados e mortos pelo fogo. Em algum momento, em meio a todo aquele horror, nós dois sofremos danos e rupturas graves.

Nas duas vidas seguintes, eu fui novamente bruxa. Numa delas, na Itália, afoguei-me no mar, junto com centenas de outras mulheres, para não ser novamente encarcerada pela Inquisição. Numa vida posterior, na Nova Inglaterra, enfiaram-me num tanque cheio d'água, embora eu não tenha morrido em virtude disso. Os danos foram reparados e o padrão kármico repetiu-se ao menos duas vezes; desse modo, cada cura só fez piorar a situação. Eu sempre adorei a água, mas sempre tive medo dela e nunca aprendi a nadar.

Em minha vida passada mais recente, eu fui uma judia lésbica e, mais uma vez, encarnei ao lado da minha alma gêmea, que também era mulher. Éramos primas e, adolescentes, fomos várias vezes violentadas pelo nosso avô, que ficou morando conosco depois que nossos pais foram levados pelos nazistas. Alguns anos depois nós duas tentamos fugir da Alemanha de trem, mas fomos capturadas na alfândega e encaminhadas para o campo de concentração de Buchenwald. Nós cuidamos uma da outra, tanto quanto possível, durante o Holocausto. Fomos inúmeras vezes estupradas e submetidas a experiências médicas, na área de reprodução humana, durante cerca de um ano; afinal, morremos antes de completar vinte anos de idade. Reencarnamos muito rapidamente, como acontece com freqüência depois de uma morte violenta.

Na vida atual, o modelo reapareceu. Na infância, eu era fisicamente espancada e, nos campos emocional, mental e espiritual, violentamente maltratada. Cresci com todos os padrões comportamentais típicos do incesto (ao lado dos originados por todos os outros maus-tratos). O incesto só veio à tona no meu processo de cura quando comecei a ver minhas vidas passadas, e o episódio-chave com o meu avô na Alemanha foi uma das últimas peças do quebra-cabeça que eu descobri. O meu corpo é o reflexo de várias vidas de espancamentos e os meus males uterinos aparecem no corpo áurico emocional como decorrentes do incesto e do estupro. Certa vez, a simples travessia da fronteira do Canadá tornou-se uma experiência a tal ponto tensa que me deixou aterrorizada e doente. O mesmo me acontecia ao passar pela segurança nos aeroportos, e eu só me livrei desse mal quando descobri a causa: a alfândega alemã, que me prendeu.

Quando comecei a autocura da alma nuclear, descobri que ela estava fragmentada e cheia de subpersonalidades, embora os fragmentos ainda não estivessem suficientemente desenvolvidos ou separados a ponto de fazer de mim um caso de múltipla personalidade. Meu eu superior estava tão distante que eu nem sequer sabia que ele existia. Entre as diversas subpersonalidades, havia aquelas cujas formas negativas de pensamento impediam-me de crescer, que não tinham outra coisa para me dizer senão "Você não pode fazer isso, não pode ter isso, não merece isso".

Eu tinha um modelo de conduta do qual queria livrar-me a todo custo, mas, durante mais de uma década, não houve cura que começasse a modificálo ou sequer me ajudasse a compreendê-lo. À menor ameaça que me fizessem, eu imediatamente ficava irritadiça, belicosa e enfurecida, e sempre com pessoas que nem mesmo conhecia. Depois eu sempre me perguntava por que isso teria acontecido, por que eu havia feito tal coisa, por que eu não era capaz de me controlar. Sentia-me profundamente culpada, envergonhada e perturbada. A vozinha interna negativa tinha então com o que se preocupar: "Você não presta!" Eu sabia que algo estava errado, que muita coisa estava errada, mas mesmo depois de quinze anos de prática espiritual e cura eu não sabia o que fazer.

Eu também me sentia como se não pertencesse à Terra, e isso a tal ponto que muitas vezes tive vontade de ir embora para onde eu não fosse uma estranha (eu absolutamente não tenho tendências suicidas). Aqui, nesta espécie de planeta estrangeiro, eu tinha grande dificuldade para lidar com as coisas corriqueiras do dia-a-dia. Qualquer tipo de máquina me confundia; eu simplesmente detestava engenhocas. Eu derrubava e derramava tudo e quase sempre me esquecia da comida no forno até que ela se queimasse. As aglomerações que não fossem de mulheres ou espiritualistas apavoravamme. Eu jamais conseguia olhar alguém nos olhos. Passava tanto tempo fora do corpo que quase nunca me lembrava de onde tinha estado durante o dia, e me sentia estressada, com medo e distraída o tempo todo.

Três coisas mudaram a minha vida, resolvendo todas essas aberrações que acabo de descrever. A primeira foi restabelecer a conexão entre a minha gêmea astral – ou eu superior –, o plano físico e o corpo emocional. Aparentemente, os danos infligidos à alma nuclear afrouxam o cordão prateado que liga esses corpos e o eu superior passa a atuar tão distante do plano astral que fica incapacitado de manter e controlar o bom funcionamento físico e emocional do Ser. A segunda foi curar as subpersonalidades do plano mental e a terceira, a mais fascinante, foi o resgate anímico de fragmentos dos planos de existência astral, mental e espiritual.

O gêmeo astral é o eu superior da pessoa. Ele atua no plano astral da existência e é o Eu Energético emocional. Sua função é fazer a ponte entre os planos espiritual e mental e o nível do corpo físico. Ele reúne todos os planos de existência e os unifica de modo que os planos e os corpos áuricos trabalhem como um conjunto; infunde a luz/informação da rede mental, do Corpo de Luz, do plano espiritual e da Mente Suprema nos corpos áuricos e chakras, possibilitando, em todos os níveis, uma consciência humana plena e um desenvolvimento espiritual coordenado.

O resgate do eu superior é uma cura extremamente prazerosa que eu recomendo a todas as mulheres. É uma meditação simples, que só precisa ser feita uma vez. Nas mulheres de boa índole, o eu superior ou gêmeo astral é sempre um Ser amoroso e positivo. Algumas mulheres o vêem como uma deusa ou uma corporificação da Deusa Interior. O gêmeo astral é áureo e lindo.

Entre em estado de meditação profunda fazendo a ancoragem, a concentração e o relaxamento completo do corpo. Erga uma proteção à sua volta e faça fluir a energia. Sempre se proteja ao entrar no plano astral. Peça aos seus guias e anjos que estejam com você. Afirmando resolutamente que você só vai permitir a entrada de energias positivas, entre no plano astral para encontrar-se com o seu eu superior. Imaginando-se lá, você estará lá. Peça para ver a sua gêmea astral, fale com ela e convide-a a voltar para casa. Você a reconhecerá porque ela se parece com você ou tem o aspecto que você sempre quis ter. A energia dela é brilhante e dourada; ela é luz de arco-íris. Jamais parecerá doente nem precisará de cura.

Se ela estiver de acordo, traga-a para dentro do seu coração. Quando ela se instalar aí, você sentirá a energia dourada dela irradiar-se por toda a sua aura e todos os seus chakras. Sinta a energia de sua aura tornar-se consideravelmente mais brilhante. Agradeça à sua gêmea astral e aos seus guias e volte ao agora, trazendo-a com você. Depois da cura, você talvez se sinta meio flutuando, mas muito alegre, por vários dias. É um sentimento de grande alegria e segurança; depois que ele passar você se sentirá mais em casa e à vontade na Terra e no seu corpo. A partir desse ponto o seu crescimento espiritual e psíquico aumentará imensamente e a sua vida se encherá de uma nova positividade e paz. A meditação só precisa ser feita uma vez.

Quando estiver habituada ao seu novo Ser, comece a trabalhar esses pequenos seres incômodos e críticos que ainda a estorvam. Ao passo que o gêmeo astral/eu superior é uma parte de você no plano astral, essas subpersonalidades não são você, mas uma criação da mente que a impedem de conhecer a Mente Pura da rede. Elas bloqueiam a sua capacidade de se abrir e curar o seu Corpo de Luz. À medida que a mulher se desenvolve espiritualmente, essas subpersonalidades tornam-se cada vez mais exigentes. Elas são antigas formas-pensamento que já não têm lugar na sua evolução, formas que você deixou para trás e agora conflitam com o seu crescimento. As distorções cognitivas, as críticas e as preocupações dessas formazinhas são prejudiciais à sua positividade e à sua vida.

LaUna Huffines, que trabalhou durante muitos anos com a cura de subpersonalidades, assim descreve a estrutura delas:

As subpersonalidades não são reais, mas, até que você perceba que elas não são você, parecem reais. Pense nas suas subpersonalidades como peças de uma exposição holográfica. O holograma tridimensional de uma dançarina parece sólido. Quando se caminha em torno dele, ele parece movimentar-se, mas se você estender o braço para tocá-lo, sua mão simplesmente o atravessa... As subpersonalidades – até as mais enervantes e cheias de culpa – não são mais sólidas que um holograma.[4]

Para começar essa cura, conscientize-se primeiro de todas as vozes negativas. Algumas são críticas, outras são medrosas ou preocupadas. Podem consistir em pensamentos injustificáveis de ira ou ciúme ou qualquer outra coisas que obste uma auto-imagem positiva. Combatê-las aos gritos ou ordenando que sumam não leva a nada. Elas não são entidades independentes e a sua raiva só serve para alimentar os temores e justificar as críticas delas. Revigoradas, elas se tornam mais ostensivas e insistentes. Essa animosidade para com elas deixou-me cada vez mais frustrada, pois a cada vez que eu me irritava elas zombavam de mim e voltavam com força redobrada.

A chave para lidar com elas é compreender-lhes o intuito. Na verdade, o que elas pretendem é ajudá-la e protegê-la, muito embora não o façam de forma positiva ou proveitosa. Você já superou os métodos delas. Elas são como crianças mal-educadas que precisam de disciplina, segurança e amor. Pense nelas como a sua própria criança interior de dois anos de idade naquela fase terrível da provocação e da manha. Elas precisam de uma mãe, de alguém que lhes explique que a sua vida mudou e lhes diga quem, na verdade, você é.

LaUna Huffines sugere:

> Eis algumas maneiras de fundir as suas subpersonalidades no seu eu nuclear. Comece por conhecer as mais importantes. Ouça-lhes as necessidades e faça com elas um acordo que você seja capaz de cumprir. Conte-lhes as suas próprias necessidades e pontos de vista e consiga que consintam em colaborar. Ensine-lhes novas maneiras de ajudá-la... Deixe que a luz do amor jorre e penetre nelas. O poder da luz – em conjunto com a orientação da sua mente – ... tornará afinal possível que você as funda, e também as energias delas, com a personalidade central do seu eu.[5]

Faça agora uma meditação para conhecer e curar essas formas-pensamento que se parecem com você, mas são simples criações da mente. Entre em meditação profunda, relaxe, faça fluir a energia, proteja-se e chame os seus guias espirituais e anjos. Peça que eles a levem ao plano mental para encontrar-se com as suas subpersonalidades. Veja-se sentada num campo gramado enquanto os seus guias as vão trazendo, uma a uma. Converse com cada uma delas, descubra quais são os temores que ela carrega e como ela pretende protegê-la. Dê-lhe uma nova função. Se a subpersonalidade se apresentar como uma criança, trate-a como criança; se vier como adulta, trate-a como uma pessoa adulta. Com o adulto, conferencie; à criança, ofereça um sorvete e diga-lhe que ela está segura.

Ao terminar a conversa com cada qual das subpersonalidades, peça-lhe que se sente ao seu lado, formando um círculo sobre o gramado. Quando todas estiverem ali reunidas, chame a sua gêmea astral ou eu superior para instruí-las, enchendo-as de luz, conhecimento e educação. Terminada a tarefa do eu superior, chame a Deusa e peça-Lhe que cure essas formas-pensamento a fim de levá-las a colaborar e ajudar no seu desenvolvimento espiritual. Talvez elas se dissolvam à luz da Deusa. Com isso, a cura terá atingido os planos astral, mental e espiritual. Quando os seus guias espirituais lhe disserem que o trabalho está terminado, agradeça-lhes, agradeça ao seu eu superior e à Deusa e volte ao agora.

A partir daí, é muito possível que os seus pensamentos se aquietem e pacifiquem e a sua conduta negativa seja, pelos menos em parte, corrigida. Talvez seja preciso repetir a meditação; faça-o sempre que necessário, sempre que você perceber que nova forma negativa de pensamento está ganhando força. Você encontrará mais informações acerca da cura de subpersonalidades na obra *Bridge of Light** de LaUna Huffines e no curso *Awakening Your Light Body* (Vol. I), de Duane Packer e Sanaya Roman, em fita cassete. É melhor curar essas subpersonalidades antes de dar início ao trabalho de resgate anímico, pois é importante saber distinguir entre um fragmento de alma que faz parte de você e uma forma-pensamento que só parece ser uma parte, mas não é. As subpersonalidades não curadas podem também impedir a vinda de fragmentos de alma à cura.

Os processos apresentados acima não passam de etapas preliminares do espetacular processo de resgate anímico, no qual os fragmentos danificados ou separados do seu eu essencial são curados e reintegrados. O eu essencial é você. Trazendo para si a sua gêmea astral, você torna o seu eu essencial mais estável, uno e apto para o processo. Além disso, fica mais fácil distinguir a sua gêmea astral saudável dos fragmentos que precisam aflorar e ser curados. A gêmea astral, uma vez corretamente posta em contato com o plano físico, torna-se uma assistente no trabalho de resgate anímico.

Aprendi esse processo há dois anos na magnífica obra de Sandra Ingerman, *Soul Retrieval: Mending the Fragmented Self* (HarperSanFrancisco, 1991). Apliquei-o com êxito em mim mesma, na minha cadela Kali e em várias outras mulheres, inclusive em uma que sofre de múltipla personalidade. Lancei mão do processo durante sessões de cura pela imposição das mãos e de cura sutil e fiz dele um instrumento para a autocura. Em alguns casos, adotei as meditações e segui exatamente as instruções prescritas. Porém, ao longo do caminho, fui redefinindo e alternando bastante o processo, transformando uma técnica xamânica numa cura kármica voltada para a integridade do eu essencial. De qualquer forma, sinto-me obrigada a atribuir ao livro da senhora Ingerman o meu aprendizado inicial e recomendo-o a todas as agentes de cura que querem usar a técnica.

---

* *Ponte de Luz,* publicado pela Editora Pensamento, São Paulo, 1991.

Essa versão do resgate anímico é feita por etapas. Mais abaixo, eu a exponho como uma forma de autocura. Ela funciona maravilhosamente bem com uma agente e uma paciente, de modo especial se esta tem condições de participar de uma forma construtiva. Na minha opinião, essas curas são suaves e nada traumáticas, além de excelentes para aliviar os sentimentos depois de uma reprogramação emocional ou liberação kármica. Não obstante, elas podem ser bastante profundas. O processo também pode ser usado com animais de estimação; pergunte aos seus guias se algum dos seus bichos está precisando dele. Esse tipo de cura geralmente faz muito bem à mulher ou animal com histórico de trauma, violação ou maus-tratos. Talvez sejam necessárias muitas sessões para que o trabalho se complete; eu própria encontrei em mim novos fragmentos de alma quando já tinha dado o processo por encerrado havia muito tempo. Todavia, uma vez amalgamado com você, o fragmento terá vindo para ficar.

Se você sofreu um incesto ou um distúrbio de múltipla personalidade e sobreviveu, o resgate anímico poderá significar a conclusão da sua cura. Acho importante que a pessoa faça uma liberação kármica junto aos Senhores do Karma, seja antes de dar início ao resgate anímico, seja como primeira etapa desse processo. Peça a cura imediata, integral e em todos os níveis, tanto da violência específica quanto do modelo kármico que a gerou. Todas as demais técnicas apresentadas neste livro são preparatórias para o resgate anímico e, completadas antes de a pessoa começar este processo, abrem caminho para resultados certos e espetaculares. O resgate anímico é um estágio final de cura e não um princípio de recuperação. Também é importante trazer a gêmea astral/eu superior para o mundo físico e aprender a trabalhar com ela na meditação para as subpersonalidades, antes de começar.

Ao trabalhar com mulheres portadoras de múltiplas personalidades, uma outra técnica deve ser praticada antes de começar. É uma meditação para identificar os Seres que não são a pessoa (partes da alma da paciente) e fazer com que eles voltem para a Deusa ou para o lugar onde devem estar. Para fazê-lo, vá para o plano astral com os seus guias espirituais e anjos e devidamente protegida. Peça para identificar esses Seres e peça à Deusa que os afaste de você, que os cure e mande-os para onde têm de estar. No capítulo seguinte falarei mais acerca dessa cura de entidades estranhas.

Desconfie de que um dado fragmento não faz parte de você quando ele não for parecido com você em nenhum momento da sua vida; quando o aspecto ou a energia dele forem inumanos; ou quando, em lugar de parecer ferido ou zangado, ele manifestar uma intenção puramente negativa. Em todo e qualquer trabalho de resgate anímico ou viagem pelos planos de existência, é importante erguer uma proteção total em torno da paciente e, em separado, em torno de cada pessoa ou animal que esteja participando da sessão de cura. Faça isso, de modo especial, sempre que você trabalha com personalidades múltiplas. Faça, para si e para a paciente, a afirmação: "Só o que é meu entra em mim." *Isto é de extrema importância.*

Comece agora entrando num estado de meditação o mais profundo possível. Relaxe completamente o corpo, faça fluir a energia, crie uma bolha de proteção forte e dourada e peça ajuda aos guias e anjos, ao eu superior e à Deusa. Eu encaro o resgate anímico como uma celebração do eu e da Deusa; aborde-o com seriedade, mas com alegria. Está para começar a cura de muitas vidas, há tanto tempo esperada, da qual resultarão uma nova integridade e uma vida melhor. E, além disso, vidas melhores no futuro.

Peça aos seus guias e anjos que a levem ao plano astral, ao seu eu superior. Lá, o eu superior vai encontrá-la e unir-se a você. Se nesse nível houver alguma parte de você que precise "vir para casa". Peça a ajuda do eu superior, dos guias e dos anjos. Eles vão encontrar uma ou mais partes e vão trazê-las para você. Elas se parecem com você, mesmo que num outro momento da sua vida. Talvez elas lhe contem a história delas mesmas, esclarecendo-lhe quando e por que se fragmentaram. Eu geralmente não pergunto. No plano astral, todos os fragmentos do eu são desta vida. Ofereça a cura a cada uma das partes da alma até que ela fique iluminada e pareça saudável; depois pergunte-lhes, uma a uma, se elas estão dispostas a voltar e a reintegrarem-se a você. Se a resposta for "não", diga que a sua vida atual é boa e que não há perigo em voltar. Lembre à parte separada que ela foi embora por ocasião de um trauma, mas que você não quer que ela fique afastada por mais tempo.

Se a resposta for "sim", pergunte-lhe se ela tem irmãs nesse nível e, se tiver, peça-lhe que as traga consigo. Podem surgir algumas outras partes. Cure-as também e faça-lhes as mesmas perguntas: "Está disposta a voltar? Existem outras partes neste nível?" Agora convide os fragmentos da alma a entrar no seu chakra do coração e do timo. Faça-os entrar e fixe-os no chakra por meio de uma faixa ou teia de luz. Peça ajuda aos seus guias e anjos. Estenda a faixa ou teia desde os fragmentos da alma, que estão no coração e no timo, até o ponto transpessoal acima do chakra da coroa.

A luz deve subir pela Linha do Hara, tecendo-se como uma delicada teia de aranha que leva algum tempo para ser construída. Essa teia é a parte mais importante da cura e é absolutamente essencial para que ela aconteça.

Em seguida peça aos seus guias, anjos e eu superior que a levem ao plano mental e repita ali o processo. Os fragmentos que você vai encontrar lá são de vidas passadas e podem ter menos forma do que os do plano astral. Provavelmente continuarão a parecer-se com você, mas não com a mesma nitidez. Mais uma vez, encontre-os todos e traga-os para casa. Eu prefiro não perguntar o que lhes aconteceu. Diga-lhes que eles estão seguros e que é seguro estar com você. Cure-os e depois traga-os para dentro do seu coração, como antes, estendendo a partir de lá a teia de luz. Deixe que a teia se forme antes de seguir em frente.

Agora peça aos seus guias, anjos e ao eu superior que a levem ao plano espiritual e repita o processo. Desta vez, os fragmentos não se parecem com formas de luz, mas você continuará sabendo que são você. Eles serão todos de vidas passadas, e o número deles será menor nesse plano de existência; é possível até que não haja nenhum nesse nível. Traga-os para junto de si, como antes, fazendo crescer a teia de luz. Agora, imagine a formação de uma teia ou casulo de luz semelhante a um ovo dourado em torno da sua aura, com todos os fragmentos de alma dentro dela. Diga-lhes "Muito obrigada" e "Bem-vindos ao lar".

Volte para o seu corpo através dos planos de existência. Passe do plano espiritual para o mental, do mental para o astral e do astral para o plano físico. Agradeça aos seus guias, anjos e eu superior e lhes peça que continuem e completem a integração das partes da alma. Talvez você se sinta extremamente relaxada e aérea ao final desta meditação. Às vezes ela dura muito tempo, às vezes pouco. Eu prefiro fazer o resgate anímico antes de ir para a cama e dormir logo em seguida. Você se sentirá muito bem, mas talvez um pouco flutuante e estranha durante vários dias.

O processo completo de integração leva cerca de um mês. Durante esse período os fragmentos da alma primeiro adormecem, depois se desmancham em luz no coração/timo e na aura do corpo emocional. Eles se sentirão extremamente contentes e o mesmo acontecerá com você. Ao menos duas vezes por dia, faça uma inspeção na teia de luz que vai do coração até o ponto transpessoal, assegurando-se de que cada uma das partes da alma continua firmemente ancorada no lugar que lhe cabe. Se você sentir medo ou desconforto a qualquer tempo durante a primeira semana, pode ser que a teia tenha se soltado. Talvez você encontre fragmentos da alma flutuando no seu plexo solar, assustadíssimos. Coloque-os de volta no coração e feche a teia.

Repita a meditação acima depois de uma semana, verificando se resta alguém para ser chamado ao lar. Talvez você encontre outros fragmentos, talvez não; se encontrar, traga-os para si tal como fez antes. Dê-lhes ao menos uma semana para integrarem-se antes de prosseguir. Seja muito paciente consigo mesma durante todo o processo de integração. Quase desde o princípio, você verá a sua vida mudar e adquirir novas feições; de fato, as próprias moléculas da sua aura serão remanejadas. Por mais positiva que seja, essa mudança pode ser estressante e até mesmo esmagadora, embora a cura sempre me tenha parecido suave quando se tratou de resgate anímico.

Faça agora o resto do processo de resgate anímico. Entre novamente em meditação profunda, não se esquecendo de proteger-se. Chame seus guias e anjos, seu eu superior e a Deusa. Desta vez, ao chegar em cada plano, pergunte se alguma outra pessoa está retendo um fragmento da alma que pertence a você. Talvez haja um fragmento, talvez diversos, e, como antes, de várias idades. As pessoas que os estão retendo talvez os mantenham consigo porque não sabem restituí-los ou porque querem exercer controle sobre você, manipulando-a ou prejudicando-a. Pode ser também que os fragmentos estejam em poder de pessoas que a amam e lhe querem bem.

Dirija-se a cada uma das pessoas e peça o fragmento da sua alma. Certas partes vão precisar de muitos cuidados depois que estiverem livres; dê-lhes esses cuidados. Talvez a Deusa e os anjos sejam muito necessários à cura delas. Pergunte à parte da alma se ela está disposta a voltar ao lar e introduza-a no seu coração, procedendo, como antes, a fixação completa da teia de luz. Cuide para que a parte esteja curada e brilhante antes de acomodá-la no seu coração. Traga uma por vez ou então o grupo inteiro ao mesmo tempo, depois que todas estiverem livres e curadas. O fato de saber quem estava com os fragmentos pode ser perturbador para a paciente; aja sem pressa e com suavidade.

Se uma determinada pessoa não permitir a libertação de um fragmento da alma, ofereça à pessoa uma cura em troca dele. Isso geralmente dá certo. Se não der, ofereça alguma outra coisa positiva. Se ainda assim não der certo, peça aos seus guias e anjos e à Deusa que intervenham e eles lhe trarão de volta o fragmento. Cure-o e introduza-o no seu coração, junto dos outros. Amplie a teia de luz desde a parte reintegrada, no chakra do coração/timo, até o ponto transpessoal, subindo pela Linha do Hara.

Vá até os planos de existência astral, mental e espiritual durante o processo. Será muito mais rápido agora do que nos resgates iniciais. Em cada qual dos planos, pergunte também se *você* tem em seu poder algum fragmento da alma de outra pessoa. Antigos amantes e mesmo os parceiros de hoje são candidatos prováveis. Peça aos seus guias e anjos, ou à Deusa, que devolvam os fragmentos aos respectivos donos. Mesmo que a parte em seu poder venha de um relacionamento marcado pela gentileza e pelo amor, devolva-a. O relacionamento se tornará melhor, mais íntimo e mais saudável. Faça isso em cada um dos três planos e depois volte ao agora. Vá examinando as teias de luz durante pelo menos uma semana e dê a si mesma tempo, espaço e alimento para completar a cura. Perceba conscientemente que a sua vida está se tornando íntegra, transformando-se nos níveis físico, emocional, mental e espiritual. Caminhe passo a passo, sem pressa, cumprindo uma etapa de cada vez, e proceda com suavidade e alegria.

Como todos os demais métodos de cura neste livro, eu apliquei em mim mesma o processo de religação da alma antes de prová-lo em outras mulheres. Trabalhando sozinha, houve vezes em que eu não consegui localizar certos fragmentos que apareceram mais tarde em sessões de cura sutil ou de imposição das mãos, feitas a sós ou com o auxílio de outras agentes de cura. Eu trouxe de volta as partes da minha alma na base de uma ou duas por sessão. O risco de trabalhar sozinha é a teia não se sustentar. Isso não ocorreu quando dos trabalhos em conjunto. Além disso, trabalhando com outras pessoas, constatei que a cura acontecia mais rapidamente. Um número maior de fragmentos eram reintegrados a cada sessão; com freqüência, quando a paciente coopera com a agente de cura, todos os fragmentos são resgatados numa única cura.

Num trabalho de resgate anímico feito pelo telefone com uma mulher paranormal, o único fragmento que encontramos no plano astral foi o eu superior dela. Uma vez reintegrado, o eu superior nos conduziu aos outros planos e encontrou os fragmentos da alma. No plano mental eram quatro: um pequenino embrião, duas crianças e uma adolescente quase adulta. No plano espiritual havia uma forma de luz cuja única parte reconhecível era um rosto brilhante; ela nos trouxe duas outras quando perguntamos se havia mais. A paciente tinha consigo apenas um fragmento que não lhe pertencia. Estava preso a ela por uma corda grossa, que os guias delas removeram a pedido para depois o levarem para onde devia estar. A sessão toda durou uma hora.

Outro resgate anímico, feito na forma de cura psíquica, teve como objeto uma criança de três meses cuja avó é minha amiga íntima. Desde o nascimento, a garotinha vinha tendo paradas respiratórias e ataques de taquicardia que faziam a sua pulsação subir a trezentos batimentos por minuto (o normal para um bebê são 88 batimentos). A situação era, obviamente, de grave ameaça à vida, e a menina vivia ligada a um monitor elétrico que indicava as paradas e acelerações da respiração e do batimento cardíaco a fim de que ela pudesse receber um atendimento de urgência.

Eu fiz uma cura psíquica a distância para descobrir a razão do problema. Verifiquei que o nervo vago da criança, que vai do cérebro ao peito e regula os ritmos respiratórios e cardíaco, era ligeiramente menor do que teria de ser para funcionar normalmente. Havia rupturas no nervo, mas os guias disseram que ele iria sarar e crescer. Fiz um contato telepático com o bebê, Amanda, para perguntar-lhe o que ela precisava; ela se mostrou receptiva, consciente e bastante adulta. Eu consegui, no fim, conversar com ela. Parece que ela saía do corpo por longos períodos e viajava para bem longe para encontrar-se com a sua alma gêmea, Edward. Ele também se dispôs a falar comigo, e eu vi a ambos com muita clareza. Ele deveria viver no corpo de Amanda junto com ela, mas como ela nasceu prematura de um mês, ele não chegou a tempo. Eles já haviam partilhado do mesmo corpo no passado e queriam fazê-lo novamente. Ele me prometeu que curaria a menina, que ela sobreviveria e teria uma vida saudável do ponto de vista físico e emocional.

Usei o método de resgate anímico para reuni-los no corpo do bebê. Edward teve de encolher o seu corpo energético de adulto para caber no da criança. Foi como a fusão do eu superior, exceto pelo fato de que os dois Seres se juntaram por todos os chakras antes que a energia de Edward se fundisse com a da pequena Amanda. Os ataques respiratórios e cardíacos de que ela sofria tiveram sua freqüência diminuída de sete vezes ao dia para duas ou menos. Fiz ainda outras curas para ambos, a fim de estabilizar o cordão prateado que liga os corpos áuricos de ambas as almas. Além disso, a criança está sendo medicada com homeopatia (*opium* homeopático e essências florais, entre as quais as da série *Perelandra Soul Rays*). A não ser nos terríveis momentos de crise, ela parece feliz e totalmente despreocupada, e os meus guias de cura me dizem que ela vai continuar na Terra e vai sobreviver.

Um fragmento de mim foi descoberto por outra agente de cura durante a liberação kármica do medo que descrevi no capítulo anterior. Nós vimos a minha imagem, aos dois ou três anos de idade, trancada num armário escuro, apavorada e aos berros. Não me recordo do episódio, mas seria bem típico da minha infância. Quando o fragmento da alma sarou e entrou em mim, foi como um jato de luz quente; ele parecia encantado por estar no meu coração e em casa.

Foram precisos três dias para que ele se fundisse inteiramente comigo, deixando ver apenas um leve brilho rosado, e uma semana para que desaparecesse por completo. O processo todo foi maravilhoso, e os guias me dizem que esse era o último dos meus fragmentos carente de ajuda externa. A teia de luz que os guias espirituais colocaram em torno da minha aura foi o indício de que algo muito importante ocorreu. O que sinto agora é bem diferente do que eu sentia quando comecei a resgatar os fragmentos anímicos. Sinto-me positiva, íntegra e realmente curada. Todos os problemas a que me referi neste capítulo desapareceram, muito embora não tivessem melhorado com muitos anos de tratamentos de outro tipo. Creio que o padrão kármico de sofrimento está sendo, ou já está, curado, e que a minha alma nuclear finalmente se aproxima da integridade. Contudo, não deixarei de procurar outros fragmentos.

Minha melhor experiência de resgate anímico foi com Kali. Eu jamais havia pensado em fazê-lo com um cão, mas a sugestão partiu do meu anjo Ariel. Kali havia chegado às minhas mãos muito ferida e maltratada, e a idéia parecia fazer sentido. Eu coloquei as mãos sobre ela, invoquei o seu eu superior, pedi ajuda a Ariel e fomos todos para o plano astral. Uma Kali ainda filhote saltou para os meus braços. Era apenas um cãozinho bobo e peludo que abanava o rabo. Ela nos conduziu através dos planos de existência e no caminho encontramos outros cães e, no total, cinco versões mais novas da própria Kali fundiram-se na Kali adulta. Em vez de colocá-las no coração, que na maioria dos animais não é um chakra muito desenvolvido, Ariel e os guias as alojaram na barriga, que é um chakra de grande importância nos cães.

Kali ficou muitíssimo feliz com todos os aspectos do episódio, que provavelmente não chegou a durar cinco minutos. Durante alguns dias ela andou de um lado para o outro com as cinco crias no seu rastro, e quando se deitava parecia que lhes estava dando de mamar. Ela não deixava que

Copper se aproximasse da ninhada e não mostrava a menor boa vontade para com ele. Depois os cachorrinhos desapareceram dentro dela, transformados numa luz dourada, e ao fim de uma semana não havia mais nenhum sinal deles. Uma amiga humana de Kali estava de posse de um pedaço da alma dela e prontamente permitiu que ele lhe fosse devolvido. Kali parece mais feliz e mais equilibrada desde o episódio. Os guias me disseram que não era necessário fazer um resgate anímico para Copper (que insiste em que essas coisas não existem).

O trabalho mais tenso de resgate anímico do qual já participei foi o da minha amiga Tracy, que sofre de um distúrbio de múltipla personalidade. A cura exigiu três sessões extremamente longas e impressionantes, de várias horas cada uma. Foi preciso realizá-las durante três noites seguidas; era o tempo de que dispúnhamos. E também tinha de ser rápido porque eu achava que Tracy, por medo, poderia interromper o processo se lhe fosse dado tempo para pensar.

Na semana anterior à viagem, fiz uma cura sutil a distância para ver se todas as personalidades realmente faziam parte de Tracy. Descobri que duas delas não faziam e pedi à Deusa Kwan Yin que viesse curá-las e levá-las para o seu lugar de direito. Uma era um recém-nascido e a outra um bebê de cerca de um ano de idade. Tracy tinha sido uma vítima constante de incesto e espancamento durante a infância, e nós tomamos conhecimento de diversos episódios de trauma e maus-tratos em vidas anteriores. Embora a cura tenha sido feita pela via sutil mediante a autorização dela, o fato é que ela viu tudo o que aconteceu como se ali estivesse presente. Eu também lhe pedi que organizasse uma relação das personalidades de que tinha conhecimento, com seus nomes, idades e características. Eu queria saber ao menos um pouco a respeito de quem morava dentro dela. Mais tarde ela me disse que essa foi, para ela, a parte mais reveladora da cura.

Quando nos encontramos, Tracy e eu fizemos a cura com outras mulheres que ela queria que estivessem presentes. Uma era sua terapeuta, que em um único fim de semana tornou-se perita em cura sutil. Foi um prazer trabalhar com ela, embora a princípio eu encarasse com reservas a presença de uma terapeuta. Na primeira sessão eu ergui uma proteção em torno de cada pessoa e invoquei os guias, os anjos, Breda e a Deusa Kwan Yin. Depois de cercar de proteção cada uma das presentes, fiz com que todas, entre elas Tracy, repetissem comigo: "Só o que é meu entra em mim."

Começamos pedindo aos Senhores do Karma que curassem Tracy completamente e lhe dessem uma vida alegre e produtiva. Eles lhe mostraram um incidente desta vida do qual era preciso que ela tomasse conhecimento e, a seguir, aprovaram o pedido. Ela havia bloqueado a figura do seu malfeitor que lhe foi revelado naquele momento. Do seu chakra do coração saíram como que chumaços de algodão branco; depois, nós preenchemos o chakra com uma luz rosa. A região do coração tornou-se uma sala cor-de-rosa para onde as "crianças" de Tracy pudessem voltar.

Viajamos pelos diversos planos de existência e as "crianças" de Tracy começaram a voltar para casa. Cada qual tratou de entrar rapidamente, mas eram muitas, mais de uma dúzia de personalidades já formadas, com seus nomes e necessidades específicas. A terapeuta, Tracy e eu negociamos com cada uma delas, tentando atender às exigências que faziam e sem ferir os interesses de Tracy e trazê-las para o coração dela. O único fragmento masculino, que era um garoto de quatro anos chamado Tommy, só se dispôs a voltar se pudesse trazer consigo o seu carrinho de bombeiros, o seu caminhão basculante e um filhote de cachorro. Ele disse que a sala era rosa demais e deixou que o cãozinho fizesse pipi no tapete.

Uma das meninas queria uma piscina; uma outra queria um aparelho de som para ouvir *rock*, e com muita relutância aceitou um fone de ouvido. Um outro fragmento era uma pessoa que costumava multiplicar-se e que acabou prometendo que não voltaria a fazê-lo. Foi difícil convencê-la a entrar e ela foi das últimas a voltar para casa. A uma outra, muito cética, foi preciso provar muita coisa para que se decidisse a entrar. Foi uma noite e tanto.

Na sessão seguinte, trabalhamos outros pontos necessários para a cura de Tracy, sem, porém, fazer diretamente um trabalho de resgate anímico. Nós a convencemos de que era saudável zangar-se, algo que ela jamais admitira. Eu também examinei as teias de luz da cura da noite precedente a fim de me assegurar de que todas as partes religadas estavam confortáveis e satisfeitas. Uma delas queria um sorvete e, por meios astrais, demos um sorvete a cada uma.

Na terceira sessão examinei novamente as teias e depois levei todas as participantes de volta aos diversos planos anímicos. Havia ainda alguns poucos fragmentos, informes e anônimos, e nós os trouxemos para a sala cor-de-rosa do coração de Tracy. Ela, por sua vez, estava com fragmentos anímicos que não lhe pertenciam e dos quais lhe era difícil separar-se; todavia, ela o mandou embora. Também o autor do incesto tinha em seu poder um fragmento da Tracy criança e não queria devolvê-lo. Depois de alguma barganha, ele afinal aceitou trocá-lo por um cristal. O fragmento da alma que estava com ela estava precisando de uma grande dose de cura da Deusa. Ele recebeu a cura e depois voltou para Tracy.

Depois de termos conferido todos os planos e trazido de volta tudo quanto encontramos, restou apenas uma boneca de trapo. Isso me intrigou porque, embora eu achasse que fosse um fragmento da alma, ela não dava o menor sinal de vida. Continuei confusa até que Tracy me explicou o caso. Aquela boneca tinha sido dela na infância e o homem que a violentou a obrigara a submeter-se a ele debaixo da ameaça de estraçalhar o brinquedo. Tracy não a queria de volta e se sentia perturbada diante dela, de modo que, a meu pedido, Kwan Yin cuidou de afastar a boneca. O que havia para fazer estava feito; coloquei então luz dourada em torno da aura de Tracy e dei a sessão por terminada.

Nos dias que se seguiram, os fragmentos anímicos adormeceram e começaram a fundir-se com Tracy. Ela, porém, sentia falta deles e decidiu despertá-los, optando pela continuidade da sua síndrome de múltipla personalidade com co-consciência. A decisão tinha de ser dela, como, de resto, tinha sido em todas as etapas da cura. Passado um ano, ela decidiu integrar-se plenamente e conseguiu; atualmente, a sua força e o seu bem-estar vêm aumentando em todos os níveis. Naquelas sessões compridíssimas aconteceram outras coisas, e essa cura foi a mais impressionante que eu jamais testemunhei e da qual tomei parte. Mas eu recomendo que as sessões de cura sejam mais espaçadas para que, entre uma e outra, haja tempo para descanso e integração. Caso contrário, as modificações se dão num ritmo demasiado forte.

Só quem viveu a experiência pode dizer o quanto um processo de cura pelo resgate anímico muda a vida das pessoas. É uma cura de transformação total, com repercussões que alteram tanto a vida presente quanto as vidas que virão depois. O assunto deste capítulo faz parte da cura avançada, mas se você acompanhou o livro página a página, passo a passo, está preparada para ele. O trabalho pode ser feito a sós ou com a ajuda de outras agentes de cura. É um processo que no xamanismo é denominado "abstração". O próximo capítulo discute a outra forma de doença reconhecida pelo xamanismo, chamada "intrusão" ou ataque espiritual, e aborda também as formas de curá-la.

NOTAS

1. Kenneth Meadows, *Shamanic Experience: A Practical Guide to Contemporary Shamanism* (Rockport, Element Books, 1991), pp. 164-165.

2. *Ibid.*, p. 165.

3. *Ibid.*, p. 166.

4. LaUna Huffines, *Bridge of Light: Tools for Spiritual Transformation*, p. 115. [*Ponte de Luz: Instruções Práticas para a Transformação Espiritual*, publicado pela Editora Pensamento, São Paulo, 1991.]

5. *Ibid.*, p. 118.

Capítulo 12

Os Ataques Espirituais

Quase todas as energias psíquicas são boas, mas algumas não são, e estas últimas podem assumir várias formas. À medida que a agente de cura desenvolve a sua paranormalidade, ela precisa saber como as energias negativas se manifestam e o que fazer ao deparar com elas. Nesses casos, a proteção sutil é indispensável, mas não basta; a energia ruim tem de ser definitivamente purificada e dissolvida, não apenas para o bem da agente de cura, mas também para o da paciente, o de quem quer que esteja no ambiente imediato e o da própria Terra.

Os ataques psíquicos e o mal existem, e são realmente nocivos. Algumas energias aparentemente negativas não são de fato más; estão apenas fora de lugar, e é necessário colocá-las de volta onde têm de estar. Algumas entidades extraterrestres e a parafernália com que devassam a Terra são altamente negativas, ao passo que outras nos protegem, ajudam e curam. É importante conhecer a diferença entre as diversas situações e saber como reagir a elas.

Em qualquer discussão acerca de entidades e ataques espirituais, um dos primeiros assuntos que vêm à tona é o problema do mal no mundo. É um mistério que as energias ruins possam existir, se a Deusa criadora de todos os Seres é tão absolutamente positiva. Há quem se recuse a aceitar a existência do mal, mas isso é uma negação da evidência, e uma negação bastante temerária. Uma teoria diz que o bem não pode existir sem o mal pelo qual se afere. Assim como o dia não pode existir sem a noite, o bem não pode existir sem a sua contrapartida. Os seres humanos na Terra recebem o livre-arbítrio e a irrestrita liberdade de escolha. A escolha, como ato da mente que é, cria a nossa vida e o nosso karma. A Terra enquanto planeta é um laboratório em que se fazem experimentos em liberdade de escolha, e das intenções e decisões humanas podem surgir toda uma gama de erros.

O mal pode ser definido como a conseqüência derradeira do ego e da separação, da cobiça e da falta de compaixão:

O mal é não conceber a bondade ou o amor; é agir sem pensar nos outros; é ser autoritário e tirânico; é ser indiferente àqueles pelos quais se é responsável. O mal é não olhar com compaixão aqueles sobre quem se exerce influência. Onde falta o amor, o mal ocupa todos os espaços.[1]

Alma nenhuma é ruim de nascença ou intrinsecamente má, mas as almas são afetadas e podem ser corrompidas no corpo por disfunções da química cerebral ou por degenerescências genéticas. O matador profissional, o estuprador de crianças, o cavalo que volta ao estado selvagem e se torna agressivo ou o cão que se torna assassino são exemplos. Os distúrbios emocionais que se transformam em danos kármicos à alma nuclear podem ser uma outra fonte de mal, bem como o poder devastador da droga sobre o cérebro. Diz o pesquisador de entrevidas Michael Newton:

> Cheguei à conclusão de que o ser humano terrestre, com seus cinco sentidos, pode agir negativamente sobre a psique da alma. Nós expressamos o nosso eu eterno pelas necessidades biológicas predominantes e pelas pressões dos estímulos ambientais, que para a alma encarnada são *temporários*. Embora não exista na forma humana nenhum sinistro eu oculto, algumas almas não se assimilam totalmente. A pessoa que se harmoniza com o seu corpo sente-se como que longe de si própria ao longo da vida...

> A evolução das almas envolve uma passagem da imperfeição para a perfeição baseada na superação dos duros limites impostos pelo corpo... Todavia, todas as almas têm de prestar contas da sua conduta nos corpos que ocupam.[2]

Segundo outro ponto de vista, o anjo Lúcifer foi escolhido para servir o bem, confrontando-se com o mal e as tentações. Por isso, as pessoas precisam reavaliar constantemente suas atitudes e decisões. Uma escolha positiva feita sob pressão e sempre renovada forja e revigora o caráter humano. Existe uma tendência natural a optar pelo bem neste mundo; afinal, somos feitas à imagem da Deusa. Pela superação dos desejos negativos e a escolha do bem, este se enraíza na consciência e fica cada vez mais forte. O aço bem temperado é forte e indestrutível. À sua maneira, Lúcifer, com suas ofertas tentadoras, abre a porta à consolidação do bem.

Todos tomam decisões certas e erradas. O aprendizado do bem pela compreensão do erro forma o caráter e faz a alma evoluir e crescer. Da mesma forma, confrontadas com a negatividade, as mulheres aprendem a lidar com ela e a transformá-la, afirmando com isso sua condição de fazer curas para o bem. A agente de cura jamais se prejudica ao tentar transformar o mal em bem ou em extirpá-lo num processo de cura. A maior parte das energias negativas com que ela depara são energias enganadas e deslocadas, e não propriamente maléficas. Contudo, pode haver uma energia propositadamente negativa e, nesse caso, entra em cena a lei tríplice. Aquele que de caso pensado envia o mal recebe-o de volta e a agente que cura esse mal é recompensada por seu ato positivo, quer o faça para si, quer para outrem.

É preciso fazer uma distinção entre o mal e o sofrimento. São duas coisas totalmente diferentes. O sofrimento não é o mal. O sofrimento existe no mundo porque a alma tem de crescer. Alguns sofrimentos decorrem de uma dívida kármica: a pessoa que fez mal numa determinada vida concorda em que lhe façam o mesmo numa outra existência, para aprender a pôr-se na pele do outro a fim de ficar sabendo o que é compaixão. Há sofrimentos que o eu escolhe nos acordos da entrevida como forma de obter méritos kármicos ou adquirir rapidamente um conhecimento específico. As tragédias não acontecem por acaso nesta vida. Elas são escolhidas pelo eu essencial, *não pela encarnação consciente*, em atenção a um propósito inserido no plano global de desenvolvimento da alma. O mal se diferencia disto na medida em que é uma escolha feita com o intuito de prejudicar alguém.

A negatividade detectada numa cura tanto pode ser um mal criado pela mente como uma energia que se desgarrou do seu devido lugar. Extirpar um ataque sutil é muito diferente de ajudar um espírito perdido, que não sabe que morreu, a passar para o "outro lado". O processo de mudança da Terra está fazendo aumentar a freqüência de vibração do planeta inteiro e de todos quantos nele habitam. Nós estamos passando da consciência tridimensional (mente racional, plexo solar) para a consciência vibratória tetradimensional (compaixão universal, chakra do coração) e a pentadimensional (paranormalidade, comunicação sutil, chakra da garganta). No caminho, uma vez que tanto nós como o planeta estamos atravessando o baixo reino astral, muitas energias negativas estão se manifestando.

A limpeza do plano astral tornou-se uma obrigação para quase todas as agentes de cura psíquica. Os espíritos de entes que já morreram, mas que continuam retidos aqui ou se recusam a ir embora, precisam ser encaminhados para o lugar que lhes cabe no plano espiritual. Terminada uma encarnação, as almas teriam de vir para outro plano de existência, mas algumas não vão. Destas, algumas assombram residências e outras se agarram ao corpo das pessoas, podendo causar doenças e perturbações. As que habitam nas residências são muitas vezes almas frustradas em busca de auxílio. São as chamadas entidades desencarnadas, popularmente conhecidas como "fantasmas". As que habitam corpos humanos geralmente têm uma tarefa a cumprir: manifestar o aprendizado kármico da sua doença ou ensinar o hospedeiro a auxiliar e curar entidades desencarnadas (que não têm um corpo físico). São em geral denominadas "espíritos obsessores" e seu objetivo final também é chegar ao plano espiritual e à Deusa.

Nada disso é mau, mas os ataques psíquicos quase sempre são. Eles são agressões sutis casuais ou intencionais, energias negativas direcionadas para uma pessoa específica a fim de lhe fazer mal. Podem ser casuais na medida em que a agressora não sabe que está praticando um ataque; mas mesmo assim as emoções negativas que ela sente por outra pessoa têm poder suficiente para fazer estragos. Exemplo disso foi quando eu me mudei de uma casa alugada para uma outra melhor. A casa nova tornou-se o cenário de um número sem-fim de aparelhos quebrados e de um ininterrupto desfile de técnicos incompetentes e abelhudos. Eu me sentia frustrada e cansada. Ao procurar a causa, descobri um ataque da minha ex-senhoria, que havia dado sinais de perturbação emocional e não queria de maneira alguma que eu me mudasse. Quando a interpelei pela via psíquica, constatei que ela estava muito zangada comigo, mas nem sequer sabia que era um ataque psíquico. Não obstante, o seu desejo de que eu me desse mal na casa nova era suficientemente forte para fazer os problemas aparecerem, e as coisas continuaram nesse pé enquanto eu não descobri a causa do problema.

Uma agressão psíquica intencional é um mal intencional. As bruxas modernas que não se importam de fazer feitiços me fazem tremer, mas, ao que parece, elas são poucas. A lei tríplice é muito simples, como é a lei que proíbe fazer mal aos outros. As ações desse tipo acarretam conseqüências kármicas nesta e em outras vidas. O karma é provocado pelo apego emocional ou mental a uma pessoa ou situação. A pessoa que faz bruxarias prende-se à vítima da bruxaria por uma energia extremamente negativa que, várias e várias vezes, recairá de volta na própria bruxa. O ato também vincula reciprocamente os participantes até que os males feitos sejam corrigidos.

Eu não gostaria de ficar ligada dessa forma a ninguém, e a alegação de que um estuprador merece ser castigado não me impressiona. Que a lei da Terra, a lei universal, a Deusa e os Senhores do Karma se encarreguem dele. Prefiro dedicar-me, com todas as minhas forças, à cura das mulheres que foram estupradas e precisam de ajuda. É melhor evitar que o trauma da mulher se converta em padrão kármico do que interferir no karma do estuprador. Não só as energias ruins desta vida, mas também as agressões psíquicas de vidas passadas podem vir à tona numa cura. As agressões psíquicas de vidas passadas geralmente vieram de pessoas com quem a vítima tem problemas na vida atual.

Outra categoria de energia negativa é algo que eu chamo de "lixo espacial". São coisas que, na cura, se revestem da forma sutil de objetos e artefatos que restaram de vidas passadas na Terra e em outros planetas. Esses objetos sutis podem ter o aspecto, por exemplo, da espada que decretou uma morte traumática no século terceiro; ou de um ursinho de que você gostava muito na infância da sua última existência; de um colar ou anel que, em outra vida, foi um objeto de poder ou de cura; ou mesmo de um amontoado de ferros, cordas, canos e outras coisas impossíveis de identificar. Os objetos em si mesmos podem ser inofensivos, mas podem também causar grandes problemas. A antiga alma corpórea que causou a morte em outra existência pode ser a origem da doença ou da dor no corpo de hoje. A remoção do artefato cura a dor nesta existência.

A energia agressiva que eu menos aprecio são os aparelhos de origem extraterrestre que visam interferir na nossa vida. Eu me vi às voltas com essas coisas durante cerca de um ano e procurei combatê-las de maneira corajosa, mas sem muito conhecimento. Foi um dos períodos mais tensos do meu desenvolvimento psíquico. Pelo que pude compreender, os planetas pleiadianos que originalmente povoaram a Terra estão em guerra com os de Órion praticamente desde os primórdios da história terrestre. Foram os orionianos que desligaram o DNA humano e são eles que desde sempre vêm tentando controlar o nosso planeta. É muito possível que eles sejam a origem e a fonte permanente de todo o mal na Terra.

A Terra agora está em vias de reconquistar o seu lugar no universo; está à beira de um surto de desenvolvimento espiritual que resultará na Nova Era e na recuperação do nosso DNA. O problema é que Órion voltou à ativa. O objetivo dos orionianos é corromper-nos e escravizar-nos, condenando-nos à ignorância e à violência. Eles não terão êxito, por mais que às vezes pareçam perto disso. A influência deles aparece na aura humana sob a forma de "implantes" que objetivam gerar medo e tiranizar as pessoas. Alguns foram instalados em longínquas existências passadas e vêm reencarnando conosco repetidamente. No presente capítulo encontram-se informações acerca de como eliminar esses implantes e as demais formas de negatividade acima descritas.

Ajudar uma entidade a passar para o lado espiritual é o processo básico para a cura da maior parte das assombrações e obsessões. Há muitas maneiras pelas quais se pode saber se elas existem numa casa de residência ou num edifício (elas podem também encontrar-se em espaços abertos, muitas vezes em locais onde ocorreram acidentes fatais). Primeiro, você tem a incrível sensação de não estar só, embora não haja ninguém ali. Não é necessariamente um sentimento negativo. Em segundo lugar, você pode ouvir ruídos estranhos durante a noite — quadros que se desprendem das paredes, ruídos de coisas que se quebram, vozes, passos etc.; tudo sem que haja ninguém por perto. Isso parece acontecer principalmente à noite ou quando a casa está sossegada, e pode ser bastante perturbador. Quando essas coisas estão presentes, eu geralmente fico meio nervosa e perco o sono.

Em terceiro lugar, os animais pressentem com grande facilidade a presença de entidades. É possível que se ponha a observar atentamente a entidade, a latir para ela ou, então, a evitar o local, dentro ou fora de casa, onde ela se aloja. Os cães, gatos e cavalos percebem com clareza a atividade astral não-física. Às vezes, chegam a ter companheiros astrais de divertimentos, que podem ser inclusive amigos animais que já faleceram. Em quarto lugar, pode haver na casa algum local frio. Verão ou inverno, é uma área que não parece aquecer-se jamais; está sempre mais fria do que o resto da sala. Talvez seja um lugar que você e os seus amigos evitem sem saber exatamente por quê. Por último, você pode se dar conta da presença de uma entidade por ser capaz de vê-la pela visão sutil. O que eu gosto é de vê-la e ficar sabendo com o que estou lidando, em vez de adivinhar.

Uma entidade desencarnada é um espírito que morreu mas não passou totalmente para o outro lado, o que pode acontecer por várias razões. O motivo mais comum é que ele está perdido e não sabe para onde ir, nem como. Talvez não saiba que está morto ou se recuse a aceitar esse fato. Os espíritos nessa situação tiveram, em regra, morte súbita ou violenta, o que explica a sua desorientação. Podem ter repelido os seus guias espirituais quando estes vieram ajudá-los a fazer a passagem. Essas entidades costumam voltar para onde viveram um dia. Algumas permanecem em sua própria casa simplesmente em razão do extremo apego que tiveram por ela em vida. Elas não querem ir embora. Outras não admitem que outra pessoa more na casa que é "delas", ou não querem separar-se do seu dinheiro e dos seus pertences.

Alguns "fantasmas" desencarnados ficam na Terra porque o seu apego a esta vida é tal que cria uma dependência. O álcool atrai entidades alcoólicas ainda prisioneiras do vício que trouxeram da vida. A maioria dos paranormais têm verdadeira ojeriza pelo álcool, pois essas entidades se ligam à pessoa que o bebe e passam a acompanhá-la, seguindo-a das festas e bares até a sua própria casa. Uma vez na casa, podem criar graves perturbações enquanto não forem mandadas embora. São em geral espíritos pertencentes ao plano astral inferior e muito desagradáveis. Analogamente, as drogas atraem entidades do mesmo plano inferior.

No entanto, a maioria das entidades espirituais é menos apegada e mais positiva; tudo o que elas querem é ficar na Terra por mais algum tempo. Eu mesma conheci uma entidade desencarnada que não havia passado para o outro plano porque gostava do seu jardim e não queria ficar longe dele. A mulher sabia que estava morta e sabia como ir para o plano espiritual, mas pediu para ficar. Ela não estava fazendo nenhum mal e o ocupante da casa concordou, de modo que eu deixei que ela ficasse, dizendo-lhe que me procurasse se algum dia precisasse de ajuda. Ela não me procurou e o morador da casa me disse que ela foi embora depois de alguns meses. O jardim pareceu sofrer com a partida dela; perdeu um bom tanto da sua beleza depois que ela foi embora.

Parece que os paranormais atraem as entidades, ou acabam sempre morando em casas que precisam de limpeza espiritual. É possível que isso aconteça porque nós nos damos conta da presença dessas entidades, enquanto os outros inquilinos nem de longe percebem a existência delas. Não são elas que nos procuram; somos nós que as encontramos. Os paranormais atraem os espíritos desencarnados porque as entidades precisam de ajuda e buscam quem lhes sinta a presença e possam com isso ajudá-los. Nossos guias espirituais nos colocam no caminho deles para que os auxiliemos. A maioria dos espíritos desencarnados são inofensivos, e mesmo os mais barulhentos só querem chamar a nossa atenção para que nós os encaminhemos de volta ao mundo dos espíritos. Além disso, os paranormais parecem ter a obrigação de ajudar a limpar o plano astral inferior, ajudando com isso os espíritos necessitados e colaborando para o crescimento vibratório da Terra.

Uma casa em que eu morei parecia atrair uma entidade atrás da outra. As pessoas que vinham para se curar, ou simplesmente para fazer uma visita, as deixavam por lá. A casa já estava cheia delas quando cheguei, e quantas mais eu despachava tantas mais pareciam vir. Eu detestava essa casa e às vezes a energia me parecia ruim porque a casa queria que eu fosse embora. Foi ali que aprendi bastante sobre como afastar entidades das mais variadas espécies. Uma delas foi uma velha índia que estava extremamente zangada. A tribo a tinha abandonado para morrer, como era o costume quando uma pessoa estava às portas da morte em época de fome — as crianças precisavam comer. A mulher não estava preparada para partir, e daí a sua raiva. Eu a descobri e ajudei-a a passar para o outro lado, mas ela voltou. Estava à procura do seu vestido com enfeites de contas. Quando o encontrou perto do tanque de lavar roupas, foi-se embora para sempre.

Na última casa em que morei antes daquela em que estou hoje, cerca de um mês antes de me mudar para cá, acordei certa noite com uma velha de bobes e camisola de dormir à minha frente. Ela queria saber o que eu estava fazendo na cama dela. Fi-la passar para o outro plano e, uma semana depois, apareceu um velho com uma chave inglesa em punho. Estava "fazendo uns consertos", segundo me disse. Como eu já andava farta de técnicos intrometidos, mandei-o fazer companhia à mulher. Uma entidade infantil surgiu algumas semanas depois — os quadros começaram a desabar das paredes à noite. Os cães a viram, mas não se incomodaram. Ela estava à procura de alguém que pudesse vê-la para ajudá-la a partir.

O processo para enviar essas entidades desencarnadas para o mundo dos espíritos é muito simples. Entre em meditação e erga uma proteção à sua volta. Se você for capaz de entrar rapidamente em meditação, isto pode ser feito em qualquer lugar; não é necessário um transe profundo. Invoque seus guias e anjos e peça para ver a entidade e falar com ela. Diga-lhe que ela morreu e já não tem por que ficar na casa ou na Terra. Ofereça-lhe ajuda para chegar à luz. Invoque os guias dela, ou um parente, ou peça que a própria noção que ela tem da Origem a conduza até o lugar que lhe cabe. Eu costumo perguntar aos meus assistentes espirituais: "Qual de vocês quer levar esta?" Certifique-se de que a entidade foi realmente embora antes de encerrar a sessão. Veja-a entrando por uma porta toda iluminada fechando-se atrás dela. Agradeça aos seus guias e anjos e volte ao agora.

Esses seres devem ser tratados com respeito; de modo geral, não são maus e nem mesmo negativos. Eles vieram vê-la em busca de ajuda, da mesma forma pela qual uma pessoa encarnada pode procurá-la para ser curada. Uma vez cientes de que estão mortos e de que você vai ajudá-los, eles partem facilmente e com uma sensação de alívio. Os Seres e guias espirituais que os vêm ajudar na passagem são, em geral, o cônjuge ou a mãe, a Virgem Maria, um santo, um anjo ou uma outra entidade que faça parte das crenças da pessoa. Vez por outra, algum se nega a partir. Invoque os guias e peça-lhes que o leve para o lugar que lhe cabe; eles atenderão ao seu pedido. Mesmo que uma entidade esbraveje e se porte de maneira ameaçadora, ela não poderá ferir você. Apenas acompanhe-a na passagem e certifique-se de que ela realmente se foi.

Os espíritos obsessores que se ligam ao corpo ou à aura podem ter forma humana, caricatural, animal ou inumana. Eu suspeito que a idéia de "demônios" vem daí. Assim como outras entidades desencarnadas, as entidades obsessoras também aparecem para ser liberadas e, conquanto possam ter estado presas à pessoa ao longo de toda uma vida ou de muitas vidas, você só as verá quando elas estiverem prontas para partir. Também elas não são nada que se deva temer. Se você as descobrir numa cura ou numa autocura é porque elas estão se desgrudando da sua energia e se encaminhando para fora do Plano Terrestre. Elas podem provir de pessoas que na hora da morte agarraram-se a uma pessoa viva, geralmente com a anuência, inconsciente ou subconsciente, dessa pessoa. Neste caso elas parecem ser entidades humanas e de fato são. Eu mesma carregava uma, que era um bebê natimorto que eu dera à luz numa vida passada.

As entidades obsessoras não-humanas são em geral formas de energia que criam bloqueios ou doenças. Elas podem se manifestar em vista de um aprendizado ou necessidade kármica, provocando uma doença, ou uma fobia (muitas fobias originaram-se em vidas passadas). Verifique sempre se os tumores não estão ligados a obsessões espirituais. Essas entidades são negativas mas de hábito têm uma razão para estar presentes e, ao contrário dos ataques psíquicos, não nascem do desejo de alguém de prejudicá-la. Se, numa cura ou numa meditação, você enxergar entidades obsessoras, elas lhe estarão sendo mostradas para ser eliminadas. Por mais estranhas ou terríveis que possam parecer, elas não podem ferir a agente de cura empenhada em dar cabo delas. Ainda que algumas lhe oponham resistência, elas irão embora se você insistir.

> Para afastar entidades de forma humana ou não-humana, entre em meditação e chame os seus guias espirituais e anjos. O nível de meditação que se exige aqui é maior do que o requerido para as entidades mencionadas no tópico precedente. Não deixe de erguer uma proteção à sua volta quando estiver lidando com obsessões, para evitar que elas a escolham como novo hospedeiro. Se elas assim fizerem, basta que você mais uma vez as faça passar para o outro plano, afastando-as da sua aura. Não há motivo para entrar em pânico se isso acontecer.
>
> Peça para ver a entidade. Se ela tiver forma humana, pergunte-lhe se ela tem guias que possam conduzi-la ao plano espiritual, que é o lugar dela. Se ela tiver sido um espírito humano, os guias ou anjos dela aparecerão para ajudar. Ajude-a na passagem, como na última meditação. Se tiver forma não-humana, é provável que não tenha espírito humano nem guias espirituais. Os seus próprios guias poderão encarregar-se de afastá-la. Certifique-se de que ela de fato foi embora antes de desviar dela a sua concentração ou encerrar a meditação.

Algumas dessas entidades obsessoras — especialmente as de aspecto não-humano, mas também algumas de aspecto humano — podem opor forte resistência à idéia de ir embora. Faça a afirmação seguinte ou alguma outra semelhante:

> Vá para onde está a luz. Você não será castigada nem prejudicada. Fez bem o seu trabalho e agora é hora de partir. Afinal chegou a hora de voltar para a casa. A Mãe a espera para curá-la e consolá-la. Vá para onde está a luz. Vá em paz para a Deusa.

A entidade irá embora, ainda que você tenha de repetir algumas vezes a ordem. Peça auxílio aos seus guias espirituais e anjos. Antes de encerrar a meditação, certifique-se de que a energia realmente se retirou e pergunte se há outras entidades obsessoras a afastar. Pode haver muitas numa mesma sessão, do mesmo tipo ou de tipos diferentes, no mesmo lugar ou em lugares diferentes, na aura ou nos chakras. Agradeça aos seus guias e volte ao agora.

Entre as entidades obsessoras que saíram da minha própria aura, lembro-me muito bem de três coiotes (bastante mal-intencionados) que estavam no meu chakra da barriga, e de um bando de corvos que saiu em revoada do meu plexo solar. Uma das primeiras, que pareceu numa sessão muito intensa de cura sutil, foi uma caricatura masculina de forma não-humana que saiu de dentro da minha cabeça. Era uma armadilha dolorosa, pois a obsessão se ativara naquelas ocasiões em que tudo ia bem na minha vida, fazendo-me mergulhar na dor, na inércia e no desespero. Foi com muito medo que descobri a entidade, pois até então eu tinha visto poucas coisas como aquelas, e muito grande foi o alívio com que assisti à partida dela. Por algum tempo preocupei-me com a possibilidade de que ela não tivesse desaparecido por completo; mas não encontrei mais nenhum vestígio dela e acabei me esquecendo do assunto. Ela reapareceu novamente numa outra sessão, cerca de um ano depois, e eu a afastei. Quando você estiver em busca de entidades obsessoras, procure por elas nos chakras da Kundalini e da Linha do Hara e nos níveis astral, mental e espiritual, mas não além deles. Elas nunca se fixam na rede mental, no Corpo de Luz ou na Mente Suprema.

A psicóloga e hipnóloga Edith Fiore, na obra *The Unquiet Dead** (Ballantine Books, 1987), fala sobre o uso da hipnose para afastar as obsessões espirituais de origem humana, que ela chama de "possessões espirituais". São casos em que uma pessoa que assiste a uma morte torna-se hospedeira do espírito que faleceu. Pode também acontecer quando a hospedeira está num hospital, vulnerável sob o efeito de anestésicos, uma vez que estes provocam rupturas na energia protetora da aura, fragilizando-a. A entidade

---

* *Possessão Espiritual*, publicado pela Editora Pensamento, São Paulo, 1990.

que faleceu perto dela, em vez de fazer sua passagem para o plano espiritual, torna-se prisioneira do corpo da outra pessoa. De modo geral, o incidente não envolve nenhum mal premeditado; a alma está desorientada, e tanto a entidade quanto a hospedeira precisam de ajuda e cura.

Essas obsessões de origem humana podem causar danos de diversos graus à hospedeira. Pode até acontecer que a entidade morta se apodere inteiramente da personalidade da pessoa. Daí podem advir dores físicas, doenças, fobias, fadiga crônica, lapsos temporários de memória, dependências e problemas nos relacionamentos. A possessão pode acontecer na infância e prosseguir até a idade adulta, se não for combatida. Se a hospedeira morrer sem se haver livrado da entidade estranha, ambos os espíritos acabam por fazer a sua passagem e o problema não se transmite às encarnações seguintes.

A dra. Edith Fiore arrola os dez sinais mais comuns dessas possessões. São sintomas possíveis de possessões e obsessões espirituais de origem humana e não-humana:

- Baixo nível de energia
- Mudanças no caráter ou alterações de humor
- Vozes interiores (que não são as dos guias, subpersonalidades ou fragmentos da alma)
- Dependência de drogas, álcool ou tabagismo
- Problemas de memória
- Incapacidade de concentração
- Repentinas crises de ansiedade ou depressão
- Súbito aparecimento de problemas físicos sem causa aparente
- Reações emocionais e/ou físicas à leitura de *The Unquiet Dead* ou outros escritos sobre obsessão e possessão.[3]

O processo prescrito para o afastamento de entidades desencarnadas e obsessões espirituais soluciona também os casos de possessão. Ele transfere o espírito para o lugar onde ele vai completar a sua morte e trilhar o caminho da sua alma. Cercar-se de proteção em toda e qualquer situação relacionada à morte evita a ocorrência desses ataques. Não deixe de fazer a afirmação: "Só o que é meu entra em mim." Se você esteve sob o efeito de anestesia num hospital onde havia gente morrendo ou morta recentemente, faça a meditação de expulsão das entidades assim que voltar para casa e se sentir em condições. Depois da anestesia, a proteção natural da aura fica comprometida e você permanece vulnerável durante pelo menos um mês. Use algum adorno de turmalina — de qualquer cor — ou de âmbar para proteger e restaurar o seu campo energético.

Os ataques psíquicos são energias malévolas e provocam danos porque são desfechados expressamente para isso. É inútil não acreditar neles; eles existem e eu própria já sofri vários. Há muitos anos, quando comecei a viajar e lecionar, estive no Oregon a trabalho. Durante duas semanas fiz uma palestra por noite em diferentes locais. É algo que eu não farei de novo. Fiquei exausta e apanhei uma gripe. A doença e a tensão me enfraqueceram a aura e, na ocasião, eu era inexperiente em matéria de autoproteção.

Duas cristãs fanáticas seguiram-me por toda parte durante quase toda a minha viagem e interromperam todas as conferências que proferi. Se fosse hoje, eu não o teria tolerado, mas na ocasião eu não sabia como impedi-las de interferir. Elas eram bastante irritantes e, de certa forma, assustadoras; informaram-me que estavam rezando para que eu morresse. Durante as palestras não se cansaram de me perguntar por que eu usava óculos, se era verdade que podia curar-me a mim mesma. Ao fim das duas semanas eu comecei a ter problemas de visão, que me impediram de ler por quase um ano; além disso, sempre que eu ia falar em público, sentia um nervosismo quase insuportável.

Sete anos depois, durante uma sessão de cura, Jane, uma amiga residente na Flórida, detectou aquele ataque psíquico no meu plexo solar. Parecia uma flecha com ponta dupla e serrilhada, que cada vez mais se cravava na minha aura e a enchia de energia infecciosa. A imagem das duas fanáticas me veio à mente na mesma hora, muito embora eu não pensasse nelas havia anos. Jane percebeu que o ataque tinha sido feito com conhecimento de causa e de caso pensado e, periodicamente, vinha sendo renovado. Nas duas semanas que se seguiram à remoção eu me senti muito mal. Porém, consumada a cura, o meu medo do público logo desapareceu e a minha visão se estabilizou. Alguns dos danos pareciam irreversíveis, mas continuam a ser reparados; depois disso, eu já encontrei outros elementos da agressão nos meus chakras da visão.

A cura de um ataque psíquico dessa profundidade pode ser feita pela própria pessoa numa sessão de imposição das mãos com uma outra agente de cura. Não deixe de erguer uma proteção em torno de cada um dos participantes. O mesmo vale para qualquer tipo de cura, pois as energias negativas que precisam ser liberadas podem aparecer em qualquer sessão e as situações desse tipo estão se tornando cada vez mais freqüentes. O processo de corte das cordas e remoção dos ganchos que se prendem aos chakras é uma boa medida preliminar e pode inclusive solucionar vários ataques psíquicos. Examine toda e qualquer área em que se manifeste uma dor ou uma doença crônica ou aguda a fim de detectar eventuais entidades obsessoras e agressões espirituais, particularmente se outras curas não deram resultado. Na sessão, pergunte aos guias se existe alguma coisa desse tipo e, se for o caso, peça que ela seja eliminada.

O combate aos ataques psíquicos exige, em regra, um estado de transe mais profundo do que o da meditação em que se entra rapidamente. Na cura dos outros pela imposição das mãos, esse trabalho começa na parte final da sessão. Na autocura, é indispensável um estado de meditação profunda. Qualquer que seja a forma, tanto agente como paciente necessitam de proteção energética antes de a sessão começar, bem como da ajuda dos guias espirituais e anjos. Buscando garantir para mim a melhor proteção e a maior força de cura possível, eu também sempre peço à Deusa que me ajude.

Quando você estiver pronta para começar, peça aos guias que lhe mostrem todos os ataques psíquicos que porventura tenham sido infligidos ao seu corpo ou à sua aura nesta existência ou em vidas passadas. Você pode trabalhar com um pêndulo, examinando chakra por chakra para verificar se existe alguma energia de agressão psíquica. Se houver, detenha-se e peça para ver o que é e de onde veio. É muito importante que você saiba quem foi que praticou o ataque e o que foi que a tornou vulnerável à negatividade. Há casos em que não lhe será possível afastar a agressão se você não dispuser dessas informações; numa sessão de imposição das mãos, é possível que a origem do ataque seja revelada à agente ou à paciente. As agressões psíquicas de vidas passadas podem ter sido repetidas nesta vida pela mesma pessoa. Geralmente, existe uma corda de energia negra que vai do ponto onde o ataque se fixou até a pessoa que o enviou; corte-a ou peça aos seus guias espirituais ou anjos que o façam. Assegure-se, primeiro, de que você está inteiramente protegida pois, ao saber que foi descoberta, a pessoa responsável pela agressão poderá fazer nova tentativa. Se isso acontecer, peça aos seus guias que a protejam.

Uma vez cortada a corda, elimine o ataque propriamente dito. Os ataques psíquicos podem assumir várias formas, mas nunca são bonitos de se ver. Eu mesma já vi facas, cilindros cromados, parafusos de aço, flechas serrilhadas, cadeados enferrujados, agulhas negras, serpentes e insetos perigosos e um pó venenoso. Encha de luz a si mesma ou à paciente e, durante todo o processo de remoção, vá fazendo fluir uma energia luminosa. Peça aos seus guias espirituais, aos seus anjos ou à Deusa que afastem o ataque, removam as toxinas do seu corpo e da sua aura energética e reparem qualquer dano passado, presente e futuro. Especifique que você quer que isso seja feito em todos os níveis, inclusive o físico, pois é bem possível que haja mais estragos do que você imagina.

Não coloque suas mãos na aura da paciente para não tocar nessa energia, que é extremamente negativa. Você pode, em lugar disso, fazer uma aplicação de luz, usando especialmente a luz *laser* que sai dos olhos e impondo as mãos sobre a área atingida a fim de facilitar a tarefa dos guias. Um recurso que eu uso é visualizar a área repleta de um fogo purificador cujas chamas não afetam outros tecidos nem a energia positiva. A área pode continuar aberta e servindo de dreno depois de afastado o ataque, pois é possível que ainda haja toxinas por eliminar. Se os seus guias espirituais negarem-se a reparar a aura, por mais que você peça que eles o façam, deixe que a energia continue sendo liberada durante três dias e depois volte e feche a abertura, se ela ainda estiver lá. Se a coisa for muito feia, talvez sejam necessários mais do que três dias.

Essa drenagem de energia negativa pode assemelhar-se a uma infecção purulenta ou uma hemorragia, e a paciente provavelmente se sentirá muito mal ou muito cansada. Faça fluir a energia tantas vezes quantas possível nos dias seguintes a fim de limpar e cicatrizar a ferida. Use sal marinho no banho até que a drenagem cesse e depois passe o vinagre de cidra para cicatrizar o chakra ou o ponto ferido da aura. Antes de encerrar uma sessão de eliminação de um ataque psíquico, pergunte se ainda restam energias maléficas nos chakras ou na aura e percorra todos os chakras, um por vez. Elimine tudo de mau que você encontrar, usando a técnica detalhada acima.

Termine rodeando-se de uma energia protetora forte e duradoura; erga também escudos sobre cada um dos chakras. Erga sempre uma proteção de mão dupla, de modo que as energias positivas possam entrar e as negativas possam sair. Eu gosto da afirmação: "Aqui só entra energia positiva, e tudo o que for negativo tem de sair." Se você já foi ou está sendo atacada psiquicamente, defenda-se, erguendo redes de proteção em torno da sua casa, do seu carro, dos seus animais e do seu local de trabalho. Peça ajuda aos seus guias e anjos; os anjos, em particular, são ótimos protetores. Examine a aura e os chakras regularmente, a fim de ter certeza de que você não está sofrendo outros ataques ou não haja ataques antigos começando a se manifestar. Pratique com regularidade a técnica de corte das cordas. Infelizmente, a verdade é que eu tenho visto muitos ataques nas curas que faço e, nos últimos tempos, esse tipo de energia negativa vem se manifestando consideravelmente, tanto na virulência quanto na freqüência.

O lixo espacial tem aparência muito semelhante à dos ataques psíquicos, mas é em geral mais esquisito do que ameaçador. As ligações muitas vezes provêm de vidas passadas, mas podem também ser restos de algo que aconteceu nesta vida. Via de regra, se a energia é negativa ou perniciosa, ela não o é de modo intencional. É possível que você nem precise saber o que os objetos são ou por que estão lá, e só tenha de afastá-los. Peça aos seus guias e anjos que os levem para um lugar onde não possam prejudicar ninguém. Você pode também jogar todos os objetos no que eu chamo de "lata de despejo", uma imaginária lata de lixo hermeticamente fechada com fogo dentro, e pedir aos seus auxiliares espirituais que a levem de vez. Nunca se limite a tirar da aura uma energia negativa ou potencialmente negativa e deixá-la vagando; dê-lhe um destino seguro para que ela não cause danos a quem quer que seja nem volte a fixar-se em você.

O material que sai da aura das pessoas pode ser intrigante, surpreendente, interessante ou simplesmente impossível de compreender. Se você morreu com uma punhalada ou uma flechada nas costas, em alguma existência passada, pode ser que a arma ainda esteja na sua aura. Pode ser que ela provoque dor no local onde foi retirada. Se você esteve presa em alguma vida passada, durante a Inquisição, por exemplo, pode ser que você ainda carregue algemas, grilhões ou instrumentos de tortura. Pode ser que você encontre pedaços de corda, se passou muito tempo amarrada numa outra vida.

Alguns objetos nada têm a ver com traumas, mas com a vida do cotidiano. Se você foi bordadeira ou tecelã numa vida passada, pode haver rocas ou liças na sua aura; ferraduras, se foi um ferreiro. Pode haver colares ou outras jóias, cristais ou instrumentos rituais. É obvio que agora você não tem uso para essas coisas; o melhor é livrar-se delas. A maior parte desse entulho fica nas camadas energéticas da aura e não nos chakras.

É possível que uma única sessão de cura não baste para eliminar todo o lixo espacial, que poderá ressurgir nas sessões subseqüentes, ou esporadicamente. Quando o lixo aparecer, será sinal de que é preciso removê-lo. Se isso acontecer com freqüência, você pode pedir que os guias lhe mostrem a origem de tudo aquilo ou que todos os resquícios daquela antiga existência sejam apagados da sua aura. Essas coisas não são de hábito assustadoras ou más, mas estão indo embora por alguma razão, e eu não as considero formas positivas de energia. O lixo espacial costuma aparecer quando a pessoa está curando ou acabou de curar a energia de dor desta vida ou de vidas passadas. O aparecimento desse entulho faz parte da depuração e iluminação da aura e do crescimento espiritual.

Numa sessão de cura que uma outra agente de cura aplicou em mim, ela retirou da minha aura, à altura da cabeça, alguns objetos que pareciam canos. Ela disse que os objetos lembravam uma moldura sobre a minha cabeça, apoiada nos meus ombros, e os removeu. Quase um ano depois, numa autocura, eu comecei a ver canos novamente. Durante algumas semanas, removi vários canos toda noite. Nesse época, eu não parava de ouvir, dentro da minha cabeça, pensamentos desconexos e ruídos variados que me incomodavam muito. O pior é que quase fiquei impedida de fazer contato com os meus guias espirituais, com quem eu falo praticamente o tempo todo. Por fim, perguntei aos guias o que estava acontecendo e como remediá-lo.

Os canos e o lixo espacial provinham de uma vida passada. Nela, eu tinha sido um prisioneiro político. A moldura que eu carregava sobre a cabeça e os ombros era um dispositivo que servia para obstaculizar certos poderes paranormais. Eu estava sendo usada para comandar o que parecia ser uma máquina de mineração. Havia na moldura um ecodispositivo, um implante feito na cabeça, que visava evitar que os prisioneiros paranormais usassem essas capacidades para fugir. Ele fazia com que os pensamentos e imagens sutis voltassem e se repetissem, criando um eco na cabeça. Assim que consegui vê-lo, os guias retiraram o dispositivo implantado. As dores de cabeça e ruídos cessaram e os canos que faziam parte do lixo espacial nunca mais apareceram. Aquela vida não tinha acontecido na Terra e, aparentemente, não tinha sido muito boa; por isso, eu não pedi mais nenhuma informação a respeito.

Muito lixo espacial, boa parte dele ainda "viva" e perigosa, provém de implantes extraterrestres. Esta sim, é uma agressão sutil realmente maléfica e terrível. Um ataque físico feito por um ser humano é pelo menos compreensível, por lamentável e assustador que seja, mas os ataques vindos de fora podem não ter nenhum fundamento lógico. Há alienígenas maus que consideram os seres humanos como simples cobaias de laboratório e nos submetem a experiências. Eles não concebem o que são as emoções e sentimentos humanos. Alguns se interessam em calar e fazer mal às pessoas que têm percepção bastante para detectar suas atividades — que são, na maioria das vezes, mulheres.

A guerra entre Órion e os protetores pleiadianos da Terra prossegue. Essa guerra começou antes da queda da Atlântida e Órion contribuiu fortemente para a destruição daquela civilização avançada. A guerra tinha como objetivo, e ainda tem, a liberdade da Terra e dos seus habitantes. Durante a era da Atlântida e, mais tarde, no tempo dos astecas, no México, Órion colocou implantes em certas pessoas com a finalidade de controlá-las e escravizá-las. A destruição dos pacíficos maias pelos astecas fez parte da guerra. Quando os orionianos deixaram a Terra — assim fizeram durante longos períodos –, os implantes que eles colocaram ficaram inativos, mas não deixaram de existir. Os implantes passaram de vida para vida na aura das pessoas que os receberam.

Órion está novamente em atividade aqui na Terra e na órbita terrestre. Pela visão sutil, eu mesma presenciei batalhas espaciais na rede energética terrestre e fui ferida ao tentar combater os orionianos nas minhas sessões de cura da Terra. Os ataques alienígenas encheram a minha aura de uma aterradora parafernália de fios, aparelhos elétricos e outros detritos. Uma vez inseridos, os objetos cresceram e se multiplicaram nos meus corpos áuricos, onde criaram medo e sufocaram a minha energia psíquica. Isso tudo só foi curado em sessões de cura dirigidas por auxiliares galácticos, já que os meus guias espirituais não pareciam capazes de fazê-lo. Foi uma experiência das mais assustadoras.

Aprendi a entrar em contato com a rede de energia da Terra e a pedir ajuda aos agentes de cura e protetores pleiadianos. Por fim, certa vez, fui levada a uma nave espacial pleiadiana. Lá as minhas energias foram depuradas e restauradas e os ataques foram extirpados mediante um processo parecido com uma cirurgia, porém indolor. Os pleiadianos ergueram ao meu redor uma rede de proteção e me disseram para não me meter mais em batalhas. Um único ser humano não é forte o suficiente para lutar nessa guerra e, uma vez que os orionianos haviam notado a minha presença, eu estava correndo perigo. Eu já estava suficientemente traumatizada àquela altura para me submeter facilmente às ordens, e foi um alívio ficar fora da guerra. Toda essa atividade extraterrestre durou cerca de um ano (1993). Foi extremamente desagradável e as batalhas ainda continuam, mas sem mim. Ao curar outras pessoas, eu sempre encontro e removo implantes de Órion; os meus (felizmente) parecem ter desaparecido.

Esses implantes aparecem nos chakras ou na aura como cristais negativos, cilindros ou caixas com fios que podem estender-se pelo corpo. Um implante colocado próximo do coração pode ter fios elétricos correndo para o pescoço ou descendo até as pernas. Quando os fios desaparecem, em lugar deles surgem aranhas. Quando uma paciente tem sentido muito medo ou negatividade e tem sofrido de muitas doenças sem causa aparente, ou ainda quando lhe surge, sem explicação, uma nova área muito dolorida, eu procuro implantes de Órion. Aprendi a reconhecer os implantes de energia numa aura pela sensação de dor difusa que os acompanha. A finalidade desses ataques é, em princípio, criar medo e negatividade; na verdade, eles não podem causar males de outro tipo. Os orionianos alimentam-se dessa emoção, que gera a confusão que eles pretendem estabelecer na Terra.

As agentes de cura e as paranormais de hoje em dia foram agentes de cura e paranormais no passado. Não é de agora que elas são uma ameaça para Órion, que implantou seus dispositivos há milhares de anos a fim de nos controlar. As mesmas agentes de cura e paranormais continuam a ser uma ameaça para eles na nossa época. Quando os orionianos estão na Terra ou perto dela, os implantes são ativados e, pelo pavor, eliminam o poder das agentes de cura, facilitando a entrada dos invasores no planeta. Órion foi também o agente do desligamento do DNA humano. Separando-nos da nossa fonte de luz/informação, eles esperam vencer os protetores pleiadianos e as agentes de cura da Terra e, em conseqüência, assumir o controle da Terra e seus habitantes.

Mais ou menos na época em que eu desisti de lutar sozinha contra esse mal, veio-me às mãos o livro de Barbara Hand Clow, *Heart of the Cristos* (Bear and Co., 1989). Fiquei ao mesmo tempo abismada e contente por ver que os escritos dela confirmavam o que eu vinha vendo durante cerca de um ano. Ela define o conflito entre Órion e as Plêiades como a fonte da luta e do mal contra o bem na Terra. Toda violência, separação, guerra ou falta de amor é uma anomalia que se deve a Órion. Mas os orionianos, que são capazes de sentir emoções negativas, estão recebendo uma nova oportunidade de aprender a amar. É essa a guerra entre o bem e o mal na Terra, desde o início até os dias de hoje.

> Muitas pessoas estão se dando conta de que almas ligadas ao lado negro estão sendo atraídas para eles a fim de gerar situações nas quais as forças das trevas tenham uma última oportunidade para pôr fim às suas próprias atitudes malévolas. A energia positiva predomina sobre a negativa, mas os Homens de Órion sobrecarregam a memória kármica com muitas experiências negativas, que as pessoas tendem a reproduzir. É importante viver no tempo presente... pois por volta de 1992 todo indivíduo com quem um dia você provou do mal em vidas passadas vai manifestar-se na sua vida. Receba-o como a um mestre.

O exato momento em que os Homens de Preto (Órion) repudiaram a criação foi o único momento em que lhes foi dado experimentar o que é sentir. Por isso, quando você vir taras sexuais, amor a violências, ódio ao eu, saiba que esses venenos humanos são um desesperado pedido de liberdade feito por almas prisioneiras que buscam o fim de seus sofrimentos. Órion aprendeu a sentir por meio da força e da dominação, e não por se deixar conduzir por uma força maior. Portanto, quando se vir odiando alguém, sendo escravizada por algum vício ou se deliciando com as estranhíssimas expressões exteriores da maldade interior que caracteriza o Fim dos Tempos, volte-se então para o amor, para a luz que explode dentro dos chakras do seu corpo.[4]

A luz como energia de amor é a cura primordial para a Terra e para todos os Seres. Os pleiadianos, assim como outros alienígenas do bem, também estão na Terra para nos ajudar. Esses agentes de cura positivos e as agentes de cura da Terra já podem ser chamados para curar e afastar todos os tipos de energia negativa das pessoas, dos animais e do planeta. Quando você estiver lidando com uma energia alienígena ou um ataque psíquico – que Barbara Hand Clow define como essencialmente devido a Órion mesmo quando praticado por gente da Terra –, convide os agentes pleiadianos para a sessão. É assim que eu faço; nas curas ou na meditação, invoco "os agentes de cura do bem, pleiadianos ou galácticos, que queiram vir ajudar". Deixe bem claro que só poderão entrar as energias positivas e terapêuticas.

Entre esses agentes de cura positivos encontramos os Seres de energia azul e as "fadinhas azuis" que eu já descrevi (e você certamente vai reconhecer). Foram todos enviados do centro de cura em Júpiter para nos ajudar quando ocorreu a colisão de um cometa com aquele planeta, em julho de 1994, que provocou alterações na energia jupiteriana. Há outro grupo de Seres que sempre me aparecem vestidos de médicos. Eles têm a cabeça ovalada, a testa grande e em forma de uma pêra, olhos negros e enormes (ou óculos) e alguns dedos a mais nas mãos. Já faz algum tempo que venho trabalhando com eles, que eu chamo de "Equipe Jupiterina de Cirurgia e Comédia"; são pleiadianos vindos da base de cura de Júpiter.

Qualquer um deles pode ajudá-la no trabalho de remoção dos implantes e da energia negativa de Órion; a equipe cirúrgica faz muito mais do que isso. É possível que apareçam outros Seres não-físicos positivos; pergunte àqueles que vierem durante uma sessão quais são as intenções deles. Sempre que deparo com alguma coisa que eu suspeito ser uma energia negativa alienígena, ou com uma agressão psíquica ou obsessão espiritual difíceis de afastar, peço ajuda aos agentes de cura galácticos. Convide esses Seres a vir juntamente com os seus guias espirituais e anjos. Eles também fazem milagres em matéria de cura física dos Seres da Terra.

> Mas, se apesar da cura e da remoção de implantes, você continuar se sentindo sufocada por fios, caixas e por outros implantes orionianos, então, *unicamente nesse caso*, você pode se dirigir às naves espaciais

dos pleiadianos para pedir ajuda. Faça-o apenas como um último recurso, depois que todos os outros agentes de cura tiverem tentado a cura e fracassado. Entre em meditação e visualize-se mergulhando no seu chakra do coração rosa ou verde, como se fosse um lago ou uma piscina muito bonita. Mergulhe até o fundo da água rosa. Logo acima do fundo da piscina, localize uma porta iluminada por uma luz azul. Nem sequer se aproxime do que não for azul e brilhante. Bata à porta, diga o que você precisa e peça permissão para entrar a fim de receber a cura e a ajuda deles.

Você será bem recebida, colocada sobre uma mesa de cirurgia e curada sem dor. As cores do lugar, a tecnologia avançada do instrumental médico e as técnicas energéticas são miraculosas. Faça isso à noite, na hora de ir para a cama, e deixe que os pleiadianos trabalhem com você durante o sono. É possível que eles lhe digam para repetir o processo na noite seguinte ou até que a sua energia esteja inteiramente purificada. Peça proteção aos pleiadianos. É possível que você se sinta fraca e cansada durante alguns dias, mas, por outro lado, se sentirá lúcida, radiosa e aliviada por causa da cura pleiadiana.

Para tentar remover os implantes antes de recorrer a essa providência, faça uma sessão parecida com a que você faz para eliminar ataques psíquicos ou obsessões. Erga uma proteção ao seu redor, invoque os seus guias espirituais e anjos e os agentes de cura pleiadianos; entre em estado de meditação profunda. Peça para ver todos os implantes alienígenas negativos que houver nos chakras e corpos áuricos e não deixe de examinar a aura a fundo, chegando à rede mental e ainda além dela. Uma vez que os implantes reencarnam conosco, procure-os na matriz etérica, nos níveis celestiais e ketérico, nos planos mental e espiritual e na alma nuclear/eu essencial. Eles terão o aspecto de cilindros escuros, discos, caixas repletas de fios ou qualquer tipo de circuito elétrico. Podem ter também o aspecto de cristais.

Depois de localizá-los, invoque os seus guias espirituais e anjos e os agentes de cura pleiadianos. Peça-lhes que *delicadamente* retirem todos os implantes negativos, com suas aranhas, fios e extensões, e mandem de volta para o lugar de onde vieram. Peça que sejam eliminadas todas as toxinas deixadas por esses implantes e reparados todos os danos causados em todos os níveis e vidas, no passado, no presente e no futuro. É importante pedir todas essas coisas e, de modo especial, a completa reparação dos danos. Os agentes de cura de outros mundos pensam que, tal como eles, nós somos capazes de nos regenerar sozinhos, o que obviamente não é verdade.

Peça que eles usem de delicadeza nesse processo de extração, porque, caso contrário, essas curas podem envolver uma certa dose de violência. Os agentes de cura alienígenas em geral não conhecem com perfeição a energia terrena, os corpos e as limitações destes. Nós não somos fortes como eles. Os agentes galácticos entram em cena e fazem o seu trabalho, enquanto os guias, via de regra, lhes cedem o lugar até que eles tenham terminado. A cura de males provocados por alienígenas não é do conhecimento nem da alçada dos nossos guias, embora eles possam ajudar-nos depois a convalescer e sarar. Os anjos, contudo, talvez possam ajudá-la mais. Encha-se continuamente de luz. Talvez você precise visualizar aquele fogo para eliminar os implantes. Às vezes os agentes de cura pleiadianos e galácticos conversam conosco durante o processo, às vezes não.

Se você começar a ver aranhas ou pirâmides negras nos seus chakras depois de remover os implantes, é porque não eliminou o implante original. Parece que os orionianos conhecem exatamente a coisa que nós mais detestamos, e fazem uso dessa informação. Foi difícil para mim eliminar esses últimos objetos. Passei varias sessões extirpando-os um a um antes de descobrir o mecanismo para afastá-los de vez. As aranhas e pirâmides são hologramas. Por mais que sejam extirpadas, vão continuar voltando até eliminarmos a sua origem primeira, que é o implante propriamente dito. Esse implante é uma pequena caixa preta elétrica ou um disco dotado de fios que funciona, em essência, como um projetor cinematográfico. Removido o projetor, também as aranhas, pirâmides e outras coisas malignas desaparecem. A chave é pedir aos agentes de cura que removam o implante original. O intuito desses objetos malignos é nos aterrorizar e gerar o medo. Enquanto não descobri a chave, eles de fato me deixaram assustada.

Barbara Hand Clow explica esses implantes:

> Na última batalha, há 26.000 anos, os atlantes de Órion implantaram cristais no corpo etérico das pessoas... Esses implantes estavam programados para ser ativados entre 16 de agosto de 1987 e agosto de 1992. O programa contido nos cristais faz com que seres de todos os cantos da galáxia passem a montar as situações kármicas que darão aos Homens de Órion a derradeira oportunidade de descobrir o livre-arbítrio...
>
> Agora os cristais estão sendo removidos.[5]

A batalha pela liberdade e pelo livre-arbítrio da Deusa Terra é uma batalha muito antiga e é ela que explica os implantes, as obsessões e os ataques psíquicos. A cura da separação egóica em favor da unicidade e do amor é a única resposta, a única maneira de lidar com as mudanças na Terra (o "Fim dos Tempos" de Barbara Hand Clow). As energias negativas estão sendo curadas e removidas das auras humanas, e cada cura e libertação representa uma vitória do amor, da Deusa, da bondade e da Nova Era neste planeta. Embora esta conversa sobre alienígenas e mesmo sobre ataques psíquicos possa parecer estranha, peço que você acredite em mim e leve tudo muito a sério. O mal existe de fato no nosso mundo e as agentes de cura estão sendo convocadas para eliminá-lo. Agora temos quem nos ajude, mas isso só começou a acontecer há pouco tempo; acho importante falar sobre o que eu mesma percebo, como compreendê-lo e como lidar com isso.

Acho também que cada vez é mais importante que as agentes de cura e as paranormais se protejam contra as energias negativas. Não quero dizer com isso que você deva se fechar dentro do seu quarto, mas que é preciso estar atenta e cuidar muito bem da sua energia de luz e conhecimento. Todos os dias, qualquer que seja a meditação que você esteja praticando, faça fluir energia luminosa. Com isso, a sua energia, os seus chakras e corpos áuricos serão purificados de toda e qualquer coisa negativa que possam ter absorvido; além disso, essa técnica faz aflorar tudo que não deveria estar lá. Lembre-se de usar os métodos de proteção energética, inclusive os escudos protetores, e estabeleça de modo que essa proteção não funcione como uma barreira, mas como uma membrana permeável pela qual a energia possa entrar e sair. Tudo o que for negativo tem de sair e só o que for positivo pode entrar. Se você tiver sido atacada ou se sentir ameaçada, coloque à sua volta escudos protetores contra as agressões psíquicas, porém permitindo sempre a entrada de energia positiva. Algumas energias negativas encarnaram junto conosco, mas agora já podem ser liberadas.

Faça um esforço para limpar a sua aura, vasculhando-a e eliminando as obsessões, o lixo espacial, os ataques psíquicos e os implantes. Examine os chakras da Kundalini e da Linha do Hara, os corpos áuricos, os níveis matriciais e os planos de existência. Verifique desde os pés do corpo físico até o Corpo de Luz. Sua Mente Suprema não será afetada. A cada remoção desses elementos estranhos você ficará mais forte e a sua energia mais positiva; sua capacidade de atrair a energia da Deusa e tornar-se uma agente de cura eficiente crescerá bastante. Como canais da energia e da cura divina, é o mínimo que podemos fazer. O resultado é um grupo de mulheres cada vez mais numeroso com capacidade para fazer curas de alto nível, para ensinar as mesmas técnicas a outras agentes e para ajudar a Deusa Terra nas mudanças pelas quais ela tem de passar. É essa a razão pela qual estamos neste planeta neste tempos de importância crucial.

O capítulo seguinte, o último desta obra, traz uma análise acerca da cura, da morte e do que vem depois desta.

NOTAS

1. Graham Bernard, *The Challenge of Evil: Further Conversations with Richard* (Rochester, Destiny Books, 1988), p. 43.

2. Michael Newton, Ph.D., *Journey of Souls*, pp. 47-48.

3. Dra. Edith Fiore, *The Unquiet Dead: A Psychologist Treats Spirit Possession* (Nova York, Ballantine Books, 1987), p. 123. [*Possessão Espiritual*, publicado pela Editora Pensamento, 1990.]

4. Barbara Hand Clow, *Heart of the Cristos: Starseeding From the Pleiades* (Santa Fé, Bear and Co., 1989), pp. 187-188.

5. *Ibid.*, p. 190-191.

Capítulo 13

A Morte

Não há como evitar: todos morrem. Nestes tempos de mudanças na Terra, a morte está por toda parte: no noticiário, no planeta e na própria vida das pessoas. A violência social cria constantemente essas mortes. A poluição do planeta se manifesta no corpo das mulheres na forma de doenças fatais. A AIDS é uma epidemia que dizima países inteiros. Uma em cada sete mulheres norte-americanas contrai câncer de mama. O número de mortes em países como Ruanda é espantoso. As calamidades naturais, as guerras e doenças exterminam os seres humanos não de um em um, mas aos milhares e dezenas de milhares. A morte nos rodeia. Estamos todos imersos nela. A Terra dos dias de hoje, esse repositório de dor e tóxicos, transformou-se no túmulo da velha Terra.

O wicca compara a vida a uma Roda sem começo nem fim. A morte conduz ao renascimento. Nós já estivemos em corpos físicos muitos milhares de vezes; incontáveis vezes. Aqueles que se lembram de vidas passadas sabem que já estiveram aqui antes, mas talvez não façam idéia de quantas vezes. Michael Newton, em *Journey of Souls*, relata uma hipno-entrevista com uma mulher altamente espiritualizada, uma alma muito antiga:

> Achei espantosa a seqüência de encarnações dessa mulher, que remontavam ao mais remoto passado da vida humana na Terra. Fazendo-a falar sobre suas recordações mais antigas, cheguei à conclusão de que as primeiras vidas dela aconteceram nos primórdios do último período interglacial quente, que transcorreu entre 130.000 e 70.000 anos atrás, antes do advento da última Era Glacial no planeta... Mais tarde, há cerca de 50.000 anos, quando as geleiras continentais tornaram a modificar o clima da Terra, ela disse que morava em cavernas e enfrentava um frio rigoroso.[1]

As vidas acabam, as almas não. Nós vivemos muitas e muitas vezes para conhecer todos os tipos de vida e todos os tipos e aspectos do crescimento moral e espiritual. Em todas as culturas se soube disso, mas na era atual esse dado de informação/luz vem sendo ocultado. Com o despertar do planeta e das pessoas, a luz se faz novamente. Nós estivemos aqui antes e voltaremos a estar. Não há princípio nem fim. A morte não é senão uma visita ao lar no intervalo entre duas vidas. O estado de entrevidas é o paraíso que a maioria das religiões de alguma forma promete aos seus adeptos. A visita ao lar é alegre, plenificante e cheia de amor, mas nós, encarnados, aprendemos a temê-la, a negá-la e a detestá-la. Contudo, o nascimento e a encarnação são muito mais difíceis do que a morte e os lugares para onde vamos entre uma vida e outra.

O budismo vê a conquista da Iluminação como o fim da necessidade de renascer depois da morte. O budismo mahayana diz que qualquer pessoa pode chegar à Iluminação nesta vida ou renascer numa Terra Pura (paraíso budista) que dá todas as condições para que a Iluminação seja facilmente atingida. O estado de Iluminação é a felicidade que há além do Vazio, é a união com a fonte de toda criação. O budismo não concebe uma divindade personificada, mas no wicca ela é chamada Deusa. Explicando melhor, a união é a percepção consciente da unicidade da vida, a dissolução do ego/separação. Aceitar a unicidade é tudo quanto se necessita para livrar a alma de novas encarnações. Através da prática espiritual e do conhecimento do processo da morte, a Iluminação também pode ser alcançada durante os estágios da morte e agonia. Para o Oriente, a morte não é essa coisa apavorante que se diz no Ocidente. Segundo a doutrina budista, o processo de morte se divide em quatro fases, denominadas "bardos". Um bardo é apenas um período de transição entre dois acontecimentos. O *Livro Tibetano dos Mortos* menciona quatro bardos, quatro estados de realidades ligados entre si. O primeiro é a vida (o bardo natural desta vida); o segundo é a agonia e a morte (o bardo doloroso da agonia); o terceiro vem depois da morte (o bardo luminoso do dharmata); e o quarto é o renascimento (o bardo kármico do vir-a-ser).[2] Ao passo que o corpo físico e o duplo etérico dissolvem-se depois da morte, as emoções (o corpo astral e a matriz celestial) se recolhem no corpo mental (ketérico), que sobrevive e perdura. A mente ou corpo mental atravessa os bardos e, se não alcançar a Iluminação e a Liberação nesse estado, ruma para um novo renascimento. O corpo físico é impermanente, como todas as coisas no Plano Terrestre, mas a mente e a consciência perduram. Em outras palavras, as existências terminam, mas o eu essencial ou alma nuclear segue em frente.

O bardo natural desta vida faz parte do processo da morte, pois é no corpo que a pessoa acumula e resgata o karma. É também no corpo que a pessoa opta por crescer por meio da prática espiritual. Dessas duas coisas depende o que vai acontecer na hora da morte e depois dela. O segundo bardo, o bardo doloroso da agonia, é a própria morte. Dizem que ele começa quando você fica sabendo que está morrendo e termina com a dissolução dos sentidos externos primeiro e dos sentidos interiores, depois. Os sentidos externos são os cinco elementos e os cinco sentidos físicos. Os sentidos internos são os pensamentos e emoções no plano físico.

Na dissolução dos sentidos externos (o processo de morte do segundo bardo), quando o elemento Terra entra em colapso, o corpo perde energia e força. A pessoa enfraquece e não consegue mais cuidar de si própria; ela sente sobre si uma pesada carga. Sua mente primeiro fica ansiosa e delira, depois se entorpece. A dissolução do elemento água acarreta a perda da sensibilidade e do controle das funções fluídicas do corpo. Nesse estado a mente se torna irritadiça, nervosa e anuviada, e a pessoa pode se sentir frustrada. Quando o fogo se dissolve, a pessoa esfria e o frio que principia nas extremidades desloca-se para o coração. A mulher fica incapaz de digerir os alimentos e sua mente alterna períodos de lucidez e confusão. A percepção do Plano Terrestre diminui. Na dissolução do elemento ar a pessoa sente uma crescente dificuldade de respirar. Tem visões maravilhosas e visões terríveis; seu intelecto se dissolve e, com ele, o contato com o mundo exterior.[3]

Também segundo o wicca, a vida e o Ser são feitos de terra, ar, fogo, água e espírito. Esses cinco elementos formam o pentagrama, o símbolo da Arte da Deusa. Na concepção do wicca, a dissolução dos elementos e dos cinco sentidos físicos na morte equivale à transferência da realidade da Terra e do corpo para o nível do espírito. O nível espiritual é a fonte de toda a criação e essa fonte é, evidentemente, a Deusa. Na morte, a pessoa abandona o corpo e o Plano Terrestre para ir para os reinos da Deusa. Para a doutrina wicca da Roda da Vida, a morte é um novo começo, o fim da vida física e o princípio de uma nova realidade. Depois que essa outra realidade termina, a Roda gira novamente e tudo recomeça, com um novo corpo, uma nova encarnação e um novo nascimento. A mulher morre, mas a vida continua e volta.

A dissolução dos sentidos interiores no segundo bardo budista é o fechamento dos chakras e canais energéticos, tanto na Linha da Kundalini quanto na Linha do Hara. A Linha do Hara e seus canais deixam de funcionar primeiro e o corpo astral/emocional se funde com o corpo mental. A Linha da Kundalini e seus chakras simplesmente param, pois os corpos áuricos externos já não precisam fornecer energia e sustentação ao plano do corpo físico. As emoções do plano físico se dissolvem e aquelas que adquiriram dimensão kármica são transferidas para o corpo mental e ali ficam retidas. Quando a respiração física pára, a pessoa é declarada morta, mas a respiração interna prossegue durante outros vinte minutos, mais ou menos. Nesse intervalo acontece uma reversão da energia de concepção, um encontro entre Terra e céu.

Esse encontro é a finalidade da dissolução interna. Na concepção, unemse o masculino e o feminino (o esperma e o óvulo); depois disso, a essência do pai, que é um pequeno germe branco, vai residir no chakra da coroa do novo Ser e a essência vermelha da mãe vai morar no chakra do Hara. Essas essências ou átomos seminais são o fundamento energético dos canais da Kundalini e do Hara. Na morte, os ventos da sabedoria que percorrem e mantêm esses canais cessam e as essências não têm mais o que as retenha nos seus respectivos lugares. A essência branca do pai desce, a essência vermelha da mãe sobe e as duas se encontram no coração. O estado resultante é de felicidade pura e percepção clara, cessando todos os pensamentos terrenos de ira e desejo.

Quando as duas essências se encontram, a consciência fica encerrada no meio delas; com isso, a Terra e o céu passam para a escuridão e a inconsciência. A mente se liberta então da ignorância e da ilusão terrenas, saindo em definitivo do plano físico. Quando a mente (corpo mental, matriz ketérica) torna-se novamente consciente, nasce a Luminosidade Substancial e o bardo da morte e da agonia transformam-se no terceiro bardo, o bardo da clara luz ou bardo luminoso do dharmata. A pessoa que morreu terá então deixado para trás a consciência terrena e a vida corpórea. Voltando a si, ela entra no estado de pós-morte, no reino da Mente Pura e da verdade total.

O terceiro bardo é a própria natureza búdica ou Deusa Interior, a mente da clara luz da morte e a sede da imortalidade. Essa mente clara e brilhante é aquilo que nós realmente somos, e o seu despontar é a maior oportunidade que temos para alcançar a Iluminação e nos livrar de outros nascimentos. Ela é a verdade absoluta, a natureza de todas as coisas finalmente revelada. Nesse momento de Mente Pura, a alma que consegue saber-se una com a Deusa e com a vida alcança a Libertação. Esse momento de máxima profundidade, porém, não é tão facilmente conquistado quanto pode parecer. A maior parte das pessoas é incapaz de fazer esse último salto, de tomar consciência da sua unicidade com a Deusa, salvo se houver se exercitado na prática espiritual durante a vida.

> Embora a Luminosidade Substancial se mostre com naturalidade a todos nós, o despreparo da grande maioria é total em face dessa singela imensidão da vasta e sutil profundidade da sua simplicidade nua. A maioria dentre nós simplesmente não terá meios para reconhecê-la, porque na vida não nos familiarizamos com esses meios. Por conseguinte, o que acaba predominando é a nossa tendência de reagir instintivamente em função dos nossos antigos medos, hábitos e condicionamentos, que não são senão velhos reflexos... Em vez de nos entregarmos e aceitarmos a luminosidade, nós, com o nosso medo e ignorância, nos encolhemos e nos agarramos instintivamente ao que já temos.[4]

A mente que nós usamos durante a vida é a da aura do corpo mental; a mente da clara luz do pós-morte é o corpo mental, tal como está contido no nível da matriz ketérica do plano espiritual. A meditação e a prática espiritual ajudam a transcender as ilusões do ego e da mente comum, evidenciando a verdade espiritual e elevando o nível de desenvolvimento da pessoa ao plano espiritual, isto é, ao nível da Deusa. O ego que já viu a informação/luz da verdadeira realidade e o modo de operar do universo é capaz de saltar da separação para a unicidade e alcançar a libertação em relação ao karma e ao renascimento.

É essa a finalidade da nossa encarnação no corpo físico: alcançar a sabedoria espiritual e a união com a Deusa e a vida. Iluminar significa "jorrar luz sobre" ou "tornar brilhante e claro". Uma vez alcançada a perfeita realização da verdade (unicidade), nada mais resta a aprender em encarnações corpóreas. A opção por essa realização acontece no momento em que desponta a Luminosidade Substancial do dharmata, e é nesse momento que a alma fica livre ou é obrigada a tomar um novo corpo.

Esse bardo luminoso do dharmata, o estado do pós-morte, tem quatro fases, cada uma das quais oferece oportunidades cada vez maiores de libertação. Segundo penso, essas fases correspondem ao movimento do eu essencial através dos planos de existência rumo ao mundo do espírito. Quando desponta a Luminosidade Substancial, o plano físico fica para trás. Nesse terceiro bardo, o resultado final é a chegada da alma ao Corpo de Luz, passando pelos planos astral, mental e espiritual da existência.

A primeira fase do bardo do dharmata é a "dissolução do espaço na luminosidade".[5] Ela é descrita como um mundo de harmonias luminosas, sonoras e cromáticas — o plano astral. A segunda fase, a "dissolução da luminosidade na união", caracteriza-se por raios *laser* de intensidade fortíssima e até assustadora, que assumem a forma de divindades pacíficas ou iradas. Correntes de luz ligam a pessoa recém-morta a essas divindades, coração com coração, e depois desaparecem. Na prática espiritual comum, essas divindades e luzes são objeto de muitas meditações e criações da mente. Nessa fase o eu essencial passa através do plano mental. Vem a seguir a "dissolução da união na sabedoria", o plano espiritual. A luz se manifesta nos cinco conhecimentos espirituais que constituem os requisitos exigidos para a Iluminação, e nesta fase a oportunidade de Liberação é máxima.

A fase final do bardo luminoso do dharmata é denominada "dissolução da sabedoria na presença espontânea". Aqui a realidade é revelada em toda a sua plenitude: a pureza, as divindades, os paraísos puros da Deusa ou do Buda, os seus níveis da existência. A alma tem clarividência e conhecimento dos seus Registros Akáshicos, das suas vidas passadas e futuras, até que, afinal, as visões repentinamente se apagam. Na minha opinião, esse fim das visões corresponde à transição do plano espiritual para o Corpo de Luz, a rede energética da Mente Pura. A encarnação específica termina e a alma chega de novo ao seu eu essencial.

Se ela alcançou a Iluminação, a realização da unicidade com a Deusa, em qualquer instante entre a sua morte e esse momento, não terá de voltar. Todavia, como um bodhisattva, ela poderá decidir voltar e viver toda uma vida dedicada aos outros seres. Muitas almas estão hoje na Terra com essa finalidade. Se a alma não alcançou a Libertação, ela entra no bardo do vir-a-ser depois de três dias de inconsciência e começa a preparar-se para uma nova vida.

No bardo do vir-a-ser, que é o último e culmina num novo nascimento, o karma da alma é revivificado e ela se prepara para encarnar-se. A alma desce do Corpo de Luz e volta ao plano do corpo mental (libertar-se do qual é libertar-se da ilusão, do karma e da reencarnação) e, por fim, ao plano astral. Os processos de dissolução se invertem: os quatro elementos reaparecem e as essências vermelha e branca de uma nova união entre o óvulo e o esperma provocam a concepção e criam um novo corpo físico. O que acontece nesse bardo é muito parecido com o estado da entidade desencarnada. Voltam o pensamento, a clarividência e os sentidos sutis. A alma, na maior parte das vezes, esquece que morreu; algumas tentam voltar à família ou à casa que foram suas nesta vida. Ela passa em revista a sua última existência e os modelos kármicos dessa existência se reafirmam:

> Se a nossa conduta habitual na vida foi positiva, nossas percepções e sentimentos no bardo serão marcados pelo contentamento e pela felicidade; se a nossa vida foi de maldade para com os outros, nossas experiências no bardo serão de dor, desespero e medo...

> O fato de fazermos essa revisão de vida parece indicar que, depois da morte, é possível que a pessoa padeça *todo* o sofrimento pelo qual foi direta ou indiretamente responsável.[6]

Mesmo nesse bardo é possível alcançar a Iluminação pelo pensamento positivo. O bardo do vir-a-ser dura até 49 dias, enquanto o bardo luminoso do dharmata dura apenas alguns momentos, no máximo vinte minutos. Terminado o seu tempo, a alma é atraída por um novo corpo em função do seu nível de evolução espiritual e do seu karma. O bardo termina com a alma escolhendo os seus novos pais, com uma nova concepção e uma nova entrada no útero. A Roda gira e um novo ciclo se cria, um novo nascimento acontece.

A antiga doutrina tibetana dos quatro bardos se reflete no fenômeno da quase-morte e, de forma ainda mais detalhada, na regressão hipnótica ao estado de entrevidas. De uma coisa não se pode duvidar: é que tanto a vida quanto a consciência não termina com a morte, e a morte, por sua vez, não passa de uma transição para outra forma de consciência. Os budistas tibetanos dizem que a passagem para uma nova vida leva 49 dias, mas as regressões hipnóticas praticadas no Ocidente dão a entender que o intervalo entre uma vida e outra é bem mais longo. Isto porque talvez os praticantes espiritualmente formados de que fala o *Bardo Thodol* (*O Livro Tibetano dos Mortos*) evoluíram ao ponto de dispensar a fase de repouso e aprendizado entre duas vidas. Hoje em dia, no Ocidente, as encarnações parecem estar acontecendo mais rapidamente do que no passado, talvez porque o aumento populacional no mundo esteja exigindo almas para um número sempre maior de corpos. Essa grande demanda surgiu na Terra nos últimos mil anos, e é um novidade.

A experiência de quase-morte é uma forma ocidental de aprender acerca da morte e compreender o seu processo. As pessoas que estiveram a meio caminho da morte e voltaram relatam uma experiência que, embora comporte variações individuais, é sempre muito semelhante à relatada por outras pessoas. Eis o processo: a mulher está morrendo e em boa parte das vezes, ouve quando os médicos a declaram morta. Então ouve um zumbido ou um som metálico desagradável e se vê fora e acima do seu corpo, olhando para ele lá embaixo enquanto os médicos tentam ressuscitá-lo. Ela às vezes se sente emocionalmente mal, mas nunca dá a menor importância àquele corpo, que já não lhe parece ser seu. Não há perda da consciência nem diminuição da percepção.

A seguir, ela se vê atraída para um túnel longo e escuro. Ao sair dele e entrar na luz, descobre que tem agora um corpo diferente, livre, fluido e saudável, que é uma versão ideal daquilo que ela foi em plena juventude. Ela entra num lugar belíssimo, um prado ou um parque verdejante e florido. Entes queridos que morreram antes dela vêm ao seu encontro no fim do túnel. Vem também o guia espiritual dela, que é um Ser de luz e amor. É uma reunião festiva.

O guia lhe faz perguntas e ela recapitula a sua última vida; seus erros e acertos são avaliados sem recriminações nem condenações. Ela se aproxima de algo que marca um limite ou fronteira, como, por exemplo, uma ponte sobre um curso d'água ou um portal. Ali lhe dizem que ela tem de escolher entre a vida e a morte, ou que terá de voltar à vida. No fenômeno de quase-morte, embora ela se sinta tentada a ficar naquele lugar magnífico e resistir à idéia de voltar, ela se vê de novo presa ao corpo e sua vida recomeça. Depois, ela se recorda da experiência com toda a clareza e sua vida será profundamente influenciada pelo episódio. Dali em diante, ela não terá mais medo da morte.[7]

As regressões que levam as pessoas às mortes já ocorridas em existências anteriores vão ainda mais longe, até o ponto em que a pessoa é autorizada a passar pela barreira e não há mais como voltar à vida. Depois de confabular com seus guias espirituais, a mulher é levada a um centro de cura e orientação e, em seguida, volta à sua família espiritual, que é composta de outros eus essenciais. Ali ela inicia um curso de estudos sobre o crescimento da alma, baseado nos acontecimentos da sua vida mais recente e de vidas anteriores e nos Registros Akáshicos. Esse estudo é feito junto com outros membros da família da pessoa com quem ela encarnou inúmeras vezes e cujo nível de consciência equivale ao dela. O objetivo, no caso, é a evolução da alma.

Nesse estado de pós-morte, quem nos orienta são os nossos guias espirituais, que são eus essenciais mais evoluídos. Quando a alma cumpre, enfim, aquela etapa do seu desenvolvimento, começa o processo da sua reencarnação. Com todo o cuidado, conscientemente, a alma toma uma série de decisões e faz uma série de escolhas com a ajuda dos guias espirituais e dos Senhores do Karma. Então, ela volta ao mundo físico e começa uma nova vida.

Faz muito tempo — desde a época do ginásio, pelo menos – que eu tenho um sonho que sempre se repete. Numa das suas duas versões, eu estou indo para casa mas não sei como chegar lá. Entro num elevador, num edifício alto e movimentado, e quando o elevador pára, procuro um outro para subir mais. Quando o segundo elevador chega ao seu ponto final, sei que existe um terceiro, mas não consigo encontrá-lo. Às vezes estou caminhando por um corredor muito comprido, mas não sei qual é o número do meu quarto ou da minha casa. Na outra versão do mesmo sonho, eu estou indo para a escola mas não consigo encontrar a sala de aula. Perdi o caderno onde estava anotado o número, ou só tenho o caderno do ano anterior, já todo preenchido. Não sei para onde ir, mas sei que quero e que *preciso* ir. Eu sempre pensei na morte como uma volta para casa ou como uma ida à escola. Da mesma forma, nesta vida, a universidade sempre foi para mim um refúgio do qual eu não queria me afastar.

Uma outra descrição do processo de vida e morte, esta porém de autoria de uma professora de metafísica, Earlyne Chaney, gira em torno do coração prateado e do nervo vago. A vida no corpo físico é comandada por uma extensão do cordão prateado que liga os corpos áuricos (o duplo etérico, os corpos emocional, mental e espiritual e os planos superiores). Esse cordão entra no corpo etérico pelo topo da cabeça e se transforma no Sushumna, o canal central da Kundalini, que começa na garganta. Desce depois para o coração, onde se localiza o átomo seminal da vida e onde a Mente Suprema se liga ao corpo pelo cordão prateado.

O aspecto físico denso desse cordão vital é o nervo vago, que começa na medula oblongata, na base do cérebro (chakra do corpo causal). O nervo vago se bifurca em duas ramificações, umas das quais controla o ritmo cardíaco e a outra o respiratório. Depois, o nervo se prolonga para dentro do abdômen e do plexo solar. Essa extensão nervosa do cordão prateado é a sede do sistema nervoso autômato (não-consciente).

O nervo vago interliga o coração e o cérebro físicos e os corpos emocional e mental no plano físico. Pouco depois de gerado o feto, começam os batimentos do coração; na morte, o coração e a respiração param, e ambos os movimentos são devidos à ação desse nervo. O átomo seminal físico interconecta a Mente Suprema com a encarnação específica, faz a ponte entre o corpo e a alma. Existem átomos seminais no corpo físico, no corpo astral e no corpo mental. No processo da morte:

> O coração pára de bater quando o átomo seminal físico sai da sua sede principal, o pulso; mas a vida não acaba completamente enquanto ele não sobe pelo nervo vago, entra no Sushumna pela garganta, sobe pela medula oblongata e sai pelo alto da cabeça. Com a partida desse átomo seminal físico, o sutratma ou "cordão prateado" se solta e o princípio vital se retira inteiramente da forma física. É essa a "morte".[8]

Ainda segundo a concepção de Earlyne Chaney, os átomos seminais contêm o registro kármico (Akáshico) do indivíduo. Depois da morte, a alma reside por algum tempo no plano astral; depois atravessa o plano mental e chega, afinal, no Corpo de Luz (a que ela chama de plano espiritual/causal). Então, os átomos seminais kármicos tornam-se inativos e ficam retidos no chakra do coração desse Corpo de Luz. O plano causal ou Corpo de Luz é o lugar de origem da alma, o mundo paradisíaco. O eu essencial ou alma pode permanecer nesse local abençoado até que se complete o tempo prescrito. Depois, tem de voltar à Terra para uma outra vida.[9]

A volta é comandada pelo guia de vida ou anjo da guarda da pessoa, em colaboração com o eu essencial ou alma nuclear. O guia ou anjo conhece perfeitamente o Registro Akáshico da alma, suas vidas passadas e futuras, e trabalha em pleno acordo com os Senhores do Karma. É o registro kármico da alma que determina o propósito de vida e as condições de existência da próxima encarnação. A alma tem a oportunidade de fazer suas escolhas; para tanto, faz uma revisão e uma análise dos sucessos e insucessos das vidas passadas e tem uma visão da vida seguinte e dos objetivos prescritos para ela. Não são os detalhes da vida que são predeterminados, mas somente o conteúdo do aprendizado que a alma assume para a encarnação seguinte. Esse aprendizado e esses objetivos serão impressos na Linha do Hara, mas a escolha da forma pela qual serão realizados e alcançados compete apenas ao eu essencial, que, uma vez no corpo, é livre para aceitar ou recusar a carga de trabalho assumida. Se ele preferir ir em busca desses objetivos, será orientado e auxiliado de todas as maneiras e, com isso, resgatará o karma a eles vinculado.

Uma vez tomadas essas decisões – que são gravadas na alma – o ser cai num sono de esquecimento e é transferido para o feto em formação. O anjo da guarda e a Mente Suprema criam um novo corpo mental (nível ketérico) que se transforma na personalidade da nova encarnação. Dizem que esse corpo mental é como um invólucro em torno da alma nuclear (eu essencial/ Corpo de Luz) que contém o átomo seminal mental. Forma-se do mesmo modo um corpo astral (nível celestial) que se transforma num invólucro em torno da alma nuclear e do corpo mental, contendo o átomo seminal emocional/astral.[10]

Os corpos ketérico e celestial formam os planos mental e astral, isto é, os corpos áuricos, e a matriz etérica cria o corpo áurico físico. Todos transmitem, em escala decrescente, energia e forma ao duplo etérico, às linhas da Kundalini e do Hara, aos chakras e, por fim, criam o Ser físico denso. O conjunto se transforma na personalidade, ou mente, nas emoções e no corpo da nova encarnação, que desce do nível espiritual da alma nuclear de acordo com o karma e o propósito que aceitou.

Essa concepção bastante simplificada é suficiente para evidenciar que nós somos Seres altamente complexos e evoluídos e que a morte é apenas um aspecto do todo. Contudo, para a cultura ocidental, a morte é o fim de tudo; é vista com horror e medo e todos fogem dela. Hoje em dia, os moribundos são mantidos vivos à custa de medicamentos e cirurgias que não fazem senão prolongar a dor, tornando o fim mais duro e sofrido. É a "vida artificial", na qual o corpo é obrigado a continuar funcionando depois que a alma já partiu e pode até impedir a alma de se libertar de um corpo que não funciona mais.

A medicina oficial considera a morte como sua inimiga número um, como um erro médico. Se o paciente continua aparentemente vivo, por maior que seja a sua dor e por mais vegetativo que seja o seu estado, a medicina vê nisso grande êxito, embora desconsidere as verdadeiras opções e necessidades do paciente em todos os níveis. As famílias são forçadas e coagidas a endossar os excessos médicos. Os movimentos em favor de uma morte tranqüila têm ajudado a combater essas aberrações, mas ainda há muito o que fazer. O tratamento que se dá à morte na nossa cultura é vergonhoso.

Ocorrem-me dois casos que são exemplos típicos. Eis um deles: Pam já estava doente havia muito tempo e afinal decidiu-se a consultar um médico. Acho que ela sabia que estava para morrer. Quando finalmente começou a sentir dores abdominais insuportáveis, os médicos diagnosticaram um tumor muito avançado e ela foi encaminhada com urgência para uma cirurgia. O tumor foi retirado junto com uma porção do intestino e lhe colocaram uma abertura artificial no lado do abdômen para dar vazão aos intestinos. Nos quatro dias que se seguiram, ela foi submetida a mais duas cirurgias de emergência por causa de uma peritonite (infecção na cavidade abdominal). Ela estava em coma e nas últimas. Se estivesse consciente, não teria permitido essas intervenções, mas a família dela as autorizou. Finalmente, colocaram-na em aparelhos. A essa altura, pessoas amigas me pediram que fizesse a cura dela. Ao olhar para Pam, eu vi aquela aura externa amarelo-clara com chakras escurecidos que, para mim, é sinal de morte iminente. Consegui falar com ela pela via sutil. "Me ajude a ir embora", ela implorou. Fiz uma aplicação de energia e lhe disse que usasse a energia para os fins que ela quisesse. Algumas horas depois, voltei a olhar para ela psiquicamente e vi que o espírito já havia abandonado o corpo e pairava acima dele como uma névoa branca. "Obrigada", disse ela. Na manhã seguinte, as amigas dela me telefonaram para dizer que ela tinha morrido.

No segundo caso, uma mulher me contou que a irmã dela, ainda jovem, tinha entrado em coma há vinte anos em virtude de um ataque cardíaco grave. Ela continuava ligada aos aparelhos. A mulher queria ajudar a irmã a fazer a passagem, pois não se conformava com o que vinha acontecendo há vinte anos, mas não sabia o que fazer. Concentrando-se na irmã, eu a vi trajando um avental branco e remexendo algo numa tigela sobre uma mesa de cozinha. Confirmando minha visão, a mulher me disse que a irmã adorava fazer pães. Perguntei à moça em coma se ela sabia onde estava. Ela sabia, e me respondeu que estava "no meio". Perguntei-lhe então se ela queria fazer a passagem. "Tenho de ficar enquanto meu marido ainda precisar de mim", foi a resposta.

Questionei minha amiga a respeito do cunhado. Ele estava fortemente apegado a ela, insistindo em que fosse mantida viva com a ajuda de aparelhos. A irmã não conseguia fazer a passagem porque a necessidade dele a retinha no plano astral. Ela não estava mais viva no corpo, mas em razão do forte desejo dele não conseguia completar o processo da morte. Ela precisava que ele se desapegasse dela. Pedi à minha amiga que conversasse com ele e explicasse a situação. No fim, ele compreendeu. Aconselhei minha amiga a mandá-lo falar com a esposa no hospital, pois eu sabia que a moça em coma seria capaz de ouvir. Era ele que tinha de dizer à esposa que, embora ele ainda a amasse, sabia que ela tinha de ir embora. Ele tinha de dizer, enfim, que ela estava livre, que podia morrer quando quisesse.

Depois de um período de reflexão e crescimento interior, o marido acabou indo falar com ela. A irmã da minha amiga foi declarada morta alguns dias depois e minha amiga me disse que, meditando, viu a irmã de avental branco, sorridente e feliz. Ela acenou e lhe disse: "Agora já posso ir. Obrigada."

As agentes de cura cada vez mais se defrontam com situações dessa natureza. Há muita gente que, às portas da morte, fica presa ao plano terrestre por causa de necessidades alheias; há quem tenha de pedir permissão para passar para o outro lado, embora esteja agonizando e sofrendo. Às vezes, os que estão prestes a perder um ente querido precisam de tanta ajuda quanto o próprio doente para permitir que ele vá embora. A maior parte das religiões ocidentais nega a reencarnação e a vida após a morte, e a medicina oficial nega a própria morte. As pessoas moribundas ou em vias de perder um ente querido ficam "entre a cruz e a caldeirinha" e muitas vezes paralisadas pelo medo. A maioria dos moribundos aceita o fato de que vai morrer e não luta contra ele, mas às vezes a família os retém aqui. Permanecer tecnicamente vivo quando o corpo já não funciona e, além disso, sofrer, não é viver. Peça à família que converse com a pessoa e a deixe partir, libertando-a por amor e misericórdia.

Nos últimos quatro anos, Pat trabalhou em hospitais, mas há muito mais tempo vinha ajudando as pessoas a fazer a passagem para o outro lado. Eis o que ela escreveu para este livro:

> A primeira vez que percebi que um paciente é capaz de ouvir o que a gente fala, mesmo estando em coma e pronto para fazer a transição, foi quando meu cunhado estava em estado terminal. O hospital tinha me chamado para vir ajudar meu cunhado durante o processo da morte... Eu me sentei e comecei a falar com ele, dizendo-lhe que ele podia partir e que todos estavam bem. Seus filhos estavam bem e sua mulher ia voltar para a Inglaterra. Ele não precisava mais sofrer e haveria muitos anjos e auxiliares espirituais para acompanhá-lo. Eles respirou pela última vez e eu lhe dei um beijo de despedida. Foi tudo muito tranqüilo; percebi que ele estava em paz com o mundo. Foi em 1969.

Durante três anos, até morrer de AIDS em abril de 1990, eu fiz várias sessões semanais de Reiki para um homossexual chamado Rudy. Ele se tornou um grande amigo meu, e a sua atitude em face da doença e da morte serviu de modelo e inspiração para todos os que o conheceram. Ele era uma pessoa amável e atenciosa e, apesar da dor e da fraqueza que aumentavam, punha sempre os outros em primeiro lugar. Acho que não o ouvi se queixar nenhuma vez. Quando Rudy estava para morrer, seu namorado me registrou no hospital como irmã dele para que eu pudesse continuar com as sessões de cura na unidade de terapia intensiva, conforme ele havia pedido. No fim, ele foi transferido para um quarto de hospital. Os médicos diziam que ele poderia partir a qualquer momento, mas ele continuava se apegando à vida. Rudy várias vezes havia conversado comigo sobre a morte; fazia tempo que queria ir embora e não sentia medo.

Na última noite, ele continuava lúcido, mas já não conseguia se mexer nem comer e respirava com extrema dificuldade. Disse que queria ir embora, mas estava preocupado com a mãe e com o namorado. Um outro dos seus amigos estava ao lado dele. Nós lhe dissemos que a mãe e o namorado sabiam o quanto ele estava sofrendo e querendo partir. Eles o amavam demais para segurá-lo aqui. Eu disse ainda que vê-lo sofrer era mais difícil para eles do que vê-lo morrer. "Você acha que eles vão ficar bem?", Rudy não parava de perguntar. Eu lhe assegurei que sim. Nesse momento, o namorado entrou. Quando lhe contamos o que estava se passando, ele disse: "Rudy, eu vou amar você e sentir a sua falta todos os dias da minha vida, mas quero que você se vá, se sentir vontade." Rudy entrou em coma nessa noite e morreu tranqüilamente algumas horas depois.

Depois do enterro à noite, Rudy me apareceu numa meditação. Parecia mais forte e saudável do que nunca. "Que enterro, hein?", disse. "Você tinha razão; aqui é bom. Cuide do meu namorado, ouviu?" E desapareceu. Eu tive ocasião de vê-lo mais uma vez, quando ele veio com esta mensagem durante uma sessão de leitura mediúnica: "Agradeçam a Diane. O que ela fez ajudou muito."

Para aqueles que gostam de animais, a morte de um bichinho de estimação é tão triste quanto a de uma pessoa, com a complicação adicional de que pode envolver a eutanásia. Isso sempre acarreta a confusão e um sentimento de culpa – será que esta é a hora certa? Será que em princípio a eutanásia é correta? Quando Dusty, minha *husky* siberiana, estava morrendo de câncer nos pulmões, ficou claro que ela estava apavorada e sofria muito. Eu não acredito que os animais e as pessoas devam sofrer desnecessariamente, e lhe perguntei psiquicamente se ela queria ir embora. Ela respondeu na hora, claramente: "Sim!" Repeti a pergunta na noite seguinte e recebi a mesma resposta. Perguntei-lhe se ela queria ir ao veterinário no dia seguinte. Ainda uma vez, ela disse "sim".

Com o coração na mão, levei-a ao veterinário, mas não tive coragem de assistir à morte dela. Embora estivesse muito enfraquecida, Dusty me puxou com força na direção da clínica, com a mesma força com que sempre brigou para não ir até lá. Naquela noite, meditando, eu a vi a correr numa pradaria verde e cheia de flores multicoloridas. Ela estava jovem de novo e ocupada demais em correr e brincar para me dar atenção. "Eu voltarei", disse ela, e desapareceu. Sempre quis vê-la novamente, mas não vi.

Exatamente dois anos depois Pat encontrou num abrigo para animais, na Califórnia, um filhote vermelho de *husky* siberiano que disse estar certa de que era meu. Quando ela saltou da caixa da companhia aérea que a trouxe para a Flórida, eu não tive a menor dúvida: era Dusty. Entrei em contato psíquico com a cadelinha e ela me disse: "Sim, eu sou Dusty. Vim para encontrar você." Ela também reconheceu Copper, que chama de "Ah, Ele". Ela estava convencida de que a vida passada de que ela se lembra era minha e não dela, e até hoje faz confusão quanto a isso. Ela parece conservar algumas das memórias de Dusty, mas não se dá conta de que se referem a uma outra vida. Dei-lhe agora o nome de Kali. Foi o nome escolhido por Pat, e Kali disse preferi-lo a Dusty. Ela ainda atende por Dusty quando, uma vez ou outra, eu a chamo assim por engano.

Às vezes a pessoa precisa de ajuda no processo de pós-morte. Quando a morte é natural, os guias da pessoas entram em cena e a alma é libertada do corpo para ser levada para o lugar que lhe cabe. O processo natural é o mais comum, seja a mulher idosa ou jovem, esteja hospitalizada ou em casa, sob efeito de medicamentos ou ligada a aparelhos. Não obstante, às vezes o processo da passagem é interrompido. Isso em geral acontece em caso de morte súbita ou violenta, quando a pessoa está bem e, de um momento para outro, morre. Os acidentes de trânsito e ataques cardíacos são exemplos típicos, como também as mortes em massa devido a catástrofes naturais ou artificiais ligadas às mudanças na Terra.

Em alguns desses casos, a alma pode precisar de ajuda para perceber que está morta. Ela precisa encontrar seus guias espirituais e sair do Plano Terrestre. É possível que ela compareça conscientemente ao seu próprio enterro, perguntando-se por que ninguém a vê nem fala com ela. Os guias espirituais em geral vêm ao encontro dela para ajudá-la a seguir em frente, mas às vezes ela se recusa. Sempre que ouço dizer que alguém morreu, eu faço uma verificação sutil para saber se a pessoa está precisando de ajuda. Não é preciso ter conhecido a pessoa para ajudá-la.

> Faça uma meditação parecida com a que você fez para ajudar outras entidades desencarnadas a passar para o outro lado. No estado de meditação, peça para ver a pessoa que morreu e pergunte-lhe se ela precisa de alguma coisa. Se tudo estiver bem, isso vai ficar evidente para você e talvez a própria pessoa o confirme. Nesse caso você verá, por exemplo, os guias espirituais ou os entes queridos dela, ou cores vivas, ou terá uma sensação de calma e paz. Se ela precisar de ajuda, isso também será evidenciado, por um sentimento de medo ou confusão, por uma visão da pessoa sozinha e perdida pelo fato de ela insistir que não morreu. "Por que todo mundo está agindo assim?"
>
> Comece dizendo ao espírito da pessoa que ela morreu. Conte-lhe quando e como isso aconteceu, se você souber. Você pode mostrar-lhe uma imagem psíquica da cena. Diga-lhe que agora ela precisa ir para o

plano espiritual a fim de repousar e curar-se; diga-lhe que ela está bem e que estará segura e será bem recebida. Quer ela acredite, quer não, invoque os guias espirituais dela e faça com que ela note a presença deles. Peça aos guias que a ajudem, que a levem para o lugar que lhe cabe. É tudo o que você precisa fazer. Seja amável e bondosa, mas não aceite objeções; é hora de ir embora. Algumas pessoas, para fazer a passagem, podem precisar de uma visão da idéia que elas têm da divindade para acreditar que morreram. Para os cristãos, eu invoco Maria; é especialmente bom chamá-la quando se está ajudando crianças a fazer a passagem. Algumas pessoas precisam ver algum ente querido que morreu antes delas, e esse ente virá se for chamado.

Robert Monroe, que fez várias viagens fora do corpo e documentou-as muito bem, começou a descobrir almas aprisionadas no plano astral. Ele aprendeu a ajudá-las a completar o processo de morte. Seu livro *Ultimate Journey* (Doubleday, 1994) é misterioso e profundo. Nele, Monroe conta que ajudou várias pessoas, entre as quais a mulher idosa abaixo mencionada.

"Mas... eu continuo viva! Sou exatamente a mesma!"

Eu disse a ela que a morte física quase não muda a pessoa, de início. A única coisa é que você não sente mais dor... Olhe à sua volta, eu disse; veja por si mesma.

Ela de fato olhou em volta, muito devagar. Depois virou-se para mim.

"Está tudo escuro... negro como piche."

Menos eu, observei. Ela arregalou os olhos e seu corpo começou a endireitar-se lentamente.

"Ernie...? É você, Ernie?... Por que não veio antes? Eu tenho pedido noite e dia que você me venha buscar."

Eu lhe disse que ela precisava morrer antes... Nós começamos a subir lentamente. Perguntei-lhe a respeito da dor. Ela pareceu intrigada.

"A dor? Ora, a dor. Isso já não importa, não é?"[11]

Os budistas praticam uma meditação denominada phowa para ajudar os mortos a deixar para trás o corpo e o Plano Terrestre. A palavra significa "transferência de consciência". A alma da pessoa que está morrendo é orientada a sair pelo topo da cabeça e unir-se com a Mente ou essência búdica. Os praticantes adiantados do budismo se treinam para fazer a phowa e se diz que, quando o processo se completa, a transferência acontece e a pessoa morre. Quando alguém morre de morte súbita, a phowa também pode ser usada depois da morte para ajudar a pessoa a fazer a passagem completa. A meditação que se segue não é a prática adiantada, mas pode ser feita pelos moribundos, para os moribundos e também por quem está vivo, a título de purificação. É uma meditação tirada da bela obra de Sogyal Rinpoche, *Tibetan Book of Living and Dying*.

Entre em meditação, mantendo a mente clara e tranqüila e o corpo completamente relaxado. Visualize à sua frente uma divindade da sua preferência: Kwan Yin, a Mãe Terra, a Virgem Maria ou quem você quiser. Essa divindade é a personificação da verdade, da sabedoria, da compaixão e do amor, e uma luz dourada a circunda. Concentre nela a mente, as emoções e o espírito e reze:

Por meio da tua bênção, graça e orientação, por meio do poder da luz que emana de ti:

Sejam purificados e eliminados o meu karma negativo, as minhas emoções destrutivas, os meus bloqueios e incompreensões.

Que eu tenha a certeza de ser perdoada por todo o mal que pensei e fiz.

Que eu realize a profunda prática de phowa e morra de uma morte boa e tranqüila.

E que, pelo triunfo da morte, eu venha a beneficiar todos os outros seres, vivos ou mortos.[12]

Visualize torrentes de luz dourada derramando-se do coração da Deusa sobre você, purificando o seu karma, curando-a e enchendo-a de radiante luz. Seu corpo se liqüefaz e se dissolve nessa dourada luz de amor. Você agora é um Corpo de Luz que paira no espaço e vai se fundir com a luz da Deusa/Origem. Permaneça quieta nesse estado de unicidade quanto tempo puder.

Esse processo pode ser feito pela pessoa para si ou para outros, e é uma forma de ajudar os moribundos a fazer a passagem facilmente e em paz. É uma meditação de cura e autocura também para quem não está morrendo. A meditação induz à cura quando esta é possível e facilita o processo da morte quando preciso. Depois da morte, ela cura de forma suave e amorosa a alma que fez a passagem. Quando alguém estiver morrendo, faça a meditação tantas vezes quantas puder. Ela resgata o karma do moribundo e também da agente de cura.

As mulheres que se dedicam à cura da Terra terão, no futuro próximo, muita necessidade da meditação precedente ou de outra semelhante. Ela pode ser usada com proveito quando muita gente morre ao mesmo tempo, como na Somália ou em Ruanda. Eu usei visualizações desse tipo nessas situações, pois muitas vezes sou chamada para fazer a passagem de grandes grupos de pessoas apavoradas. Durante os períodos de fome na Somália, eu e uma agente de cura amiga minha vimos longas filas de somalis entrando numa espaçonave prateada. Os muitos milhares que morreram não eram originários desta Terra, mas vieram morrer aqui para que a sua morte despertasse o planeta. Feito o sacrifício, os espíritos estavam livres para voltar ao lar. Nós ajudamos os que se extraviaram a localizar a espaçonave.

Pesquisando as viagens fora do corpo, Robert Monroe descobriu um parque ou área de transição onde, depois da morte, as almas se encontram com seus guias espirituais para depois serem levadas adiante. Esse parque corresponde à descrição que muitas pessoas fazem dos lugares para onde vão na quase-morte e na regressão. Ela parece o lugar em que eu vi Dusty logo depois que ela morreu. O parque de Monroe tinha gramados e árvores, flores, bancos, pássaros e caminhos sinuosos.

Chegando a ela fora do corpo, Monroe teve uma intuição decisiva do "conceito Básico" de vida e morte que há tanto tempo procurava. A descoberta não surpreende, pois é o conceito central que o budismo ensina há milhares de anos: o parque e toda a realidade são criados pela mente. Monroe percebeu que, se as almas souberem que o parque é o lugar para onde se vai depois da morte, é para lá que elas vão, e de lá seguem com segurança e facilidade para o estado de entrevidas. Ele considera essa informação como a chave para a liberdade final (Iluminação, em termos budistas) e fundou o Instituto Monroe para ensiná-la tanto aos vivos quanto aos moribundos. Os métodos dele são científicos. Para mim é uma surpresa que os cientistas estejam descobrindo agora o que os antigos agentes de cura já sabiam há muito tempo.

As agentes de cura que trabalham com o processo da morte e se dedicam a ajudar a todos os que estão morrendo ou já morreram rapidamente se dão conta do quanto essas coisas são espantosas. Elas adquirem a compreensão plena de que a morte não é o fim, de que a consciência prossegue e de que a vida é muito mais do que as coisas que acontecem no corpo. Eu nunca tive medo nem vi nenhuma morbidez na minha lida com a morte. Pelo contrário, nela encontrei uma paz, uma ordem, uma beleza e uma esperança maravilhosas. Desde que comecei a trabalhar com a passagem de outras pessoas, passei a ter pouquíssimo medo da minha própria morte.

Pat diz mais ou menos o mesmo:

> Uma coisa que preciso declarar é que aprendi muito a meu próprio respeito e a respeito do processo da morte com as minhas pacientes; para mim, elas foram autênticas heroínas. Sempre rezo para que eu esteja alerta e consciente quando chegar a minha vez.

> Como venho fazendo a mesma coisa há muitos anos, geralmente já sou capaz de dizer logo na primeira visita quanto tempo vou poder passar com a paciente antes que ela morra. Se ela permanece aqui por mais tempo do que eu calculei, em 90% das vezes isso tem a ver com o medo.

O conhecimento do processo da morte elimina o medo. Na morte, a alma volta para casa. Eu encaro isso como encontrar o último elevador, o apartamento e a sala de aula que nos sonhos simbolizaram para mim o lar.

A maioria dos que morrem vai renascer, ou porque não terminaram o seu aprendizado kármico no Plano Terrestre, ou porque são bodhisattvas que decidiram livremente servir à humanidade. Assim como tivemos vidas passadas, teremos vidas futuras, embora pareça mais difícil compreender os detalhes delas quando conseguimos vê-las. Embora não tenha procurado informar-se com pormenores sobre o futuro, eu vi uma das minhas vidas futuras. Também outros fizeram o mesmo. O dr. Bruce Goldberg, em seu livro *Past Lives, Future Lives* (Ballantine, 1982), descreve com minúcias como será a Terra entre os séculos XXI e XXVI. Obteve suas informações de dezenas de progressões para vidas futuras feitas em sessões de hipnose. Em 1982, ele disse que as vidas futuras ainda eram um território totalmente desconhecido e que os médiuns e paranormais não escreviam sobre elas. Hoje em dia, isso está mudando.

As "cobaias" de Goldberg relatam que no século XXI começará uma nova era de paz que vai durar trezentos anos e pôr fim à fome, à cobiça e ao preconceito. Eles descreve "grandes mudanças geográficas" e um acelerado progresso da Ciência. O século XXII trará o uso generalizado da energia solar e progressos na medicina, na psiquiatria e na psicologia, com uma expectativa média de vida aumentada por noventa anos. O século XXIII se definirá na Terra por novos progressos tecnológicos, sistemas de transporte silenciosos e eficientes, controle do clima e instrução superior ao alcance de todos. A expectativa média de vida subirá para 110 anos.

Os séculos XXIV e XXV serão mais problemáticos, com guerras nucleares, crises internacionais alimentadas pela política e novas mudanças na geografia terrestre, com importantes reduções na população do globo. No século XXVI novos avanços médicos e científicos, com ênfase na engenharia genética, em *lasers* sofisticados, nas cidades submarinas e no turismo interplanetário. Não haverá doenças, o mundo todo terá um governo democrático e a expectativa média de vida será de mais de 125 anos.[13]

Levando as pessoas para vidas futuras, Goldberg descobriu que um decreto kármico decorrente de uma situação atual pode ter vários desfechos: pelo menos cinco possibilidades futuras, algumas positivas, outras negativas e outras neutras. Mediante um processo semelhante ao que eu recomendo para a liberação emocional, pode-se programar e selecionar, dentre as situações possíveis, aquelas cuja manifestação seria mais favorável. Pode-se dar a essas curas um efeito retroativo para curar também o presente (assim como as regressões etárias e as vidas passadas podem ser projetadas para a frente).

> Comece fazendo algumas sessões de meditação para ver vidas futuras. Peça para ser levada para a sua vida seguinte, fazendo exatamente como na meditação básica de vidas passadas apresentada no capítulo sobre o karma. Familiarize-se com as pessoas que você será nos séculos futuros. Ao pedir informações sobre uma vida futura, tente formar uma idéia acerca do lugar e da época representados nas cenas. Lembre-se sempre de convidar seus guias espirituais para essas viagens e de erguer uma barreira completa de proteção. As cenas das vidas futuras tendem a ser menos coerentes que as do passado; às vezes, elas ficam mudando e "pulando". É possível que você não reconheça as imagens, que o lugar entrevisto não seja a Terra. Só lhe serão mostradas cenas que não prejudiquem o aprendizado kármico que você terá de fazer depois desta

vida. Tente fazer a meditação algumas vezes para familiarizar-se com o processo, mas, por ora, não procure mudar as existências que está vendo.

A seguir, faça uma meditação pedindo para ser levada a uma vida futura que tenha ligação com algum problema ou dificuldade de hoje. Contemple a cena sem mudá-la; depois, peça para ver as outras possibilidades futuras relacionadas àquela cena ou àquele problema. Pese bem as suas escolhas. Algumas serão melhores do que outras; algumas, talvez uma em especial, poderão ser muito negativas ou muito favoráveis; algumas serão uma combinação dessas duas coisas. Use o processo da reprogramação emocional (não da liberação kármica) para escolher a possibilidade positiva e curar as menos positivas. Traga a cura de volta para o agora. Numa outra sessão, mais tarde, peça para ver as suas novas possibilidades de escolha para aquela situação notando o que mudou. Só nos é permitido fazer isso com situações cujo karma já tiver sido resgatado pelas nossas escolhas atuais; é impossível resgatar um karma futuro. Só veremos aquilo que temos permissão para mudar.

A minha próxima vida acontecerá numa Terra já curada ou em algum outro planeta positivo semelhante à Terra. Nela, eu moro, trabalho e ensino numa universidade de cura e a minha alma gêmea também leciona lá comigo. Somos ambas mulheres. Usamos túnicas amplas e folgadas que vão até os pés, feitas de um tecido branco salpicado de amarelo-ouro. Esse traje é preso, sobre um dos ombros, por uma insígnia ou uma jóia. Trata-se de uma cultura dominada pelas mulheres, na qual as agentes e as curas são muito respeitadas. Nosso trabalho é apoiado e patrocinado. O prédio da universidade é um edifício branco, quadrado, com um único andar, de aspecto quase grego, muito simples, com cômodos dispostos em torno de um pátio central com chafarizes, bancos estofados e árvores floridas. Eu estarei pronta para ir para lá assim que houver uma abertura e esse mundo vier à existência. Estou pronta para ir para lá agora.

Resta um comentário a fazer sobre as crianças que hoje em dia encarnam na Terra. Enquanto nós, adultos, provavelmente não teremos a oportunidade de ver o planeta curado nem trezentos anos de paz, essas crianças não apenas o verão como também farão com que isso aconteça. Muitas delas são almas antigas, e algumas são auxiliares alienígenas vindos para acompanhar as mudanças da Terra. Elas têm uma sabedoria e uma série de capacidades inimagináveis para nós, adultos. Essas crianças aqui estão como nossos mestres; respeite-as e renda-lhes homenagens. Uma mulher me disse: "Sei que é loucura, mas vejo minha netinha de dois anos como uma pessoa que vai salvar o planeta." Não é loucura, é a verdade. Elas sabem quem são e a que vieram. Ajude-as, mas não as limite demais.

Este livro não passa de uma pequena introdução aos muitos métodos hoje disponíveis para a cura das mulheres e da Terra, para a cura do passado, do presente e do futuro. É apenas um começo, pois aquelas que usarem os métodos vão usá-los a sua própria maneira e levá-los a extremos de complexidade sequer mencionados nestes escritos. Esse processo tem a minha bênção, desde que seja levado a cabo com compaixão, amor e sentimento de unicidade e com vistas ao bem de todos os Seres e do planeta. A Deusa está dentro de nós e vê todos os nossos atos.

10 de abril de 1995
Lua Crescente em Leão.

NOTAS

1. Michael Newton, Ph.D. *Journey of Soul*, pp. 170-171.

2. Sogyal Rinpoche, *The Tibetan Book of Living and Dying*, p. 12. Minhas informações sobre os bardos provêm principalmente dessa fonte.

3. *Ibid.*, pp. 247-253.

4. *Ibid.*, p. 261.

5. *Ibid.*, p. 276.

6. *Ibid.*, p. 291.

7. Raymond Moody, Jr., MD. *Life After Life* (Nova York, Bantam Books, 1975), pp. 21-23. Há descrições semelhantes em muitas outras fontes.

8. Earlyne C. Chaney e Robert G. Chaney, *Astara's Book of Life: The Holy Breath in Man*, Segunda Série, Lição 4 (Upland, Astara, 1966), p. 8.

9. Earlyne C. Chaney e Robert G. Chaney, *Astara's Book of Life: The Science of Rebirth*, Primeira Série, Lição 21 (Upland, Astara, 1966), pp. 11-13.

10. *Ibid.*, pp. 13-21.

11. Robert A. Monroe, *Ultimate Journey* (Nova York, Doubleday, 1994), p. 130.

12. Sogyal Rinpoche, *The Tibetan Book of Living and Dying*, p. 215.

13. Dr. Bruce Goldberg, *Past Lives, Future Lives* (Nova York, Ballantine Books, 1982), pp. 135-136.

Bibliografia

Barasch, Marc Ian. *The Healing Path: A Soul Approach to Illness*. Nova York, Arkana Books, 1993.

Bernard, Graham. *The Challenge of Evil: Further Conversations with Richard*. Rochester, Destiny Books, 1988.

Blofeld, John. *The Tantric Mysticism of Tibet: A Practical Guide to the Theory, Purpose and Techniques of Tantric Meditation*. Nova York, Arkana Books, 1970.

Brennan, Barbara Ann. *Light Emerging: The Journey of Personal Healing*. Nova York, Bantam Books, 1993. [*Luz Emergente: A Jornada da Cura Pessoal*, publicado pela Editora Cultrix, 1995.]

Brennan, Barbara Ann. *Hands of Light: A Guide to Healing Through the Human Energy Field*. Nova York, Bantam Books, 1987. [*Mãos de Luz*, publicado pela Editora Pensamento, São Paulo, 1990.]

Burtt, E. A. *The Teachings of the Compassionate Buddha*. Nova York, Mentor Books, 1955.

Chaney, Earlyne e William L. Messick. *Kundalini and the Third Eye*. Upland, Astara, 1980.

Chaney, Earlyne C. e Robert G. Chaney. *Astara's Book of Life: The Holy Breath in Man*. Segunda Série, Lição 4. Upland, Astara, 1966.

Chaney, Earlyne C. e Robert G. Chaney. *Astara's Book of Life: The Science of Rebirth*. Primeira Série, Lição 21. Upland, Astara, 1966.

Chang, Dr. Stephen T. *The Tao of Sexology: The Book of Infinite Wisdom*. São Francisco, Tao Publishing, 1986.

Chia, Mantak e Maneewan Chia. *Awaken Healing Light of the Tao*. Huntington, Healing Tao Books, 1993.

Chia, Mantak. *Awaken Healing Energy Through the Tao*. Santa Fé, Aurora Press, 1983. [*A Energia Curativa Através do Tao*, publicado pela Editora Pensamento, São Paulo, 1987.]

Chopra, Deepak, MD. *Quantum Healing: Exploring the Frontiers of Mind/Body Medicine*. Nova York, Bantam Books, 1989.

Clow, Barbara Hand. *Heart of the Cristos: Starseeding from the Pleiades*. Santa Fé, Bear and Co., 1989.

"Danburite". In *The Heaven and Earth Network News*, número 10, primavera-verão, 1994, pp. 8-9.

Daniel, Alma, Timothy Wyllie e Andrew Ramer. *Ask Your Angels*. Nova York, Ballantine Books, 1992. [*Pergunte ao seu Anjo*, publicado pela Editora Pensamento, São Paulo, 1993.]

David-Neel, Alexandra. *Magic and Mistery in Tibet*. Nova York, Dover Publications, 1932.

Easwaran, Eknath. *Meditation: A Simple Eight-Point Program for Translating Spiritual Ideals into Daily Life*. Tomales, Nilgiri Press, 1991.

Fezler, William, Ph.D. *Imagery for Healing, Knowledge and Power*. Nova York, Fireside Books, 1990.

Fiore, Dra. Edith. *The Unquiet Dead: A Psychologist Treats Spirit Possession*. Nova York, Ballantine Books, 1987. [*Possessão Espiritual*, publicado pela Editora Pensamento, São Paulo, 1990.]

Garfield, Laeh Maggie. *How the Universe Works: Pathways to Enlightenment*. Berkeley, Celestial Art Press, 1991.

Garfield, Laeh Maggie e Jack Grant. *Companions in Spirit*. Berkeley Celestial Art Press, 1984.

Gifford, Laura Ellen. "How Do I Know? Learning to Trust in York Reiki Guides". In *Reiki News*, inverno de 1995, p. 9.

Goldberg, Dr. Bruce. *Past Lives, Future Lives*. Nova York, Ballantine Books, 1982.

Gurudas. *Gem Elixirs and Vibrationl Healing*. Vol. I. Boulder, Cassandra Press, 1985.

Hansen, V. R. Stewart e S. Nicholson, orgs. *Karma: Rhythmic Return to Harmony*. Wheaton, Quest Books, 1975, 1982, 1990.

Harding, Elizabeth U. *Kali: Tha Black Goddess of Dakshineswar*. York Beach, Nicholas - Hays, 1983.

Hay, Louise L. *You Can Heal Your Life*. Santa Monica, Hay House, 1984.

Hay, Louise L. *Heal Your Body: The Mental Causes for Physical Illness and the Metaphysical Way to Overcome Them*. Santa Monica, Hay House, 1982.

Huffines, LaUna. *Bridge of Light: Tools of Light for Spiritual Transformation*. Nova York, Fireside Books, 1989. [*Ponte de Luz*, publicado pela Editora Pensamento, São Paulo, 1991.]

Ingerman, Sandra. *Soul Retrieval: Mending the Fragmented Self*. São Francisco, HarperSanFrancisco, 1991.

LeShan, Laurence, Ph.D. *How to Medidate: A Guide to Self-Discovery*. Nova York, Bantam Books, 1974. [*Meditação e a Conquista da Saúde*, publicado pela Editora Pensamento, São Paulo, 1997.]

Levine, Stephen. *Healing Into Life and Death*. Nova York, Anchor Books, 1987.

Marciniak, Barbara. *Earth: Pleiadian Keys to the Living Library*. Santa Fé, Bear and Co., 1995.

Marciniak, Barbara e Tera Thomas, orgs. *Bringers of the Dawn: Teachings From the Pleiadians*. Santa Fé, Bear and Co., 1992.

Meadows, Kenneth. *Shamanic Experience: A Practical Guide to Contemporary Shamanism*. Rockport, Element Books, 1991.

Meek, George W., org. *Healers and the Healing Process*. Wheaton, Quest Books, 1977.

Melody. *Love Is In the Earth: A Kaleidoscope of Crystals*. Richland, Earth-Love Publishing House, 1991.

Monroe, Robert A. *Ultimate Journey*. Nova York, Doubleday, 1994.

Moody, Raymond Jr., MD. *Life After Life*. Nova York, Bantam Books, 1975.

Mookerjee, Ajit. *Kundalini: The Arousal of the Inner Energy*. Rochester, Destiny Books, 1982.

Morgan, Marlo. *Mutant Message Down Under*. Lees Summit, MM Company, 1991.

Newton, Michael, Ph.D., *Journey of Souls: Case Studies of Life Between Lives*. St. Paul, Lewellyn Publications, 1993.

Packer, Duane e Sanaya Roman. *Awakening Your Light Body*. Oakland, LuminEssence Productions, 1989. Série de fitas gravadas. Seis volumes.

Pelletier, Kenneth R. *Mind as Healer, Mind as Slayer*. Nova York, Dell Publishing, 1977.

Raphaell, Katrina. *The Crystalline Transmission: A Synthesis of Light*. Santa Fé, Aurora Press, 1990. [*Transmissões Cristalinas: Uma Síntese de Luz*, publicado pela Editora Pensamento, São Paulo, 1992.]

Rinpoche, Sogyal. *The Tibetan Book of Living and Dying*. São Francisco, HarperSanFrancisco, 1993.

Schlemmer, Phyllis e Palden Jenkins. *The Only Planet of Choice: Essential Briefings from Deep Space*. Bath, Inglaterra, Gateway Books, 1993.

Shealy, C. Norman, MD, Ph.D. e Carolyn M. Myss, MA. *The Creation of Health: The Emotional, Psychological and Spiritual Responses that Promote Health and Healing*. Walpole, Stillpoint Publishing, 1988. [*Medicina Intuitiva*, publicado pela Editora Cultrix, São Paulo, 1997.]

Simonton, Stephanie Mattews, O. Carl Simonton, MD e James L. Creighton. *Getting Well Again*. Nova York, Bantam Books, 1978.

Starhawk. *The Spiral Dance: A Rebirth of the Ancient Religion of the Great Goddess*. São Francisco, Harper and Row Publishers, 1979.

Steadman, Alice. *Who's the Matter With Me?* Washington, ESPress, 1966.

Stein, Diane. *Essential Reiki: A Complete Guide to an Ancient Healing Art*. Freedom, The Crossing Press, 1995. [*Reiki Essencial: Manual Completo sobre uma Antiga Arte de Cura*, publicado pela Editora Pensamento, São Paulo, 1998.]

Stein, Diane. *The Natural Remedy Book for Dogs and Cats*. Freedom, The Crossing Press, 1994.

Stein, Diane. *Natural Healing for Dogs and Cats*, Freedom, The Crossing Press, 1993.

Stein, Diane. *Dreaming the Past, Dreaming the Future: A Herstory of the Earth*. Freedom, The Crossing Press, 1991.

Stein, Diane. *Casting the Circle: A Women's Book of Ritual*. Freedom, The Crossing Press, 1990.

Stein, Diane. *All Women Are Healers: A Comprehensive Guide to Natural Healing*. Freedom, The Crossing Press, 1990.

Strehlow, Dr. Wighard e Gottfried Hertzka, MD. *Hildegard of Bingen's Medicine*. Santa Fé, Bear and Co., 1988.

"Tibetan Tektite Update". In *The Heaven and Earth Network News*, número 10, primavera-verão, 1994, pp. 9-10.

"Tibetan Tektites" In *The Heaven and Earth Network News*, número 9, inverno, 1993-1994, pp. 5-6.

Van Straten, Michael, ND, DO. *The Complete Natural Health Consultant*. Nova York, Prentice Hall Press, 1987.

Wallace, Amy e Bill Henkin. *The Psychic Healing Book*. Berkeley, The Wingbow Press, 1978.

Weiss, Brian L. MD. *Through Time Into Healing*. Nova York, Fireside Books, 1992.

Wright, Machaelle Small. *MAP: The Co-Creative White Brotherhood Medical Assistance Program*. Jeffersonton, Perelandra Publications, 1990.

Yogananda, Paramahansa. *Metaphysical Meditations*. Los Angeles, Self-Realization Fellowship, 1964.

Que a luz se faça e permaneça.
Libertemo-nos das dores e confusões do passado.
Que nosso íntimo e o nosso coração se encham da luz
    que lhes é própria.
Sejamos íntegros em nós mesmos.
Que a paz esteja conosco.
Que todos os seres se libertem do sofrimento.

Stephen Levine,
Healing Into Life and Death